江苏高校品牌专业建设工程资助项目

周金标 著

# 朱鹤龄及其《杜诗辑注》研究

中国社会科学出版社

图书在版编目(CIP)数据

朱鹤龄及其《杜诗辑注》研究/周金标著. —北京：中国社会科学出版社，2016.5

ISBN 978 - 7 - 5161 - 8247 - 5

Ⅰ.①朱…　Ⅱ.①周…　Ⅲ.①朱鹤龄(1606~1683)—人物研究②杜诗—诗歌研究③《杜诗辑注》—研究　Ⅳ.①K825.6②I207.22

中国版本图书馆 CIP 数据核字(2016)第 116780 号

出 版 人　赵剑英
责任编辑　陈肖静
责任校对　刘　娟
责任印制　戴　宽

出　　　版　中国社会科学出版社
社　　　址　北京鼓楼西大街甲 158 号
邮　　　编　100720
网　　　址　http://www.csspw.cn
发 行 部　010 - 84083685
门 市 部　010 - 84029450
经　　　销　新华书店及其他书店

印　　　刷　北京君升印刷有限公司
装　　　订　廊坊市广阳区广增装订厂
版　　　次　2016 年 5 月第 1 版
印　　　次　2016 年 5 月第 1 次印刷

开　　　本　710×1000　1/16
印　　　张　26.75
插　　　页　2
字　　　数　413 千字
定　　　价　99.00 元

# 目　　录

# 引言　朱鹤龄及其《杜诗辑注》的
# 研究现状及选题意义

## 一　关于朱鹤龄及其《杜诗辑注》

朱鹤龄（1606—1683），字长孺，自号愚庵，吴江松陵人，明末诸生。入清后决意仕进，屏居著述，晨夕不辍。与李颙、黄宗羲、顾炎武并称"海内四大布衣"。他与当时的一流学者多有交往，特别是与钱谦益、顾炎武、汪琬等过从甚密，在经、史、子、集各方面皆有精深造诣，尤长于笺疏之学。一生著述等身，被《四库全书》所著录者有《尚书埤传》《禹贡长笺》《诗经通义》《读左日钞》《李义山诗集注》《愚庵小集》六部著作。另有《春秋集说》《广易略》《水经注笺》《李义山文集》《寒山集》等几部未能梓行的著作。《清史稿》《清史列传》《国史文苑传稿》《国朝耆献类征初编》《国朝先正事略》《文献征存录》《清代朴学大师列传》《明遗民录》《小腆纪传》等皆有其生平记载。

朱鹤龄恰逢"天崩地解"的明末清初，他在明末生活 38 年（1606—1644），与明末风起云涌的党社运动有密切的关系，因此结识了吴伟业、张溥等社会名流及大批复社成员。又因经历国亡巨变，精神上受到极大震撼，作品富有悲凉慷慨的反清思想和故国哀音，并因此一洗诗酒流连、呼朋引伴的旧习，决意仕进，沉潜经史，希望通过笺注经史文集的"实学"以"通经致用"。他在清初参与了著名的"惊隐诗社"，是当时遗民圈的代表人物之一，又与朱彝尊、毛奇龄、徐氏兄弟、王士禛、曹榕、汪琬、宋琬、冯班等后辈新进或诗文唱酬，或探讨经义，或借阅藏书，这使他的笺注造诣大进。

《杜诗辑注》是朱鹤龄殚思竭虑的力作之一，前后耗时近三十年之久（1644—1670）。关于此书的缘起，朱氏在许多诗文中均有交代，《答赠吴慎思七十韵》里说："中岁弃儒冠，时事遭崩坼。兴感少陵诗，崆峒扈羁靮。笺解遂云多，正义颇昭晰。"① 晚年的《传家质言》说得更清楚："当变革时，惟手录杜诗过日，每兴感灵武回辕之举，故为之笺解，遂至终帙。"② 显然，他是抱着以注抒愤的动机来笺解杜诗的。他目睹了明王室的衰亡，见证了南明小王朝的抗争、内讧及其破灭，也耳闻目睹了发生在他身边的亲朋好友的惊天地、泣鬼神的抗清壮举，所以《辑注》在阐发杜诗的深刻底蕴方面与宋元以来的注本面目自别，蕴含了作者的故国之思。

《辑注》今传康熙年间金陵叶永茹万卷楼刻本，卷前有钱谦益序及手简、朱鹤龄识语及自序，次为附录旧集序跋，依次为樊晃序、王洙序、王淇后记、胡宗愈序、王安石序、李纲序、吴若后记、郭知达序、蔡梦弼跋、元稹《墓系铭》，附录后又列"编注杜集姓氏"，即宋诸家注杜者，共24人，之后又依次有杜工部年谱、辑注凡例、《旧唐书·杜甫传》。是书无总目，诗目分置各卷前，二十卷后有"失编一首"，之后又有沈寿民后序。又文集二卷，文集后附"杜诗补注"五十余条。又"集外诗"一卷。《辑注》共收诗1457首，文赋32首。是书各卷前均列参订者两人，各卷均不同，多达四十余人；卷末附有"同郡参订姓氏"一表，列有二百人的大名单，多为苏州著名学者和文人，一时名流大家皆为囊括。

该书的成书过程颇为曲折。尤其是朱氏与钱谦益的纠葛，使该书多少蒙上了神秘乃至不幸的色彩。在两人相遇之前，钱氏声势显赫，享有"东林党魁"之美誉，声势显非朱氏所能颉颃。朱氏乃一诸生，明亡之年，在吴下一带教书为生，一边从事杜诗笺注。在与钱谦益相识之前，已成《杜诗辨注》，受到了吴江学者周灿的赞赏。顺治十一年（1654），钱谦益和朱鹤龄在苏州友人的假我堂见面，席间二人聊起注杜之事，钱氏对朱氏的成果很感兴趣，

---

① （清）朱鹤龄：《答赠吴慎思七十韵》，《愚庵小集》卷二，华东师范大学出版社 2010 年版，第 123 页。

② （清）朱鹤龄：《传家质言》，《愚庵小集》卷十五，华东师范大学出版社 2010 年版，第 334 页。

想起自己的《小笺》和《二笺》毕竟不是全注，遂起使朱氏补足全书之意，于是钱氏先介绍其至著名藏书家毛晋处坐馆。大概过了数月，又邀请朱氏到自己家中坐馆，顺便利用自己的藏书注杜，钱氏"略为发凡起例，摘抉向来沿袭俗学之误"①。朱氏在钱家有幸阅读了大量经史秘籍，并时时向钱氏请教，钱氏也倾力襄助。不久完成二稿，钱氏为之作序，此即朱氏《辑注》的钱序。壬寅之年（1662），朱氏又到钱家坐馆，钱氏见到成书，不太满意，提出修改意见。但朱氏坚持己见，希望独立刊行《杜诗辑注》，并请钱氏署名书前。此举惹怒钱氏，他坚辞署名，并欲索回原序，二人反目。中间虽有学者潘柽章调解，但始终未能弥合分歧。钱氏晚年致力于《列朝诗集》和佛典，对杜注并无余力过问，此时亲注全书的想法更加强烈。再后来，流言四起，两人各自矜持，频发意气之语。朱氏《辑注》原欲于次年（1663）付梓，但迫于钱注的精深，也暗存角力之意，所以迟迟未能印行。康熙三年（1664）钱氏离世，康熙六年（1667）《钱注杜诗》在族孙钱曾的主持下出版，卷首《草堂诗笺元本序》语涉含射，正是二氏之争的缩影。康熙九年（1670）朱氏《杜诗辑注》出版，在钱序之后，朱氏回顾了与钱氏的交往经过，表示对钱氏的敬意。钱朱之争，对于当事二人自是不幸，但对杜注却是大幸，客观上造就了杜诗学史上的两个优秀注本。

## 二　《杜诗辑注》的传世情况

《杜诗辑注》之初刻，为康熙九年（1670）金陵叶永茹万卷楼本。印行之后，当时就好评如潮，如吴江学者计东说"先梓子美、义山二注，海内已争购其书"②，朱氏晚年说《杜诗辑注》"盛行海内已久"③，皆实际情况。在很长时期内，学者均以"钱笺"和"朱注"并称。如张溍《遗笔》云："癸丑……兼采朱长孺杜注，疑难尽豁。"④"癸丑"是康熙十二年（1673），即

---

① 《复吴江潘力田书》，《钱牧斋全集》第6册，上海古籍出版社2003年版，第1350页。
② （清）计东：《愚庵小集序》，《愚庵小集》附录《序跋》，华东师范大学出版社2010年版，第338页。
③ （清）朱鹤龄：《传家质言》，《愚庵小集》卷十五，华东师范大学出版社2010年版，第334页。
④ 转引自王新芳、孙微《张溍〈读书堂杜工部诗集注解〉考论》，《图书馆杂志》2009年第5期。

《杜诗辑注》面世的第三年。著名学者阎若璩为之作序，也提及《杜诗辑注》，说："朱长孺故与钱氏异者，亦能补《笺》所不逮。"说明《杜诗辑注》问世不久即产生较大影响。张远的《杜诗会粹》刊刻于康熙二十七年（1688），王揆为之作序，说："近代虞山钱宗伯始发凡起例，创为笺注，议论斐然，一洗从前注家之陋。其门人松陵朱长孺又有《杜诗辑注》，先后镌板，略有异同。子美之诗于是无遗蕴矣。……吾于是叹虞山、松陵之用心苦，而张子之捃摭裒益，足使当日义蕴毕出，为功不细矣。"① 可以看出，"钱朱"并称由来已久。

但在朱注面世三十三年后，即康熙四十二年（1703），仇兆鳌《杜诗详注》初次印行。《杜诗详注》在引证的精审、考据的繁富等方面青出于蓝，后来居上，包括《钱注杜诗》、《杜诗辑注》在内的众家精华大体被收录其中，所以一经面世即风靡天下。仇兆鳌评价二氏曰："如钱谦益、朱鹤龄两家，互有异同。钱于唐书年月、释典道藏，参考精详；朱于经史典故及地理职官，考据分明，其删汰煨杂，皆有廓清之功。"② 《杜诗详注》卷帙浩繁，颇资考证，大有取代一切杜注的趋势，当时即享有"集大成"的美誉。但钱、朱二注并未遽废，如浦起龙《读杜心解》刊刻于雍正三年（1725），在《凡例》说："集中节采，大率本此三书（钱、朱、仇）。"说明仇注影响虽大，但不可能完全取代钱、朱二注，这主要还是因为二家注本特色使然。

时至乾隆时期，情况发生重大转折。钱谦益的著作被列为禁书，《钱注杜诗》自然被禁，《四库全书》著录的《杜诗详注》也删去所引钱注。《杜诗辑注》因前有钱序，阑入禁书之列。钱、朱二注的刊行受到了冲击，自禁书直到清亡的一百三四十年间，只是间有一二偷印翻刻者，如今藏于成都杜甫草堂的乾隆朝钱注，在其《收藏书目》中说："卷首页书名后挖去钱氏姓名，乾隆后重印。"③《杜诗辑注》除了初刻外，还有一次是乾隆间金陵三多斋的翻刻本，这个翻刻本是坊贾为回避禁网而为，书名题《杜诗笺注》，乃是抽去钱序，而将沈寿民后序移前，并利用部分原刻重印而成。直到1976年日本

---

① （清）王揆：《序》，张远《杜诗会粹》卷首，《四库全书存目丛书》本。
② （清）仇兆鳌：《杜诗详注》卷首《凡例》"近人注杜"，中华书局1979年版。
③ 周采泉：《杜集书录》，上海古籍出版社1986年版，第150页。

吉川幸次郎编辑《杜诗又丛》本，据万卷楼刻本影印，由日本中文出版社出版，因此《杜诗辑注》实际只有两个版本。朱氏原本希望借重钱序，未料与钱注同遭厄运，共进共退。塞翁之譬，岂但虚言哉！

　　尽管被禁止刊刻流通，二注其实并未消失于天壤之间，而且还有一定的影响。民间对二注多有收藏，乾嘉以后各藏家大致均有收录，而藏目中未有反映者，殆恐干犯时讳也。但注家对待钱、朱二注还是有所区别的，一般不引或暗引钱注，对朱注则多明引，如江浩然《杜诗集说》乾隆四十三年（1778）初刻本，时值禁书不久，评价云："朱氏《辑注》、仇氏《详注》二书，先后行世，操觚家圭臬奉之。兹编卷帙次节，一依朱注定本。"① 而未引钱注。杨伦《杜诗镜铨》初刻于乾隆五十六年（1791），"凡例"第三条亦明言"朱注于新、旧《唐书》及《通鉴》等考证最详"云云，说明注家对钱注还是望而生畏的，对朱注则抱持网开一面的态度。这种情形一直持续至清末。

### 三　《杜诗辑注》的研究历史和现状

　　自20世纪以来，有关朱鹤龄《杜诗辑注》的论述甚少。据我搜集的资料来看，可分为三类：一是从版本角度论述刊行历史，间附一些评论，且多为贬词；二是在专著中，从钱朱注杜之争的角度有所分析评论；三是专文论述者，仅得三篇。

　　（一）从版本角度论述者

　　1. 洪业《杜诗引得序》。20世纪30年代洪业在《杜诗引得序》中详细介绍了钱、朱的注杜之争，这是最早对朱鹤龄《杜诗辑注》进行介绍的著作，也引起人们对该书逐渐关注。《引得序》对《杜诗辑注》固然有些较好的评价，说："诠释文义，征引典故，援据繁富，无伪撰故实之陋习，可资考证者为多。"但更主要的是批评。在提出钱注底本是否为吴若本的十大疑问后，接着对朱鹤龄《辑注》评论说：

　　　　至若朱鹤龄《辑注》本杜诗之校勘编年，则更劣矣。朱氏自记其先

① （清）江浩然：《杜诗集说》卷首《凡例》，乾隆四十三年（1778）本立堂刻本。

原用蔡氏《草堂诗笺》为《辑注》底本，后改而从事于钱氏所笺吴若本。既而不能合钱氏意，遂各刻其书。书既分行，仍用草堂原本，节采笺语，间出异说，是其书中之正文宜与《草堂诗笺》相同也。今稍事检校，即觉不然。如蔡本载李邕诗题云《登历下古城员外孙新亭，亭对鹊湖，时李之芳自尚书郎出齐州制此亭，北海太守李邕序》，朱本之题则为《登历下古城员外孙新亭》。如《兵车行》"县官云急索"，朱本则作"县官急索租"。《骢马行》"知有骅骝地上行"，注云"知有，一作肯使"，朱本则为"肯使麒麟地上行"，"肯使"二字下注云"一作知有"。如草堂本误题《曲江对酒》，朱本则作《曲江对雨》，"对"字下注云"晋本作值"。如《课伐木》"苍皮成积委"，朱本则作"苍皮成委积"，"成"字下注"一作见"。若此之类，殆数百条以上，此何故耶？无他，朱氏未尝检录蔡本，而仅就钱氏校本抄录，凡钱校曾注草堂本作某者，则取某以为草堂原读，余则全从钱读，故凡钱氏误校者、漏校者，一仍焉。初疑朱氏何故为此劳而无功之事，继见朱所录蔡梦弼《跋》，大与草堂原文悬殊，乃恍然大悟，朱固未尝有蔡本也。彼昔殆误认《集千家注杜工部诗集》如明易山人本者之流，因其中有蔡氏《跋》，又载"梦弼曰"甚多，遂以为是蔡氏书耳。后见钱本中校文，虽明知蔡本在彼而不在此，然绛云已灰，无可如何，再后既不得不与钱氏立异，改而标榜蔡本，遂取蔡《跋》妄加删改，欲稍泯蔡盗吴《序》之迹，与己之取蔡《跋》于《集千家注》本也。夫蔡书名《杜工部草堂诗笺》，朱本乃名《杜工部集》；蔡书分杜诗为五十卷，朱乃从《集千家注》本分之为二十卷；蔡书编诗从鲁訔之次，朱本次诗乃依违于《集千家注》本与钱本之间。呜呼，此盖成非驴非马之本而已。虽其用力甚勤，用心甚苦，其如贻误后学何？①

这段话的大意，一是批评朱鹤龄未见蔡梦弼《草堂诗笺》，而妄称以蔡本为底本；二是由此而产生的卷数、编年和文字异同问题。这些问题容后

---

① 洪业：《序》，《杜诗引得》卷首，上海古籍出版社 1985 年版。

辨析。

2. 郑庆笃、焦裕银等《杜集书目提要》

该著评价曰："朱注不以考据为务，于考证史实处仍然一以钱说为据，鲜有发明。然朱注'辑诸本之长，而删其芜舛'（沈寿民后序），以训释字句为功，较钱注为详备，故对清初以来注杜之影响甚大，与钱氏笺注并称于世。"①

3. 周采泉《杜集书录》

在介绍《钱注杜诗》关于钱、朱注杜之争时，作者引用朱鹤龄《与李太史论杜注书》，又曰："此书虽于钱笺攻讦甚力，吾人但作为校勘记读可也。"在介绍《杜诗辑注》一节中，作者反驳洪业对《杜诗辑注》的质疑，又曰："朱氏详于经史典故及地理职官，而又以勤劳自任，故其为注也，不作泛论，不苟雷同，又经各名家之参定，故纰缪较少。"此段评论其实乃照录仇注。

以上三部著作对朱氏《杜诗辑注》的评价总体较低，大概一是体例所限，三书皆版本之作，着眼点主要在版本；更主要的恐怕是《辑注》本身浩繁，若深入研究，非旬月可就，因此评论基本沿袭陈见，并无新意。

（二）从钱朱注杜之争的角度论述者

该类有台湾简恩定《清初杜诗学研究》、郝润华《钱注杜诗与诗史互证方法》、孙微《清代杜诗学史》。

1. 台湾简恩定《清初杜诗学研究》。该书分一、二、三篇，二篇第四章题曰《钱谦益与朱鹤龄注杜之争的原因与评估》，对钱、朱之争作了比较详细的考察。对原因列举四点，分别从"朱鹤龄引用钱注而不加以注明"以及史实、编年、阐析、典故数点之异进行了对比分析，得出的结论较为持平。②唯"朱鹤龄引用钱注而不加以注明"一节，列举二十五例，认为"朱鹤龄在杜诗注中大量引用钱注而不加以注明之举，实是造成二人反目原因之一"。但仔细对比可以发现，这些引用而未加以注明的例子，大多为一般的地理、典故、名物、史实考证，在宋代即已成说，钱注也是多用旧注，况且钱注真正的关注点并不在此，所以抄袭之嫌无从谈起，莫砺锋《朱鹤龄〈杜诗辑

---

① 郑庆笃、焦裕银等：《杜集书目提要》，齐鲁书社 1986 年版。

② 简恩定：《清初杜诗学研究》，台北文史哲出版社 1986 年版。

注〉平议》一文对此辨析甚详。

2. 孙微《清代杜诗学史》。该书第二章第三节《钱朱注杜公案分析》，对"钱朱注杜公案"进行了分析，认为钱笺和朱注的区别在四个方面。首先是所用版本，朱用蔡梦弼本，钱用吴若本；其次是体例不同，钱有注有笺，朱则有注无笺，因而有"钱笺朱注"之说；再次是笺注方法不同，朱注属于旧注范畴，钱注是"以史证诗""诗史互证"；最后是关注的角度不同，朱多关注字句、典章以及前人的旧注，钱则多关注杜诗中的纪实、咏史和咏怀一类的作品。归根结底，是由于两注的立意不同所致，钱注立意高远，力求"摧陷廓清"，并借以寄寓自己的幽思，而朱注目的是剪除芜杂，尽量为世人提供一部简净少误的本子。立意不同是导致钱朱二人反目的根本原因，底本、体例、角度的不同倒在其次。至于有的论者据二注有大量相同之处，断言朱注抄袭钱注为二人反目之因，作者认为这是皮相之见。朱注确有蹈袭钱注之处，这是二人合作过一段时间的必然结果，但二注的相同之处，多是共同引用旧注的结果，不存在谁抄袭谁的问题。①对钱、朱之争，该著提供了一家之言

（三）专文论述《杜诗辑注》者

1. 蔡锦芳《朱鹤龄〈辑注杜工部集〉研究》。该文较系统全面地对朱氏《辑注》进行论述。全文分三部分，第一部分"朱注始末"，第二部分"成就"，第三部分"影响"。"朱注始末"主要介绍朱氏的生平和著述，以及与钱笺的纠葛。第二部分"成就"，从整理之功和补遗两个方面论述。一是整理之功。朱氏选择蔡本为底本，介绍其优点和不足。蔡本优点是编年和文字校勘，不足是未能全面反映各个注家的成果，故朱注对宋代各家注本均有去取。朱注吸收宋、元、明各个时期代表性注本及清代钱笺、潘耒章《杜诗博议》、顾炎武《杜诗注》的有价值条目，因此"总的来说，朱注的整理工作是很成功的。既具体照顾到每一家的特色和成就，也综合考虑到整个杜诗学史的进展；既极大限度地保留了旧注中的精华，又不遗余力地驳正了旧注中的伪误。可以说，一本朱鹤龄的《辑注杜工部集》从一个侧面反映了杜诗学

---

①　孙微：《清代杜诗学史》，齐鲁书社 2004 年版。

的发展，《辑注》的出现，标志着杜诗学在拨乱反正中已取得了突出的成就。"二是补遗。释典故，朱注注意引用最早的书，注意今古事的相似，注意典故的多种用法。考今事，表现在详考史实和地理等方面，阐释杜诗底蕴方面。认为"朱鹤龄补了（钱）《笺》所不逮，他继承钱谦益崇尚实证、诗与史紧密结合的研究方法，对《钱注》中存在的许多谬误和失注之处都一一作了纠正和补充。然而，朱鹤龄的兴趣并不只限于一个《钱注》，整个杜诗学史都在他的视野之中，这是他与钱氏的不同之处，也是他高出于钱氏的地方。虽然，朱注也偶有失误，但那不过是白璧微瑕罢了。"第三部分论"影响"，论及朱氏《辑注》面世后与钱《笺》并驾齐驱的地位，乃至许多注家"批注杜诗都以钱、朱本为底本，各家注本亦多征引二家之说"。尤其"杨伦的《镜铨》是以蒋金式的批朱本作为雏本的"，使我们对朱注和杨伦《镜铨》的关系有了重新的认识。最后得出结论认为，"朱注毕竟是个集大成的善本，它上承总结宋代杜诗学的蔡梦弼《草堂诗笺》，近补别开生面的钱牧斋《杜诗笺注》，下惠博采众说的仇兆鳌《杜诗详注》，远启最精简的杨伦《杜诗镜铨》，使杜诗学史上下贯通，一脉相承，其贡献将昭示千古，永不泯灭！"对《杜诗辑注》评价颇高。①

　　2. 郝润华《朱鹤龄〈辑注杜工部集〉略论》。作者又有《钱注杜诗与诗史互证方法》一书，其中对朱注的评价与该文观点大致相同。该文主要以钱、朱二注的比较来论述朱注的特色，其中列举了不少实例说明朱注多引钱笺原文，甚至并不注明来处。最后说："朱注固守传统，故其价值略逊于钱注。此外，朱鹤龄《辑注杜工部集》有太多的注释内容和方法取法了《钱注杜诗》，但却不讲明出处和渊源，一方面体现了朱注对钱注注释成果的极度认可，另一方面也说明朱鹤龄的著述态度并不十分严谨。不过，由于朱鹤龄始终采取极度精审的态度对待注杜工作，所以与钱谦益《钱注杜诗》一样，朱鹤龄《辑注杜工部集》也具有较高的学术水平和质量，堪称杜诗学中的精品。"②

　　3. 莫砺峰《朱鹤龄〈杜诗辑注〉平议》。该文主要针对简恩定《清初杜诗学史》对朱注评价不高而作，莫先生认为对《朱注》"以前一直不够重

---

　　①　蔡锦芳：《朱鹤龄〈辑注杜工部集〉研究》，《杜甫研究学刊》1999 年第 1 期。
　　②　郝润华：《朱鹤龄〈辑注杜工部集〉略论》，《杜甫研究学刊》2001 年第 4 期。

视"，"细读一过，方对它的优点与价值有了较深的认识，并觉得前人对它的评价尚有不够确切之处"。该文长达三万字，是目前对《杜诗辑注》研究最深入的论文。全文分为五个部分。第一部分，针对简书认定朱氏沿袭钱氏的观点，莫先生排比二人的交往经历，认为二注的关系是"你中有我，我中有你"。对简书罗列的"朱注引用钱注不加以注明，并造成二人反目"的二十五个例证，莫先生认为"用力虽勤，结论却不能成立"，这些相同的注释不能直接用作抄袭的证据，一是许多注解皆引常用之书，朱氏无须剽窃钱注；二是倒可能钱氏袭用朱氏，因为钱氏对此类笺解并不十分措意，《钱笺》另有深意，其长处不在于此；三是皆引用旧注，朱注确有袭用钱注而未标明的情况，但甚为罕见，仅得数条，不必深责。第二部分，分析朱注引用钱注的实际情况。分三种情形，一是全文引用类，这主要集中在难度较大的名物、典故、史事；二是"补充"类，主要是重要篇什，如《冬日洛城北谒玄元皇帝庙》等，这类笺注，朱氏往往参以己意，加以补充，对钱注有所深化；三是"驳正"类，可见朱注并不盲从。第三部分，分析朱注本身的质量，这指未引钱注的其余笺注。莫先生认为朱注并不像钱氏所讥的"从类书中讨活计"，或洪业所讥的"长于字句之释，以勤劳自任，其病也钝"，通过与钱注的对比，认为朱注"有许多独到之见，从字句之出处、作品之系年到诗意之解析，都有不俗的表现"。第四部分，从朱氏《与李太史论杜注书》中批评钱注的十四个例子入手，认为"朱氏对杜诗旨意的解析比较平实，也比较可信"。第五部分，从二人的为人作风和治学态度来看，钱氏居高临下，"貌谦而实倨"，不屑于自认为简单平实的工作，因而也影响了其笺注质量。相反，朱氏对钱氏恭敬有加，注书时老老实实，知之为知之，不知则宁可阙疑，所以能取得较高的成果。当然，该文仅就朱注立论，并非否定钱注。二注皆为清初"最重要的"注本，"在杜诗学史上具有极其重要的地位"①。

从以上研究的历史不难看出，随着对《杜诗辑注》的日益关注和重视，特别是杜诗学作为古典诗学的重要分支兴盛以来，学者对《杜诗辑注》的分析越发细致，评价也逐渐"高涨"，一改昔日简单的恶评，应该说这是符合

---

① 莫砺锋：《朱鹤龄〈杜诗辑注〉平议》，《文史》2002年第4期，又收入《古典诗学的文化观照》，中华书局2005年版。

学术规律的好现象，也是重新认识学术史的必然结果。

### 四　选题的主要内容和价值

（一）选题的内容

本书大致分为三个部分，第一部分有关朱鹤龄生平及其文集《愚庵小集》，分为二章；第二部分是对于《杜诗辑注》的研究，分为八章，分别从年谱编年、文字校勘、字词名物、用典、史实、地理、职官制度、笺评八个方面分别阐述，试图详细辨析《杜诗辑注》对旧注的整理补遗之功，尤重补遗。此为本书主体；第三部分通论，分为二章，分别分析《杜诗辑注》的成书因素、钱朱之争。

（二）选题的价值

杜诗为古典诗学中《诗经》之外最为文人学者重视者，自古而然。宋代注杜即已蔚然成风，乃有"千家注杜"之说。至清初仇兆鳌《杜诗详注》问世，简择精华，删汰芜杂，它注虽小有异同，然于大局无碍，且不免于高阁之忧。杜注渐趋一尊，舍此何从？学者欲有所考论，皆注目于仇注，于其余注本，尚力有未逮。朱氏乃清初著名学者，《辑注》考据精审，精彩纷呈，与《钱注》并驾而为清代杜诗学前驱，自有其不朽之处。

1. 关于朱氏生平

朱氏生平虽见诸史书如《清史稿》、《清史列传》等十余种，然颇多疏阙，又陈陈相因。本书以《愚庵小集》为主，考以乾隆《苏州府志》、《吴江县志》、潘柽章《松陵文献》、《江苏艺文志》、张慧剑《明清江苏文人年表》及数种年谱，参以钱谦益、顾炎武、归庄、张尚瑗、计东、周灿、曹溶、朱彝尊、王士禛等数十家同代学者文集笔记，述其生平大概，又编列简谱，考其行年踪迹，庶几不违知人论世之道。

2. 关于《愚庵小集》

朱氏《愚庵小集》虽见录《四库全书》，且为清代遗民文集唯一收录者，然今世论清代文学及遗民文学者，鲜有述及，亦无一篇专文，甚可怪异。其实该集内容十分丰富，从明亡初年之故国哀思，中年之窘迫遭谗，至晚年著述等身，名望日崇，而心境日趋老颓，皆一一可见，不啻生动形象之遗民史。诗风沉郁博丽，间有典实醇厚之作；文风条分缕析，立意不苟，与乾嘉学者约略相似，二者于其注杜大有裨益。又有文论数篇，宗尚风雅，实为清代文学复古之先声；论遗民文学，屡有时贤不及者。此章分述《愚庵小集》为《四库》著录之由、朱氏自我形象、诗风文风、文论，皆前人未及者。

3.《杜诗辑注》专题研究

《辑注》与《钱笺》、《详注》并称清初三注，后两者声势远播，迄今为治杜者乐道。《辑注》流布未广，几匿迹天壤，然雪泥鸿爪，沾溉良多。今检《详注》，得朱注近千条，在《详注》征引之历代杜注中堪为翘楚。仇氏对清初注家，尤重朱氏，屡次称道，曰："近人注杜，如钱谦益、朱长孺两家，互有同异。钱于唐书年月、释典道藏，参考精详。朱于经史典故及地理职官，考据分明。其删汰猥杂，皆有廓清之功。"① 顾塈（乾隆时人）谓其父"生平酷嗜杜诗，于笺注诸家，博观取约，每称朱氏长孺本为善"②。学问之事，譬如积薪，后来居上，乃成巨观。朱氏注杜，影响甚大，其功未可遽废。自宋以来，杜注虽名目不同，体例各别，然多名异实同，皆参定前人异说，斟酌取舍，或间以己意，用补未尽，故其大略，不外整理和补遗两事。两事所含内容大致相同，细目区分之，约有年谱、编年、校勘、字句、名物、典故、史实、地理、典章、笺评等数项，为行文方便，乃就每一小项悉心辨正，以仇注及近人成果为参照，考其整理补遗之功。（一）《辑注》之杜甫年谱，仇注除首尾各有辨正外，余皆尽从。（二）仇注之编年、史实，大略依从黄注、钱注及朱注，编年从朱注者约八十题。（三）《辑注》之杜诗文字校勘考异，九成为仇注信从。（四）朱氏精于小学，其考辨字词音义，纠驳旧注之谬，尤多卓见，多为仇注所取。（五）朱氏擅长地学，《禹贡长笺》详于历代沿革及山川形势，"旁引曲证，亦多创获"为《四库全书》著录。在杜诗地理中，就注家而言，当以朱氏发明最著，成就最大。（六）考杜诗用典，朱注追根溯源，原原本本，最得笺注本义，亦多为仇注所从。（七）钱注虽以笺名世，然朱氏不能苟同者，亦多为仇注首肯。其余零章散句，精义迭出，

① （清）仇兆鳌：《杜诗详注》卷首《凡例》，中华书局 1979 年版。
② （清）顾塈：《跋》，《顾大文批杜诗》卷首，上海图书馆藏。

可见朱氏妙笔慧心，足资解颐，非仅考证之学究者也。

4. 钱、朱注杜之争

排比钱、朱二氏交往始末并有所考论者，就笔者所见，约得三家，即洪业《杜诗引得序》、曹树铭《杜集丛校》之《钱谦益笺注杜诗之始末》、台湾简恩定《清初杜诗学研究》之《钱谦益与朱鹤龄注杜之争的原因与评估》。洪文功在草创，而失在偏颇；曹文眉目清晰，对洪文尤多补正，但因"未见朱本"，故"不敢参赞一辞半语"；简文排定二人交往大致材料，其失在简，且随意剪裁，遂使面目模糊。又三文皆多引钱氏一偏之词，而于朱氏自述、友人评论及《杜诗辑注》皆疏于检核或付之阙如，结论不免悬疑。本书全面搜集二家资料，考订时间，据以考订二人交往之实际情形，并加以按语。年经月纬，前后爽然。

以上《杜诗辑注》诸节，前人多间有涉足者，然专题探寻，尤其考证朱注之创新发明者，囿于孤陋，尚未之见也。

# 第一章　朱鹤龄的生平

朱鹤龄的生平，《清史稿》、《清史列传》、《国史文苑传稿》、《国朝耆献类征初编》、《国朝先正事略》、《文献征存录》、《清代朴学大师列传》、《明遗民录》、《小腆纪传》等皆有记载。但这些有关的传记材料大多陈陈相因，本书结合方志、文集、笔记等材料，对朱鹤龄的生平作一番梳理。

明代的南京，因为是留都所在，面积很大，大致包括今天江苏以及安徽大部，下辖十四个府和四个直隶州。苏州府下辖一州七县，即太仓、吴县、吴江、长洲、昆山、常熟、嘉定、崇明。朱鹤龄出生于明末南京的苏州府吴江县松陵镇。

## 第一节　少年时期

首先一个问题，就是朱鹤龄的生年。《清史列传》本传云"卒于康熙二十二年（1683），年七十八"，则鹤龄似乎当生于万历三十六年的 1606 年。但朱鹤龄《愚庵小集》的"传家质言"则云"甲申春，……时年三十七矣"，甲申是公元清代开国的 1644 年，则当生于 1608 年。在目前没有有力佐证的情况下，只好姑从旧说，俟诸博识。

朱鹤龄的家庭，各种史料阙载，《愚庵小集》也提及不多，只在《答赠吴慎思七十韵》一诗中说自己"门户尤单子"，大概人丁不旺，兄弟较少。关于自己的父亲，仅在《愚庵小集》附录的"传家质言"中有一句话提及，说自己在"以高等五试棘闱皆报罢，遂有著书立名之志"后，"先君亦时购四部书助余游猎"，也就是说在朱鹤龄五次乡试都失败，产生著书立说想法的情况下，父亲不时地购买经史子集方面的书籍，帮助其实现愿望。后来顺治乙未（1655）年，朱鹤龄曾写信给钱谦益，求其撰写"寿文"①，这时鹤龄已经五十岁，父亲应当在七十岁了。由父亲不时买书可以看出，鹤龄少时家庭的经济状况还是说得过去的，大致在中等水平。

朱鹤龄小时候身体一直不太好，这在他的《愚庵小集》里多有反映。《史弱翁诗集序》中说自己"少婴沉瘵"，大概是慢性病，所以"清羸骨立"，形貌瘦弱。他说自己"四十以前，半荒弃于疢疾，半汩没于制科"②，大概家道的衰落，与自己身体不好以及长期参加科举有关系。中年以及晚年，朱鹤龄的诗文中屡有疾病的字眼，如"我亦病叟违世情"、"病谢屠苏饮"、"支离一病叹无憀"，与少时的身体不好有一定关系。

到了入学年龄，朱鹤龄也像一般适龄儿童一样，入了蒙学。但他对这段经历没什么好印象，说："少时塾师授帖括艺，头涔涔欲睡。及授古文辞，辄豁然心开，自知非科第中人也。"③ 所说的"古文辞"，包括古文和诗。学习古文辞，目的也是为了应试，但诗文可以展开想象的翅膀，有一定的创造性，这一方面为他日后的文学才能奠定了良好的基础。另一方面，也使他对科举的"帖括艺"深恶痛绝。到了中年和晚年，态度更加坚决。有个小友连试不举，他写信安慰，却劝他抛弃这种无用的功课，说：

> 足下之屡困于小试也，爱足下者必以为唁，仆则闻之而喜。其唁足下者，必勉以败北之余，期于再举，如古之焚舟而济厉气巡城者。乃仆之为足下喜，则谓足下向跋踬于无用之帖括久矣，自今当尽举而焚弃之，益专力于诗文之大业，而后足下之学可成，名可立也。夫以足下之才，使得沉酣六籍，浸淫沐浴于骚赋诗歌，及古文大家之学，而大放厥辞，上可与古人方驾，下亦可抗颜近时作者之林。奈何与黄口小儿争工拙于梦呓之语，此断断不可也。④

① 参见钱谦益《与朱长孺》，《钱牧斋先生尺牍》卷二，宣统元年（1909）上海国学扶轮社排印本。
② （清）朱鹤龄：《传家质言》，《愚庵小集》卷十五，华东师范大学出版社2010年版，第330页。
③ 同上。
④ （清）朱鹤龄：《与友人书》，《愚庵小集》卷十，华东师范大学出版社2010年版，第220页。

将科举比作"梦呓之语",可见其鄙视的态度。朱鹤龄之所以对科举如此厌恶,除了它仅被作为敲门砖,用后即弃如鄙屣外,还与他中年以后对经学态度的转变有关。明代经学不盛,明末的情况更趋严重,一般的读书人对经学的认识,以为不过就是塾师、官学的一套,浑然不知除了朱熹之外,还有关、闽、濂、洛之学;除了宋学,还有精深的汉学。所以他说:"盖自帖义混淆,经术芜没,狂瞽相师,茫昧白首。疑既无之,信于何有?此则固守一说者为之阂也。"① 这个"帖",就是科举中"依圣立言"的八股诗文;"义",就是经学的精微义理。读书人将经学之"义"等同于科举之"帖",不求甚解,自然"固守一说",经术荒芜,这种现状是朱鹤龄不能接受的。

# 第二节　明末二十年

以后的一段岁月,他按部就班地参加了县试、府试和院试,考试的地点,分别在吴江县、苏州府以及金陵。

按照当时的规定,只有通过这三轮考试,才能获得诸生的资格,否则不管年龄多大,也只是个童生。十八岁那年,也就是嘉靖戊午(1623)年,他来南京参加院试,主试的学使孙某对他格外垂青,他居然荣获南京地区十三府四州的第一名。② 这对他无疑是极大的鼓励,意味着他可以在府学享受国家发给的廪饩,经济上实惠不少,即使将来未能中举成为举人,也从此有了诸生的身份,摆脱了童生的民籍身份,可以穿着蓝色长袍,免除差役,跨入绅衿之列。这是他有生之年最高的政治待遇,所以晚年的回忆,还是历历在目。

接着是在苏州府学的继续学习。在这里,他结识了一批青年才俊,如国变以后隐逸的俞安期、史玄、章梦易、周安,以及后来中举并抗清殉国的顾之俊、吴易。

① (清)朱鹤龄:《寄徐太史健庵论经学书》,《愚庵小集》卷十,华东师范大学出版社2010年版,第218页。
② 《愚庵小集》卷十五《传家质言》曰:"年十八,勉就童子试,学使者孙公拔冠军。"

但随后的乡试很不顺利。据朱鹤龄自己回忆，是"以高等五试棘闱，皆报罢"①。明代的惯例，乡试的时间定于子、午、卯、酉之年。朱鹤龄自苏州府学肄业至国变弃举，有六个举行乡试的年份，即丁卯（1627）、庚午（1630）、癸酉（1633）、丙子（1636）、己卯（1639）、壬午（1642），他共参加了五次，但皆以失败告终。失败的缘由，除科举制度本身的局限，朱鹤龄自己说"四十以前，半荒弃于疢疾"，疾病是个重要的阻因。另外，按照明末乡试的名额，即以南京这样的大区，录取也不过区区一百六七十人，所以清初一批重要的思想家和学者出身多为诸生，也就不足为怪了。

在从天启末年到国变之际近二十年沉重而压抑的科举日子中，明末的政治局势发生了急剧的变化，外部的后金势力快速扩张，已经逐渐威胁明王权的生存；内部的阉党如日中天，大兴冤狱，搞得腥风血雨，人人自危；朝廷的党争唱罢登场，此起彼伏；陕西李自成领导的农民起义规模逐渐壮大，已渐渐发展为明朝的心腹大患；各地的结社运动高潮迭起，波澜壮阔，形成一股改革的思潮。这段风雨飘摇的岁月，正值朱鹤龄由二十岁的青年成长为四十岁的壮年时期，经历了这段风雨的洗礼，朱鹤龄也在思考自己的人生道路，他在多方面起了很大的变化。尽管他的《愚庵小集》没有一首国变之前的作品，但我们还是可以从他的唱酬、回忆、反思中看出时代的影子，勾勒出他大致的心迹。这可分几方面叙述。

## 一 人生道路的初步确立

朱鹤龄以经学名家，其以笺注经书为终身事业的人生道路，是在惊隐诗社与顾炎武密切交往后逐步确立的，明末二十年是朱鹤龄确立人生道路的关键期。

首先是明末社团尤其是复社的影响。科举时代，士子热衷于所谓"制艺"，作为博取功名的敲门砖，他们寻师觅友，互相切磋，交流心得，形成一个小圈子，多则数百人，少则十余人，称为文社。文社的本意是"以文会友，以友辅仁"，然而实际情况要复杂得多，勤学者把它看作求学问的地方，

---

① 《愚庵小集》卷十五《传家质言》。

投机者把它当作获取功名的捷径。结社是明朝一代的文坛风尚，明末尤甚。

　　崇祯二年（1629），复社成立于朱鹤龄的家乡吴江，它由云间应社、浙西闻社等十几个社团联合而成，主要领导人张溥、张采都是太仓人。复社的主要任务固然在于揣摩八股，切磋学问，砥砺品行，但又带有浓烈的政治色彩，几次大规模活动，或在朱鹤龄故里吴江，或在苏州，或在金陵。朱鹤龄目睹了"舟车之会，几遍海内"的苏州聚会，虽然始终没有加入复社，但他与复社有较密切的渊源，他对两社的几个代表人物，如张溥、张采、杨廷枢、周钟、吴昌时、顾梦麟均耳熟能详，与顾梦麟的交往还较密切，顾氏对《诗经》甚有心得，曾在应社开设《诗经》讲座。朱鹤龄后来著述《诗经通义》，多少受其影响。其他几个人物，在经学方面皆有造诣，如张溥的《易》学，张采的《礼》学，周钟的《春秋》学，杨廷枢、吴昌时的《书》学。尤其是张溥，遍注群经，卷帙浩繁。他们以复古相尚，一人各专一经，然后每月会讲，各出所长，相互切磋，达到"五经皆通"的目的，引领了一时的学界潮流。这种风气波及浙江，黄宗羲成立了"五经会"，万斯大、斯同兄弟参加。清初的经学复兴，经学家以遗民居多，地域又以吴、皖为主，这个现象不是偶然的，应社和复社当居首功，它奠定了清初经学的学术基础和传统。朱鹤龄的中青年，就生活在这种复古气氛浓厚的吴下地区，所以成为经学家有其深刻的社会渊源。

　　其次是明末著名经学家何楷的影响。朱鹤龄说："余甲申岁读书金陵瓦官寺，窃网罗诸说，荟萃一编。……间以质之闽漳何玄子先生，先生跃然印可。时先生方著《春秋》，比事属词，未及《尚书》，遂命余卒成之。"① 甲申岁是明亡的1644年，朱鹤龄正在南京参加科举，因屡举不中，开始肆力于经学，问学者是明末经学家何楷。何楷，天启五年进士，值魏忠贤乱政，不谒选而归。崇祯时，授户部主事等职，因勇于言事，弹劾权臣，于崇祯十一年（1638）六月，被贬为南京国子监丞。顺治二年（1645）从唐王入闽，为郑芝龙倾轧。漳州破，郁郁而终。著有《古周易订诂》十六卷、《毛诗世本古义》二十八卷、《孝经集传》二卷。前二书为《四库全书》所著录。何楷

---

①　（清）朱鹤龄：《禹贡长笺序》，《愚庵小集》卷七，华东师范大学出版社2010年版，第133页。

是个博学好古之士，他对经学日趋混淆肤浅感到不满，倡古学，反俗学，曰：

> 古者经、传各为一书，如《春秋》三传不与经连，故石经《公羊传》皆无经文；《艺文志》所载《毛诗故训传》，亦与经别。及马融为《周礼注》，乃云欲省学者两读，故具载本文，而就经为注。郑玄与马融同时，玄以《易》传合经，盖仿融例，而弼又援玄例也。魏晋而下，去古日远，学者不见古文。唐太宗诏名儒定《九经正义》，孔颖达奉诏与诸儒参议，于《易》独取王弼、不本正义者，以为异说，于是后学惟弼是从，莫敢移动。吕汲公、王原叔、晁以道、李巽岩、吕伯恭、朱元晦皆以分经合传为非古，吴仁杰、税与权编《周易古经》，亦皆极论王弼之失。愚故别异经传，以还田何之旧，窃谓夫子之注《易》，备矣，学者因而求之，则思过半。①

为了复古学，甚至对《春秋》"三传"也颇不以为然，可见态度之激烈。《古周易订诂》书末附录了一篇《答客问》，借诂经以言时事，表达通经致用的为学宗旨。据《古周易订诂》何楷的自序，说此书成于崇祯六年（1633），《四库提要》认为"盖其管榷吴中时所作"，大概何楷在中进士"不谒选而归"后，曾游历吴下。朱鹤龄这时二十七八岁，是否曾向何楷请益，不能断定。但何楷五年后（1638）任南京国子监丞，朱鹤龄这时从事江南乡试已十三四年，久踬场屋，困顿不堪，于是就赁居于金陵的瓦官寺，一边读书，一边向何楷问学。何楷在国子监丞任上，潜心著述，成《诗经世本古义》，此书是明末有关《诗经》的最重要的著作，也是明末经学复兴的标志性著作之一。凡二十八卷，依时代为次，以《公刘》、《七月》、《大田》、《甫田》诸篇为首，而殿以"曹风"《下泉》，计三代有诗之世，始夏少康，终周敬王，凡二十八王，因配以二十八宿，各为序目。其论《诗》专主孟子"知人论世"之旨，依时代为次，故名曰《世本古义》。该书以《诗》配史，以史说《诗》，虽有许多牵强附会之处，彻底颠覆了两千多年以来古人认定的孔子所

---

① （明）何楷：《自序》，《古周易订诂》卷首，《四库全书》电子版。

删《诗经》的篇次顺序，因而被乾隆指斥为"不师古训，妄兴异议，实索隐行怪之徒，不可为训，徒供考证，正宜束之高阁耳"①，但因其勇于疑古、恢复古学的指导精神，以及发覆索隐、考据精博远在宋儒之上的价值，还是受到汉学家四库馆臣的垂青。

在何楷的悉心指导下，朱鹤龄对经学产生了浓厚的兴趣，对千年以来经书的笺注情况有了一定的认识，掌握了笺经的体例和方法，初步走上了笺注经书的人生道路。到了明亡的甲申之年（1644），朱鹤龄已开始独立笺注《禹贡》，并得到何楷的肯定。作为学术的导师，朱鹤龄对何楷充满崇敬之情。在明亡不久，朱鹤龄就托付将要游闽的友人，让其搜访何楷抗清的悲壮事迹，欲为其作传扬名。晚年的经学笺注，如《诗经通义》一书，引用何楷之说多达 109 条，表明其经学思想与何楷是一脉相承的。

## 二　文学才能的长进和交游范围的扩大

朱鹤龄的文学才能在年轻时即崭露头角，他曾回忆说："余少婴沉瘵，勉习举子业，弗好也。顾独喜谈说《骚》、《选》及西京大家之文，见有服奇嗜古、不牵世俗趋舍者，必折节而与之游。"② 到了崇祯初年，复社兴起，吴江正处于江浙地区社团风潮的中心，受到文人结社风气的影响，朱鹤龄在准备科举的同时，也不时显露出诗酒清狂、洒脱不羁的一面。吴江东面大约二十里的同里，是个人文荟萃的小镇，也是风景优美、名迹众多的地方，朱鹤龄与好友经常在梅花盛开的季节，来此踏青赏梅，引觞赋诗。《同里顾氏默林记》一文回忆道："当花发时，高高下下，弥望积雪，清香闻数里外，居其侧者，章子两生、顾子仲容。余昔寓同里，与二子为文酒会，晨夕过从，每至春日暄妍，香风馥郁，必提壶造其地，痛饮狂歌，不烛跋不止，翩翩致足乐也。"章两生即章梦易，顾仲容即顾之俊。章梦易诗文皆擅，晚年著有《读易鱼筌》、《诗经说略》、《同里闺德志》等数种著作；顾之俊也颇负时名，十数年后中举，随即中进士，在抗清的民族斗争中英勇就义。

除此之外，朱鹤龄还结识了号称"松陵五子"的史玄、潘一桂、沈自然、

---

① 《诗经世本古义》卷首"御题"，《四库全书》电子版。
② （清）朱鹤龄：《史弱翁诗集序》，《愚庵小集》卷八，华东师范大学出版社 2010 年版，第 157 页。

徐白、俞南史，以及吴易、赵庚等人。朱鹤龄与这几人交往的过程已不可知，但朱鹤龄对数人甚为推崇，可知他们都是吴江的能文之士。《愚庵小集》卷二《答赠吴慎思七十韵》中说："木公有俊声潘一桂，中道俄夭折。沈生工西昆（沈自然），徐史耽幽寂（徐白、史玄）。偏长颇自矜，大山一丘垤。"表达了对亡友才华的无限缅怀。朱鹤龄与史玄的交往尤其深厚。史玄天才隽拔，学有根底，诗歌宗法少陵，老健无敌，尤工古体。青年时期，游历大江南北，及至1635年左右，陕西兵兴，中原震荡，"弱翁感时讽讥，刺刺不休。每过余萧斋，出所作相示，谈及门户箝结、盗贼披猖之故，未尝不太息欷歔，继之以泣也"。① 但史玄在明亡不久，即因贫悴而英年早逝，著述散佚，幸得朱鹤龄的搜集整理，才大体保存。好友周安对朱鹤龄及史玄等人的文学才能称赞说："湖山带孤城，人文递璀璨。史君秉异质，弱冠弄柔翰。前有俞与潘，词坛相炳焕。汲古著鸿文，研经协幽赞。风诗祖六代，结撰有条贯。"② 从这个时期的交往来看，朱鹤龄在文学方面造诣精进，与一时名流唱酬颇多。

### 三　与复社的关系

可从两个方面分析。

（一）他对复社是抱着冷眼旁观的态度

他晚年回忆复社说：

庚午、辛未（1630、1631）间，复社盛兴，舟车之会，几遍海内。每邑以一二人主其事，招致才隽之士，大集虎丘，其中负盛名、矜节概者固多，而借此钻营竿牍，奔竞科场，亦实繁有徒。至烈天子下诏严禁，然终明之世不能绝也。余时居同川，与章子两生皆不与。

复社的成立，固然有复兴古学的宗旨，但也夹杂了文人自造声势，挟持科举的功利目的，所以是个学术、社会、科举的混合体。朱鹤龄没有加入其

① （清）朱鹤龄：《史弱翁诗集序》，《愚庵小集》卷八，华东师范大学出版社2010年版，第157页。
② （清）周安：《读朱长孺所作史弱翁诗集序因悼弱翁并简长孺》，《草阁集》卷一，《丛书集成续编》第123册。

中，他从开始就看不惯这种鱼龙混杂的局面，这也表明了他自视甚高、狷介不羁的性格。

崇祯十年（1637），刚三十出头的朱鹤龄结识了新任吴江县县令的唐阶泰，时时请益，并拜之为师。唐阶泰是复社中的著名人士，出黄道周之门，交游广泛，爱才下士，希望朱鹤龄通过复社的捷径，博取功名，"唐师荐于张天如（溥）先生，先生欲得余一见，然余卒不往也"。① 复社当时如日中天，其主要领导人物如张溥、张采、吴伟业、杨廷枢、吴昌时、陈子龙都先后成了进士，一般在朝的要人也来拉拢复社，培植自己的势力，凡是士子只要进了复社就有得中的希望。一般的读书人呼天如为西张先生，呼张采为南张先生，不敢直呼其名，以获得两张的接见为"登龙门"。而两张拉拢士子，谋取科名，又有公荐、独荐、转荐等各种名目，与明末科举"关节"盛行以及清初的科场狱不无干系。朱鹤龄拒绝引荐，用他自己的话说，就是"交太广则酬应繁，名太高则造物忌。语云：闭门造车，出门合辙。由今观之，大社果非美事，而余之不往，亦不失为自立骨脊也"②。说"交太广则酬应繁"，是因为他已师从何楷，需要避免无谓的应酬；说"名太高则造物忌"，正是许多复社人物的切身遭遇。复社的高层领袖，造作声势，暴得大名，又月旦人物，拉帮结派，卷入了明末激烈的门户之争，结果深受其害，鲜有善终者，国家也因此朝纲紊乱，最终覆灭。正是有鉴于明末文人结社的祸之烈，害之深，朱鹤龄始终"自立骨脊"，拒不参与复社，这一点是有先见之明的。

（二）结交复社创始人和成员

他结识了张溥、张采、顾梦麟、吴伟业、顾炎武、归庄、陆世仪、黄宗羲、陈子龙、沈寿民、陆世仪、王光承、方文、钱澄之、叶绍袁、徐枋、顾与治、邢昉等人，并且应多有唱和。比如吴伟业是复社的领袖之一，曾主持复社的虎丘大会，在明亡后过访鹤龄，鹤龄《梅村先生过访》诗中说："感往莫论吴社事，耆英今已半雕亡。"自注："时先生述吴社始末"，说明两人在复社时期即十分熟悉。其余大部分均入清不仕，成为著名的遗民诗人。从朱鹤龄与上述人士唱酬的语气来看，应该早在明末就已结识。

---

① （清）朱鹤龄：《传家质言》，《愚庵小集》卷十五，华东师范大学出版社 2010 年版，第 331 页。
② 同上。

　　朱鹤龄当在明末成婚。妻室计氏，出自吴江盛湖。妻兄计名，字青辚，诸生，崇祯末年参与复社，著名诗人，积学有识，曾师授吴兆骞，国变后的第三年离世。内侄计东，也是吴江学者和诗人。

## 第三节　国变之际

　　明清之际的甲申年，即公元 1644 年，是一个"天崩地解"的年份，也是明王朝内忧外患总爆发的年份。农历三月十九日，李自成率部攻入北京，崇祯帝朱由检自缢于煤山，明朝二百七十六年的统治就此结束。旋即驻守山海关的明总兵吴三桂勾结清兵入关，迅速颠覆大顺农民政权，建立起满清朝贵族和汉族大地主联合专政的清王朝。这一系列的历史大事件，都是在短短数月内完成的。崇祯帝自缢的消息传至南京的金陵，朱鹤龄正坐馆于时任南京礼部员外郎的唐阶泰家，听到这个消息，悲痛欲绝。"甲申春，馆金陵唐仪曹署，闻庄烈皇帝变报，乃泫然长号曰：'此何时也，尚思以科第显耶？'遂决志弃举子业。"① 这种心灵剧痛是难以言表的。

　　朱鹤龄此刻正潜心著述《禹贡长笺》。在国难当头之际，此书看似不急之务，却真正是一本忧患之作。该书"大约体宗诂训而旁及史家，求为通今适用之学"②。在朱鹤龄看来，明朝灭亡的很大部分责任，在于统治者"搜刮"严重，"世变所以益亟"也，希望以此书告诫为政者"厎慎成赋""宽平休息"，所以它的"通今适用"的色彩十分突出。

　　在金陵的闲暇日子，朱鹤龄常常吟诵、抄写和笺解杜诗，以表达国破的剧痛。他"每兴感灵武回辕之举"，"惟手录杜诗过日"③。"灵武回辕"，指唐肃宗即位灵武并击败安史叛军、回师长安的史实。朱鹤龄希望刚刚于农历六月在金陵成立的南明政权，发愤雪耻，再图中兴。可事与愿违，南明小朝廷不思悔改，依然纠缠于党争和内讧。

　　国势急转直下，清军定鼎北京不久即挥师南下，第二年六月，南京陷落，

---

① （清）朱鹤龄：《传家质言》，《愚庵小集》卷十五，华东师范大学出版社 2010 年版，第 330 页。
② （清）朱鹤龄：《〈禹贡长笺〉原序》，《四库全书》电子版。
③ （清）朱鹤龄：《传家质言》，《愚庵小集》卷十五，华东师范大学出版社 2010 年版，第 334 页。

钱谦益等人奉舆图册籍，跪道迎降，南明政权覆亡。江南一带望风归顺，但七月的“薙发令”下，又激起了江南士绅的强烈反弹，苏州的抵抗尤其激烈。苏州的义军主要有三支，首领几乎都是朱鹤龄的好友。吴昜、沈自炳率部起兵于吴江的长百荡，与清军激战年余，终因寡不敌众，沈自炳战死，吴昜被俘，在杭州英勇就义，年仅三十五岁，妾绝食而死。陈子龙、夏允彝起兵于松江，顾炎武、归庄起兵于昆山，不久皆败，嘉定、昆山、江阴数地皆为屠城。朱鹤龄的许多亲朋师友，大多有血泪斑斑的经历，他们或参加了抵抗而战死，或自尽殉国，或隐姓埋名，遁入空门，或亡命天涯，继续从事各种抗清斗争。

也有不少的人著述不辍，坚守自己的文化底线，朱鹤龄即是其中一位。在清初刀光剑影、血雨腥风的岁月里，朱鹤龄一面笺注杜诗和义山诗，从中汲取勇气和希望，一面以诗歌表达对清军暴行的憎恨，对人民苦难的同情，对明王室的留恋，以及捐躯赴难的强烈愿望。他的一组古诗，就反映了这种心情。《空城雀》从飞雀的角度俯视战争的残酷：“岂意烈飙举，战血淋城隅。道逢新鬼哭，绕树惊相呼。……嗟乎生灵满城尚枯骨，况尔啁嘈安所息。不见齐云楼下火烧天，纥干冻雀飞无翼。”《临江王节士歌》写清军大军压境的严酷和自己愿慷慨赴义的豪情：“黑云崩奔海气恶，霜风万里劲鹏鹗。苌弘血色照高枫，易水涛声走枯箨。节士感此神慨慷，起拔雄剑击大荒。”这些诗均能再现当日的真实场景，从中也可体会朱鹤龄强烈的民族情绪和抗争精神。

值得注意的是《写怀寄陈鹤客兼呈祯起诸子》，这首诗让我们看到在兵荒马乱的年代中朱鹤龄的冷静思考和艰难抉择。陈三岛和徐晟等人当时正投入激烈的武装抵抗，大概他们曾劝说朱鹤龄弃文从武，共同抗清，所以朱鹤龄写诗明志。首先说自己素性文静：“物情各有求，静躁殊所秉。”接着表明窘迫的处境和经史持身的志向：“经史足自娱，亦贵晋以猛。陟巘必层巅，汲深岂短绠。”说治经理史，甚非易事，同样需要精进和刚猛；又说“此意谁与同，沉忧抱怲怲”，在战乱环境中坚持著述，同道难得，知音尤少；最后说：“燕石时易珍，良镠独留矿。知希何足叹，立身尚孤耿。靖节与文中，古道常接轸。我将传高士，风义勖公等。”世道大乱，贤愚颠倒，即使孑身孤行，亦将以陶潜和王通自期，存亡续绝，振作古道，并以风义与诸位共勉。从当时的客观情势看，清军在全国范围的胜利已成定局，南明政权节节败退，难有作为，江南一隅因"薙发令"触发的抵抗不过一时情变，难以持续。从历史上分析，遗民的贡献主要在于延续中华文明的传统，保存一代文献。因此，我们能理解朱鹤龄的选择，这也是许多遗民的共同道路。

# 第四节　惊隐岁月

在度过清初四五年的动荡岁月后，朱鹤龄的人生和著述事业发生了重大转折，首先是他加入了"惊隐诗社"，结识了以顾炎武为代表的一大批具有民族气节和深厚学养的遗民。其次是经历了与钱谦益合注杜诗到分刻各书的恩怨。最后是在此期间，自己的笺注初见成效，《李义山诗集注》出版。这个阶段大约持续了十二年（1650—1662）。

## 一　惊隐诗社

惊隐诗社的出现，同清初的政治、军事形势密切相关。自清初四五年激烈的武装斗争后，明代遗民由于抗争失败，幸存者多结诗社以图自存，并借文学唱和抒发故国之思、同志之情，或与海上义军秘密联络，互通声息，直至康熙初年郑成功、张煌言领导的海上义军溃退为止。惊隐诗社就是这个时期出现的最著名的遗民社团。

惊隐诗社又名逃社、逃之盟，社员几乎全为遗民。创办于顺治庚寅（1650），终于康熙三年（1664），前后活动了十四五年，创办的地点就在朱鹤龄的故里吴江松陵，主盟者为叶继武、吴炎等人。据杨凤苞《秋室集》之《书南山草堂遗集后》的介绍，并综合其他方志，共计有五十二人，其中既有像朱鹤龄一样在思想学术和文学艺术方面出类拔萃的人物，如著名文史学者顾炎武、吴炎、潘柽章、戴笠等；有称誉一方的诗家，如归庄、吴宗潜、顾有孝、顾樵、陈济生、沈祖孝、周安；有在中国科技史上有一定地位的历法专家，如王锡阐；也有著名的小说作家，如《水浒后传》的作者陈忱。用名家聚集、群彦荟萃概括这个社团，是一点不为过的。这是一个兼有政治、学术和文学性质的社团。政治上看，诗社创始人吴振远、吴宗潜等是参加过太湖抗清的义士，失败后由叶继武所掩护，与当地地主绅士中比较开明的人士结成惊隐诗社，又名"逃社"，显然有作暂时的逃避而谋再举的意图，反清复明的色彩强烈；学术上看，这个团体是顾炎武倡导实学、复兴古学的重要据点；文学上，它公开宣称"乐志林泉，跌荡文酒，角巾野服，啸歌于五湖三泖之间，亦月泉、吟社之流亚也"①。先后编撰了《天启崇祯两朝遗诗》《明史记》、《广宋遗民录》等书，还将诗社的酬唱之作辑为《惊隐篇》，后又增之为《岁寒集》。

　　但惊隐诗社之于朱鹤龄，除了与顾炎武切磋学术并保持终身友谊，又结识了部分社员外，意义似乎并不明显。第一，朱鹤龄是否诗社中人，似乎在有无之间。朱鹤龄的所有传记材料，均未提及加入惊隐诗社之事；乾隆《吴江县志》、乾隆《震泽县志》卷三八《旧事》关于惊隐诗社的记载也独缺朱鹤龄等人。第二，朱鹤龄的《愚庵小集》，几乎看不到惊隐诗社的影子，《集》中不但绝无"惊隐"的字眼，也没有与社中其他重要人物的唱和，就连好友如顾炎武、王锡阐、吴炎、潘柽章、戴笠等人，一篇交往的诗文也没有。第三，《愚庵小集》中确有朱鹤龄与几位惊隐诗社社员的酬唱诗，有的是个别的你来我往，有的是集体的文会，如顾有孝、顾樵、周安数位，但考虑到这几人也参加了后来成立于吴江江枫庵的"招隐"诗社，所以这些唱和更有可能是招隐诗社的活动。

　　但朱鹤龄参加惊隐诗社，又是确凿无疑的。杨凤苞《秋室集》之《书南山草堂遗集后》一文以及吴炎《吴赤溟集》所附惊隐诗社名单，都赫然呈列了朱鹤龄的名字。尤其吴炎是惊隐诗社的主要人物，所记应是真实可信的。这份名单，大概是诗社成立时全体成员的名单，但惊隐诗社成员的籍里不一，来源分布于苏州、常州、杭州、湖州、嘉兴等地，同时诗社大规模的活动也受到清初政治环境的限制，因此诗社通常的活动，并非所有的成员都能参加，加上朱鹤龄一直潜心笺注，又因生计问题在吴下四处坐馆。所有这些因素，应是造成朱鹤龄在惊隐诗社中若有若无的主因。

————————

① （清）杨凤苞：《书南山草堂遗集后》，《秋室集》卷一，光绪湖州陆氏刻本。

朱鹤龄在惊隐诗社的最重要收获，应是与顾炎武的交往。他后来回顾说："因老友顾宁人以本原之学相勖，始湛思覃力于注疏诸经解以及先儒理学诸书。"① 所谓的"本原之学"，就是实学："学者将以明体适用也，综贯百家，上下千载，详考其得失之故，而断之于心，笔之于书，朝章国典，民风土俗，元元本本，无不洞悉。其术足以匡时，其言足以救世，是谓通儒之学。"② 实学要求学有所本，学有根柢，反对明人尤其明末的"无本之说"。朱鹤龄的几部经书笺解，兼采汉宋，探赜索隐，拨乱反正，通经致用，具有清初经学的典型特色，是清代经学复兴的先驱之作，应该说与顾炎武有极深的学术渊源。

## 二 招隐诗社

对朱鹤龄遗民生涯影响更大的是三四年后（1653、1654）成立的"招隐"诗社，这是一个几乎完全由吴江当地人组成的诗社，据袁景辂《国朝松陵诗征》卷二的介绍：

> 一庵遭乱后，隐居湖浦之荆园，闭门读书，不闻世事，与徐介白、俞无殊、无斁、赵砥之、山子、顾茂伦、樵水、陈长发、朱长孺、徐松之、其叔闻玮、兄弘人、小修、闻夏、弟汉槎结诗社于江枫庵，作《招隐诗》以见志，亦高尚士也。

这几人分别是：吴与湛（一庵）、徐白、俞南史、俞南藩、赵瀚、赵沄、顾有孝、顾樵、陈启源、朱鹤龄、徐崧、吴锵、吴兆宽、吴之纪、吴兆宫、吴兆骞。这些人均为吴江乃至江南一时的杰出人才，其中有经学家，如陈启源，其《毛诗稽古编》是清代经学兴盛的力作；有诗家，最著名的是吴兆骞，其次是吴氏兄弟和徐白等；有选家，顾茂伦所选《乐府英华》、《唐诗英华》、《明文英华》、《江左三大家诗钞》，是清初著名的诗文选本；有画家，顾樵是清初的山水画作者，画品入能，颇有钱刘风味；有史家，如赵瀚曾与潘柽章、吴炎等人合作编撰《明史记》；有游记作家，徐崧游历遍及大半中

---

① （清）朱鹤龄：《与吴汉槎书》，《愚庵小集》卷十，华东师范大学出版社2010年版，第222页。
② （清）潘耒：《序》，《日知录》卷首，上海古籍出版社2006年版。

国，所著《百城烟水》是清初著名的山水游记。

这个诗社的活动情况，比较惊隐诗社而言，是一个纯粹的文学团体。由于大部分社员的文集散佚，现在只能从朱鹤龄和吴兆宽等人的文集中窥其大概。

第一，交流密切。这是一个身份和志向比较接近的团体，成员大多是明代的诸生，不少曾为同学，经历鼎革的剧痛，矢志山林，砥砺气节，在清初严酷的政治氛围中相互慰藉，以文学抒发家国之痛和身世之悲。

第二，活动的成员和地点不太固定。大概除了成立时成员齐聚于道树庵外，其余的集会大多是三三两两的自由组合。

第三，活动的主要内容，是论文衡艺、切磋学术、抨击时弊，以及诗酒联酬、迎来送往等。朱鹤龄年德颇高，是诗社实际的骨干分子，与诗社成员大多保持了深厚的友谊和密切的来往，如与陈启源常常诗酒唱和，即使在诗社解散后，还经常一起探讨《诗经》，演绎经义。陈启源的《毛诗稽古编》书成，朱鹤龄已离世六年，但在回忆成书过程时，仍归首功于鹤龄："忆初脱稿时，以质于朱子长孺，赖其指摘得以改正者数十条。今复再易稿，所改正又数倍于前矣。欲求就正之人，不能起长孺于九原也。辍斤息弦之叹，乌能已已。噫，余之有是编也，岂偶然哉。"① 顾有孝编辑历代诗选和今人诗集，与朱鹤龄商讨最多，多次请他为选本作序。两人在文学造诣和道德襟怀方面十分相近，后人将二人与金之俊称为"浔阳三隐"。徐崧以诗而名满吴越，历游东南山水，每次回吴江，均与鹤龄话旧谊，述见闻，感慨时事，向慕古风。朱鹤龄也因徐崧的介绍和引荐，结识了吴越地区的一时名流，其中知名的是"桐乡汪氏"。吴氏是吴江大姓，文学世家，也是"招隐"诗社的主要成员，吴之纪、兆宽、兆宫、兆骞兄弟皆有诗集传世，与朱鹤龄多有唱和。兆骞在诗社成立一年左右后即罹"江南奏销案"而获罪北遣，鹤龄在数首诗篇中对其不幸遭遇深表同情，对其杰出诗才叹赏不已。二十年后兆骞获释，鹤龄阅读《秋笳集》，十分推崇。② 又在给兆骞的信中，以蔡邕、崔骃、韩愈、苏轼等人"无不由贬窜穷荒，万死一生中，享大名，成大著作，以垂

① （清）陈启源：《毛诗稽古编序》，《四库全书》电子版。
② （清）朱鹤龄：《吴弘人示余汉槎秋笳集感而有作》，《愚庵小集》卷二，华东师范大学出版社 2010 年版，第 31 页。

不朽"① 勉之。朱鹤龄是个矜慎少许的人，可对兆骞的称赞，独具慧眼，不吝辞墨，显示了其杰出的文学鉴赏造诣。吴氏的另一兄弟兆宜，未曾参加诗社，落落寡合，闭门著述，所笺徐陵、庾信、《玉台新咏》、《才调》、韩偓五集，发奥探微，洗涤旧瑕，其中《庾开府集笺注》、《徐孝穆集笺注》为《四库全书》著录，与朱鹤龄同为清初的笺注名家。朱鹤龄笺注杜甫、李商隐二集，曾与兆宜有过探讨。可见这一群人，情系故国，绝意归隐，怀抱奇才，勤于著述，坚守文化和历史的责任感，为清初的遗民文学和学术事业作出了杰出贡献，这是一个在史书上应有浓重一笔的遗民社团，可惜今人有关遗民研究的著述中，几乎均付之阙如。

惊隐诗社活动了十二三年，在康熙即位（1662）不久解散；"招隐"诗社问世晚三四年，结束的具体时间不详，但应当与惊隐诗社大致同时。两个诗社走入历史，原因在于政治局势已经改观，清王朝在全国范围的统治逐渐稳定，遗民活动进入了新的历史阶段。

在这十几年中，与那些貌似清高，实质趋炎附势的假遗民、假隐士、假名士不同，朱鹤龄始终不为外界所诱，清苦自守。他的诗篇中有许多描写自己贫穷孤寂、与道偕行、怀才不遇和自勉自励的字眼。这十几年是朱鹤龄重要的学术成长期。他选择了一条适合自己素性的道路，这就是笺注古贤前修的经学和文集，在冥行默察中，同情古人的切身处境和博大情怀，寄寓自己的身世之哀，并以反哺自己固穷守道的意志，寻求一方宁静的精神家园。

### 三　钱朱之交

与钱谦益的交往，是朱鹤龄学术道路和人生轨迹的一个重要转折。二人交往始于顺治十二年（1654），终于惊隐诗社解散的康熙元年（1662），持续八年。

与朱鹤龄同郡的钱谦益，自崇祯元年（1628）在朝廷的权争中落败归里，主持东南文坛，领袖山林，名望日高，又奖掖后进，门户履满，他的《读杜小笺》和《二笺》也于明亡前一年（1643）交由弟子瞿式耜出版。明

---

① （清）朱鹤龄：《与吴汉槎书》，《愚庵小集》卷十，华东师范大学出版社 2010 年版，第 221 页。

亡以后，钱谦益虽带头降清，但随即又参与抗清的秘密斗争，与郑成功领导的海上义军暗通声气。同时撰写《列朝诗集》、《明史》，希望保存一代文献。顺治七年（1650），绛云楼一炬，唯存杜注手稿和一部《金刚经》，钱谦益以为此乃天意，不久归遁空门。然始终对杜注念念不忘。

顺治十一年（1654），在苏州假我堂的一次文人聚会上，朱鹤龄见到了心仪已久的学界前辈钱谦益，假我堂文宴是抗清斗争转入低潮的背景下，江南士绅和遗民决心抗清到底并相互砥砺风节的一次聚会。钱谦益其时正从事抗清的秘密斗争，陈三岛等数人也是抗清的骨干分子。钱、朱二人相见恨晚，纵谈时事，探讨杜诗。钱氏得知朱氏正在笺注杜诗，已有初稿，喜出望外，引为知己，想起自己的《读杜二笺》尚非全注，遂起意让朱氏帮助自己完成全注的宿愿。自此两人合作注杜。两人自初识至钱谦益去世前后八年，从开始的朝夕过从、切磋学术，结果却演变为一出令人唏嘘的悲喜剧，其中有背景，有喜，有悲，有当事人深情绵邈又复杂矛盾的历史回顾，更留给后人不绝的话题和学术的公案。

说有背景，就是天时、地利、人和。钱谦益的《杜诗二笺》虽于明末的1643年附刻于《初学集》，但仅为简注，且非全注。而明朝的覆亡，直接促成了朱鹤龄笺注杜诗，也加深了钱谦益对杜甫的深切同情和时代的认知。于是，在清初动乱的氛围下，在苏州的这次夜宴上，两个对诗圣杜甫无限追慕的学者走到了一起，惺惺相惜，回忆邈远的安史之乱，吟诵老杜的壮烈诗篇，诉说明清之际的人事沧桑，不约而同想到了合作笺注杜诗的构想，为两本杜注佳作作了良好开端。同处鼎革之际、同为苏州学者、同为杜诗的爱好者，还有比这更好的条件吗？

说有"喜"，是指两人经历了一段亲密合作、疑义相析的难忘时光。在苏州聚会之后，钱谦益即为朱鹤龄向当时甲于东南的藏书家毛晋推荐坐馆。在毛晋处，朱鹤龄的学识、视野和学术规范跃上一个新的台阶，见到了许多素日难以接触到的经史书籍，也经常往返于钱、毛两家，就一些学术问题与钱谦益磋商。一年后的顺治十二年（1655），朱鹤龄又应钱谦益之邀，带着倾注十年心血的杜注初稿，来到谦益在常熟虞山的红豆山庄坐馆，"出以就正，先生见而许可，遂检所笺吴若本及九家注，命之合钞。益广搜罗，详加考核，朝夕质疑，寸笺指授，丹铅点定，手泽如新。"① 能到号称"东南人望"的钱谦益家中坐馆，并得到其亲自指导，对默默无闻的朱鹤龄而言，无疑是莫大的荣幸。钱谦益的藏书非常丰富，即使在数年前绛云楼失火后，仍有大量的稀书秘籍，比如自南宋以来一直若隐若现的杜诗吴若本，就是朱鹤龄《杜诗辑注》赖以校勘文字异同的重要依据之一。在钱家坐馆的前后三年中，朱鹤龄尽心尽力，十分勤奋，态度严谨，钱谦益大加赞赏，在结束坐馆时为其书作序，说：

> 其勘定是编也，斋心祓身，端思勉择，订一字如数契齿，援一义如征丹书。宁质毋夸，宁拘毋俪。宁食鸡跖，毋啖龙脯；宁守兔园之册，毋学邯郸之步。斤斤焉取裁于骚之逸、选之善，罔敢越轶。近代攻杜者，觅解未愁，又从而教责之，章比字栉，俨然师资。②

这个评价，既是对朱氏治杜成果的肯定，也可看出对两人亲密合作的欣慰和满意。更主要的是，两人的合作和反目后的角力，为后人留下了两部重要的杜诗注本，两个注本各有千秋，各擅胜场，开启了清初治杜的序幕，沾溉了有清一代众多的杜诗学者，从这个意义上说，是值得肯定的可喜之处。

朱氏初馆钱家三年（1655—1657，实际满二年）。在完成杜注的二稿后，朱氏又在钱氏的提议和支持下，开始笺注李商隐诗集，并在顺治十六年（1659），出版了《李义山诗集注》。这是他出版的第一部撰著，也是清代有关李商隐诗注的开山之作。在此之前，李商隐的诗歌虽引起众多学者和诗家的浓厚兴趣，但注本稀少，仅有的前代刘克、张文亮二注也久已散佚。明代末年，释道源始有笺注，但冗杂寡要，且未刊刻；钱氏族人钱龙惕也有简单的笺解。朱鹤龄的《李义山诗集注》汲取了两家和其余旧说的精华。其最有创见和影响深远之处，是在李商隐诗歌的底蕴方面，改变了自宋代关于李商隐"放利偷合"、"诡薄无行"的恶谥，认为其诗"乃风人之绪音，屈宋之遗

---

① 朱鹤龄识语：《吴江朱氏杜诗辑注注序》附，《杜工部诗集辑注》卷首，河北大学出版社2009年版。

② （清）钱谦益：《吴江朱氏杜诗辑注序》，《杜工部诗集辑注》卷首，河北大学出版社2009年版。

响，盖得子美之深而变出之者"①，奠定了有清一代李商隐诗注的大致方向。清代李诗注家，比较重要的有吴乔、陆昆曾、徐德泓、姚培谦、屈复、程梦星、冯浩七家，大多继承朱氏的指导思想，拾遗补缺，使李注日臻完善。故朱氏摧陷廓清之功，是不言而喻的。由此也可看出，没有钱谦益的支持，朱氏的杜、李二注不可能取得如此成就。

说有"悲"，是说两人的合作从惺惺相惜开始，却最终以反目的悲剧谢幕。以钱氏的地位和声望，朱氏对其始终敬重有加，能得到钱氏的教益指正，一直是朱氏的心愿。这种敬重的心态，从朱氏请求钱氏为《杜诗辑注》作序的《投赠钱宗伯牧斋先生二十五韵》长律，以及钱氏离世后朱氏所作的诗歌《闻牧斋先生讣二首》和回忆文章《假我堂文宴记》中得到证明。关于两人交往过程和交恶缘由，后有专章叙述，此不赘言。但二氏之争为学界留下两个著名的注本，也是值得欣慰的。

# 第五节　晚年著述

从康熙元年（1662）至朱氏去世（1683）的大约二十年，是朱氏著述日丰的晚年时期。

朱鹤龄的《愚庵小集》有篇《江湾草庵记》，揣其语气，当是晚年所作。这篇文字为我们提供了其晚年生活比较感性的材料。他晚年主要过着"耕且读"的悠闲日子。这个"江湾草庵"，是个环境幽美之地："重陂巨浸，幽溆曲隩，弥望皆是茭菰，罗生菱芡蔓合。渔人网罟之利，所在有之。其田畴沃以衍，其土风清以嘉。从前高贤达士，未有卜宅于此者。"他对卜居于此感到十分满意。家中的陈设也比较简洁素雅："庵之制，创自田畯，门牖略具，丹漆不施。竹帘纻帷，容膝而已。东偏一小轩稍洁，中设棐几一，匡床一，聚图书数百卷。"

他在这个小天地里，神游八表，思接千载，与古代圣贤志士和历代豪杰骚客俯仰晤谈。能够有自己安静的一方天地，得以悠哉游哉，是朱鹤龄晚年

---

① （清）朱鹤龄：《笺注李义山诗集序》，《愚庵小集》卷七，华东师范大学出版社 2010 年版，第 142 页。

的一大幸事，也与康熙初年的稳定和繁荣密不可分。

朱氏是一个大器晚成者，主要著作均成于康熙初期的二十年间。

康熙九年（1670），《杜诗辑注》付梓，面世后畅销海内。这是清初重要的杜诗注本之一，与三年前刊刻的《钱注杜诗》各具特色，相映成趣，实是清初杜诗热厚积薄发的结果，对清代杜诗学的深入发展奠定了坚实的基础。

次年，即康熙十年（1671），《愚庵小集》付梓。文集十五卷，其中赋一卷，各体诗五卷，杂文九卷。书前有王光承和计东序，在许多单篇之后，附有当时吴江学者和文坛名流的评语，所收诗文仅为朱氏入清之作，寓含了作者的遗民用意。文集内容丰富，风格多变，表现了作者杰出的文学才华，具有重要的文学价值和史料价值。尤其是其晚年之作，诗艺炉火纯青，风格富赡雄丽，典雅醇实，达到了极高的艺术境界，奠定了朱氏的文学地位。

确立朱鹤龄经学家地位的是他晚年的系列经学笺注。在惊隐诗社结识顾炎武之后，顾氏鼓励他从事"实学"，以治经为名山事业。在完成义山诗和杜注后，朱氏遂弃绝交游，全身心投入到几部儒学经典的笺注中，直至去世近二十年中，朱氏以坚忍不拔的毅力，先后撰著了《尚书埤传》、《禹贡长笺》、《诗经通义》、《春秋集说》、《读左日钞》、《周易广义略》等数部笺注，成为清代经学的先驱者之一。其中《尚书埤传》、《禹贡长笺》、《诗经通义》、《读左日钞》四部为《四库全书》著录。

关于数种笺注的成书原因，朱氏晚年这样说：

余平生著述，经学居多。以朱子掊击小序太过，乃集诸家说疏通序义，为《毛诗古义》十二卷；以蔡氏释书未精，撰《尚书埤传》十五卷，又补二卷；以胡氏传《春秋》多偏见凿说，乃合唐宋以来诸儒之解，撰《春秋集说》二十二卷；又以杜氏注《左传》未尽合，俗儒又以林注乱之，撰《读左日钞》十二卷，又补二卷；《易》理至宋儒始明，然《左传》、《国语》所载占法皆言象也，本义精矣而多未备，乃主注疏程传，兼通象学，博引诸家，名《周易广义》，未几得脾疾，书遂不成，仅成《广义略》四卷；又以《礼记注》从无善本，徐鲁庵《集注》稍胜，陈汇泽《集说》惜拨遗注疏，终非古学，又中间考订多疏，欲主黄东发《日钞》体，更取卫湜《集解》诸书以及《大全》诸说，广为编辑，非数年不成，而群书未具，又两目昏眵，不能执简，姑俟之后贤而已。①

明清之际的思想领域，理学内部纷争激烈，日趋没落。学界不仅出现了批评王学、回归朱学的思潮，也出现了对整个宋明理学进行批判的趋势。顾炎武将经学视为儒学正统，认为不研究儒家经典，沉溺于理学家的语录，就会成为"无本之人而讲空虚之学"，因此他要求学者"务原本之学"，恢复实事求是的经学传统："经学自有渊流，自汉而六朝，而唐而宋，必一一考究，而后及于近儒之所著，然后可以知其异同离合之旨。"② 指出了由汉唐注疏探求原始儒学真谛的道路，开启了清初的学术风气，朱鹤龄正是这条学术路线的大力实践者。在这些笺注中，朱氏总揽百家，参以独断，去芜正谬，正本清源，表现了一代经学大师深厚的学力、广阔的视野和巨大的学术勇气。朱鹤龄与友人顾炎武、陈启源三人同属吴人，既是清代经学的开拓者，也是吴派经学的先驱者，他们为清代经学的复兴在学术途径、方法及指导原则上做出了巨大贡献。

朱氏的晚年是寂寞而清苦的，坚守学术，秉性耿介，他在类似于自画像的《愚庵说》一文中这样描写自己：

甚哉，余之与世忤也！世人贱老而爱少，余华发种种；世人交远而卑近，余足不出阛阓；世人党同而伐异，余则介立不媕阿；世人折腰龋齿，走津要如赴火蛾，余则木强任真，转喉触讳。彼巧者之效，可以嘘枯吹生，合疏逖为亲昵；拙者之效，乃至于块独无朋，时中辛螫之毒，而有风波之惊。此非庄生所称天放之民乎？好我者或解之曰：今夫营万家之都者，必求平畴广陌而规度焉，高山之巅，不可以聚三户。歌折杨皇荂于市，则听者骈肩；拊空桑之瑟以号于众，有哄然散耳。子无乃类

① （清）朱鹤龄：《传家质言》，《愚庵小集》卷十五，华东师范大学出版社 2010 年版，第333—334 页。

② （清）顾炎武：《与人书》（四），《亭林文集》卷四，中华书局 1983 年版。

是？嗟嗟若者之言，乃古刻意厉行高士之所尚也，余岂其人哉？彼夫逃
清泠之渊，矫岩穴之行，与世绝者也；让千乘而弗居，爵三公而弗顾，
与天游者也，余岂其人哉？疲苶无归，惆怅徒结，路岐不以东西，骨醉
不以曲蘖。崩山在前，吾以为藩翰；虓虎在侧，吾以为辕驹。揖揖乎守
无成之铅椠，偲偲乎殉无益之诗书。斯诚天下之大愚，吾乃以名吾庐。

除此之外，疾病和贫穷也时时困扰着他，但他的遗民情怀始终不渝，
《岁暮杂诗六首》之二云："旧物相随止角巾，长贫耻作逐贫人。抛书始识闲
中趣，习静稍安病里身。绛雪驻年何处觅，藜羹适口且全真。余生万事都零
落，犹自朝朝礼玉宸。"正是由于发明儒家经典的历史责任感，朱氏几乎倾
注了二十年的余生，屏居著述，晨夕不辍，目不识途，著作等身，取得了非
凡的学术成就。"余生万事都零落，犹自朝朝礼玉宸"，直到生命的最后时
刻，他念念不忘的还是朱明故国，这种执着而炽热的情节让人感佩。

随着经学造诣的日渐精深，朱鹤龄的声誉如日中天，时论将他与清初著
名选家、同乡好友顾有孝以及学界名流金俊明称为"浔阳三隐"。顾炎武、
魏禧和汪琬等人均对其经学造诣极为推崇。甚至有人将其与李颙、黄宗羲、
顾炎武并称为海内"四大布衣"①。许多学界宿老和文坛大家也主动登门拜
访，如吴伟业、朱彝尊、徐乾学等。但他依然坚贞自守，从容淡定。他说：
"今四方缙绅下交于余者多矣，然未经左顾，必不先往通谒，来则未尝不往
报。至于干泽之事，尤未尝濡足，虽周亲官郡邑，不一至其庭焉。非曰明高，
止祈远辱。"② 谨言慎行，善始善终，尘滓荣华，淡泊名利，这是朱鹤龄一以
贯之的作风。自故国沦亡，至死不渝，这样的人生历练，在遗民界堪为典范。

但在孤行冥诣的晚年，随着遗民亲友的一一离世，他的旷世情怀又平添
了几许阒寂。他渐以慈悲和宽广的胸怀来容纳这个乍暖还寒的世界，对释、
道二教也有更多的同情和体认。康熙二十一年（1682），也就是他去世的前
一年，老友顾炎武在陕北去世。他写诗云：

---

① （清）朱鹤龄：《传家质言》自注，《愚庵小集》卷十五，华东师范大学出版社 2010 年版，
第 331 页。
② 同上。

　　知交海内一亭林，避爵飘然太华阴。久别芝颜成北客，时贻帐秘胜南金。龙蛇厄至谁能赎，山水人亡遂绝音。书种后来可得继？梦回枯眼泪霏霏。

　　筋力全衰强自持，炉锤大冶任盈亏。鼠肝虫臂原无著，宝镜珠囊亦有涯。花供胆瓶充饫目，月来篱落玩搘颐。謷嗟缶鼓心均累，一卷南华是我师。①

　　这大概是他最后的遗篇。在长达四十年的遗民生涯中，他以坚韧的毅力，克服了无数的学术难题，经历了种种流言蜚语；他坚守民族气节，安贫乐道，以一己之力，诠释了等身的经典，为遗民学术续写了辉煌篇章。如果没有传统儒、道一张一弛的精神力量，怎么可能支撑如此之久？这就是朱鹤龄留给后人的历史背影。

---

　　① （清）朱鹤龄：《岁暮杂诗六首》，《愚庵小集》卷五，华东师范大学出版社 2010 年版，第 115—116 页。

# 第二章 《愚庵小集》研究

《愚庵小集》是一部比较典型的遗民文集。首先与朱氏生平有关，朱氏行年横跨明末清初，恰好各半，他经历了浮靡动荡的明末，入清后矢志不仕，始终不渝。其次与作品的内容有关，《愚庵小集》富有深沉悲凉的遗民情怀和从容理智的思考，既表达了对满清政权蹂躏中原的痛恨，对抗清志士的赞美，对失节叛变者的鄙夷，又为我们展现了遗民如何坚贞自守、苦心孤诣的心路历程。文学的价值方面，《愚庵小集》文质彬彬，典雅醇实，既有一般遗民文学的特征，又能超越遗民作品偏于单薄和孤寂的缺陷，是遗民作品中不可多得的佳品，其中独具特色的文论，深刻反映了那个特殊历史阶段人们对文学的独特看法，有重要的文史价值。

《愚庵小集》删除了朱氏明末的所有作品，而独存入清以后所作，除了反映朱氏对自己作品严于去取的态度，也含有壮士断臂、告别过去的意味。关于对自己作品的评价及收录，朱氏在晚年的"传家质言"中有所交代，第五则说：

> 诗赋一道，余本无所能。惟少时读《离骚》、《文选》，丧乱之余，既废帖义，时借以发其悲悯。然资钝学疏，安能与当世之通才巨手斗其伎俩耶？况余赋性褊狭，不喜多作、妄作、代人作，恒自哂为诗中之狷。后人品目，不知置余何等也。

前半显然是自谦之语，后半说"不喜多作、妄作、代人作"，揆之文集，是符合实际的。

全集共十五卷，附录一卷。《集》之正文，依赋、诗、文排序。赋一卷。诗依古、律、绝排序，乐府诗和排律分别入古体和律体，五古、七古、五律、七律、五绝各一卷，共收诗三百六十八首。文有序、记、书、论、辨、杂著等类，计收文一百一十首。附录"传家质言"一卷，收晚作生平总结性质的短文十三则。

朱鹤龄以经学名家，有关传记也多记载他的经学成就，而忽略了其文学方面。迄今为止，有关该集的研究很少，甚至许多研究清代文学的专著，在有关遗民文学的章节中，也对朱鹤龄及其作品只字不提，不能不说是令人遗憾的事情。

# 第一节　《四库全书》著录的唯一清代遗民文集

从《愚庵小集》初刻，到被《四库全书》著录，恰好是一百年。清初人文荟萃，以诗文名家者不下千人，《四库全书》著录清人文集共四十二种，除去"御制"的五种，实际仅著录三十七家，收录不谓不严，而《愚庵小集》亦幸入其列。朱鹤龄为清初著名经学家，非以文学见称，且在《四库全书》著录诸家中，仅朱氏一人为遗民作家，其余鸿文硕儒，论地位、名望皆非朱氏可颉颃者。《四库全书》为何舍弃众多文学家而选录朱氏之作？

## 一　《愚庵小集》之内容

《四库全书》的编辑整理，既是一项浩大的文化传承工程，也是空前的文化毁灭之举。乾隆假右文稽古之名，行铲除嫌忌之实，为了消除含有反清内容的各种记载，不惜捕风捉影，深文周纳，小题大做，宁滥勿纵，频频制造多起惨无人道的文字狱，据不完全统计，在近二十年中，全毁书二千四百多种，抽毁书四百多种，共约三千种，删改书无法计算，禁毁书籍总数在十万部以上，因惧祸而私自毁弃者尚不在其内，销毁版片八万余块，杀害士人和其他无辜者以及惩办亲属难以计数。朱鹤龄的好友吴炎、潘柽章即因"《明史》案"获罪罹难，江南士人被牵者有二百人之多。今日收录于《四库禁毁书丛刊》中的古籍，就是乾隆禁毁余烬的幸存者，其中集部最多，尤其是明清之际的文集，成为这次禁毁的重灾区。有许多抗清英烈如熊廷弼、黄道周、陈子龙、金声等，反清的士绅如叶向高、钟惺、茅元仪、钱谦益等，明遗民顾炎武、阎雨梅、吕留良、方文等，他们的著作洋溢着民族精神，因此遭禁自在意料之中，而作为一个极富民族思想和反清意识的遗民，朱鹤龄的《愚庵小集》除了文学价值外，为何又能逃脱重重禁网，被《四库全书》著录呢？

翻检《愚庵小集》可以看出，朱鹤龄虽是典型的遗民，但《愚庵小集》中真正反映"夷夏大防"观念，或反映国变之际抗清史实的言辞激烈的血泪之作，却几乎一篇没有。《小集》的大部分作品，是言志抒情性的作品，不以客观的叙事见长。少数诗文在与亲朋师友的赠答酬唱中，隐约反映当时残酷严峻的斗争形势，大部分作品是以描写自己乱世中退守蜗居、明哲保身，并以学术避世的阅历为主要内容，对满清政权及其暴行激烈指斥的诗句，在《愚庵小集》中是找不到的。

这种情况与《愚庵小集》的初刻时间和朱氏本人政治态度有关。《愚庵小集》初刻于康熙十年（1671），既有顺治朝文字狱的前车之鉴，则付刻时不能不有所顾忌，有所删削。关键是康熙即位之后，清王朝的统治日趋稳定，康熙又推行一系列举措，有效缓和了民族矛盾和朝野矛盾，朱氏对清廷的态度也因此逐渐发生了转变。如江南"奏销案"的受害者之一吴兆骞从东北宁古塔被释之后，朱鹤龄就说"天与雪霜才渐老，世宽罗网日初舒"[①]，对清廷此举表示欢迎。他自己始终未曾出仕，但对年轻一辈如计东、潘耒、朱彝尊等人应试科举，并不反对，这点同顾炎武、徐枋等"强硬派"遗民的态度有很大不同，他是遗民中的"温和派"，否则，那种明目张胆、明召大号的反清文字，是断然不能见容于乾隆和四库馆臣的。这是其作为清初唯一的遗民，而文集能被《四库全书》收录的首要政治原因。

## 二 《四库全书》秉持醇雅和尊崇经史的选录标准

《愚庵小集》被著录还与《四库全书》秉持的醇雅和尊崇经史的选录标

---

① （清）朱鹤龄：《喜吴弘人闻夏归里兼怀汉槎》，《愚庵小集》卷五，华东师范大学出版社2010年版，第100页。

准有关。

《四库全书》对历代文集的选录，一言蔽之，在于"世道人心"，如《四库全书》卷首乾隆谕文即明言：

> 其历代流传旧书，内有阐明性学治法，关系世道人心者，自当首先购觅。至若发挥传注，考核典章，旁暨九流百家之言，有裨实用者，亦应备为甄择。又如历代名人洎本朝士林宿望，向有诗文专集，及近时沈潜经史，原本风雅，如顾栋高、陈祖范、任启运、沈德潜辈，亦各著成编，并非剿说卮言可比，均应概行查明。①

"四十年十一月十七日"的谕文对宋代几家文集进行辨析，务使"群言悉归雅正"；"四十一年十一月十七日"之谕文亦从忠义大旨出发，贬斥钱谦益、金堡、屈大均诸人，认为刘宗周、黄道周"立朝守正，风节凛然，其奏议慷慨极言，忠荩溢于简牍，卒之以身殉国，不愧一代完人"②。收录前明旧臣十数家文集。"四十六年十一月初六日"的谕文，针对朱有孝《回文类聚补遗》内载"美人八咏诗"，认为"词意媟狎，有乖雅正"，"朕辑《四库全书》，当采诗文之有关世道人心者"等，均表现了浓厚而正统的儒家文学观念。

而对清代文集的选录，除此之外，更增添了"雅正"的标准。所录清初诸家的《提要》中，"雅"之评语屡见不鲜，如称汤斌《汤子遗书》"彬彬典雅"③，称叶方蔼《读书斋偶存稿》"和雅春容"④，称彭孙遹"博雅之才"，称朱彝尊《曝书亭集》"所作古文率皆渊雅"⑤，称朱鹤龄《愚庵小集》"所为文章悉能典雅醇实"⑥。"雅"评几乎成为所录清代诸家一以贯之的标准。

---

① 《乾隆三十七年正月初四日奉上谕》，《钦定四库全书总目》"卷首一·圣谕"，中华书局1997年整理本，第1页。
② 同上书，第5页。
③ 同上书，第2341页。
④ 同上书，第2344页。
⑤ 同上书，第2345页。
⑥ 同上。

这与四库馆臣对明末浮荡颓靡文风的贬斥以及重视学有原本、根植经史的文学观有关。如施闰章《学余堂文集》"提要"曰：

> 其《蠖斋诗话》有曰："山谷言近世少年不肯课治经史，徒取助诗，故致远则泥。此最为诗人针砭。诗如其人，不可不慎。浮华者浪子，叫号者粗人，窘瘠者浅，痴肥者俗，风云月露，铺张满眼，识者见之，直一叶空纸耳。"①

显然是针对明季而发。汤斌、魏裔介、施闰章、吴绮、王士禛、汪琬、陈廷敬、叶方蔼、朱彝尊等人，多为儒学或理学名家，如汤斌曾为康熙时日讲起居注官和侍读之职，是清初著名的理学家；汪琬是清代吴派学术的先驱；朱彝尊所著《经义考》三百卷，是中国学术史重要文献。他们的文集一般也多有探讨经术的内容，这也是清人文集有别于历代文集的一个主要特征。

《四库全书总目提要》在论述文学"雅正"的同时，往往追根溯源，阐述文学的经史"根底"。如评汤斌《汤子遗书》"斌在国初，与陆陇其俱号醇儒。陇其之学，笃守程朱，其攻击陆王不遗余力。斌之学源出容城孙奇逢，其根柢在姚江，而能持新安、金溪之平，大旨主于刻励实行，以讲求实用，无王学杳冥放荡之弊，故二人异趣而同归"。评汪琬《尧峰文钞》，以汪与"清初古文三大家"之其余二家魏禧、侯方域相比较："然禧学杂纵横，未归于纯粹；方域体兼华藻，稍涉于浮夸；惟琬学术既深，轨辙复正，其言大抵原本六经，与二家迥别。"评朱彝尊《曝书亭集》曰："至所作古文，率皆渊雅，良由茹涵既富，故根柢盘深。其题跋诸作，订讹辨异，本本原原，实跨黄伯思、楼钥之上。"评朱鹤龄《愚庵小集》曰：

> 鹤龄始专力于词赋，自顾炎武勖以本原之学，乃研思经义。于汉唐注疏，皆能爬梳抉摘，独出心裁。故所为文章，悉能典雅醇实，不堕剽

---

① 《钦定四库全书总目》卷一七三，中华书局 1997 年整理本，第 2342 页。

窃摩拟之习。其《邺壖卫三国》、《禹贡三江》、《震泽太湖》、《嶓冢汉源》诸辨，多有裨于考证。①

不难看出，《愚庵小集》之所以被《四库全书》著录，主要还是由于朱氏擅长经史的学术背景。除了四库馆臣所指出的考辨诸文，《愚庵小集》中象《毛诗通义序》、《禹贡长笺序》、《尚书埤传序》、《校定水经注笺序》、《阳明要书序》、《读左日钞序》、《左氏春秋集说序》、《毛诗稽古编序》、《周易广义略序》、《与杨令若论大学补传书》、《寄徐太史健庵论经学书》等文章，皆清初重要的经学名文。朱氏自己对文集的收录和整理相当重视，在《愚庵小集》"传家质言"中说其文：

　　　方正学先生云："古人文章，多借丰功伟德以传。"今果有其人与？即有之，余亦无从纪述。故小集中寿言与碑铭、墓志多不存，非不作也，作而不能借之以传，故不存也。陆鲁望集中文甚少，自云见好泉石则记之，遇忠孝志义之事则铭之。由鲁望而观，则余之所存，不既多乎哉。

剔除浮华不实的文辞，而保留典重有原的文章，是《愚庵小集》被著录的另一重要原因。

### 三　与钱谦益的关系

朱鹤龄生前与钱谦益有注杜之争，离世一个世纪后，两人的矛盾再次为四库馆臣所利用，实是出人意料，恐怕也有违朱氏的初衷。

钱谦益晚节不保，率众降清，为当时士林所不齿，后又秘密抗清，被清代统治者认为反复无常，打入另册。至乾隆编辑《四库全书》，其书被列于禁毁之目，其人被列于"贰臣传"之首，此已为学界熟知。不仅如此，因钱谦益而牵连的史部、子部和文集不计其数。在《四库全书》陆续缮校完成并庋置以后，乾隆仍察察为明，不时抽阅，对已登录的书籍中某些"违碍"之

―――――――――――

① 《钦定四库全书总目》卷一七三，中华书局 1997 年整理本，第 2345 页。

处吹毛求疵，导致了在四库成书之后，又发生了一系列撤毁改补的事件。

原来，在乾隆五十二年（1787）三月，乾隆抽阅李清著作《诸史同异录》时，发现其中颇多"悖逆"言词，下令四库馆臣重新查阅复核，又进一步加大复校力度，指出"如有语句违碍，错乱简编，及误写庙讳，并缮写荒谬，错乱过多"之处，须"随报进呈"。严谕之下，馆臣陆续签出阎若璩、陆陇其、周亮工、吴其贞等人之有"违碍"书籍，除了《古文尚书疏证》、《松阳讲义》经删除一些字句后得以录存，其余数种均遭禁毁。为防止再出意外，纪昀"奏请自行认勘"。数月检校后，查出潘柽章《国史考异》以下"应行撤毁及语意可疑"各书凡数十种，又经军机大臣"逐部详细阅看"，分为"应行撤毁、删削及毋庸议毁"各项，开列清单十一条如下：

一、《国史考异》系考订明太祖、成祖两朝国史之是非，其中引钱谦益之说甚多，而不著其名，且词相连属，难以删削，应行撤毁。

二、《十六家词》内纪昀所指邹祗谟《满江红词》一首，辞意愤激，然并无谤讪之意，似可毋庸抽毁。惟书中有龚鼎孳所著词一种，查龚鼎孳所著全集业经销毁，不应复存此词，应一律抽毁，改为《十五家词》。

三、朱彝尊《曝书亭集》并无违碍，惟纪昀指出《谭贞良墓表》内所称"贞良百折不回，卒保其发肤首领，从君父于地下"等语，似有语病，应一律抽毁。

四、吴伟业《绥寇纪略》、陈鼎《东林列传》二书，均无违碍，而内外之词称谓有乖体制，应一律改正。

五、黄虞稷《千顷堂书目》多列已毁之书，应行一律删削。

六、姚之骃《元明事类考》、仇兆鳌《杜诗详注》俱袭引钱谦益撰著而去其名，应一律删削。

七、朱鹤龄《愚庵小集》，纪昀所指《书元好问集后》一篇，意在痛诋钱谦益，持论未为失当。诚如圣谕，若于推许钱谦益者既经饬禁，而于诋訾钱谦益者复事苛求，未为允协。惟朱鹤龄未与钱谦益绝交之先，往来诗文有《赠某先生诗》等作；又笺注《李义山诗注》序内红豆庄主人，皆系指钱谦益，应一律删削，其全集仍应拟存。

八、吴绮《林蕙堂集》间有近于慨叹兴亡之语，多系文人习套，并无谤讪，仍应拟存。

九、叶方蔼《读书斋偶存集》语无违碍，纪昀指出《南海于诗》"何当小住三千岁，再见桑田变海时"二语，诚如圣谕，此系文人习用套语，仍应拟存。

十、王士正《精华录》内《秋柳诗》所用白门、梁园、琅琊、洛阳、灵和殿、永丰坊，皆咏柳习用典故，似无所指，仍应拟存。

十一、查慎行《敬业堂集》内《殿庭草》绝句"春风吹绿花砖缝，下有陈根几百年。惆怅履綦行迹尽，雍和门外浴堂前"，详其字句，似系偶然寄托，尚无别意，仍应拟存。①

将该清单全录，可以看出几点：一是这十一人均系明清之际人氏，可见即使过了一个世纪，清统治者对反清意识仍然心有余悸，讳莫如深；二是这些人氏当中，不少与朱鹤龄交谊颇深，如《国史考异》之书的作者潘柽章，是朱鹤龄的好友。吴绮与鹤龄诗酒过从，相交甚欢，鹤龄还曾为其《林蕙堂集》作序。朱彝尊、吴伟业、王士禛亦为鹤龄老友；三是十一种遭撤毁、抽毁或删削的著作中，有三种与钱谦益有关，而尤其以《愚庵小集》一书为最。所论朱鹤龄一条，结合《提要》，提出了两个问题。

首先是《书元好问集后》一文。在《四库全书总目》的《愚庵小集》"提要"中也因该文，而发表了一段议论：

> 所作《书元裕之集后》一篇，称"裕之举金进士，历官左司员外郎。及金亡不仕，隐居秀容，诗文无一语指斥者。裕之于元，既足践其土，口茹其毛，即无韵晋之理，非独免咎，亦谊所当然。乃今之讪辞诋语，曾不少避，若欲掩其失身之事以诳国人者，非徒悖也，其愚亦甚"云云，其言盖隐刺谦益而发，尤可谓能知大义者矣。②

---

① 乾隆五十二年十月初三日"军机大臣奏遵旨阅看纪昀奏毁各书并缮清单进呈片"（附清单一）：《纂修四库全书档案》（下），上海古籍出版社 1997 年版，第 2065—2067 页。
② 《钦定四库全书总目》卷一七三，中华书局 1997 年整理本，第 2345 页。

纪昀及四库馆臣在利用朱、钱矛盾这一点上，可谓不遗余力，也有失儒家"温柔敦厚"的古训。但该文能否代表朱氏对钱谦益的主要和一贯态度，是很成问题的。朱氏虽是遗民，但正如前面所述，他并非崖岸斩绝的人，对钱谦益和吴伟业等失节人士，还是乐意与其交往的。钱谦益的失节，发生在钱、朱二人结识前十年，既然如此，朱氏如果因此而对钱氏有所腹诽，就应干脆断绝来往。可是在二人交恶后，朱氏写此文攻讦钱谦益，实是当时争执情境下的一时过激之词。如果再细检《愚庵小集》的初刻本，不难发现，其中保留了更多对钱氏尊崇和缅怀的文字。

其次，这份清单说"诚如圣谕，若于推许钱谦益者既经饬禁，而于诋訾钱谦益者复事苛求，未为允协"，此言道出了乾隆及四库馆臣们对文集收录的政治考虑。钱氏既然在政治上被打入另类，则凡"诋訾"钱氏的文字就不宜"复事苛求"了。但值得注意的是，清单中既明言"惟朱鹤龄未与钱谦益绝交之先，往来诗文有《赠某先生诗》等作；又笺注《李义山诗注序》内'红豆庄主人'，皆系指钱谦益"，这些文字是推许钱谦益的，馆臣们心知肚明，十分清楚。所以须将有关钱朱二人交往的文字尽从删除。可是在《愚庵小集》的《提要》中，却有如下断语："至其与钱谦益同郡，方谦益笺注杜诗时，尝馆于其家，乃集中无一语推重之。"一面泯灭朱氏推崇钱氏的文字证据，一面却说《愚庵小集》中"无一语推重"钱氏，这种做法前后矛盾，不知馆臣自命的"矜慎"如何自圆其说？当然，这是否属于馆臣们有意应对乾隆的"疏漏"，目前不得而知，不能排除这个可能。但馆臣的做法客观上使朱氏《愚庵小集》成为"漏网之鱼"，也是不争的事实。

现在保存于《四库全书》中的《愚庵小集》已非全本。将华东师大2010年版《愚庵小集》与《四库全书》本对照，可以发现，《四库》本删去了十二首诗、三篇文，其中与钱谦益有关的五首诗分别是《投赠钱宗伯牧斋先生二十五韵》、《呈牧斋先生》、《陪牧斋先生登洞庭雨花台即席限韵作》、《和牧斋先生登莫厘峰同子长作》、《红豆》，两篇文分别是《笺注李义山诗集序》、《书元裕之集后》。而尚存于《愚庵小集》中的某些篇章，文字也有所改动，如将《牧斋先生过访》改作《有人过访》，将《假我堂文宴记》中"牧斋先生"改作"梅村先生"，将附录"传家质言"第八则"虞山公"改为"吾友"，第九则"虞山"改为"芝麓"（龚鼎孳号）。可见四库馆臣在泯灭钱氏痕迹上确实下了苦功。

# 第二节　悲天悯人的遗民情怀

遗民是中国历史上特定阶段出现的特定阶层，也是封建文化的特殊产物。中国历史上第二次遭到异族入侵并亡国，发生在明末，且这次的规模和惨烈程度，远非宋末能及。正如钱仲联先生所说："泊乎朱明之亡，南明志士，抗击曼殊者，前仆后继。永历帝殉国后，遗民不新朝，并先后图报九世之仇者，踵趾相接，伙颐哉！非宋末西台恸哭少数人所能匹矣。"① 明末清初的这段历史，是中国历史上异族落后文明与汉族先进文明最激烈的对抗，由此也激起了自觉的遗民意识，掀起了大规模的遗民浪潮，其规模之巨，影响之深，可谓空前绝后。遗民思想中增添了沉重的民族气节和忧患意识。说朱鹤龄是典型的遗民，不仅指他的身世恰好横跨明末清初这个特殊阶段，感同身受了明末的混乱喧嚣和清初的惨烈轮回，也不仅指他曾为明代诸生，富有强烈的民族思想，主要是他在诡异恐怖的条件下，排除万难，沉潜经史，坚持著述不辍长达四十年，比较一般意义上的遗民，他艰苦卓绝的意志和坚韧的精神，更具显著的文化意义。

在明亡之后，朱鹤龄就自觉以遗民自居，绝意仕进，将笺注作为自己的名山之业，"足不出阃阈"，"块独无朋"②，即使偶有出游，范围亦不出苏州和浙西。所以他的诗文不以客观丰富的见闻为主要内容，而是着重抒写在这风云激荡的岁月中自己内心的悲怆凄恻和细腻感受。这些叙述和描写，贯穿其入清以后的中年和晚年，春花秋月，凄风苦雨，严酷的形势，人事的沧桑，变换的世态，都在他的心田激起丝丝涟漪。他把这些感受倾注于诗文，为我们刻画了一个有血有肉、性情至真的遗民形象，使我们能够走进他的内心，休戚与共，也让我们更深入、更感性地了解清初庞大而坚贞的遗民群体，这比简单地翻阅大量遗存的《遗民录》之类的材料要有兴趣得多。这应该是

① 钱仲联：《序》，谢正光、范金民编《明遗民录汇辑》卷首，南京大学出版社1995年版。
② （清）朱鹤龄：《愚庵说》，《愚庵小集》卷一四，华东师范大学出版社2010年版，第287页。

《愚庵小集》最大的文献和文学价值所在。

### 一 "节士感此神慨慷"：壮怀激烈的志士

在明末，朱鹤龄度过了他一生最惬意而清狂的日子，他流连诗酒，广交朋友，打发闲暇时光：

> 小冠闲自拭，壮齿恨难追。养拙安垂橐，嬉游忆佩觽。箫韶听圣主，玉帛觐清时。共解杯盘舞，宁忧画角吹。①

可清军的入侵惊醒了梦中人，朱鹤龄与其他明末的士子一样，从云端跌到地上：

> 百年俄遭运，三极遂全移。目惨江山异，神恫羽檄驰。何心对董策，止是扈江蓠。服道徒违俗，传经岂遏饥？阮疏天遣放，嵇懒众从嗤。万事都零落，残生敢怨咨。②

他在明末清初的血雨腥风中始终恪守忠义，发愤隐居。崇祯帝在北京自缢的消息传到南京，朱鹤龄无比悲愤，决心弃绝科举。又与史弱翁等人相期"晞发湖滨，修《谷音》《海录》之故事"③，希望收集整理遗民事迹，以俟后世。他自绝功名的系列举动，发自肺腑，真切自然，没有丝毫做作和犹豫。他艰苦卓绝的民族节操贯穿了终生。他将残暴的清军比作摧残万物的春雪：

> 冻雪合平畴，来自阴山窟。吹我曲房前，夺我瑶台色。岭云寒不飞，朝暾透无迹。春动百物喧，一时敛青碧。高下均浸淫，众芳失其质。不感阴气深，谁知太阳德。④

---

① （清）朱鹤龄：《秋日述怀二十四韵》，《愚庵小集》卷四，华东师范大学出版社 2010 年版，第 87 页。

② 同上。

③ 《史弱翁诗集序》，《愚庵小集》卷八，华东师范大学出版社 2010 年版，第 158 页。

④ 《春雪》，《愚庵小集》卷一，华东师范大学出版社 2010 年版，第 18 页。

他屡次表达与异族不共戴天、矢志杀敌的决心：

> 一朝提向白帝子，辟易万里黄沙清。我歌宝剑神激烈，霜锷雪花今不灭。用之失所同铅刀，世人空自侮神物。风胡不可期，明晦自有宜。君看绕指风尘日，何若潜光古狱时。①
>
> 黑云崩奔海气恶，霜风万里劲雕鹗。苌弘血色照高枫，易水涛声走枯箨。节士感此神慨慷，起拔雄剑击大荒。苔生绣涩非无意，一朝掣电挥寒铓。斩鲸鲵跨溟渤，紫髯一张猬毛磔。履肠涉血愤始平，夜夜天街看太白。②

用古代小说中的故事以励志。晋代干宝《搜神记》中有《三王墓》，写楚人干将莫邪铸剑而为楚王所杀，其子携剑往见楚王并刺之，终于替父复仇。许多清初遗民也多有《精卫词》，可以此抒发对清兵的强烈憎恨。

在江南抗清起义陆续失败之后，朱鹤龄无比苦闷，不知何去何从，感到天地之大，却走投无路：

> 易填东海波，难铲太行险。太行方寸起，一步乃九坂。锋矢日相寻，毒流及玄冕。柏梁随草根，瓜蔓终不剪。往复见天心，杀机还自践。悠悠白马津，千载同愤懑。
>
> 峡中亦有日，海外亦有槎。我生独崩迫，沈忧浩无涯。出门愁满道，入室愁满家。芳兰骨不立，丛菊秋空花。万物非可悦，百年谁见赊？如何违此性，役役随翻车。③

《赠史弱翁》诗说：

> 惊飙无静柯，飞镝多危羽。旌旗满中原，簦笠适何所？同袍事已违，

---

① 《宝剑行》，《愚庵小集》卷三，华东师范大学出版社2010年版，第37页。
② 《临江王节士歌》，《愚庵小集》卷三，华东师范大学出版社2010年版，第38页。
③ 《感遇十三首》，《愚庵小集》卷二，华东师范大学出版社2010年版，第16—17页。

故琴犹堪抚。安得东皋田，偕子艺寒暑。

他相继参加了"惊隐"和"招隐"两个遗民诗社，这分别是江南和吴江规模影响最大的遗民社团和学术群体，从此结识了更大范围的遗民和志士找到了思想的归宿。笻在是鹤龄好友，在清兵占领江南并发布薙发令后逃入禅林，朱氏对其安于贫穷、无惧无畏的精神表示敬佩：

> 乾坤遘明夷，志士无坦步。艰贞义所激，不皇家门顾。吾子至性人，集蓼甘如素。自归祇树林，藜苋不饱茹。[1]

在抗清斗争中，朱鹤龄的不少师友壮烈牺牲，为了缅怀烈士，他仿照宋代《谷音》，特意搜集史料，为志士立传。叶翼云曾为吴江令，后回闽后抗清惨死，朱氏回忆：

> 余尝与公对谈樽俎，盖温温恭人也。其清操惠政，则循良有司也。至其翦薙乱萌，声色不动，则又督抚大臣之才也。惜乎运遭阳九，无以大展猷为，犹得衣冠殉难以死，公真无愧古名臣矣。[2]

字里行间充满了景仰之情。

历史人物和兴亡史实，在《愚庵小集》中都有现实的影射意含。《扬雄论》一文引经据典，辨析原委，说扬雄"生平凡三变"，"其实汉贼"，力驳扬雄为汉代大儒的定论：

> 一旦国鼎潜移，符瑞大作，而雄遂翱翔显秩，与四辅五威相颉颃，以为清静寂寞，其效固如此矣。不然，雄之好学深思，夫岂不明于理乱之数、君臣之分与出处进退之宜者？何以始则居贤、莽之间嗫不一语，

---

[1] （清）朱鹤龄：《寄笻在》，《愚庵小集》卷二，华东师范大学出版社 2010 年版，第 27 页。
[2] 《同安叶公传》，《愚庵小集》卷十五，华东师范大学出版社 2010 年版，第 317 页。

既则从舜、秀之后恬不知羞？吾故曰：雄伪儒也。①

　　斩钉截铁，义正词严，这是对清初士人望风变节的指斥，有很强的针对性。《唐肃宗论》分析唐肃宗灵武继位，"盖有不得不然者，不当以是为深罪也"，也是含有对南明政权恢复故明的期望。《李纲论》纵观千载，从《曲礼》"国君死社稷，义之正也"的训诫和"平王东迁"、"玄宗幸蜀"的史实谈起，说到北宋末年李纲"力主固守京师"而"京师无虞"，但北寇再至，大臣劝帝固守，从而酿成徽钦二宗被俘的惨剧，实际是批评南明大臣一味强调抵抗到底，"执古义而不知通变"。《无党论》分析汉、唐、宋各代党祸，极论"君子之党"与"小人之党"之区别，显然失之迂阔，但所言不无意义，既是痛定思痛，也是寄望南明小朝廷能消除党争，弥合分歧，共御敌侮。
　　屈原是爱国诗人的代表，其作品也深刻影响清初的遗民。朱鹤龄《广志赋》是晚年精心结构的长篇之作，它规模《离骚》，辞采惊艳，淋漓尽致地记录了作者在明亡后漫漫岁月中孤独凄恻又迷茫愤世的心迹，是清初著名的遗民赋作。他说清初贤愚颠倒：

　　　　珍鱼目以什袭兮，谓明月其不光。縶威凤以在笯兮，驱罢驽使服襄。嘈瓦釜以聒听兮，毁钟镛而弗锄。

自己坚持理想和美德，不为外界所动：

　　　　蹇余情之信练兮，秉昭质而难易。屑越桂以为粮兮，编胡绳以为席。被荏若之清芬兮，茹玉英之膏液。

　　他对人们在恶势力面前纷纷变节感到忧伤，苦闷抑郁，走告无门："叫帝阍而不闻兮，邈天皇之难觌。向左玄以陈词兮，剖沈疑于宿昔。"觉得塞翁失马，祸福难料，不如和光同尘，与世俯仰。但想到古贤的遭遇和"前

---

① 《扬雄论》，《愚庵小集》卷十一，华东师范大学出版社2010年版，第226页。

哲"的教诲，经过一番激烈的思想斗争，最终又回到故土，归依儒家仁义之理想：

> 吾将反临旧丘之庵蔼兮，遵夷涂以游衍。归班生之故庐兮，息扬子之玄亭。眷天路之缥缈兮，神迭荡而未宁。茸诗书之靓圃兮，践蕙若之芳庭。永端居以摄志兮，栖寂寞而存真。

诚如好友徐白所云："出入《幽通》《思玄》之间，而稍变其机杼，时出新意，怆悦彷徨，此亦楚骚之苗裔也。"①

南宋爱国作家郑思肖在宋亡后义不仕元，著作《心史》寄寓心志，以铁函沉埋于吴中承天寺古井。三百五十年后，至明崇祯十一年（1638），这部"奇书"被掘面世，上书"大宋孤臣郑思肖百拜封"。数年后明室灭亡，该书传遍士林，在遗民中产生巨大反响，许多遗民作家都题诗写志，誓与清室不共戴天。朱鹤龄曰：

> 海录遗编手自披，百年丁运欲何之。铁函怨史文难灭，钓濑狂歌鬼亦悲。匹马居庸符白雀，双丸淮右整朱旗。不知王戴诸山叟王逢戴良辈，底事终身痛黍离。②

崇祯在自缢前斫伤公主的举动及其遗言，是遗民志士挥之不去的心痛。据《明史》卷一二一《公主传》，崇祯帝自杀前，入寿宁宫，长平公主牵衣而哭。崇祯帝说："汝何故生我家？"挥剑砍去，断长平公主左臂，昏死过去，经抢救五天后苏醒，但不久抑郁而终。朱鹤龄悲其生逢末世，哀其幼而殉国，寄己遗民之痛：

> 苍皇殉宗社，慷慨及娥英。奋剑恩慈割，殷衣血泪横。③

---

① 《广志赋》评语，《愚庵小集》卷一，华东师范大学出版社 2010 年版，第 3 页。
② （清）朱鹤龄：《咏史》，《愚庵小集》卷五，华东师范大学出版社 2010 年版，第 112 页。
③ 《思陵长公主挽诗》，《愚庵小集》卷四，华东师范大学出版社 2010 年版，第 80 页。

在清初严酷的政治形势和文字狱的淫威下，朱鹤龄不得不埋头经史文献，在寂寞的著述之余，黍离之悲不时涌上心头：

　　歌舞谁将纪梦华，园林罨画每兴嗟。卧麟尚认前朝冢，起柳偏依处士家。水带篆纹清不改，山横眉妩翠交加。檐花故忤愁人意，时胃晴丝扑绛纱。

　　清关辇几净无尘，苹叶苔花刺眼新。避债那求银汞术，防愁预买石榴春。康成带草当青簟，栗里巾车胜皂轮。独抱遗经酬岁月，吴差山下织帘人。①

后首分别以郑玄、陶潜、沈麟士等自喻。晚年穷困潦倒，疾病缠身，亲朋师友凋零殆尽，新贵后生纷登要津，时光冲淡了岁月的痕迹，他还独自恋恋不忘自己故明遗老的身份：

　　旧物相随止角巾，长贫耻作逐贫人。抛书始识闲中趣，习静稍安病里身。绛雪驻年何处觅，藜羹适口且全真。余生万事都零落，犹自朝朝礼玉宸。②

安贫乐道，鄙屣荣华，是朱鹤龄一贯的人生准则。虽然遗民生活有万般无奈，但他对故国忠诚不改，数十年来，始终如一，这是伟大而坚贞的人格！一本《愚庵小集》，就是朱鹤龄作为遗民和志士的真实写照。

## 二　"我亦永怀不朽业"：著作等身的儒士

朱鹤龄的一生，成就斐然，经史成就更大。《愚庵小集》中除了不少经学的论文，还为我们保存了朱鹤龄在艰苦条件下坚持自修、刻苦自励的点滴形象。

从他的自我期许上看，他常以先贤大儒自期或者赞美别人，伏胜、刘向、

---

① 《遣兴二首》，《愚庵小集》卷五，华东师范大学出版社 2010 年版，第 99 页。
② 《岁暮杂诗六首》其二，《愚庵小集》卷五，华东师范大学出版社 2010 年版，第 115 页。

扬雄、王通等人是他经常提及的古代儒士。伏胜是秦汉之际儒家经典的关键传人，朱鹤龄用来自比，大概有感叹清初儒业衰谢的意味：“还期伏胜传经日，函丈追趋捧鹤觞。”[①] 他自比刘向：“经术敢云希子政，赋心还欲访相如。”[②] 朱他对扬雄的政治立场颇有微辞，但对他穷年著述的精神还是深表敬佩的，因此经常自比，如“草玄今已就，何处有侯芭？”[③]“漫道径荒锄栗里，敢云玄草疏侯芭？”[④] 王通是隋末大儒，隋文帝年间弃官归乡，钻研六经，模仿孔子，作《王氏六经》，或称《续六经》，并在家乡的白牛溪聚徒讲学，门人常以百数。朱鹤龄生际儒学青黄不接的时代，这点与王通的情形十分相似，所以他常以王通自拟，或以之拟人，如称赞徐氏传播儒学的精神说：“经苑日荒迷，南州独古稽。无心谈虎观，有学讲牛溪。”[⑤] 将长期坚持讲学的著名经学家许三礼比作王通：“仲淹牛溪述王道，一时高第皆公卿。”[⑥] 从他对儒家先贤的大力推崇来看，他终生服膺儒学，并深刻影响了其立身、交友和道德文章，这点是无可置疑的。

他对儒风涣散、人心不古的现状十分不满：“大道日浇散，立名求其真。伤哉秦士贱，素衣蒙垢尘。理色一以辱，奔骛徒云云。飞蛾赴华烛，蹈死诚所欣。”[⑦] 担心自己造诣不精，不能深得先贤之用心：“经史足自娱，亦贵晋以猛。陟巘必层巅，汲深岂短绠。眉睫矜所谋，止供达人哂。此意谁与同，沈忧抱怲怲。”[⑧]

他所交往者不少为饱学儒士，如回忆先师何楷道：“儒术尊漳浦，通经有别诠。”[⑨] 称赞顾炎武渊博的学识和精于考证的功夫：“亭林余畏交，卓荦儒林奋。贯穿经史籍，事事精考证。韵学摧休文，尤得不传蕴。叩击恨无从，

① 《寄王太常烟客先生》，《愚庵小集》卷五，华东师范大学出版社2010年版，第112页。

② 《酬张大行稺恭》，《愚庵小集》卷五，华东师范大学出版社2010年版，第114页。

③ 《遣兴》，《愚庵小集》卷四，华东师范大学出版社2010年版，第70页。

④ 《牧斋先生过访》，《愚庵小集》卷五，华东师范大学出版社2010年版，第98页。

⑤ 《赠徐石兄二首》，《愚庵小集》卷四，华东师范大学出版社2010年版，第73页。

⑥ 《赠海宁许酉山明府兼讯黄太冲》，《愚庵小集》卷三，华东师范大学出版社2010年版，第52页。

⑦ 《金陵王元倬寄南陔诗有赠》，《愚庵小集》卷二，华东师范大学出版社2010年版，第21页。

⑧ 《写怀寄陈鹤客兼呈祯起诸子》，《愚庵小集》卷二，华东师范大学出版社2010年版，第19页。

⑨ 《赠徐石兄二首》，《愚庵小集》卷四，华东师范大学出版社2010年版，第73页。

游辖眇秦晋。"① 正因朱鹤龄谦虚多闻，广交益友，故眼界日开，学业精进。

他非常刻苦，足不出户，"屏居著述，晨夕不辍，行不识途路，坐不知寒暑，人或谓之愚，遂自号愚庵。"② 一次，诗人陈轼拜访他，时值隆冬，鹤龄正奋笔疾书："兀坐守遗经，未遑栖抱犊。十指成冻皴，简端盈笔录。……老忘似师丹，一卷难拄腹。稍延炳烛光，敢并晨曦昃。大业在千秋，相期矢岩谷。"③ 刻苦自励的形象令人难忘。

欲成儒士，必多阅好书，朱鹤龄一生穷困，藏书不多，但在其晚年，左图右史，邺架巍巍，致知穷理，学古探微，新旧合冶，肴核仁义，与他因缘际会结识了许多著名的藏书家密不可分，如顾炎武、钱谦益、毛晋、朱彝尊、曹溶等。举曹溶为例，曹溶是清初著名的经学家，也是江南有名的藏书家。《愚庵小集》有《献曹秋岳侍郎三十韵》诗，主要目的就是借书，从中可以窥见鹤龄自修的历程，以及对书籍的渴望和对儒学孜孜不倦的追求。他对"古学"不兴深感忧虑，把自己耗费毕生心血的经典笺注比作"古琴"，希望有人存亡继绝："吾有太古琴，鼓与不鼓均。纵鼓人不听，视同瓦缶鸣。况兼筝笛奏，悦耳多新声。水调既嘲杀，入破何砰锽。吾欲匣此琴，以俟夔旷生。夔旷不可作，古响终泯泯。"到了晚年，这种担忧越发加重："一生编纂曾何用，只博他年覆瓮赊。"④ 对自己一生的心血简直心灰意冷了。他担忧儒学后继无人，希望有扬雄弟子侯芭那样有志于儒学者出现。吴祖修小鹤龄三十多岁，与朱氏同邑，幼承家学，早从名师，十分敬佩朱鹤龄的博学多识，因此不时过往请益。朱氏与其交往日深，认为他是继承自己事业的合适人选：

　　鄙人学殖荒，门户尤单子。黾勉述作涂，时辈动排讦。愧如铅刀钝，朽株安可切。……矻矻廿年余，钞撮穷日夕。清羸遂不支，筋力空疲苶。耳如许丞聋，目似张籍瞎。尚希探易理，象数渺难说。近服来瞿唐，余子多会稡。戴记陋陈氏，东发钞颇核。卫湜罗群义，蒐残须讨索。惜哉

---

① 《徐健庵太史过访》，《愚庵小集》卷四，华东师范大学出版社 2010 年版，第 30 页。

② 《愚庵说》，《愚庵小集》卷十四，华东师范大学出版社 2010 年版，第 287 页。

③ 《侯官陈侍御过枉兼赠言次韵奉答》，《愚庵小集》卷二，华东师范大学出版社 2010 年版，第 29 页。

④ 《生日自嘲》，《愚庵小集》卷五，华东师范大学出版社 2010 年版，第 109 页。

岁月悭,逝矣桑榆迫。此事托无人,忧心耿如剟。得君振古才,投分比鹣蜒。但恐从进士,今古分涂辙。所祷速骞腾,一朝焚帖括。馨览百家言,覃精古先籍,吾书纵有成,安能振被褐?迟君奋南溟,为我终剞劂。①

这真是一个对儒学鞠躬尽瘁、死而后已的形象。清初的儒学,用梁启超的话说,这是一个"启蒙期"的阶段,它"恒驳而不纯,但在混淆粗糙之中,自有一种元气淋漓之象"②。朱鹤龄以毕生精力从事儒典笺注,混融汉宋,气魄宏大,肇开一代风气。《愚庵小集》通过细微感性的描述,为我们刻画了儒学大师坚持理想、勤奋著述的片断形象,是不可多得的材料。

### 三 "百年心事同沙鸥":寄情高远的隐士

隐士不一定是遗民,遗民也不必是隐士。具体到清初,遗民大量出现,大致可分为两类:一是怀抱复国的幻想,长期奔波,互通声气,明知其不可为而为之者,还有以结社为掩护伺机而为的抵抗者,这在当时大江南北十分普遍;二是虽心怀隐痛,但明察形势,知其不可为而彻底归隐者,朱鹤龄属于后一种。

朱鹤龄在听到崇祯帝自缢的消息后,就决心放弃功名,彻底归隐,这在清初的遗民中可说是时间最早者之一。他归隐的理想,是像白凫一样无拘无束:"不争肥于粒食,不受缏于轩。屏恒宛颈以相呼,狎风波而无警。此又智于鹪鹩之处身,而安于鸷鹗之屈猛者也。"③它比目光短浅的家禽飘逸,也比豢养于富贵人家的飞鹤自由。西晋的张华年轻时写过《鹪鹩赋》,说要像鹪鹩那样"形微处卑",明哲保身,但结果还是在"八王之乱"中不幸殒身。白凫彻底游荡江湖,清凉自在。当然做"白凫"也是有代价的,就是与孤独为伍,形单影只,也不能像天上的"美禽"远走高飞,摒弃一切俗累,进入那无忧无虑的无何有之乡。

---

① 《答赠吴慎思七十韵》,《愚庵小集》卷二,华东师范大学出版社 2010 年版,第 33 页。
② 梁启超:《清代学术概论》第一节,东方出版社 1996 年版,第 3 页。
③ 《白凫赋》,《愚庵小集》卷一,华东师范大学出版社 2010 年版,第 10 页。

做隐士苦，世态炎凉，名利的诱惑无处不在："非廉家不贫，非让身不贱。廉让皆为名，名臻行亦偭。道腴与俗荣，二者中徒战。"① "道腴"还是"俗荣"，在朱鹤龄的心中争执不休。"俗荣"不仅是世俗的荣华富贵，也有"浮名"等漂白的功利，要想真隐，还须"勿为浮名牵"，放弃一丝侥幸的世俗之念。但放弃浮名就能成为真正的隐士？是否就此彻底沉沦，万事不问？这些问题还是经常困扰着朱鹤龄："山木不材寿，雁又不材烹。材与不材间，何用深较量？"山木因为"不材"而逃避了砍伐的命运，大雁却因为"不材"而遭遇了迥异的结局。"材"与"不材"，使他备感焦虑，左思右想，结果的答案是："吾生石中火，成亏岂有常？蛇蚹与蜩翼，一任天机行。能以无用用，乃游道德乡。"② 希望以无用为大用，那么笺注儒家经典就是最大的"无用"，既可不与清王朝合作，又避免终生碌碌无为。

他对沽名钓誉、以终南为捷径的假处士十分反感：

> 南箕谁见籁，北斗本无挹。提壶非有浆，促织不成幅。举世循空名，君子须责实。王衍罹排墙，殷浩终废踣。高名竟何为，徒以祸人国。处士盗虚声，自古深叹息。虽有聘弓招，达士不轻出。出者惟隆中，高驾邈难匹。③

所以他反复告诫好友和后辈，要洁身自好，不要趋炎附势，要学古思贤，不被一时的"势荣"所迷惑：

> 势荣者人慕之，道荣者人疑之。厌膏腴，欺纨縠，高车大盖，夸耀州闾宗党间，此势荣也；身都儒雅，与时进退，抗颜千古之林，雄览万物之表，此道荣也。充于势而绌于道，古人犹有尘垢轩裳、逃之寂寞之滨以为快者，况乎乘危抵蟥，苟窃旦夕之光，曜于蜩螗沸羹之中，此如操漏舟以试洪涛，策败辕而上峻坂，方沈溺颠覆之不暇，又

---

① 《遣兴五首》，《愚庵小集》卷二，华东师范大学出版社 2010 年版，第 10 页。
② 同上。
③ 《咏史二首》，《愚庵小集》卷二，华东师范大学出版社 2010 年版，第 35 页。

何荣辱之足云哉？①

朱鹤龄不但身体力行安贫乐道的处世准则，还大力称颂朋友的义举，表彰他们的遗民气节。被称为"海内三高士"的徐枋，是明末著名抗清志士徐汧之子，也是清初遗民圈的核心人物。在经历清初残酷的抵抗斗争失败后，他长期隐迹于苏州天平山麓，二十年不入城市，终身以鬻画自给，并收集史料，著成《读史稗语》二十四卷、《读史杂钞》六卷。朱鹤龄赞扬他高蹈远引，处穷自守，将他与所谓的"名士"进行对比："呜呼，今之所谓名士者，吾知之矣。非藉门荫则不名，非广交游则不名，非丰脯醢则不名，非树柴栅则不名，非操衡纩则不名，非骛通都大邑则不名。"② 其实也是对自己的自警。

孤独和穷苦是隐士的伴侣，也是对隐士心志的一种磨砺。漫漫岁月，与青灯黄卷为伍，在饥饿和穷困中孑然前行。《愚庵小集》中有不少描写自己形影相吊的诗句，如："块独寡朋俦，支离守穷迹。鸟声散晨暄，花影摇夕月。诗成无共酬，酒熟惟孤啜。露树风棂间，谁来成主客？自谓长寂寥，意气无开斥。"③ 而饥饿是实实在在的不速之客。"饥"字在《愚庵小集》中比比皆是，如"饥来安可驱，逾户即巉岭"④，"服道徒违俗，传经岂遏饥"⑤。就连看画，也忘不了饥肠辘辘："若向此中成小筑，松花满径可忘饥。"⑥ 朋友来聚，他无食可供，十分惭愧："愧无监河粟，周子食指稠。"⑦ 晚年老病缠身，更加贫苦，以至过年无钱买爆竹，只好爆响空竹代替："欲驱贫鬼愁无术，且爆檐前竹数竿。"⑧ 他常称颂隐居友人安贫乐道的义举。陆凤华也是遗民，在山河变色后，他隐居深山，破屋淡蔬，孤独憔悴，矢志抱持遗民的

① 《送董处士归湖滨序》，《愚庵小集》卷八，华东师范大学出版社 2010 年版，第 158 页。
② 《赠徐处士序》，《愚庵小集》卷八，华东师范大学出版社 2010 年版，第 159 页。
③ 《答赠吴慎思七十韵》，《愚庵小集》卷二，华东师范大学出版社 2010 年版，第 33 页。
④ 《写怀寄陈鹤客兼呈祯起诸子》，《愚庵小集》卷二，华东师范大学出版社 2010 年版，第 19 页。
⑤ 《秋日述怀二十四韵》，《愚庵小集》卷四，华东师范大学出版社 2010 年版，第 78 页。
⑥ 《题樵水画》，《愚庵小集》卷六，华东师范大学出版社 2010 年版，第 120 页。
⑦ 《送唐铸万移家金陵二十韵》，《愚庵小集》卷二，华东师范大学出版社 2010 年版，第 21 页。
⑧ 《丙午除夕》，《愚庵小集》卷五，华东师范大学出版社 2010 年版，第 101 页。

情怀,不为外界所诱。他的一位朋友,大概官道亨通,悯其困苦,馈赠了一些金钱给他,可是他宁愿饿死,坚辞不受。朱鹤龄很感动,就写诗给他,赞扬他的"却金"之举,好比杜甫穷困而不受褥段:

> 每感缁尘染素练,曾闻杜老辞褥段。钦子高风近古人,涧底粼粼青石见。吾愿昆冈蹋倒海尘飞,勿生绿玉与明珠。珠玉能令生命贱,采之失却千金躯。不如登让山,汲廉水,东郭萧条蹑芒履,危机不中飞流矢。

在这兵荒马乱的年代,人人自危,朝不保夕,可朱鹤龄却在从事"愚不可及"的笺注,世俗之徒对他冷嘲热讽。他以"神龙"、"芳兰"、"黄钟"自期,期望有朝一日象"怒蛟"一样腾空出世,期望自己的心血不会白费:

> 人情似秋云,俄顷异好丑。兰艾同束薪,文章弃刍狗。感叹中园葵,妍华竟何有?社燕春复秋,变衰岂云久。得丧理本齐,何事营身后。宜彼贤达人,挥金适拊缶。

但做隐士,最严重的还是性命之虞。隐士多遗民,自绝功名,不求仕进,是对新王朝无声的抗议。有时皮里阳秋,指桑骂槐,使统治者如坐针毡。清初屡兴文字狱,除了汉族知识分子明目张胆的抵触情绪触怒了满族统治者敏感的神经,恐怕也有另一层的深意,就是通过高压态势威逼隐士们走出山林野居,为我所用,进而消弭满汉民族的严重对立情绪。所以做隐士,也是有策略的,这是朱鹤龄从陶潜身上看到的端倪。陶潜的诗文,自沈约发"潜自以曾祖晋世宰辅,耻复屈身后代。义熙以前书晋氏年号,永初以来惟云甲子而已"①之论,后世一般认为这是陶潜义不帝宋之举,虽也有人认为揆之史实,不合情理,岂有二十年之前便耻事二姓而不书年号之理?但既为公论,势所难改。朱鹤龄是认同这个公论的,但他认为陶潜之高明而为古今隐逸诗

---

① 沈约:《隐逸传》"陶潜",《宋书》卷九三,《四库全书》电子版。

人之宗，在于其"以识胜也"。陶潜有高于一般隐流的卓识，就在于他看到历史上隐士"自明其高"的悲剧：

> 易姓之代，其主类猜忍自雄，而左右之者又多甄丰、华歆辈。于此而子孑然自明其高，是深中其所忌也。吾为修洁，而彼即以修洁罪之；吾为委蛇，而彼即以委蛇罪之。韦思祖之于赫连勃勃，司空图之于朱全忠，未尝敢与时忤，然而大者诛夷，小亦困辱，岂非"高则邻兀，兀则生悔，刚阳居上，非匹士之所宜有"耶？

所以陶潜"存其耻事二姓之心，书甲子而始于二十年以前者，又所以泯其不书年号之迹"，就是避免别人"以养高钓名疑我"。痛哉斯言！嵇康死于司马氏的屠刀之下，已是前车之鉴。而清初一般的遗民志士，激于民族之大义，吟诵黍离，歌咏式微，不忘故国，其情堪矜，实不知正深中满清之所忌，潘柽章和吴炎因"明史案"而惨遭杀害，就是有力的殷鉴。明哲保身，和光同尘，自居"无用"之材，隐度有生之年，是非常时期的抉择，这是朱鹤龄对遗民的告诫，也是鉴于大批遗民志士惨遭杀戮的痛定之言。

## 四　"襟期每为高士倾"：古道热肠的长者

朱鹤龄的阅历十分丰富，明末和清初各近四十年的阅历，使他养成了孤傲冷观的心态，对世态众相往往多有不平和抨击之辞。如他对新贵后进不择手段，嗜利钻营，却忘记家国仇恨，表达了愤怒："熊貔不相啖，枭獍不自残。人则甚于斯，生理安得长。"[1]他服膺儒术，儒家仁义礼信、恭行俭让的训诫影响他的立身行谊。但白衣苍狗，人情浇薄："高轩矜少年，吾辈憎老丑。陶公素心徒，交态能复有？"[2]

时局动乱，音信杳茫，遗民们离多聚少，常常数年不能谋面，一旦久别重逢，那种纯真而高雅的友谊就显得尤为珍贵。《愚庵小集》中有许多遗民

---

① 《感遇十三首》，《愚庵小集》卷二，华东师范大学出版社 2010 年版，第 16 页。
② 《过周安节馆斋小饮》，《愚庵小集》卷二，华东师范大学出版社 2010 年版，第 26 页。

相思相聚的感人场景，如他与顾有孝、胡介、姚佺豪气干云的一次聚会：

> 座中三子湖海英，剪韭击鲜乐事并。觚船初泛箬下清，瞠目直视无公卿。沧浪逸兴浮轩楹，起视高树明星横，搔头浩歌栖鹊惊。天运物情已如此，纡金馔玉徒营营，今我不饮将何成。①

他回忆与筇在禅师天地沧桑、至情至性的会面，令人恻恻：

> 去秋叩我门，颜色殊非故。问答始惊呼，涕泗纷如注。忆昔旅敬亭，与子共情愫。联翩宛溪滨，朗咏玄晖句。翻掌三十年，世事霾黄雾。相对各吞声，不忍更陈诉。②

朋友在一起衡文论艺，雅集觞咏，更是赏心乐事：

> 谐谈无古今，所戒杂声利。高者破玄关，下者析奇字。角论如涌泉，胸臆颇得恣。是时兰风清，日车转庭砌。瓜茶似僧寮，冷淘间干糒。终年困尘缨，顿尔发神智。皆云此晤良，惜别屡牵袂。吾衰久矣夫，心迹多芜累。公等施钳锤，或足谢天剿。所恨相见稀，形影俄离异。明发隔山川，此夕同幬被。聚散何足云，浮云本无系。③

一旦有幸聚会，朱鹤龄多以气节文章相勖勉，鼓励朋友坚守古道节操，勿为外界所诱，如他鼓励陈瑚曰："漆园尚天放，正则敦修名。彼皆处尘壒，心迹能双清。如何鸾凤翮，下与鸡鹜争？"④ 陈瑚（字言夏）是明清之际较早从事经济实用之学的先驱。入清后，陈瑚多次被地方官吏荐举，瑚力辞而已。

---

① 《茂伦席上晤胡彦远丘季贞姚仙期漫赋》，《愚庵小集》卷三，华东师范大学出版社 2010 年版，第 44 页。
② 《寄筇在》，《愚庵小集》卷二，华东师范大学出版社 2010 年版，第 27 页。
③ 《筇在禅兄过我荒斋夏山夫赵砥之继至谈咏竟日率尔成篇》，《愚庵小集》卷二，华东师范大学出版社 2010 年版，第 24 页。
④ 《吴门晤陈言夏》，《愚庵小集》卷二，华东师范大学出版社 2010 年版，第 19 页。

应该说陈瑚的举动，与朱鹤龄等人的鼓励密不可分。再如志遁丘山、隐居著述的徐枋，朱鹤龄多次作诗著文，鼓励他以古遗民自勉："身穷壑谷能逃忌，隐托文章不厌孤。"[1] 遗民们用生命实现了对气节的坚持。数百载而下，再次诵读这些诗章，仍能感到遗民的脉动。

强烈的民族气节、坚毅的学术追求、穷而弥坚的操守和古道热肠的情怀，在朱氏身上得到了集中体现，其无愧于清初遗民的代表人物之一。

# 第三节 典丽多姿的艺术风格

被《四库全书》"集部"收录的清初文家，已有不少研究文章，但关于《愚庵小集》，较为详尽的论文几乎阙如。从朱鹤龄的交往来看，多为一时之文宗儒宿。他的《愚庵小集》中，许多诗文之后附有名家的点评和议论，这个做法虽然也有"促销"的商业因素，但其中的大多评点还是颇中肯綮、实事求是的。因此，对于《愚庵小集》的艺术价值，还是有研究必要的。

最早对朱鹤龄的文学做出全面评价的，应当就是为《愚庵小集》作序的王光承和计东。两人都对赋、诗、文三体作了提要勾玄的评点，大致的意见皆认为赋学习《离骚》和《文选》，诗歌规模唐诗，古文则熔铸经史。下面就赋、诗、文三体分别进行分析。

## 一 赋

《愚庵小集》按照传统的顺序排列各体，赋列首卷，共计九篇。

《广志赋》是长达千字的骚体赋。内容是描写自己在清初混乱局面下极端苦闷的心情，表达了对现实的批判，流露出遗民洁身自好和远引高蹈的出世情怀。艺术上，该赋以《离骚》为圭臬，大量使用比兴手法，其中对世相良莠的描写就很精彩：

> 何流俗之险诐兮，好与恶之迷方。珍鱼目以什袭兮，谓明月其不光。

---

[1] 《寄徐昭法二首》，《愚庵小集》卷五，华东师范大学出版社2010年版，第101页。

黉威凤以在笯兮，驱罢驽使服襄。嘈瓦釜以聒听兮，毁钟镛而弗犯镯。巧占风于要路兮，工树栅于康庄。群听听以噪吠兮，索兰佩而狰狞。籔秕糠以眯目兮，转粪壤而自芳。诚妒忌之难并兮，畴捷径而能良。

这里用了许多相对的名物来揭露现实的黑暗，如"鱼目"与"明月"、"威凤"与"罢驽"、"瓦釜"与"钟镛"、"噪吠"与"兰佩"，这种对比、排比和比兴一并使用的手法，使赋文加强了节奏感，增强了批判力。其次是该赋征经引史，用典精工，巧妙表达作者反清思明的思想。如"牛哀化虎"，最早出自《淮南子》："牛哀病七日而化为虎，其兄启户而入，哀搏而杀之，不自知为虎也"，用来形容清初生灵涂炭、骨肉自残的乱象，是十分贴切的。

《枯橘赋》《白凫赋》《诛蚊赋》是体物写志的抒情小赋，艺术上除了借鉴屈原《橘颂》外，更多还是借鉴了汉魏时期的赋作经验。前两篇是自寓式的作品，《枯橘赋》象征了遗民们哀伤颓折的形象，《白凫赋》暗拟张华的《鹪鹩赋》，但辞采之斐然，兴寄之高远，皆不遑多论。《诛蚊赋》讽刺清吏的为非作歹、横征暴敛，含有一定的民族思想，形式上则学习南朝小赋。

《游灵岩山赋》和《苦雨赋》，分别属于"地理"类和"天象"类，都是传统的汉赋题材，手法上对汉赋有所借鉴，但在体裁上更像小赋。《游灵岩山赋》的结构类似鲍照的《芜城赋》，先是极写灵岩山之山川形胜，造化钟秀，仕女填阗，歌吹沸天，香火鼎盛，再以今日之木摧垣颓、荡灭销沉加以对照，其中暗含了作者对异族入侵的愤懑，最终在"览兴亡之一瞬，悟生死之同规"的感喟中结束全篇。通篇皆为写景，却句句攸关兴亡。语言清新遒丽，风格沉郁，显示了作者杰出的语言造诣。

《宫人入道赋》和《秋闺赋》分别写女冠和闺思，内容上没有什么新意，但作者为儒学家，思想正统，所以这两篇赋作尤为难得，正如《闲情赋》之于陶渊明。尤其是对女性内心的细腻描写，传情达意，曲尽心态。《冥异赋》赞佛之灵异，内容迂腐，一定程度表明了作者晚年的消极情绪。

## 二　诗歌

朱鹤龄的诗歌虽仅五卷，数量不多，但这是在他精心选择后的遗存，实际数量远不止此，且艺术价值较高，具有真挚动人的感染力。

（一）体裁。《愚庵小集》的五卷诗歌是按照七种体裁分卷的，即五古一卷，七古一卷，五律、五排一卷，七律一卷，五绝、七绝一卷，少数的乐府和歌行分别收入五古和七古，共收诗三百六十八首。

古体尤其是五古是朱鹤龄最重视的体裁，他说：

> 唐人论诗，每云工于五言，盖以五言工则不必问其余，是五言古为诸体之根柢。而五言古之根柢安在乎？亦曰求之《三百篇》、《离骚》以及昭明之《选》而已矣。自近体盛行，便于应酬干谒，而世之辞人率以之代羔雁，充筐箧，于是五言古几废。即披英散馥，排比极工，不过俪青妃白，流连景光已尔，于六义之道安取乎？①

他看重五古，就是因为它是"诸体之根柢"，而"根柢"就是充实于《诗经》、《离骚》和《昭明文选》中的"六义之道"，即"诗言志"、"温柔敦厚"、比兴美刺、主文谲谏等儒家的文学观。在返经复古的清初，这个观点是有其特殊的意义的。

朱鹤龄的五古大多呈现直抒胸臆的特色。诗歌的内容大多感怀故国，叙说离别之苦，所以真挚感人，不事雕饰，苍凉而愤激。如《赠史弱翁》："白日残清晖，宵光安可补。鱼鸟失飞沈，珠玉成灰土。文章不庇身，处晦惟园圃。叹子双鬓斑，羁穷共谁语。"首先感叹山河改易，"鱼鸟"沉沦，"珠玉"尘土，文章之士斯文扫地，唯有遁隐丘园，以避祸辱。再叹战事方殷，老友穷困孤独，无可与语，无处可适，而"我"与你一样，不能从戎戮敌，只有"故琴"尚堪抚慰遗老之伤心。全诗真情充溢，流露了与老友的一片相知相惜之心，非古体无以传情达意。

《答赠吴慎思七十韵》是《愚庵小集》中最重要的一首五古。诗歌大致分为三个部分，第一部分回顾吴江先贤文辈，对风流云散痛心不已，尤其是吴兆骞的沉沦被遣，使诗人痛感天妒英才，倍觉寂寥。第二部分叙吴慎思文

---

① 《汪周士诗稿序》，《愚庵小集》卷八，华东师范大学出版社 2010 年版，第 177 页。

儒代出的家世，赞其文采斐然，下笔千言，颇得时辈激赏。第三部分述自己一生行谊志趣和著述宗旨，倾诉晚年体弱多病，境遇日下，欣喜在遇到吴慎思后儒术能继，剖剜有托。全诗汪洋恣肆，如吐肝鬲，不仅充分展示了作者过人的诗才，也是了解作者生平和著述的极佳史料。

七古诗则风生水起，淋漓畅快。有的一气呵成，如江河直下，《对酒歌》俯仰古今，放目天地，感春秋代序，世事无常，富贵难持，悲大块有形，志士郁塞，无处可遁，郁勃不平之气充溢文字之间。《酬方尔止见怀兼送之金陵省侍》回顾与遗民方文在明末的深厚友谊和在家国沦亡后的悲惨遭遇，交织了个人的友情与国家的巨变，辞采华丽，节奏明快，深情贯注，跌宕起伏，是艺术价值很高的诗歌。《重过四雨阁有感》以重游为引，叙述四雨阁昔日的繁华风流和自己馆居的逸事，感叹今日野草丛生，蛛网扑面，赋予了诗歌浓厚的历史沧桑感。总之，其七古开张纵横，上下千载，在结构和气势上皆适合今昔对比和盛衰兴亡的情怀，而作者学贯今古，经史满腹，文物典故，信手拈来，因此这类诗体往往诗情勃发，最能体现作者横溢的才华。

古体诗中还有比较有特色的古题乐府。这类诗大多是批判性的题材，如《结交行》以委婉的口吻和比兴的手法，劝诫人们珍惜友情，反对趋炎附势。《梦桃源》寻找人间"避秦处"，反衬现实的黑暗。《苦寒行》《湖翻行》《刈稻行》几首夹叙夹议，语言朴实，但揭露的都是清初民不聊生、贫富悬殊的社会现实，这类作品在风格和手法方面直接接受唐代元、白新乐府的影响。

近体诗讲求声色对偶，既是应酬的工具，也易显示作者的才华。在朱鹤龄与名流新进的交往中，多采近体，大概有这方面的考虑。如《投赠钱宗伯牧斋先生二十五韵》典重精工，颇费匠心。前半称颂牧斋之文德，感慨其宦海沉浮，曰：

> 耆旧今谁在，岿然独海虞。圣时留硕老，天末遁潜夫。道屈风尘日，名垂造化炉。儒衣推袺襘，学海仰蓬壶。早岁班三殿，英声播九区。博闻征二负，闳览识淳于。铃索闻风动，花砖候景趋。兰台披秘简，槐市定师模。丹穴翔高凤，黄沙射短狐。屡劳兴贝锦，终见止瓯臾。公望原无对，清流实有徒。号弓天綦急，迁鼎日输扶。北斗悬衡正，南宫听履

孤。玉璜参国宝，金砺应时须。

几乎字字妥帖，句句用典，雅重醇实，无一虚发，非博学多识者不能涵咏其妙，十分切合钱谦益的学识和身份，故当时著名学者金之俊评价说："典丽有则，此方是赠虞山诗。"①

五律的传统功能是自伤自适。《愚庵小集》中怀古、悼人、写景、咏物、寄远等，多用此体。这类诗大多刻画细腻，情景交融，结合景致的特点，或显或隐地寄托遗民的悲情。如卷四《园居杂诗八首》之一、二：

> 送老真无计，闲情付钓筒。汉阴机久息，甫里散长终。几傍齐檐竹，窗临向日桐。小庭花媚眼，都发去年丛。
>
> 高树隐柴荆，幽居绝送迎。将泥看乳燕，密叶听啼莺。绮縠翻花暖，旗枪试茗清。交床庄叟蝶，栩栩觉来轻。

该诗附评曰"从老杜得手，此更转入幽秀"，确属的论。杜甫的五律，一般有两个特点，一是有现实感，能在看似闲情逸致的描写中隐约流露心志，而绝非中唐大历诸人的清客心态；二是写景幽细入微，生动逼真。前首的前四句纯是议论，后四句纯是写景，分明是老杜常用的句法。颔联"汉阴机久息，甫里散长终"，分别用《庄子》"天地"篇汉阴丈人凿井和松陵前贤陆龟蒙隐居的典故，看似机心全无，实质暗含了作者心潮难平、隐忍不发的寓意。后一首前六句写景，极细极微，此即附评所谓的"幽秀"，但尾联"交床庄叟蝶，栩栩觉来轻"，觉来惊醒梦中人，那种恍如隔世的感觉，不胜惆怅的情绪，难道不正是遗民独有的心态吗？

七律除了以上题材，还有一些登临、节候和应酬次韵的内容。《愚庵小集》的七律大多流丽畅快，对仗工稳。晚年的七律，炉火纯青，造化入神，那种苍凉雄浑的风貌，即使置于杜甫诗集中，恐怕也难分伯仲。如《岁暮杂诗六首》之一：

---

① 《愚庵小集》卷四，华东师范大学出版社 2010 年版，第 77 页。

> 献书未达九重天，泽鹭浮沉二十年。章甫早知难适越，蒯缑无分迥游燕。羌山高士称同学，江上渔翁许并船。若得姓名垂异代，不知青简共谁编。

此诗时间横跨明亡清兴数十年，对仗极为工整，典故精工贴切。首联和颔联回顾科举生涯。科场蹭蹬，未获见用，满腹经纶，却落得江湖沉沦二十载。"章甫"用《庄子》典故，表示自己素性狂狷，不宜科举仕途。"蒯缑"用《史记·孟尝君列传》的典故，表示自己虽有冯驩之抱负才能，却无因缘际会，不免沉迹。"羌山高士"用《南史》"隐逸传"沈麟士的典故。沈麟士生活于南朝宋齐时代，与沈约同时，吴兴武康人，可以说是朱鹤龄的同乡前贤。他幼秉异资，年纪稍大，就"博通经史，有高尚之心"。因为家里很穷，就一面替人织帘，一面读书，口手不停，所以乡里人称他"织帘先生"。他虽有仕宦的机会，却弃官守贫，淡泊名利，"隐居于吴差山，讲经教授，从学士数十百人"，遍注五经，八十不倦。这与朱氏身世颇近。"江上渔翁"用《宋史·隐逸传》的典故，故事就发生在朱氏生活的吴江。尾联展望身后之名，"千秋万岁名，寂寞身后事"，而自己生前寂寞，身后之名更未知何人传之，同时也表达了世事茫然的历史忧伤。全诗忧愤深广，沧桑悲凉，使事恰当，诗律精严，达到了极高的造诣。

（二）手法。朱鹤龄的诗歌大量使用比兴和用典等艺术手法。比兴触景生情，引譬设喻，托物兴感，故诗歌形象鲜明，悠长隽永，使人回味不绝；典故精粹浓缩，富有历史和人文的意涵，故诗歌精练而深沉。这两种手法在朱鹤龄的诗歌中均有应用，但比兴相对用于古体较多，典故在近体诗中较多。比兴如《感遇十三首》：

> 天道有波澜，山云谁为主？蓬瀛今不流，安得朝市古。金狄酸秋风，铜驼埋宿莽。岂辨青门人，当年乃万户。蚍蚁升天行，潜蛟失其所。感此泪悢悢，含辛不得语。

运用大量比兴来暗示天崩地裂的沧桑巨变，表达了遗民对故国的缱绻不舍及对贤愚倒置的强烈不满。

比兴常用在开头，一般是为了铺陈气氛或赞美人物。如《献曹秋岳侍郎三十韵》开头："神剑埋尘匣，价无十干酬。拭以华阴土，晶光烛天流。皎皎云中鹤，少时同鸾鹄。终借啄抱力，高鸣羽修修。"《寄王西樵吏部兼呈阮亭工部》开头："玉质生荆岑，光剡椟中见。斌玦冒连城，五都谁能衒？"分别将年轻才俊比作"神剑"、"云中鹤"、"玉质"、"斌玦"，表现了老辈遗民对年轻学者青出于蓝的殷切期望。

朱鹤龄使用比兴，往往连类博施，珠玑琳琅，使人目迷五色，应接不暇。如《献曹秋岳侍郎三十韵》："每思经籍广，何啻堆山丘。譬如求玄珠，必为象罔游。又如折若木，必上昆冈头。撞钟今以莛，蠡勺只自羞。"以"山丘"比经籍之众，以"求玄珠"、"折若木"比收获经籍之精髓，以"象罔游"、"上昆冈"比艰辛的探索过程，以"莛"、"蠡勺"比自己才学之疏浅，以"撞钟"和暗喻的窥天、测海比求取儒学真蕴。有的则通篇比兴，本体和喻体浑然为一。再如《遣兴五首》之二："豫章生深山，七年已见奇。岁久又得地，剪伐无从施。霜皮与黛色，参天势崔嵬。下无虫蚁蠹，上有神灵持。天子建明堂，栋梁安得遗？匠石一朝顾，何嫌采用迟。""豫章"、"明堂"、"匠石"分别象征了朱氏才能、文化大业和主政者。一连串的比兴运用，起到了以简驭繁、言约意丰的艺术效果。

其次是大量的用典。朱鹤龄学识丰富，博览经史子集，所以他的诗歌典故络绎，形成"典雅醇实"的风格。他的典故大致可分为以下几类：

第一类是表达遗民情怀的。如《感遇十三首》"易填东海波，难铲太行险"用精卫填海的典故，表达誓死抗清的决心。《感遇十三首》"悠悠白马津，千载同愤懑"用《战国策》赵王割地事秦的典故，表达了对明朝中离间计导致亡国的愤懑。《秋日述怀二十四韵》"时为握粟卜，大似触藩羸"，分别用《诗经》和《易经》的语典，表示自己在亡国之处的艰难处境。

第二类是表达隐逸之志的。如《戊午元日》"甲子瞥过同绛县"用《左传》"绛县老人"之典，表达"不知有汉，无论魏晋"的意思。其余有陶渊明、庞德公、严君平、徐孺子、黔娄等古代隐士之典。

第三类是学术方面自况或勉人的典故，一般是历史上穷居著述、安贫乐道的经学家，如伏胜、刘向、扬雄、郑玄、王通等。

第四类是赞扬遗民高尚友谊的典故，如"孔李"、"羊何"、"山阳侣"等。

比兴和典故简约生动，形象性强，是朱氏诗歌典雅醇厚的重要特色。

### 三　文章

《愚庵小集》的文章包括散文和骈文。散文包括序、记、书、论、辩、杂著、传各体，文体不同，因此风格和手法差异很大，但都言之有物，不尚空言。

（一）序。有两种，一种是笺注著作的序，如《毛诗通义序》、《禹贡长笺序》、《尚书埤传序》、《校定水经注笺序》、《辑注杜工部集序》、《战国策钞序》、《阳明要书序》、《读左日钞序》、《左氏春秋集说序》、《毛诗稽古编序》等。这类文章一般文辞质朴，条理明晰，追根溯源，引经据典，醇雅厚实，体现了清代学术的新气象。每篇文章都是言简意赅的学术史，读之使人受益匪浅。如《毛诗通义序》，就是一篇推崇汉学的经学文章，作者缕述《毛诗》从汉至宋的十数家传承情况，得出小序"不可废"的结论。文章条分缕析，对各家的评骘亦颇中肯綮，确是见识独到、功力深厚的佳文。

另一种是文集之序，这类序因人而异，精彩纷呈。《送董处士归湖滨序》开头辨析"势荣"与"道荣"之别，占据道义的制高点，以下则势如破竹，畅快淋漓。《赠徐处士序》先从历史上的"名士"说起，如伏流千里，随地潜行，看似闲笔，实则别有用心。卒章显志，既隐射今之"名士"的虚荣，又反衬徐枋之可贵。《俞无殊诗集序》说明人"穷"而诗不必能"工"，《缬林集序》论诗文绚烂而至平淡之道，皆不拘一格，翻新出奇。《南州草堂集序》论诗人必须经历生活的磨练，纵览天下，方得诗文之工之奇且富。《华及堂诗稿序》论"作诗要指"说："取材于选，效法于唐，此诗家律令也。不读选而希风汉魏，是犹之济洪流而舍箄筏也；不法唐而旁及宋元，是犹之厌家鸡而求野鹜也。"比喻贴切形象，说出了许多封建正统文人的诗文之道。此类序最能体现朱氏横溢的才华，内容上因人因事，"随物赋形"，虽观点多不出传统范围，但往往出人意表，不为前人所囿，且甘苦自道，是作者一生文苑辛勤耕耘的结晶，故说服力自非他比。艺术上正言曲譬，笔舌活泼，文采绚丽，余味无穷。用朱鹤龄自己的话说，就是"擅材弘富，抽发不穷"，

"横经藉史，讽咏忘劳"，一句话，就是丽而有则。试看下面两段文字，就能有所体会。《董太史豫游草序》中一段：

> 余曰："董子仁孝人也。观其采兰眷恋，以白华之洁行戒养南陔，非有意为汗漫游也。一旦以甘霂之不给而出，远涉江湖，冒嗔鼍獭，二孤之悬流，马当之奇崄，昔人以比太行吕梁，左蠡弥漫，分风上下，过之者能无垂堂之戒乎哉？况军兴孔棘，羽檄交驰，荆棘载涂，蜚鸿满野，宗衮焦思，旅人蒿目，遥睇江山，皆增怊怅矣。吊孺子之墟墓，式柴桑之故庐，又能无睪然高望而远志哉？宜其见之咏歌者，恫乎以悲，悄乎以栗，哀气感而羽声多也。昔人称张燕公为大手笔，自居岳阳，诗更凄惋，盖情因境迁，非可一致。若夫羁旅之作多激楚，山林之音多愁寂，此岂所以拟吾董子耶？"

再看《汪季青诗稿序》中一段：

> 是故才者，造物之美器，不轻畁人，其得之者如琪枝瑶草，举世称瑞焉。豫章出地，已欲干霄；骥子试涂，便齐飞兔。古今文士，其得之天授与得之人力者，生死工拙之分，相去奚啻寻丈哉？今季青年方弱耳，既负绝人之才，而又性耽烟霞，目饱缃素，一门之内，嘤嘤和鸣，从此泛学海，陟文山，举修步于长途，穷壮观于绝景，余请以兹编为嚆矢焉。

这样的文字，在《愚庵小集》中俯拾皆是。诵读全集，一方面感受作者满腹经纶，学有根柢，修缮汲深，益进古人，一方面如登玉山，琼玖满目，俪青媲白，惊艳绝人。这种典雅而性情的作品，不同于明代的生硬腔调和明末的做作滥情，是真正开风气的文字，是可以与清初任何文坛大家颉颃并论，把臂入林的。

（二）记。共十三篇，表现遗民情怀的占了一半以上。比较典型的如《俞无殊山居记》、《莼乡草堂记》和《江湾草堂记》，就分别记叙俞南史、杜子亮和作者在国变以后激于义愤、归隐山居的感人事迹。其中描写环境之幽，经史之乐，游冶之趣，恰与外部世界形成鲜明对照。《西郊观桃花记》和《同里顾氏默林记》两篇，则是通过作者故里两处胜迹在明亡前后的兴衰对比，暗寓了强烈的陵谷变迁的喟叹。《假我堂文宴记》写与钱谦益、归庄等遗民志士的一次聚会，酣畅淋漓，宾主尽欢，而今昔日才彦，半化云烟，尘世沧桑，感慨顿生。这些作品，或铺张描写，或夹叙夹议，但皆能情景交融，文字优美，使人在与作者感同身受的情境中，体会其空幻灵动的情思。

（三）"论"和"杂著"类。大致是朱氏的读史感言，多有感而发，具有鲜明的针对性。"论"有《周公居东论》、《扬雄论》、《陶潜论》、《唐肃宗论》、《李纲论》、《无党论》六篇，皆鉴古照今，独抒己见。《无党论》，殷鉴历代党争误国之祸，倡君子无党之论，其实是对明末党争的反思。"杂著"类十九篇，部分篇章贯经绎史，阐述史学演变，表现了作者的史学思想。如《读汉书》探讨《汉书》体例，《读后汉书》论史书阙失表、书，致传多文繁，不胜芜累，识解超群，为顾炎武《日知录》引录。《读旧唐书》比较新旧《唐书》之优劣，《读文中子》认为家传与国史当并行不废，皆有卓识。但大多还是烛古知今、有为而论的文字。《读货殖传》考论司马迁撰著该文的用心在于讥刺天子与民争利，《读吴越世家》表彰五代时吴越国之臣为民请命，减赋薄敛，与朱鹤龄反对横征暴敛的惠民思想不谋而合。《读五代史》感慨五代时期朝纲紊乱，伦理失序，人欲横流，大概也是清初的写照。《书王右丞集后》从杜甫诗集无讥刺王维之语说起，皮里阳秋，抨击清初才名倾轧、洗诟求瘢的怪象。"论"和"杂著"类的文章，以见识议论擅长，作者端居危坐，引古砭今，渊雅醇厚，词锋凌厉，表现了朱氏情趣盎然另一面的儒士风貌。

（四）骈文。清初骈文复兴，与学术发达密不可分。清初饱学之士学有本原，诂经考史，用事使典，句栉字比，这些都有利于骈文踵事增华，再造辉煌。朱氏的朋友中，有不少人以骈文著名，陈维崧是清初骈文的领军人物。《愚庵小集》有《烂溪会咏序》、《思旧诗序》、《送计甫草北游序》、《寄王玠右书》四首骈文，篇目不多，但沉博瑰丽、雄健宏肆，可谓自开面目，不遑让人者。如《寄王玠右书》劝诫王光承勿以"文字戒心"云：

古之芝耕云卧者，靡不以六经为琴筝，百氏为肴馔。河汾中说，讲撰莫盛于牛溪；甫里丛书，抉摘尤精于麟笔；醉乡学士，东皋之论著弥工；野耄司空，光启之篇章不少。若必销沈符采，铲落文词，则后世何所据以述称，此生遂真侪于樵牧，曷贵夫蕴藉丘中，抗怀尘外者哉？仆懒似稽生，渴同园令。少时烛武，早不如人；老去师丹，昏然多忘。目游经苑，聊自附于纬萧；手撰文章，敢妄矜乎梦鸟。玄疑尚白，未遇侯芭；病好讥弹，尝闻子建。望停云于遥浦，搔首如何；仰斤削于郢人，疏麻莫展。桃花浪暖，期为泂上之游；兰径风清，欲命机山之驾。披马季长之绛帐，欣与谈经；过郑次卿之蚁陀，庶同折芰。

这段文字，用典使事，络绎不绝，经史风流，如数家珍，且文藻秀逸，流丽生动，抒情议论，自然活脱，平仄对仗，不露痕迹，实为骈文之珍品。

## 第四节　富有特色的文学思想

朱鹤龄还有不少比较有价值的文学思想。由于明末文坛对传统的反叛，文学喧嚣而浮躁，经历明亡的变故，许多作家痛定思痛，对文学进行了深刻的反思。总的来看，复古倾向是清初文学的大趋势。作为遗民作家，朱鹤龄的《愚庵小集》中的不少诗序和札记，比较有代表性地反映了他对文学的看法和时代要求。

### 一　文章论

（一）"有为而作"

朱鹤龄在文学与现实的关系上，注重文学的时代意义和社会作用，强调文学经世致用的功能。清初动荡的现实促使文人将视线转注于文学与现实的关系，比如著名的清初三大儒黄宗羲、顾炎武、王夫之及钱谦益等人均特别强调文学须有针对而发、文须有用的观点。朱鹤龄在《读文选诸赋》一文中也鲜明地表达了相同的看法，说：

　　班孟坚亦云：赋以抒下情而通讽谕。盖古人文章未有无为而作者，如孟坚《两都》，为西京父老怨明帝不都长安，故盛称东都以讽谕之也；平子《两京》，为明帝时王侯以下多踰侈，故作此以讽谏也，明帝欲废南都，故特称此都之盛，亦以讽也；长卿《子虚》、《上林》，意欲明天子之义，故假称子虚、乌有、亡是三人以讽也。飞燕无子，成帝往祠甘泉宫，制度壮丽，子云故赋《甘泉》。又成帝猎南山，农民不得收敛，故赋《羽猎》、《长杨》，皆以讽谏也。

　　一般人或眩于汉赋的宏大华丽，或对其"劝百讽一"略有微辞，但朱鹤龄看到汉赋在当时现实的政治功能，从而得出"古人文章未有无为而作者"的结论，还是颇具见识的。接着又对左思之赋表示不满：

　　若太冲之赋三都，则于义何取乎？太冲晋人也，作赋时魏鼎之迁久矣，东京铺扬德业，以臣颂君，溢美无嫌，太冲生为晋臣，而右魏以贬吴蜀，已乖古义，况魏实凉德，岂炎汉之可方乎？若曰晋统承魏，右魏者为晋地也，斯其识比之习凿齿《汉晋春秋》又不逮远矣。愚尝考其序，讥《上林》之引卢橘、《甘泉》之陈玉树、《西都》之出比目、西京之游海若，方之玉卮无当，知其作赋之意，盖主于稽土风，验方志，侈学士之闳览，成一家之著作，而于孟坚所云抒下情以通讽谕之指，则未有当也。后人以《两京》《三都》并称，特体制相沿耳，岂可同日而论哉？

　　显然他对左思"侈学士之宏览"而无讽喻之旨的大赋是持批评否定态度的，尤其是对左思之赋"右魏而贬吴蜀"的政治立场，更是鄙下无论矣。中原文人历来秉持根深蒂固的华夷正闰的民族观念，虽时有偏激之言论，但在当时的历史条件下，也是合情合理的。

　　（二）"理本六经"和"法宗八家"

　　朱鹤龄反复提及"理"字，认为它是文章之根本。对杜牧关于文章的论述，朱鹤龄觉得意有未逮，以致再三辩驳。在"传家质言"中说：

　　杜樊川论文,以意为主,气为辅,词采为兵卫。然意有不同,必衷之于理,始无弊。方正学先生云:文本乎理,行乎意,而导乎气,气欲其昌,不昌则破碎断裂而不成章;意欲其贯,不贯则乖离错揉而繁以乱;理欲其无疵,有疵则气涩词惭,虽工而于世无所裨。此数言足以尽文章之变,余窃有志焉,而力则未逮也。

他认为"意"还不是文章最根本的东西,因为"意有不同",所以还要"衷之于理"。又在《王吏部西樵诗集序》中说:

　　昔杜樊川论文,以意为主,气为辅,辞采为兵卫。而其序李长吉诗,则以为骚之苗裔,理虽不及,词则过之。又曰:使少加以理,奴仆命骚可也。夫樊川所云理,岂非谓命意期于淳深而无取蹉驳乎?

那么这个"理"到底是什么呢?"传家质言"又接着说:

　　理本六经,法宗八家,而秦汉六朝诸史之菁华皆供我熔铸,不更为文章家之巨观乎?

以"六经"为文章的准绳,是汉儒以来传统文人所秉持的不二圭臬,并无新意。刘勰的《文心雕龙》开宗明义即标"原道"、"征圣"、"宗经",其实三者的精神实质均要求文学必须以儒家经典为指导,但在清初,"理本六经"口号的提出,却有特别的意涵。明末王学兴盛,思想解放,"童心说"、"本色说"、"有情说"、"性灵说"、"隐秀说"等各种理论相继登场,这些学说虽在特定的历史阶段体现了自然人性、个性独立以及要求文学率性任真的呼声,反映了对儒家传统经典的叛逆。但一以贯之的是强调个性和性情,舍弃了儒家文统十分注重的社会、理性、客观的成分,无视温柔敦厚的民族特性,结果造成明末文学表面繁花似锦,实则昙花一现的虚幻局面,对当时的人心风气也产生了不小的负面影响。朱鹤龄提倡文学要"理本六经",就是要恢复儒家的风雅传统,赋予文学深厚的历史感、责任感,以及经世致用、有为而发的创作宗旨。文学不仅是个人怡情养性、随意挥洒的文字工具，更攸关家国兴亡、世道人心。"理本六经"，就是以复古为解放，从明末放荡虚诞的文学迷雾中彻底解脱，重续文学的传统。这种高瞻远瞩的历史视野和壮士断臂的勇气，正是易代之际许多文坛耆宿痛定思痛的共同结晶，朱鹤龄也是最先作出这种努力的清初文论家之一。

关于"法宗八家"。关于文章的效法对象，朱鹤龄提倡以"唐宋八大家"为榜样，他说：

> 文必学秦汉，诗必学汉魏，犹言治而必欲复井田封建也。非秦汉之文不可学，以学秦汉者究必归于八家也。崆峒、圭峰，学秦汉者也，而所诣何如王济之？弇州、于鳞亦学秦汉者也，而所诣何如王道思（慎中）、归熙甫（有光）？此可以得其大都矣。①

崆峒、圭峰、弇州、于鳞分别指"前七子"的李梦阳、罗玘和"后七子"的王世贞、李攀龙，朱鹤龄认为他们的古文成就不如王鏊、王慎中、归有光。王鏊是明代较早效法唐宋古文的作家。《四库全书提要·震泽集》曰："其古文亦湛深经术，典雅遒洁，有唐宋遗风。"可见王鏊对后来的唐宋派古文是有实际的影响的。王慎中和归有光皆明代唐宋派古文的领袖。朱鹤龄提出"法宗八家"，其意义就在于反对模拟剽窃。唐宋古文八家在六朝骈文至于极盛后，能继承秦汉文章的成就，开辟古文新天地，创造了中国古典文章以散为主、以骈为辅的模式。明代模拟盛行，"前后七子"的文章以模仿唐宋口吻、架势为足，领袖人物尚且如此，一般文人自然趋之若鹜，唯恐后人，这样的情形至明末还不时可见。因此朱鹤龄的主张还是有一定现实意义的。

明代前后"七子"提出"文必秦汉，诗必盛唐"，流弊为"僻学为师，封己自是，限隔人代，揣摩声调"，"其病有二：一则蔽于俗学，一则误于自是"。唐宋派批评"七子"唯秦汉是崇，不知变革，主张既要推尊三代两汉文章的传统地位，又承认唐宋文的发展，重视抒发自己的思想感情，但认为

---

① 《传家质言》，《愚庵小集》卷十五，华东师范大学出版社 2010 年版，第 332—333 页。

道是文学之源泉，道盛则文盛，其流弊为枯燥和说教。公安派亦起而反对前后"七子"的拟古风气，主张"独抒性灵，不拘格套"，虽取得一定成就，但其流弊为"冲口而出，不复检点"，"为俚语，为纤巧，为莽荡"，以致"狂瞽交扇，鄙俚大行"。竟陵派又起而拯公安派之失，倡"幽情单绪"和"孤行静寄"以救俚俗、浮浅，其流弊为题材狭窄，语言艰涩。自"七子"至"竟陵"，他们都力图"救"前代之失，但越救越重，膏肓日深。朱鹤龄看到了明代文学的这种趋势，所以他提出文章要"法宗八家"，同时又提出"吾于八大家，特师其法耳"，这个"法"，不仅是八家的文法，更指变革、创新之法，唯其如此，方可避免顾此失彼的弊端，真正走出明代文学的怪圈。

（三）"文章"和"气节"并重

朱鹤龄的复古倾向还表现在重提自古以来文章道德并重的传统。在赠予魏禧的一首诗中，这个观点反映得比较鲜明：

> 文章气节古一之，立言岂是修曼辞。扬雄美新入文选，萧统无识徒贻嗤。唐宋以来文匠八，门奥各出推导师。柳州躁进荆公执，尚于大义无瑕疵。皇初希直实巨手，崆峒南城老笔披。荆川遵岩与熙甫，沿派均出欧曾规。弇州才大一时杰，此后作者谁能追？西涯诗文败婴匮，当时正论多诋諆。奈何谈者好轩轾，一祢一桃任意为。未闻身名已瓦裂，能立坛坫持旌麾。①

从汉代的扬雄说到明代诸子，评论的对象均为各代文坛翘楚，但批评主要集中在扬雄和李东阳两人。李东阳是明代前期"茶陵诗派"的领袖，因依违大宦官刘瑾而为正论不齿。扬雄一向被称为西汉继董仲舒、刘向之后最大的儒者，一生悉心著述，除辞赋外，又仿《论语》作《法言》，仿《周易》作《太玄》。但他在王莽代汉之际，却著作《剧秦美新》一文讴歌新朝，颇遭物议，因此历代封建文人对其政治态度乃至其人品啧有烦言，认为其立场不稳，趋炎附势。朱氏严辞厉色，痛加挞伐，间接折射出易代之际传统士人

---

① 《宁都魏凝叔惠贻易堂诸子文集》，《愚庵小集》卷三，华东师范大学出版社 2010 年版，第 50 页。

对民族气节和政治立场普遍高涨的要求。文学与政治，文章与道德，在明清之交被视为不可分割的一体，这是一个新的动向。《书渭南集后》也表达类似的观点：

> 班固良史也，为窦宪作《燕然山铭》，卒至下狱以死；马融大儒也，为梁冀作《西第颂》，遂为正直所羞。甚哉，文章之不可以媚人也。以韩退之名德之重，而碑铭之作，谀墓得金，未免见薄于刘叉，况乎以文章媚权贵者钦？陆务观诗才丽逸，在杨廷秀之上，立朝建论，亦谠亮有声，史称其晚年为韩侂胄撰《南园阅古泉记》，时议或不平之。考亭尝言其能太高，迹太近，恐为有力者牵挽。今《渭南集》中此记不载，岂以物议故削而不存耶？史又载侂胄欲记南园，以属杨廷秀，以披垣许之，廷秀曰：官可弃，记不可作。侂胄恚，改命他人，殆即务观也。然记成而不闻有披垣之擢，何钦？务观为人，非苟媚权贵者，特笔墨失于矜慎，遂致牵挽之疑。信乎文士当知自守，而清议之不可以不畏也。①

列举班固、马融、韩愈、陆游等千古名儒文豪之名节失误以为惩戒。对钱谦益也提出批评：

> 近时海内群推虞山，虞山之文长于论史，陶练古今，气昌词赡，惜其行太通，学太杂，交太滥，应太冗。虞山亦尝向余蹙额言之，然而知古文之深者未有如虞山也。②

此为皮里阳秋之辞，实质是批评钱谦益之"行"过于圆"通"，贪恋权位，利欲熏心，晚年更丧失民族大义而投靠清朝，虽"知古文之深"，但其人可鄙，其文亦无甚可观，可为诛心之论。

（四）文章须"慎作"、"少作"

朱氏作文比较慎重，对此再三致意，曰："余赋性褊狭，不喜多作、妄

---

① 《愚庵小集》卷十三，华东师范大学出版社 2010 年版，第 281 页。
② 《传家质言》，《愚庵小集》卷十五，华东师范大学出版社 2010 年版，第 333 页。

作、代人作，恒自哂为诗中之猖，后人品目不知置余何等也。"①《愚庵小集》经过朱氏精心选编，剔除了明亡前的所有作品，揆其用意，当深戒明末浮靡之文风，而保留了许多经学考辨、读史心得、名贤传记以及有助世道人心之文。即使是诗歌，亦多沉郁沉痛之作，而绝弃闲情逸致，可看作"诗以传史"的印证。又曰：

> 方正学先生云："古人文章多借丰功伟德以传。"今果有其人与？即有之，余亦无从纪述。故小集中寿言与碑铭墓志多不存，非不作也，作而不能借之以传，故不存也。陆鲁望集中文甚少，自云见好泉石则记之，遇忠孝志义之事则铭之。由鲁望而观，则余之所存不既多乎哉？②

方孝孺说"古人文章多借丰功伟德以传"，实质是注重事功、反对空言。《愚庵小集》中未收一篇碑铭墓志，固有作者"作而不能借之以传"的自谦因素，也有作者对此类作品虚美隐恶的清醒认识，所以尽删不存。唯一的寿言是《寿黄母六十序》，黄母即是著名传记《明遗民录》作者黄容之母，黄容失怙苦学，"所恃以衣且食者，惟村塾数童子"，家境清苦如此，而黄母无所介心："（其）于此固愉愉如也，适适如也，数勉其子以为学人，无为闻人；为端士，无为夸士。谨治机织，洁修盎齐，使叙九得殚力课诵，而不贻之以高堂甘毳之忧。"文意劝世讽俗，符合作者的选编宗旨。从此一端即可看出，作者的作文态度十分谨慎，反对多作、妄作，强调有补于世，力戒空言虚词，这与顾炎武等人的态度不谋而合，也是实学思潮在文学界的回响。

## 二 诗论

朱鹤龄关于诗歌的观念大体也是复古的，但也有一些鲜明的时代特色。

### （一）"风骚"之旨

"风骚"指《诗经》和《离骚》。《诗经》"温柔敦厚"，又强调"诗以言志"及比兴、美刺，故被视为"诗教"，在中国文学的传统中享有崇高地位。

---

① 《传家质言》，《愚庵小集》卷十五，华东师范大学出版社 2010 年版，第 331 页。
② 同上书，第 334 页。

《离骚》"忧愁幽思"的政治信念和"香草美人"的创作手法，也为传统文人所崇奉。朱鹤龄以诗歌抒发故国之思、身世之痛，只有通过上溯"风骚"，追寻古人情怀，方可表达其对异族入侵种族陵夷的极大愤怒。其《闲情集序》曰：

> 自国风寝微，离骚继作，其辞之诙诡瑰丽、幽渺凌忽，以视成周太史所陈，诚有间矣。然其衷情之缠绵悱恻，实本于忧谗畏讥爱君忧国之思，故太史公曰：国风好色而不淫，小雅怨诽而不乱，离骚可谓兼之。自汉魏至三唐，才人叠迹，绮靡之制，穷极纤渺，沿波讨源，莫不同祖风骚，亦犹之路鼗出于土鼓，篆籀生于虫书也。李阳冰称太白之诗言多讽兴，驰骋屈宋，为风骚之后一人。子美特变本加厉尔，然其所推江湖万古流者，不越风骚汉魏，是可得其指趣矣。

将汉魏至于唐代的文学成就归功于祖述风骚的结果，古已有之。恢复"风骚"传统，就是要在新的历史条件下，反对逃避和隐逸，直面现实和人生，以比兴美刺、香草美人的手法揭露蛮满杀戮的残暴，鞭挞乱世众生丑相，寄托遗民的一腔幽思。他对后辈诗人一再叮嘱，希望他们追根溯源，恢复风雅传统，在《寄王西樵吏部兼呈阮亭工部》一诗中，他告诫康熙年间渐主诗坛的王士祯、王士禄兄弟说："风骚本同源，作者代游衍。古调歇不弹，新声日流变。根荄苟不存，枝叶徒浮绚。"所以他对李商隐诗歌的理解别具怀抱。李商隐一生蹉跎，依违牛李，以横溢之才华而终老于幕僚，实是党争之牺牲品。生前不及荣耀，身后横遭非议，《旧唐书》称其"背恩"、"无行"、"无持操，恃才诡激"，《新唐书》本传称之"放利偷合"、"诡薄无行"，盖棺定论，谬种流传，至于仅视其诗文为"香艳"之作，历代等闲视之。至明末始有道源、钱龙惕为义山辩诬笺注，发明心志，然榛莽草创，未得光大。朱鹤龄考察李商隐的身世际遇，认为义山"身危思苦"，其诗"乃风人之绪音，屈宋之遗响"。《李义山诗集序》曰：

> 或曰："义山之诗半及闺闼，读者与《玉台》、《香奁》例称，荆公

以为善学老杜，何居?"予曰：男女之情，通于君臣朋友。国风之"蛾
首蛾眉"、"云发瓠齿"，其辞甚亵，圣人顾有取焉。《离骚》托芳草以怨
王孙，借美人以喻君子，遂为汉魏六朝乐府之祖。古人之不得志于君臣
朋友者，往往寄遥情于婉娈，结深怨于蹇修，以序其忠愤无聊、缠绵宕
往之致。唐至太和以后，阉人暴横，党祸蔓延，义山厄塞当涂，沉沦记
室。其身危，则显言不可而曲言之；其思苦，则庄语不可而谩语之。

从风雅骚怨、君臣忠愤的高度给予义山诗以全新的诠释，洗涤了覆盖义
山诗歌千年之久的尘埃，为义山诗在清代的发扬光大开辟榛莽，也是朱鹤龄
"风骚"诗论的成功实践。

（二）"性情"、"真诗"与学杜、阅历

朱鹤龄的"性情"说，是鉴于明代盛行的拟古之风而提出的回归诗歌本
质要求的理念。他说：

> 古业衰制科，纷咮尤六义。茅靡万历时，矫枉启祯季。瞽学趋空桴，
> 识者深嗟喟。竟陵熠稍焰，王李波复渍。二轨分中途，作力徒勋勚。时
> 余谢诸生，服古心如醉。谓此何足争，当溯三经纬。先探骚雅源，徐整
> 建安彎。六朝与三唐，锤炉总一致。①

这里回顾了明末百年以来诗坛的积弊，他说古学衰败于科举，而儒家经
典尤甚。万历时期的公安派文风放荡不羁，使文人弃绝根本，迷途忘返，天
启、崇祯时期的竟陵派又矫枉过正，标榜"幽情单绪"，实质走上了狭隘险
肤之途。二轨交战，纷争不已，实为徒然。究二者实质，皆因瞽学空桴，无
缘经史。作者认为振兴诗学的根本，就在于上溯古学，探赜骚雅之穴，继承
建安风骨，并汲取六朝和三唐优秀的文学遗产，这才是复兴诗学的康庄大道。

"诗以道性情"是儒家传统诗歌主张的重申，并非清初诗论家的独创。
但它在清初受到人们普遍重视，并被强调到至高无上的地步，却有积极的理

---

① 《吴弘人示余汉槎秋笳集感而有作》，《愚庵小集》卷二，华东师范大学出版社 2010 年版，第
31 页。

论意义和时代意义。诗歌的本质是抒情，"情动于中而形于言"，而明代以前后"七子"为代表的模仿拟古者，一味追求盛唐的格调气象，甚至力求字句、口吻的逼肖。他们丧失了诗歌创作的源泉，忘记了诗歌的本质就是性情。"风骚"源于"性情"，没有真"性情"，就不可能有好诗。朱鹤龄曰：

> 故曰：诗言志。志者，性情之统会也，性情正矣，然后因质以纬思，役才以适分，随感以赴节。虽有时悲愁愤激，怨诽刺讥，仍不戾温厚和平之旨。不然，则靡丽而失之淫，流漓而失之宕，雕镂而失之锁，繁音促节而失之噍杀。缀辞愈工，离本愈远矣。子美之诗，惟得性情之至正而出之，故其发于君父友朋家人妇子之际者，莫不有敦笃伦理、缠绵菀结之意，极之履荆棘，漂江湖，困顿颠蹶，而拳拳忠爱不少衰。自古诗人变不失贞、穷不陨节，未有如子美者，非徒学为之，其性情为之也。子美没已千年，而其精诚之照古今、殷金石者，时与天地之噫气、山水之清音嶒崚响答于溟滓鸿洞太虚寥廓之间。学者诚能澄心祓虑，正己之性情，以求遇子美之性情，则崆峒仙仗之思，茂陵玉碗之感，与夫杖藜丹壑、倚棹荒江之态，犹可俨然晤其生面而揖之同堂，不必以一二隐语僻事、耳目所不接者为疑也。①

将杜甫之为诗圣的缘由，归结为"诗言志"，"志"即"性情"，亦即"诗以道性情"。"性情"不正，则"靡丽"、"流离"、"调镂"，"缀辞愈工，离本愈远"，性情是一切文辞的根本。要正确地读杜、赏杜、解杜，首先就要"澄心祓虑，正己之性情，以求遇子美之性情"，否则只会模拟杜诗的字词格律等皮毛，"以一二隐语僻事、耳目所不接者为疑"，那就失去了杜诗的原旨。而杜甫的性情，就是"虽有时悲愁愤激，怨诽刺讥，仍不戾温厚和平之旨"。对战乱的时局、君臣的庙堂之策以及民生疾苦，杜甫感激直言，时有怨怼，或曲辞讽喻，缠绵郁结，但归根结底还是寄意君国，情在社稷，希望大唐中兴，再致尧舜之治，故其诗千变万化，"不戾温厚和平之旨"，是儒

---

① 《辑注杜工部集序》，《愚庵小集》卷七，华东师范大学出版社 2010 年版，第 139 页。

家诗文之典则。

"性情"的本质要求就是"真",就是作者必须抒发真情实感：

> 尝读渊明诗，云："养真衡茅下，庶以善自名"，而昭明之序其集亦曰："语怀抱则旷而且真。"盖古人文章无不以真得传者。有真感伤而后有阮公、正字之诗，有真节概而后有工部、吏部之诗，有真豪宕而后有青莲之诗，有真闲适而后有左司、香山之诗。①

宗元鼎以诗鸣江淮间。王士禛《渔洋诗话》曰："元鼎诗以风调胜，酷似《才调集》。其缘情绮靡，不减西昆、丁卯。"对于他的诗作，当时佳评如林，备受青睐。作为宗氏好友，朱鹤龄以"真"来概括其诗歌成就，也用以概括千古以来诗人成功的奥秘，可谓一语破的。明末清初，各种"伪体"此起彼伏，看似花团锦簇，其实空桴无实，徒有其表。这就牵涉到文学的形式和内容究竟何为第一的古老话题，也就是"真"和"美"的问题。清初著名诗人申涵光说："诗之精者必真，夫真而后可言美恶。"② 钱谦益说："文章途辙，千途万方，符印古今，浩劫不变者惟真与伪二者而已。"可见"真"字诀不唯朱氏一人的反思，乃是清初学者和诗人的共识。

在诗歌创作理论上，朱鹤龄又是清代最早提倡学杜尊杜的学者之一，曰：

> 子美《北征》、《咏怀》、前后《出塞》及《新安吏》以下诸篇，子美诗之根柢也。……子美云："熟精文选理"，精其理者，必有神明变化之功焉，而岂徒掇拾其辞句，规橅其步武哉！学者诚取子美之所得深思之，因以求汉魏、《离骚》，因以求《三百》，则五言之根柢在是，而三唐风轨皆可同条而共贯。③

这些言论，体现了朱鹤龄的真知灼见，具有时代的典型意义。清初学杜

---

① 《宗定九全集序》，《愚庵小集》卷七，华东师范大学出版社 2010 年版，第 182 页。
② （清）申涵光：《乔文衣诗引》，《聪山诗文集》卷二，河北人民出版社 2011 年版。
③ 《汪周士诗稿序》，《愚庵小集》卷七，华东师范大学出版社 2010 年版，第 177 页。

是普遍现象，无论宗唐、宗宋，都认为须学习杜甫。如钱秉澄《季野堂集引》云："盖少陵凡诗家所各有之长，无不具有。唐者得之足以矫唐，宋者得之足以矫宋，惟其情真而气厚也。"申涵光则明确把宗唐归结为学杜，其《青箱堂近诗序》云："诗之必唐，唐之必盛，盛必以老杜为宗，定论久矣。"所以其在诗歌创作上也是"一以少陵为宗"，并作《说杜》一卷，对杜诗进行深入研究。

"性情"还必须历经各种磨炼乃至颠沛流离的阅历才能获得。明末世风奢靡浮荡，文人缺乏深刻的生活磨炼，创作大多雕枝绘叶，追求文采，而经历明清之际的战火纷飞、生灵涂炭、民不聊生，文人尤其是遗民们生逢"万方多难"的时代，对历史上著名诗人的成就有了重新的认识，特别是对杜甫颠沛流离、孤苦哀怨的遭际感同身受，尤其是对杜甫一生坎坷、万里风尘，而其诗中所表达的忠君忧国、民胞物与的博大情怀有了深刻的体认，所以朱氏更强调生活磨炼之于诗歌的重要：

> 夫剥落者，充实之因也；闳藏者，菁华之府也。不剥落则秋气何以凝，不闳藏则寒晖何以发？屈宋之骚些，不至于江潭憔悴则不成；子美之诗，退之、子瞻之文章，不至于夔州流落、潮惠贬窜以后，亦不能奇且变若是也。①

以秋气、寒晖为喻，说明诗歌当经"剥落"、"闳藏"，方有可观。屈原、杜甫、韩愈、苏轼诸人，皆因贬谪流放的磨难，诗文方"奇"而能"变"，蕴含震撼人心的力量。又说：

> 季重诗筋力成就，都得之少陵，而吊故宫之禾黍，感仙仗于崆峒，实从深情至性激射而出，故能使读之者凄然忾然，留连往复而不能自已。吾尝谓少陵当时若无灵武回銮之事，其诗不知作何悲咽。

---

① 《缃林集序》，《愚庵小集》卷八，华东师范大学出版社 2010 年版，第 172 页。

将友人的遭际与杜甫相提并论，明末鼎移、山河破碎与安史之乱、唐室播迁何其相似乃尔，诗人对南明中兴的热望与杜甫当年灵武回銮的期盼亦惊人的一致，没有这种天崩地裂的历史相似性，没有与杜甫颠沛流离的阅历的相似性，友人的诗歌就不可能有"深情至性"，使读者"凄然忾然，留连往复"。这种"性情"，来源于家国之痛。朱鹤龄论述友人，其实也是夫子自道，他的诗歌法宗少陵，典雅沉郁，学杜而能变化。清初掀起读杜、赏杜、和杜、注杜的高潮，与诗人们生际板荡、哀苦流离的经历息息相关。清初诗歌的主流是遗民诗歌，遗民诗歌最重"性情"，其原因正如朱鹤龄的好友归庄所论："今天下善为诗者多隐居之士，盖隐居之士能自有其性情而不使其性情为人所有，故读其诗者自有其性情，不能得其性情之所至。"遗民的这种"性情"，缘于他们的集体遭际，故读者虽有认知，总为肤受，正因没有遗民的切身经历。

（三）关于遗民诗歌

作为一位遗民诗人，朱鹤龄对遗民诗歌也发表了一些独特的见解，为当时其他诗论所少见。

首先，遗民之诗亦即所谓"隐逸之诗"，必须是令人壮怀激烈、"神骨凛然"之诗，是饱含民族气节、不忘故国之痛之诗，而不能仅以"吴宫花草、晋代衣冠托之悲悼"，因为这种诗充其量只是"音响是而性情非"：

> 三十年来，士多好言隐逸，其所为隐逸之诗，类以吴宫花草、晋代衣冠托之悲悼，而余弗谓善，盖其音响是而性情非也。及读《晞发集》与《白石樵唱》，则神骨凛然，顿觉风雨晦冥，山鬼夜泣，诗之能感人如是耶？[1]

《晞发集》为南宋遗民谢翱所著。谢翱于南宋末年元军灭宋之际，率乡军数百人投效文天祥，署咨议参军。文天祥被俘遇难，谢翱义不仕元，以遗民自居，郁郁而终。《晞发集》沉痛悲慨，长歌当哭，尤其是《西台恸哭记》

---

[1] 《愚谷诗稿序》，《愚庵小集》卷八，华东师范大学出版社 2010 年版，第 184 页。

一文，为哭祭文天祥而作，血泪写就，至情至性，感人肺腑。《白石樵唱》
为南宋遗民林景熙所著。宋亡，林景熙弃官隐居。尝冒险收拾先帝遗骨葬于
兰亭，植冬青树为标志，又作《冬青花》以抒忠愤，表达遗民义不帝秦的决
心。朱鹤龄选择南宋两位遗民诗集来诠释遗民诗的内涵，是因为他看到明末
与宋末一样同为蛮夷亡夏的相似史实，也看到遗民诗歌寄情远古却无视现实
的现状，故以《晞发集》和《白石樵唱》为例表示不满。

其次，遗民诗歌应当"穷而益工"。朱氏曰：

> 唐孟郊、贾岛之徒，皆以诗而穷，其诗又皆以穷而工。今之穷于诗
> 者率不能工，何也？乱离之厄其身，羁孤疲苶之挫其气，往往神智耗沮
> 而不能发。间有所发矣，而或学短才弱，枯毫燥吻，又无以写其中感慨
> 悲愁之致，而极人情之所难言，若是者岂非能诗而不能穷之故耶？①

清初遗民诗蔚为巨观，但也良莠不齐，玉砾混杂，大部分的遗民虽有家
国之哀，身世之痛，但囿于各种原因，或不能自振，或"学短才弱"，这就
是朱鹤龄所说的两种情况，一是"诗穷之"，"乱离之厄其身，羁孤疲苶之挫
其气，往往神智耗沮而不能发"，此为意志使然；二是"能诗而不能穷之"，
只能抒写一般的哀怨忧愁，而不能"极人情之所难言"，此为才学使然。遗
民诗歌必须克服这两种不良倾向。

最后，遗民诗非"干泽之具"，遗民应当"有志于隐"。以诗歌或文学装
点门面，附庸风雅，乃至作为干谒之赘，求进之具，不绝于史。所以作为遗
民，非"深情至性"者不能办此，否则只是身在山林而觊觎缙绅的"充隐之
徒"。《俞无殊诗集序》曰：

> 嗟乎，诗之为道，冶性灵，陶物变，必叩寂求音，遗落世事，汲古
> 刻厉，而后得之，是故致穷之物莫如诗。既已从事于必穷之途，而又拒
> 之而不受，心迹乖反，嚣杂纷纭，其下者以是为献谀之媒、干泽之具，

① 《俞无殊诗集序》，《愚庵小集》卷八，华东师范大学出版社 2010 年版，第 169 页。

声利熏心，繁华铄骨，如是，其诗必不工；虽工，亦不传。

这是对清初鱼龙混杂的所谓"遗民"、"隐士"现象的针砭，也是朱氏人格气节的自我砥砺，甚为警醒。

（四）关于"竟陵派"

钟惺、谭元春倡"学古"和"幽情单绪"、"苦心孤诣"以矫公安派之失，因同为湖北竟陵人，故被称为竟陵派。他们编辑的《诗归》在当时影响广泛，例如陈子龙就说："汉体昔年称北地，楚风今日遍南州"，自注：时多作竟陵体。[①] 顾炎武说："近世盛行《诗归》一书。"朱彝尊甚至说："《诗归》既出，纸贵一时。"颇能说明万历末年以至天启、崇祯年间竟陵诗说的盛况。但在竟陵身后，尤其是明清易代之后，非难乃至指责的意见占据了主流。这个思潮的始作俑者是钱谦益，他是攻击竟陵派最早、最系统、也最彻底的代表人物。如在《初学集》中，他说："万历之际，称诗者以凄清幽渺为能，于古人之铺陈始终、排比声律者，皆訾謷抹煞，以为陈言腐词，海内靡然从之，迄今三十余年。甚矣，诗学之舛也！"[②] 不过最常为后人引用的，是其在《列朝诗集小传》中对竟陵派的系统批评：

当其创获之初，亦尝覃思苦心，寻味古人之微言奥旨，少有一知半见，掠影希光，以求绝出于时俗。久之，见日益僻，胆日益粗。举古人之高文大篇、铺陈排比者，以为繁芜熟烂，胥欲扫而刊之，而惟其僻见之是师。其所谓深幽孤峭者，如木客之清吟，如幽独君之冥语，如梦而入鼠穴，如幻而之鬼国。浸淫三十余年，风移俗易，滔滔不返。余尝论近代之诗：抉摘洗削，以凄声寒魄为致，此鬼趣也；尖新割剥，以噍音促节为能，此兵象也。鬼气幽，兵气杀，著见于文章，而国运从之。……岂亦《五行志》所谓"诗妖"者乎！[③]

①　（清）陈子龙：《遇桐城方密之于湖上归复相访赠之以诗》，《陈子龙诗集》卷十三，上海古籍出版社 2006 年版。

②　（清）钱谦益：《刘司空诗集序》，《初学集》卷三一，《钱牧斋全集》（二），上海古籍出版社 2003 年版，第 908 页。

③　（清）钱谦益：《钟提学惺》，《列朝诗集小传·丁集中》，古典文学出版社 1957 年版，第 570 页。

　　确是雄赡博辩，尖新刻薄，尤其是"鬼趣"、"兵象"二语，新鲜形象，一时竟成竟陵之代语，牢不可破，代代相传。由于钱谦益在清初文坛的盟主地位，论诗者亦鲜不受其牢笼，如毛先舒、朱彝尊等皆从而抨击竟陵，不遗余力。百年后官方撰作《四库全书总目提要》，虽对钱氏著作言论尽入禁毁之目，然亦阴袭其有关竟陵之评论。① 但一种文学现象或思潮的产生，总有其合理的现实土壤，尤其是综观明代文学的历史，每个思潮在兴起和衰息之后，后世对其评价均有不同程度的偏颇。无破不立，这大概是很多社会现象和学说推陈出新的历史逻辑，但"破"的过程，也是部分的自我否定的过程，这就是辩证法。以钱谦益为代表的清初诗论家，为了完成对晚明文学的扬弃，树立清初文学的新风，不得不对竟陵派大肆鞭笞，同时埋下了矫枉过正的隐患。钱氏的批评主要集中在以下两个方面：一是批评竟陵派学识浅陋，二是指斥其诗风专为纤诡幽渺。关于这两点批评，皆有值得商榷之处，今人辨析甚多，此不赘言。

　　朱鹤龄早期深受竟陵诗风的濡染，与钱谦益长期过从，对这段晚明文坛的旧史，自然也给予了特别关注。他对竟陵诗派是有批评和不满的，如他在《史弱翁诗集序》中说："弱翁之诗峥泓萧瑟，初值钟、谭主盟，相率为凄声促节，未能自振于古。后居东湖，与愓斋联和，则全法少陵，格律日进。"对钟、谭"凄声促节"的诗风表示反对，认为"未能自振于古"，尤其是缺乏少陵诗歌洪钟大吕的"格律"。在《吴弘人示余汉槎秋笳集感而有作》诗中，首先回顾明末文坛，说："竟陵熠稍熠，王李波复溃。二轨分中途，作力徒颎偾。"认为无论是竟陵派，还是拟古派，都徒然喧闹一时，实际于时无补。综合朱鹤龄的诗论，不难看出他之所以对竟陵派不满，是觉得明末文坛纤细破碎，日趋逼仄，已经走入了积重难返的死胡同。要改变这个状况，就必须重振大雅之风，溯源至《三百篇》和《离骚》，以儒家古雅厚重、关注现实的诗风洗涤明末诗坛的积弊，而竟陵诗派"凄声促节"，弱不禁风，难当大任。应该说朱氏的看法是不无道理的。

　　但重要的是，朱鹤龄对竟陵派宽容持平的意见，这在清初对竟陵派异

---

① 参见《钦定四库全书总目》卷一九三《诗归》"提要"，中华书局1997年版，第2706页。

口同声的指斥氛围里，有点格格不入，这正凸显了朱鹤龄独立另类的一面。他说：

> 自万历之季，海内尸祝钟谭，人挟《诗归》一笑。其教以幽深孤峭为宗，直取性灵，不使故实，诚如说者所讥。然幽深孤峭，唐人名家多有此体，譬诸屠门大嚼，后啜蒙顶，紫茸一瓷，无不神清气涤。此种风味，亦何可少？今人以《诗归》流弊，群然集矢于竟陵，而并废唐人之幽深孤峭。于是伪王李之余波宿烬复出，而乘权于世，岂非持论者矫枉而失其平之过耶？①

这里提出三点看法值得注意：一是将诗风放在历史的视野中去认识。竟陵派的"幽深孤峭"，虽在明末有点不合时宜，但放眼历史，这种诗风并非新物，"唐人名家多有此体"，所以"此种风味，亦何可少"？一种诗风，本身无可厚非，古既有之，何必大惊小怪？二是将钟、谭与后学区别开来。今人评价竟陵，应当就《诗归》本身进行讨论，而不应把后学的流弊"群然集矢于竟陵"，更不应"并废唐人之幽深孤峭"。三是正因为未能正确对待和处理竟陵诗派，才导致拟古诗风的死灰复燃，重新走上前后"七子"的覆辙，这是一个沉痛的教训。显然，这种看法比钱谦益的一味否定抨击要全面和深刻得多。

在《寒山集序》中，朱鹤龄的意见又有所深化。《寒山集》是朱鹤龄选编的诗集，今已佚。但《序》言交代了选编的宗旨和范围，使我们对该诗集有个大致的认识：

> 选启、祯以来之诗，专取幽清澹远、扫尽俗荤者，仿元次山《箧中集》之例，人不别仕隐，品不分通介，起曹学佺，讫徐白，得二十人，诗三百首，缀为一集。②

《寒山集》的宗旨是"幽清澹远，扫尽俗荤"；时间从明末天启、崇祯以

---

① 《竹笑轩诗集序》，《愚庵小集》卷七，华东师范大学出版社2010年版，第186页。
② 《寒山集序》，《愚庵小集》卷七，华东师范大学出版社2010年版，第185页。

至清初，大约五十年；体例仿元结《箧中集》，专选有风雅之旨，不"溺于时者"；对象是曹学佺之类的抗清志士，或怀抱高远、耿介忠贞的遗民。所以这部诗集，是朱鹤龄忧虑志士遗民的遗文散佚而有意保存一代文献的用心之作，寄托了朱鹤龄的故国之思。但编者显然亦有所顾虑，因为这种"幽清澹远，扫尽俗莩"的作品，与颇受时评贬低的竟陵诗风十分相似，故编者又进行了一番辨析：

> 客有见而问者曰："此诸君子之诗，乃世所嗤钟谭体，为鬼趣，为兵征，亡国之音也，夫子何取乎尔？"叟笑曰："不然，此乐所谓羽声者也。……声音之理，通乎世运，感乎性情，譬如焚轮扶摇之风，起于青苹之末，俄而调调，而刁刁，而翏翏，小和大和，万窍怒号，此孰使之然耶？诸君子生濡首之时，值焚巢之遇，则触物而含凄，怀清而激响，怨而怒，哀而伤，固其宜也。"

这里提到的"鬼趣"、"兵征"、"亡国之音"，正是钱谦益大肆鞭挞竟陵诗风的用语。朱鹤龄对钱氏的看法不能苟同，他认为诗歌如声音，"通乎世运，感乎性情"，并非横空出世，突如其来，而是有其特定的现实土壤。所选明清之际诸人，生际板荡，哀民生之多艰，怨君王之疲弱，怒夷族之侵凌，故触物动情，无不"含凄""怀清"，固其宜也。这种诗风，"亦何可少"？不难看出，朱氏虽不是直接为竟陵诗派辩护，但言外之意不言而喻。任何一种诗风，都是因缘际会、根植现实的结果，即使钱谦益也认为诗歌"萌坼于灵心，蛰启于世运，而苗长于学问"，诗歌与"世运"有极为密切的关系。钱谦益将竟陵诗风归结为"鬼趣"、"兵征"、"亡国之音"，已失之武断，后人踵而和之，连类株及所有"幽清澹远"之诗，则是朱鹤龄不能苟同的。前贤创说，偶有疏失，后贤弥之，转增细密，这是文学史上的通例，钱、朱二人关于竟陵派的诗论即是显例。

# 第三章 《杜诗辑注》的年谱和编年研究

清初杜诗学取得超越元明乃至宋代的成就,并非偶然,其中比较重要的原因就是学风。清初是乾嘉学术的启蒙期,已经注意追根溯源,原原本本,这种学风在朱鹤龄身上表现得十分明显。杜甫年谱、杜诗的编年和文字校勘是研究杜诗的基础,朱氏对此倾注精力,成绩显著,在杜诗学史上起到了继往开来的重要贡献。

## 第一节 简明实用的杜甫年谱

在宋代兴起杜诗研究的热潮后,即先后产生了五十多部杜甫年谱,数目之巨,为古今中外人物所罕见。年谱对于知人论世,更好地理解作者的创作背景和意图,以及深入理解作品内涵,有很重要的借鉴作用,正如吕大防所说:"余苦韩文、杜诗之误,既雠正之,又各为年谱,以次第其出处之岁月,而略见其为文之时,则其歌时伤世,幽游切叹之意,粲然可观,又得以考其辞力少而锐,壮而肆,老而严,非妙于文章,不足以致此。"① 因此历代杜诗学者对撰制杜甫年谱均倾注了许多热情和精力。

自宋至清,杜诗学经历了宋代和清初两个高潮,与此同步,杜甫年谱也多在这两个时期产生。大致看来,宋人所撰年谱,贵于简净明当,清代则以翔实邃密见长。

---

① (宋)吕大防:《自记》,《分门集注杜工部诗》卷首,上海古籍出版社 1995 年版。

### 一　对宋代杜甫年谱的继承

现存宋代杜甫年谱，有吕大防、鲁訔、赵子栎、蔡兴宗和黄鹤等人的年谱。朱谱对此均有不同程度的继承。

（一）对吕、赵、蔡、鲁等《杜甫年谱》的继承

吕大防（1027—1097），字微仲，蓝田人，是北宋著名政治家和学者。元祐年间与范纯仁共辅朝政，被封汲郡公，拜尚书左仆射兼门下侍郎，因此又称吕汲公。著有文集二十卷。他是为杜甫编撰年谱的第一人，也是我国现存年谱的第一人。所著杜甫年谱，原名《子美诗年谱》或《杜诗年月》，分载于各卷之前。吕谱极为粗略，共六百多字，以简单勾勒为主，且详于诗而略于事，正如其所云："以次第其出处岁月，而略见其为文之时。"① 如杜甫的入蜀时间，吕谱据其《百忧集行》"即今倏忽已五十"句，定为上元元年（760），以后鲁、黄诸谱皆承袭之。但吕谱毕竟是草创之作，疏漏甚多，后人屡有纠驳。这与其过信《旧唐书·杜甫传》有关。尽管如此，作为奠基之作，仍功不可没。

赵子栎（？—1137），字梦授，燕王德昭五世孙。哲宗元祐六年（1091）进士。徽宗宣和四年（1122）官宗正少卿。钦宗靖康中，知汝州。高宗绍兴元年（1131）提举万寿观，七年卒。《宋史》卷二四七有传。他是宋代知名的杜诗学者，作过《杜甫年谱》，又传说注杜，惜无文献佐证。而南宋蔡梦弼的《草堂诗笺》却引其十九条注，据今人蔡锦芳考证，其实是北宋赵次公注。② 关于赵子栎《年谱》，《四库提要》云："子栎与鲁訔，均绍兴中人，然子栎撰此谱时，似未见鲁谱，故而云云。"未考察两人生卒之前后，盖偶失之耳。按子栎虽生年不详，然视鲁訔早卒二十八年，鲁谱《自序》末题云"绍兴癸酉"，即成于1153年，其时子栎已卒十六年，故赵谱先成于前，但未见鲁谱有一字征引，大概流传未广的缘故。

该谱的最大优点是简洁明快，大概在宋代诸谱中最为精练，而无一般宋

① （宋）吕大防：《杜工部年谱》，《分门集注杜工部诗》附，《续修四库全书》（影印国家图书馆藏宋刻本），第 1306 册。

② 蔡锦芳：《赵子栎未尝注杜考》，《四川师范大学学报》2002 年第 1 期。

代年谱的拖沓琐碎之弊。谱主的主要经历和作品，均有一一反映。如"至德二载丁酉"条曰："其春犹陷贼，作《曲江行》、《春望》、《忆幼子》、《贼退》。窜归凤翔，拜左拾遗。房管败陈陶，甫上疏救之。有《荐岑参》、《谢口敕放推问状》。八月墨制放，往鄜州，有《别贾严二阁老》、《北征》、《徒步归行》、《羌村》诗。"① 缺点是疏漏甚多。开头引吕大防语，云："夫纪年所值甲子，皆有一岁之差，且多疏略，今辄为订正而稍补其阙，俾观者得以考焉。"表示己谱是为纠吕谱之谬而作，但吕谱的贡献比赵谱要大很多，如杜甫生年，吕谱定为"先天元年"，但干支误为"癸丑"，仅属技术错误，而赵谱生年、卒年均误，故《四库提要》驳之云："蔡兴宗、黄鹤两家皆以甫卒五十九岁，为大历庚戌，独子栎持异议，以为卒于辛亥之冬，不知辛亥甫年六十矣。且子栎以五年庚戌晚秋《长沙送李十二》诗为甫绝笔，甫生平著述不辍，若以六年冬暴疾卒，何至一年之内竟无一诗此？又其不确之证也。"又仅据诗系年，未引任何史料，较吕谱无甚突破，为后人瞩目较少。朱鹤龄《杜诗辑注》引有二条，一是《上水遣怀》诗，解题引赵谱："自岳之潭、之衡，为上水；自衡回潭，为下水。"一是《宿凿石浦》，引赵谱："登潭州，溯湘，宿凿石浦，过津口，次空灵岸，宿花石戍，过衡山。"略存一善必表之微意。

蔡兴宗，字伯世。徽宗时，与江西派诗人韩驹友善。蔡谱较吕谱详尽，且略带考证。如《丽人行》诗，吕谱编在天宝十一载（752），蔡谱据唐史天宝十一载冬杨国忠拜相，系于十一载之后。关于杜甫之死，蔡谱以为杜甫大历五年寓家于衡阳，死于衡阳至长沙的水途中，并以《聂耒阳以仆阻水书致酒肉疗饥荒江》为绝笔诗，可备一说。较之吕、赵二谱，蔡谱在援诗系年的同时，开始引史为证，对后来诸谱有一定影响。今朱谱看似对蔡谱几无征引，但蔡谱的发明多为黄谱吸收，此点必须注意。

鲁訔（1099—1175），字季钦，一作季卿，号冷斋，绍兴五年（1135）进士，终浙东、福建路提点刑狱。《杜工部诗年谱》一卷，据其《编次杜工部诗序》，可知他曾笺注杜诗，然今日注亡而谱存。该谱显然是在吕谱的基

---

① （宋）赵子栎：《杜工部年谱》，《续修四库全书》（影印清光绪黎庶昌刻古逸丛书本），第1307 册。

础上进行的，无论是采纳或纠正旧说，均曰"谱曰"，这个"谱"即吕大防之谱。比较而言，该谱特殊之处在于：（一）在一些重要的作品系年上有所收获。如乾元二年己亥，"留东都三月"，"有《新安吏》、《石壕吏》"等诗作。随即归华州，"放情山水间，尝游伏毒寺，有《忆郑南》"①。（二）在一些重要而关键的事件上有所突破。如天宝十载，"公献《三大礼赋》"，作者先引元稹的杜甫《墓系铭》以及杜诗《官定后戏赠》和《莫相疑行》，并结合史书进行考证曰："史、集皆以为十三载。按帝纪十载，行三大礼。十三载，未当郊。况《表》云：臣生长陛下淳朴之俗，行四十载矣。故知当在今岁。"《新唐书·杜甫传》定献《三大礼赋》为天宝十三载，晚了整三年。旧谱仅据史书，亦以讹传讹。鲁訔定在十载，十分准确。献赋是杜甫长安十年奔波干谒的高潮，也是其一生的转折点，鲁谱准确定位，意义不言而喻。后来朱谱也吸收了这个成果。又如天宝十三载，进《封西岳赋》。旧注定为十二载，是未考察《上韦左相二十韵》中"龙飞四十春"、"愚蒙但隐沦"等语。鲁訔据《旧唐书》本纪"二月丁丑，杨国忠为司空公"的记载，以及《进封西岳赋表》"陛下元弼，克生司空，斯文不可寝已"之语，认为"此赋当在未封西岳前"，这个判断也是十分准确的，并为后来诸谱引为定论。作者力图细密展示杜甫的行踪出处，因此年谱的后半尤其是华州弃官后，用功甚勤，往往每个年份的考证文字动辄数百，在一些细节上也有所突破。如考定杜甫在蜀期间，曾于上元二年游青城，即是一例，如此尚有不少。

　　但该谱的缺陷亦甚明显。一是引多断少。年谱应当力求精当，眉目清晰，而鲁谱引用汗漫，略无节制，有时连引数首而不加按断，且不作节录。这可能与该谱被重新整理有关。二是有时随意发挥。如上元元年，杜甫卜居浣花溪。鲁訔曰："裴冀公为公卜居成都西郭浣花溪"，这个"裴冀公"就是裴冕。接着又引《卜居》中"浣花流水水西头，主人为卜林塘幽"为证。大概他认为"主人"就是成都尹，而裴冕在上元年间曾任其职，故非其莫属。其实，"主人"在此仅表示地主，并不确指，且据史料，上元元年三月，李若幽代裴冕为成都尹，何以断定就是裴冕呢？这种随意性在宋代诸谱中是个比

---

①　（宋）鲁訔：《杜工部年谱》，《续修四库全书》（影印清光绪黎庶昌刻古逸丛书本），第 1307 册。

较普遍的现象，但筚路蓝缕，初创艰难，不宜苛求。

（二）对黄鹤《年谱辨疑》的继承

黄鹤的《年谱辨疑》列于《补注杜诗》卷首。《补注杜诗》为黄希、黄鹤父子历经三十年的精心结构之作。父黄希，字仲得，一字梦得，号师心，宜黄人。乾道二年进士，永新令。据董居谊序，希"博览群书，于经史子集、章句训诂靡不通究"，正是注杜的合适人选。子鹤，字叔似，自号牧隐，布衣，著有《北窗寓言集》，佚。一般认为《年谱辨疑》为子黄鹤所作。

《年谱辨疑》被视为宋代最具代表性的杜甫年谱，有几个特点：

首先是视野高远，广泛占有前人已有成果，大量搜集并利用旧有文献。所引材料，包括旧谱、史书、地志、文集、旧注、旧说。旧谱包括吕大防、赵子栎、蔡兴宗、鲁訔之谱，还有久佚的梁经祖（字权道）的《集谱》。史书包括常用的新、旧《唐书》、元稹《墓志》，以及《通鉴》和柳芳《唐历》。引用《唐书》中简明扼要的本纪，更多注目于一般的传记。地志有《九域志》。文集使用最频的当然是杜集本身，也包括与杜交游密切的李白、高适、岑参等人诗集。所引旧注，谱中所列仅有赵次公注、梁经祖《集注》以及鲁訔注，实际可能还有不少，如百家注、千家注之类。旧说，谱后所列《集注杜诗姓氏》一百五十一家，大部分是宋代饱学名流，如苏轼、黄庭坚、秦观、王安石等，也有不少则是亲自参与注杜的学者，如杜修可、师尹等。也引用了一些唐人之说，如辨杜甫之死一条，引韩愈、郑印、李观等人对《唐摭言》的批驳；天宝三载，辨杜闲之死，引陈子昂为审言所作《墓志》。广览博取，取法乎上，皆为该谱玉成之助。

其次是拾遗补缺，汰芜存真。黄谱名为《年谱辨疑》，就是对前贤诸谱缺漏之处提出质疑，同时也吸纳了不少合理之处。如"天宝十一载壬辰"条，黄鹤曰：

> 吕谱："《上韦左相》诗云：凤历轩辕纪，龙飞四十春。以玄宗即位，至是为四十年，故知在今年作。"按史：天宝十五载七月，明皇幸蜀，以韦见素为左相。今不应先云左相。又案《宰相表》：天宝十三载甲午，韦见素为武部尚书，同中书门下平章事，知门下省事。当是其时

投之，故诗云"韦贤初相汉"。蔡谱谓："是岁苦雨潦，阅六旬。上谓宰相非其人，罢陈希烈，拜韦见素。时明皇在位四十三年，盖诗仅略举成数，非若进赋之可据。"此说是。吕《谱》又以《丽人行》入今年，谓丞相者为杨国忠，而不知国忠今年十一月方为右相，当是十三（笔者注：当是"二"字之误）载，蔡谱谓次岁以后诗，为是。①

这里四次引述旧谱，有驳有和。杜甫在长安十年，残羹冷炙，备尝艰辛，又到处干谒，希望谋取一官半职，"拔泥途之久辱"，《上韦左相二十韵》就是写给当时左丞相韦见素的诗作，目的是冀其援引。但关于该诗具体的写作时间，吕大防仅据"龙飞四十春"之句，判定是玄宗即位至今为四十年，失之武断。杜诗中"三十"、"四十"或"三纪"之类的数目字眼触目皆是，其实多举成数，不能据以为实。"左相"之职，据《旧书·职官志》："开元元年十二月，改尚书左右仆射为左右丞相。天宝元年二月，侍中改为左相，中书令改为右相，至德三载复旧。"年限过长，显然不能确定此诗作年。但《旧唐书·宰相表》却明确记载韦见素官左相，是在天宝十三载甲午。另外《玄宗纪》也有类似交代："天宝十三载秋八月，文部侍郎韦见素为武部尚书，同中书门下平章事，代陈希烈。"则该诗最早作于天宝十三载秋八月。黄鹤又在注解该诗时说："见素天宝十五载从玄宗幸蜀，至巴西，诏兼左相，封豳国公。此诗是十三载初入相时投赠，或后来追书耳。"两可之辞，至为稳妥。而仇注引述，径云"黄鹤谓是后来追书"，只是断章取义，唯己是用，又据"四十春"，谓"盖天宝十四载初春作"，十分牵强。古人作诗，一般先定韵部，再以韵取字，若该诗选"尤"韵，有"四十秋"句，恐亦难遽定为秋作。后一例，再驳吕谱以《丽人行》为今年作之说，而采蔡谱"十二载"之说，是参考《旧唐书》"玄宗杨贵妃传"、《明皇杂录》以及《乐史外传》诸史书，用心斟酌，慎重取舍的结果。尤其是有关杜甫生卒之年的引证考据，细致周密，几为定谳，也颇能说明黄谱取精用宏的特点，兹不赘。

---

① （宋）黄鹤：《年谱辨疑》，《黄氏集千家注杜工部诗史补遗》卷首，《续修四库全书》（影印清光绪黎庶昌刻古逸丛书本），第 1307 册。

最后是更完整和精密。年谱旨在勾勒谱主一生行谊,贵在完整。《年谱辨疑》的年份罗列甚备,除了开元前期部分年份确因事迹模糊,难以核实之外,大多年份皆有考证。这在宋代诸谱中并不多见。精密主要指时间、人事、地理等方面的精益求精。以往诸谱,一般止于年份,于月份则退恐不及,黄《谱》是个例外。凡是能求精确的事迹或作品,皆不避繁难,尽力为之。如杜甫转徙陇右,从秦州抵达成都之经历,黄曰:

> 考《本传》"关辅饥,弃官去",客秦州当在其年七月末,盖华下《苦热》诗云"七月六日苦炎蒸",则是月初尚在华。又《秦州杂诗二十首》多言秋时景物;去秦州,赴同谷县,有《发秦州》诗云:"汉源十月交,天气凉如秋",指同谷十月如此,则去秦亦必在十月,故至寒峡有诗云:"况当仲冬交,溯沿增波澜。"考秦至成之界,垂二百里,又七十里至成,今寒峡尚为秦地,而已交十一月,则先生去秦,又可知在十月之末。至同谷,不及月,遂入蜀。

这里结合作品、地志和史书,作出绵密的考证,结论为朱鹤龄的《杜诗辑注》所采纳,遂为后世信从,所谓后出转精,这样的例证还有不少。黄鹤是宋代注家中史学之翘楚,对作品的熟稔和揣摩,是他人难望项背的。倾三纪之精力,成一家之事业,也与黄氏自甘淡泊,安于布衣,不荣仕进有关,清代朱鹤龄以及归田后的钱谦益、仇兆鳌,均说明生前荣华与身后声名难以兼得的定律。

黄鹤的《年谱辨疑》在杜甫主要的行迹和作品方面,大致奠定了后世杜甫年谱的梗概。是书虽题称"补注",其功则重在编年,全书统以《年谱辨疑》,而于各诗题下考以岁月。其例始于黄伯思,继之以鲁訔,至是书臻于宋代编年体杜注之巅峰。凡有线索可据,几乎皆为探赜索隐,发覆殆尽,所以朱谱对之吸取较多。如朱谱"开元十九年",注曰:

> 黄曰:"公《进三大礼赋表》云:'浪迹于陛下丰草长林,实自弱冠之年。'"则其游吴越,乃在开元十九年。自是下姑苏,渡浙江,游剡

溪，久之方归。①

该条结论及论据，完全引自《年谱辨疑》。

但百密一疏，讹漏亦在所难免。最大的失误是把李、杜二人交往的最初时间定为开元二十五年，遭到钱谦益的驳斥。又如据《风疾舟中伏枕书怀呈湖南亲友》诗中"瘗夭追潘岳，持危觅邓林"句，以为"是年先生必有哭子之戚，故用瘗夭事。按先生在夔时，宗文、宗武俱无恙，而元微之《志》止云'嗣子宗武病，不克葬'，则宗文为早世，意所谓瘗夭，即宗文也"，也失之武断。

## 二　对钱谦益《少陵先生年谱》的继承

元明以来，陆续出现数种杜甫年谱，作者有元高崇兰、明单复、黄升、胡震亨等人，但正如元明杜注之鲜受称道一样，这些年谱问津甚稀，清代注家几乎置之不理。清初的杜甫年谱作者虽众，其实有价值者仅有钱谦益及朱鹤龄两家。顾宸的《年谱》载其《辟疆园杜诗注》，该注成书早于钱注，但《年谱》却与钱氏颇多雷同，令人费解。可以肯定的是，朱鹤龄未见顾谱，所以朱谱最直接的参考对象是钱谱。

钱谦益的《少陵先生年谱》附录于《钱注杜诗》末，分为两个部分：

一是"世系"。以当阳侯杜预为第一代，二至五代皆付阙如，以杜甫为十三代。但正如四川文史馆《杜甫年谱》所云："从晋代杜预至唐朝杜甫，其间有四百九十年之历史期间，以三十年一代计之，则从预至甫十三代，其可能占之时间亦不过三百九十年，其间尚有整整一百年之历史期间成为空白。因此遂引起杜甫自称为杜预十三代孙一说之是否计算正确的问题。"这个问题一直没得到很好解决，看来还要继续"俟诸博闻"了。

二是主体部分。为表格形式，分列"纪年"、"时事"、"出处"、"诗"四项，所列甚为完备，其中"出处"一项是我们讨论的主要部分。

钱谱主要的成就，是吸收了自吕大防以来宋代杜甫年谱的重要考证成果，

①　（清）朱鹤龄：《杜工部年谱》，《杜工部诗集辑注》卷首，河北大学出版社 2009 年版，第 15 页。

又结合杜诗诗史互证,对安史之乱前后的史实进行了彻底的整理辩驳,厘定了杜甫大致的行迹。其为朱谱所吸取者有:

1. "天宝三载甲申"条李、杜的初次见面。详见后。

2. 是"天宝四载乙酉"条,黄谱定今年杜在齐州,仅据杜集《陪李北海宴历下亭》诗,钱谱又补充材料。朱谱曰:

> 钱曰:"高适、李白俱有赠邕诗,当是同时。白有《鲁郡石门别杜二甫》诗,或四、五载之秋也。"

钱氏所举高适之诗,即《奉酬北海李太守丈人夏日平阴亭》诗;所举李白之诗,即《上李邕》诗。北海,即青州。据《旧唐书·地理志》,青州属河南道。武德四年,置青州总管府。天宝元年,改为北海郡。乾元元年,复为青州。青州仅有相当短的时期被称为北海,且天宝五载李邕即被杖杀。从李、杜、高三诗中屡有"北海"字来看,当是天宝初一时同作。钱谱的这条材料十分有力。

3. "大历四年己酉"条,朱谱曰:

> 钱曰:"秋,欲适汉阳。暮秋,欲归秦,皆不果。自是率舟居。"

由于钱谦益和朱鹤龄曾有合作注杜八年之久的特殊经历,两谱也是你中有我、我中有你的关系,所以两谱面目十分接近,即使是关于杜甫之死这个特别有争议的问题,两谱也十分雷同,大概是两人当时讨论的一致意见。两谱均据《旧唐书·杜甫传》"啖牛肉白酒,一夕而卒于耒阳"的记载,认为杜甫卒于耒阳,反对元稹"舟下荆楚,竟以寓卒,旅殡岳阳"的说法,也等于推翻了旧谱卒于岳阳的定论。仇兆鳌据《长沙送李十一》及《风疾舟中伏枕书怀三十六韵奉呈湖南亲友》二诗驳正之,曰:"旧谱当属可信,而钱、朱两谱偏信《新书》,遂以牛肉白酒,断送一生,岂不诬枉前贤?夫不信亲著之诗章,而信后人之记载;不信子孙之行述,而信史氏之传闻,其亦昧于权衡审择矣。"意见比较中肯。

### 三 朱鹤龄《杜甫年谱》管窥

朱鹤龄《杜甫年谱》的主要特点，正如仇兆鳌所云，是其"裁别异同"和"简净明当"。

（一）"裁别异同"之功

就朱氏所引用辩驳的旧谱来看，均为宋代及清初之谱，宋代以黄鹤为主，引用达七次，其余吕大防、鲁訔分别有二次和四次，蔡兴宗一次。对清初钱谦益的年谱，明引三次，其实当不止此数。所引有驳斥，有补充，有采纳，而以采纳为主。他的别裁，纠正了宋谱的一些明显错误，其中最重要的是关于李、杜二人初次见面的时间。黄鹤《年谱辨疑》"开元二十五年"曰：

> 先生游齐赵。案《新史》："尝从李白及高适过汴州，酒酣登吹台，慷慨怀古。"盖白家于任城，适以家贫，客梁宋以求丐取给，故先生与之定交，《遣怀》诗所谓"忆与高李辈，论交入酒垆。两公壮藻思，得我色敷腴"是也。其登吹台，虽未定何年，然必在是年后。又云："先帝正好武，寰海未雕枯。猛将收西域，戈戟破林胡。"则先生登吹台时，明皇正有事于西戎。考《通鉴》："开元二十五年，崔希逸自凉州南入吐蕃境二千余里，至青海西，大破之。二十六年春，杜希望攻吐蕃新城，拔之，以其地为威戎军。"盖其时也。

黄注《赠李白》诗题下，又注曰：

> 《李白传》云：天宝初已隐剡中。则此诗当在于开元二十四五载作，盖公诗云"二年客东都"，又云"亦有梁宋游"，殆是初游齐赵时。梁权道编在十二载，非。

黄氏以为《赠李白》诗作于开元二十四五年。杜甫两次游齐地，分别在开元二十五年（737）和天宝四载（745），这一点黄鹤也很清楚，问题的关键是他将李、杜的见面定于第一次。他的依据主要是《遣怀》诗所谓"收西域"、"破林胡"一句,而《通鉴》于开元二十五年,正好有唐朝败吐蕃、收失地的记载,故坐实二人初次见面在此年。其实这是不足为据的。(一)《遣怀》诗是杜甫于大历元年(766)年客居夔州时所作,内容主要抒发对玄宗轻开边衅的感慨,所谓"先帝正好武",时间跨越了玄宗晚年,并不一定具体指向某一年。(二)"猛将收西域,矛戟破林胡"一句,前句可以指黄鹤所引开元二十五年和二十六年大破吐蕃事,但也未必不可指天宝五载(746)至天宝八载(749)王忠嗣、高仙芝、哥舒翰先后征讨吐蕃事,后句指开元二十二年(734)安禄山、张守珪攻打契丹一事。又,黄鹤于《遣怀》诗该句下,引"伪王注":

> 洙曰:玄宗之时,开拓境土,如安禄山、王君㚟、张守珪、王忠嗣辈,皆以边功为己任,故张说献斗牛以箴之,而上不之改。

对两句的注释含混不清,而于"林胡"失注,说明黄鹤对两句话的含义及史实并不了然。《战国策》:"燕北有林胡、楼烦。"《史记正义》:"二胡,朔、岚以北。"《通鉴注》亦曰:"契丹,即战国林胡地也。"则两句诗反映的史实,不仅前后时限达十几年,地点也一西一北,迥不相侔。但黄鹤只顾前句,以迁就李、杜二人的见面时间,做法实不足取。实则李白与杜甫初次见面,乃在天宝初自翰林供奉被逐之后的天宝三载。朱鹤龄《杜工部年谱》于"天宝三载"条下曰:"公在东都",又说:

> 钱谦益曰:"是时太白自翰林放归,客游梁、宋、齐、鲁,相从赋诗,正在天宝三四载间。"按:旧谱谓开元二十五年,公从高适、李白过汴州,登吹台怀古,以《寄李十二白》诗证之,其谬信矣。

这里引用了钱谦益《杜诗年谱》的论断,以纠黄鹤之误。又提到《寄李十二白二十韵》一诗。《钱注杜诗》该诗末尾,附有大段考证,长达一千四十字,排比李、杜二人所有交往诗篇,并参以他诗及《高适集》,以及李阳冰《草堂集序》,得出"天宝三载,杜在东都,四载在齐州,斯其与高、李游之日"的不刊之论。朱鹤龄、仇兆鳌亦分别全录,《四库》馆臣批驳黄鹤《年谱》之缺失,亦据仇注拈出该条,其实应归首功于钱谦益,但朱鹤龄的别裁之功未可抹杀。

除了上条,朱鹤龄采纳旧谱的正确意见还有不少,所引旧谱十几条,均为杜甫一生行迹、出处和生死的关键,几乎吸收了全部精华,显示了深厚的考据功底和抉择能力。他也对旧谱作了一些辩驳补充。

1. 开元十九年(731),旧谱仅曰今年"游吴越"。朱谱补充一条材料,认为游吴越前,尚游晋地:

> 按公《哭韦之晋》诗:"凄怆郇瑕邑,差池弱冠年。"又《酬寇侍御》诗:"往别郇瑕地,于今四十年。"郇瑕,晋地也。公弱冠之时,尝游晋地。当是游晋后,方为吴越之游也。

这是一个重要的发现,补旧谱之未备。黄鹤虽注意到《酬寇十侍御锡见寄四韵复寄寇》诗中"往别郇瑕地,于今四十年"一句,但以为杜适郇瑕,乃在游齐赵的开元二十四年,大谬。朱氏又据《哭韦大夫之晋》"凄怆郇瑕邑,差池弱冠年"之句,认为"公十八九岁时尝至晋州,而《年谱》俱失书"(见《杜诗辑注》之《哭韦大夫之晋》注文)。郇瑕,是春秋古地名,即《水经注》所云"郇国在解县东郇瑕氏之墟也,今故城在猗氏故城西北乡"。亦即唐代的晋州。

2. 开元二十五年(737),鲁、黄诸谱言"今年公游齐赵",钱谱空白。朱谱补充曰:

> 《集》中颇多兖州所作,盖兖州与齐州接境,公游齐州,盖在兖州趋庭之后也。

3. 天宝八载(749),黄谱曰:"公在河南",钱谱空白。朱谱曰:

> 公在长安,间至东都。公《洛城北谒玄元庙》诗云:"五圣联龙

衮。"唐史:加"五帝大圣"字,在八载闰六月。可证是年公又在东都。

按《旧唐书》卷九《玄宗本纪》:"天宝八载丙寅,上亲谒太清宫,册圣祖玄元皇帝尊号为圣祖大道玄元皇帝,高祖、太宗、高宗、中宗、睿宗五帝,皆加大圣皇帝之字。"朱氏诗史互证,认为杜诗"五圣",即唐史天宝八载的此次册封,杜甫《洛城北谒玄元庙》诗即作于此年,故曰"间至东都",比旧谱更为精密。

4. 宝应元年(762)七月,杜甫送严武入朝,至绵州,恰逢剑南兵马使徐知道在成都反,蜀中大乱,杜甫有家难回,开始了一段难中逃难的流亡生活。先到梓州,于秋末冬初回到成都草堂。徐知道之乱虽不久被平,但成都已难安家,只好又携家迁往梓州。及严武再镇成都,乃始归居草堂。对于这段经历,旧谱颇以为疑,认为高适任东川节度,距离不远,杜甫"与适素厚",此时应向高适求援,遂沿袭《新唐书》本传的错误记载,得出杜甫"当在此时严武入朝之后""游东蜀,依高适"的结论。朱鹤龄驳曰:

> 严武还朝,适领西川节度,公方携家往东川,其时并无一诗与之,不得云依高适也。公在梓州,最善留后章彝。彝为留后,可知适未尝兼领东川,而谓之依适,可乎?

5. 广德元年(763),黄氏裁定了杜甫的两个悬案。一是杜甫是否到绵州。鲁訔、黄鹤二谱以为"是年春,公尝暂至绵州",以《惠义寺送辛员外》诗有"直到绵州始分手"之句,而朱氏以为"《惠义寺》以下诸作皆逸诗也,未可深信",故削而不书。今按《惠义寺园送辛员外》和《又送》二首,为卞圆、吴若、黄鹤所辑之逸诗,且从造诣来看,平泛而无甚足观,故旧谱以《又送》诗"直到绵州始分手"为杜甫暂至绵州的证据,实在牵强。二是杜甫除京兆功曹不至的时间,是否在今年。因为唐史和注家在此问题上一直有歧见。朱谱曰:

> 公补京兆功曹,蔡兴宗、赵子栎、鲁訔、黄鹤诸谱,俱编广德元年,

盖以《别马巴州》诗注为据。惟《新唐书》本传与王原叔集序谓公不赴功曹，在严武初镇成都之时，恐非。辩详诗集注。

《奉寄别马巴州》诗题下有杜甫自注："时甫除京兆功曹，在东川。"朱注曰：

> 按蔡兴宗《年谱》："广德元年补功曹，与此诗自注语正合。诗云：'南国浮云水上多，独把渔竿终远去'及《奉待严大夫》诗云：'欲辞巴徼啼莺合，远下荆门去鹢催'，可证除功曹时正在东川，将为荆南之游也。"《本传》以召补京兆府功曹不至，在上元二年；王原叔《集序》因之，皆误。

这里以诗纠史，驳斥了《新唐书·杜甫传》"流落剑南，结庐成都西郭。召补京兆司功参军，不至"的错误记载，裁别异同，颇具识力。以上所引，仅是《年谱》中数条，很有价值。

（二）简净明当之行文

这大约包含三个意思：

1. 简洁。朱谱在宋、清各谱中大概是字数较少的，仅三千一百字，却概括了杜甫近六十年的生平行迹，十分简洁。与之相比，黄谱着重于考辨，长达九千字，钱谱长达万字，笔墨集中于"时事"一项，而反映杜甫活动的"出处"却十分简略，显得喧宾夺主。朱谱惜字如金，一方面突出谱主的活动踪迹，言简意赅，另一方面将考证的细节置于注解之中，避免让烦琐的考证冲淡主题，所以文字精简。

2. 完整。简洁并不意味简陋，相反朱谱十分全面完整。这首先是指能考定事迹的年份，全有交代，其次是指时、地、事的完整，即不仅交代谱主此刻在何时，还交代在何地，有哪些重要活动，因果明确，前后历然。如"乾元二年（759）己亥"条曰：

> 春，自东都回华州。关辅饥。七月，弃官西去，度陇客秦州，卜西

枝村置草堂，未成。十月，往同谷，寓同谷不盈月。十二月，入蜀，至成都。

又如"代宗宝应元年（762）壬寅"条曰：

> 公居成都草堂。七月，送严武还朝，到绵州。未几，西川兵马使徐知道反，因入梓州。冬，复归成都，迎家至梓。十二月，往射洪南之通泉，皆梓属邑。

寥寥数语，时、地、事均很完整，脉络清晰，因果了然。

3. 准确。主要指合乎史实，这是最重要的因素。朱谱是至清初考证最为准确的杜甫年谱，它对宋代各谱和钱谱进行了详尽辨析，尽量吸收合理的说法，并以诗史互证或以杜证杜的手法，明辨是非，独立作出理性判断，这也是受到仇兆鳌青睐的根本原因。据仇谱与朱谱对照，可以发现，除了杜甫生卒之年各有一条补充驳正外，其余仇兆鳌皆照录，几乎一字未改。自此以后，朱鹤龄的《杜甫年谱》遂为杜诗研究者视为定本，虽偶有异同，间致疑喙，但多为枝节，无碍大局。闻一多及四川文史馆的杜甫年谱也是在朱谱的基础上充实完善的，说明朱谱的准确真实是经得起历史考验的。

## 第二节 阙疑不凿的杜诗编年

自宋代起，杜诗的编年即与年谱同时展开，注家一般遵循孟子"知人论世"的原则，认为理解杜诗最好的办法即是编年，加上宋代杜诗"诗史"说的盛行，故对杜诗编年倾注了很大精力。北宋王洙编成的首个《杜工部集》，虽是古、近分体本，但已寓简单编年于分体之中。最早专门为杜诗编年的是北宋黄伯思，这个编本已经失传，仅有李纲为其作的《重校正杜子美集叙》一文，存于胡仔《苕溪渔隐丛话》中。从现存宋代各家注本来看，均未提及该书，可见黄氏的编年体系未能流传下来。现在流传的杜诗编年体系，是在以吕大防《年谱》为发端，蔡兴宗《年谱》继承并据以编年，赵次公有所调整，黄鹤注逐步完善的基础上发展而来的，形成了与分体本、分门本鼎立而三的系统，并且是最有价值、最盛行的系统。而编年又可分为两类，一类是详尽编年，如黄鹤注、仇兆鳌注，另一类是大体编年，赵次公注、蔡梦弼注、朱鹤龄注即是。两者各有优长和不足。下面试述其在编年方面的贡献。

## 一　对宋代及清初杜诗编年成果的继承

### （一）对黄氏《补注杜诗》的继承

宋代杜诗编年成果的结晶是黄氏父子的《补注杜诗》。在黄氏父子之前，王洙、黄伯思、吕大防、赵子栎、蔡兴宗、鲍彪、赵次公、鲁訔、梁经祖等人对杜诗的校勘、分体、分类、编年等方面进行了较为全面的整理。他们之中的编年，使杜诗的写作年代和地点日趋明确。黄氏父子在此基础上，广泛地征集杜甫本集及他人诗文考证其生平行实，钩稽史传，结合杜甫的交游行迹，对1400多首杜诗逐首编年。全部杜诗第一次得到完整的编年，这是黄氏父子的首创，给读者带来了极大方便。钱谦益认为"诸家惟黄鹤颇知援据"[①]。朱鹤龄《杜诗辑注》的编年，借鉴最多的也是黄氏的编年成果。大致看来，朱氏从以下几个方面吸收黄注的编年成果：

1. 对于黄注论证充分、可以成说的编年，尽量吸收。黄注《年谱辨疑后序》曰："或因人以核其时，或搜地以校其迹，或摘句以辨其事，或即物以求其意。"从人物、地理、诗旨和名物等多方面搜索编年线索，取得了开创性成就。朱氏对此给予了高度重视和评价，充分吸取其成果。如《登楼》诗，朱注曰：

> 黄鹤曰："此广德二年归成都之作。吐蕃陷京师，立广武郡王承宏为帝。郭子仪复京师，乘舆反正，故曰'朝廷终不改'也。"[②]

又引钱笺曰："鹤说是。"这里黄注据史实考察诗旨，从而编年，十分正确。再如《官定后戏赠》诗，朱注曰：

---

①　（清）钱谦益：《注杜诗略例》，《钱注杜诗》卷首，上海古籍出版社1979年版。
②　（清）朱鹤龄：《杜工部诗集辑注》卷十一，河北大学出版社2009年版，第438页。

黄曰:"十三载冬,公《进西岳赋表》云'长安一匹夫',则其时尚未得官,改卫率府参军,乃在十四载,《夔府咏怀》诗所谓'昔罢河西尉,初兴蓟北师'也。"①

这里黄注考察人物行迹,定该诗为天宝十四载作,亦言之成理。《苦战行》,朱注曰:

黄鹤曰:"段子璋反,马将军会兵攻之,为子璋所败,死于遂州,故此诗云'去年南行讨狂贼',下诗云'遂州城中汉节在',盖遂在涪江之南也。"②

这里黄注据史实和地理,定该诗作于宝应元年,亦为朱注完全首肯。

2. 对于黄注正确的编年,朱注吸收成果,且提供以另一方面的证据支持。如《湘江宴饯裴二端公赴道州》,黄注曰:"裴虬大历五年四月已出军,共平臧玠之乱,而公亦去潭之衡,当是四年夏作。"朱注补充曰:

《浯汉观唐贤题名》:"河东裴虬,字深源,大历四年为著作郎兼侍御史、道州刺史。"按《旧书·本纪》:大历三年十二月,道州刺史崔涣卒。虬盖代涣。③

朱注从人物行迹及史实方面给予黄注支持,并从黄注编此诗于大历四年。

除了这些明文标示的吸收,其余没有考辨文字的杜诗,其编年朱注一般多从黄注,可见朱注在编年方面以借鉴黄注最多,收获最大。

(二) 对蔡梦弼《草堂诗笺》的继承

黄氏采取的是详尽编年,而宋代鲁訔采取的是大体编年的方法。鲁訔编次的《杜工部集》虽已失传,但流传至今的《百家注》和蔡梦弼《草堂诗

---

① (清) 朱鹤龄:《杜工部诗集辑注》卷三,河北大学出版社 2009 年版,第 96 页。
② (清) 朱鹤龄:《杜工部诗集辑注》卷九,河北大学出版社 2009 年版,第 351 页。
③ (清) 朱鹤龄:《杜工部诗集辑注》卷二十,河北大学出版社 2009 年版,第 791 页。

笺》均据鲁訔编年本编次，因而得以考见鲁訔编年的具体情况。鲁本编年约定杜甫行迹之先后，如某卷为长安作，某卷为成都作，略为诠订，而无逐篇细致的编年。蔡梦弼曰："博求唐宋诸本杜诗，聚而阅之，三复参校，仍用鲁氏编次先生用舍之行藏，岁月之先后，以为定本。"① 朱注以蔡梦弼《草堂诗笺》为底本，主要原因即是看重其编年，他说：

> 杜诗编次，诸本互异，惟《草堂会笺》觉有伦理。盖古律体制，间有难分，时事后先，无容倒置，不若从此本为稍优也。特某诗必系某年，则拘固可笑。今略仿其意，前后以时事为排比，其无考者，或从人，或从类，皆参以他善本诠次之，而于各卷之首标为"公某时某地作"，庶几师编年之法而无其陋云。②

之所以觉得《草堂会笺》"有伦理"，主要是蔡梦弼采取的是大体编年的方法。蔡注于每卷开头，均标注该卷诗歌作于某时某地，如卷一曰"开元间留东都所作"，卷二曰"天宝以来在东都及长安所作"，然后在每卷的内部，再约略依次考定先后，对于不能确定具体作年的作品（事实上杜诗约有三成不能确定），则如朱氏所说，或"从人"，或"从类"，亦可避免详尽编年因史料缺遗带来的穿凿，优点和方便不言而喻。事实上，清代的许多注本也采取大体编年的方式，如冯应榴《苏诗合注》卷首《凡例》云："施、顾本每卷排次撮举大纲，最为得当""查本细分年月，转欠审确"，说明清人对编年认识的加深。

朱注吸收了不少蔡注的编年。如《前出塞九首》，朱注曰："黄鹤注以前、后《出塞》俱公在秦州作。今从草堂本分编。"③《魏将军歌》，朱注曰："按此诗言魏将军先立功西陲，后统禁军宿卫，绝不及丧乱事，盖禄山未反时作也。草堂本编在天宝末年，今从之。"④《寄杜位》，朱注曰："玉垒山，

---

① （宋）蔡梦弼：《杜工部草堂诗笺跋》，《续修四库全书》影印《古逸丛书》本第1307册。
② （清）朱鹤龄：《辑注杜工部集凡例》，《杜工部诗集辑注》卷首，河北大学出版社2009年版，第21页。
③ 同上书，第48页。
④ 同上书，第91页。

《唐志》：在彭州导江。旧注俱云在青城。《一统志》：玉垒在灌县西北二十九里。灌县，乃唐之导江、青城二县地。盖其山自导江而接青城界也。诗云‘玉垒题书心绪乱’，又知在青城所作。草堂本与青城诸诗同编入上元二年，得之。"① 《行次昭陵》，朱注曰："昭陵在醴泉，近泾阳，直京师之北。《草堂诗笺》序于《北征》诗后，良是。盖省家鄜州，道经此也。黄鹤编在天宝五载，谓西归应诏时作，大谬。"②

朱氏《杜诗辑注》的编年以蔡本为底本，但也进行了不少的调整，最大的变化是合并卷数，由原来的四十卷合并为二十卷，如将蔡本一、二卷合并为一卷，标注为"开元天宝间，公居东都、游齐赵及归京师作"，其余也依照自己的意见进行依次调整。另外，蔡注虽是编年本，但诗题下并无考证说明，不似黄注详列编年的根据，所以对蔡注编年必须仔细思考其缘由方可援据。但由此亦可见朱氏对编年的重视。

（三）对《钱注杜诗》的继承

朱注对清初杜诗编年的参考对象，主要是《钱注杜诗》。钱注虽是分体本，但末附《杜诗年谱》，在"诗"一栏逐年编次重要诗章，相当于大体的编年。从朱注的征引来看，部分就是钱注对编年的考证。如《寄彭州高三十五使君适虢州岑二十七长史参三十韵》，朱注引曰：

> 钱笺：按适《谢上彭州刺史表》云："始拜官允，今列藩条，以今月七日，到所部上讫。"则适自詹事，即出刺彭，鹤注是也。高集有《春酒歌》云："前年持节将楚兵，去年留司在东京。今年复拜二千石，盛夏五月西南行。彭门剑门蜀山里。"则适之刺彭，在乾元元年，岁月皆可考。《岑参集·佐郡思旧游诗序》云："己亥春三月，参自补阙转起居舍人，夏四月，署虢州长史。"则岑之黜官，在乾元二年之夏，公诗作于是秋也。③

---

① 《杜工部诗集辑注》卷八，河北大学出版社 2009 年版，第 313 页。
② 同上书，第 148 页。
③ 同上书，第 240 页。

按黄注亦考订此诗作于乾元二年，但仅据杜诗及唐书、《通鉴》之史料，喋喋不休，颇伤芜累。钱笺引录高、岑二集的诗文，论据有力充分；且钱笺定为是年之秋，较黄注精确。又如《草堂》，朱注曰：

> 钱笺：宝应元年四月，严武入朝。七月，剑南西川兵马使徐知道反。八月，伏诛。公携家避乱往梓州。广德二年，武镇剑南，公复还成都草堂。此诗云"大将赴朝廷，群小起异图"，谓严武入朝而知道反也；"北断剑阁隅"，谓知道以守要害，武不得出也；"贼臣互相诛"，谓知道为其下李忠厚所杀。而王洙、梁权道辈以为永泰元年避崔旰之乱，而吴若本"布衣专城"之下注云："即杨子琳、柏贞节之徒。"是时严武已没，公下峡适楚，何尝复归草堂哉？注家惟黄鹤能辨之。①

从以上二例看，钱注的编年虽没有突破黄注编年的结论，但钱注广征博引，诗史互证，论据比黄注更具说服力，对旧注的辩驳更为有力，故为朱注所取。

## 二　对旧注编年之辩驳

朱氏在编年上吸取旧注，但辩驳也不少。由于他熟稔杜诗，精于史实、地理，因此对旧注编年的缺陋和粗略往往洞察入微，深中肯綮。下面即从三个方面举例论述其考辨之功。

（一）辨别旧注编年之异同

宋代注家在编年方面用力甚勤，从不同角度提出编年依据，结论自然有异。朱注对此仔细甄别，择善而从。

1.《饮中八仙歌》（诗长不录）。按此诗编年，宋人不一。蔡兴宗《年谱》据诗中人物李适之天宝五载四月罢相，定于天宝五载（746）。梁权道编在天宝十三载（754）。蔡梦弼曰："范传正《李白新墓碑》：在长安时，时人以公及贺监、汝阳王、崔宗之、裴周南等八人为酒中八仙。公此篇无裴，岂

---

① 《杜工部诗集辑注》卷十一，河北大学出版社 2009 年版，第 436 页。

范别有稽耶?"颇以范之碑文为疑。黄鹤于《年谱辨疑》中曰:"贺知章以天宝三载去国,白亦还山。凡歌所言,皆天宝二三年事,意是天宝六七载从汝阳王游时为王作也。"而于题下注曰:"按史,汝阳王天宝九载已薨,贺知章天宝三载、李适之天宝五载、苏晋开元二十二年并已殁。此诗当是天宝间追忆旧事而赋之,未详何年。"朱注曰:"八仙人当是总括前后言之,非一时俱在长安也。"显然赞同黄注之说,圆通可据。

2.《建都十二韵》:"苍生未苏息,胡马半乾坤。议在云台上,谁扶黄屋尊。建都分魏阙,下诏辟荆门。恐失东人望,其如西极存。时危当雪耻,计大岂轻论。虽倚三阶正,终愁万国翻。牵裾恨不死,漏网荷殊恩。永负汉庭哭,遥怜湘水魂。穷冬客江剑,随事有田园。风断青蒲节,霜埋翠竹根。衣冠空穰穰,关辅久昏昏。愿枉长安日,光辉照北原。"朱注曰:

> 《通鉴》:至德二载,以蜀郡为南京,凤翔为西京,西京为中京。上元元年九月,改置南都于荆州,以荆州为江陵府。二年九月罢凤翔西都及江陵南都之号,宝应元年建卯月复建。《唐书》:上元初,以吕諲为荆州刺史。諲请以荆州置南都,帝从之。于是荆州号江陵府,以諲为尹。诗云"穷冬客江剑,随事有田园",其为成都草堂作甚明。鲍钦止编宝应元年冬。是年虽复建南都,时公往来梓州,未尝定居,安得有田园之句?赵云"此上元元年九月后作也",得之。①

按此诗系年宋人有争议。最早鲍钦止编宝应元年(762)冬,黄注从之;赵次公定于上元元年(760)十二月,蔡注从之。实际就是宝应元年和上元元年之争,原因在于建都、废都反复不一,据《通鉴》及《旧唐书》,从至德二载(757)至宝应元年(762)的五年间,建都、废都反复达五次。据《杜甫年谱》:"宝应元年,公居成都草堂。七月,送严武还朝,到绵州。未几,西川兵马使徐知道反,因入梓州。冬,复归成都,迎家至梓。十二月,往射洪南之通泉,皆梓属邑。"可知杜甫四处奔波,未有安息之时,而诗有

---

① 《杜工部诗集辑注》卷八,河北大学出版社2009年版,第296页。

"穷冬客江剑，随事有田园"之句，则不应在宝应年，当据赵注定于上元元年，时杜甫居成都草堂。九月诏下，罢成都为南京之号，依节度使吕諲之请，置南都于荆州。杜甫闻知，写此诗指斥朝廷决策之失误。惟赵注据诗"穷冬"定于十二月，失之随意，当从朱注"九月后"，似较稳妥。

3.《白马》："白马东北来，空鞍贯双箭。可怜马上郎，意气今谁见。近时主将戮，中夜伤（一作商）於战。丧乱死多门，呜呼泪如霰。"

蔡兴宗定此诗为潭州诗，曰："主将谓崔瓘也，时为臧玠所杀。"① 赵次公、蔡梦弼从之。黄鹤据诗中异文，认为"伤於"当作"商於"，曰："商於，即张仪欺楚之地，唐为商州上洛郡。史云：大历三年三月，商州兵马使刘洽杀防御使殷仲卿，此为仲卿而作也。"朱注曰：

> 考《九域志》，衡州北至潭州三百九十里，公自潭如衡，则所见之白马为自东北来明矣。臧玠与达奚觐忿争，是夜以兵杀瓘，所谓"中夜伤于战"也，梦弼、次公皆主此说，似可从。②

黄鹤之说有可议之处。大历三年，杜甫正月去夔出峡，三月至江陵，秋移居公安，冬晚之岳州，一路奔波。商於（即唐代商州）距离杜甫流离的长江，远隔千里，而时值战乱，消息能否及时获悉，很成问题。即使得悉，于前四句又作何解？所以赵次公认为此诗是从潭州至衡州路上的"记事之作"，甚有见。该诗写杜甫在逃往衡州的途中，见一匹白马带箭而来，于是想到因潭州兵变而死于战乱者甚多，作诗志哀。朱注赞同赵、蔡之说，定于大历五年（770）四月，考辨合理，为仇注引录，遂为定谳。

4.《园官送菜并序》（诗文长不录）。黄注认为首句"地主"即指夔州"太守"，将此诗定在初至夔州的大历元年（766）。对此朱注反驳曰：

> 《送菜》诗云"常荷地主恩"，《送瓜》诗云"柏公镇夔国"，则知"地主"即柏都督，都督乃茂琳也。《旧书》：大历元年八月，茂琳方迁

---

① （宋）蔡兴宗：《杜工部年谱》，《分门集注杜工部诗》附录，《续修四库全书》第1306册。

② （清）朱鹤龄：《杜工部诗集辑注》卷二十，河北大学出版社2009年版，第830—831页。

卭南节度。其到夔州，必在元年、二年之交。草堂编入二年，为是。①

《送菜》诗与《送瓜》诗（即下首《园人送瓜》）皆一时之作，而后首明言"柏公"，则"地主"为柏茂琳不言而喻。朱注通过以杜证杜考出"地主"所指，再据史书考察人物行迹，推算柏氏从卭南赴夔州之任，按路程计算，约需四五月，断定此诗必作于大历二年初，论据稳妥充分，蔡梦弼《草堂诗笺》所编甚是。仇注亦从。

（二）对旧注穿凿支离的编年，朱注通过多方钩稽考核，知人论世，体察杜诗之微意，揭示旧注之谬妄，标新立异，发覆启蒙，诚可谓少陵功臣。

1.《塞芦子》："五城何迢迢，迢迢隔河水。边兵尽东征，城内空荆杞。思明割怀卫，秀岩西未已。回略大荒来，崤函盖虚尔。延州秦北户，关防犹可倚。焉得一万人，疾驱塞芦子。岐有薛大夫，旁制山贼起。近闻昆戎徒，为退三百里。芦关扼两寇，深意实在此。谁能叫帝阍，胡行速如鬼。"

以黄注为代表的旧注几乎皆以此诗针对吐蕃入侵而作，理由是首句"五城"在"芦子关"北，临近吐蕃。朱注据《唐书·方镇表》，考证"五城"乃玄宗时宰相张说所筑，而非宋注所指唐长庆年间李佑所筑的"五城"，更非宋代所筑的"五城"。又注曰：

　　此诗首以五城为言，盖忧朔方之无备也。高、史二寇合力攻太原，克太原才渡河而西，即延州界，北出即朔方五城。朔方节度治灵州，灵距延才六百里尔。灵武为兴复根本，公恐二寇乘虚入之，故欲以万人守芦关，牵制二寇使不得北。"塞"字仍作"壅塞"解。时太原几不守，幸禄山死，思明走归范阳，势甚岌岌，公故深以为虑也。"谁能叫帝阍"，即《悲青坂》所云"安得附书与我军"也。此本陷贼时诗，诸本多误解，故次在收京之后。②

杜甫建议堵塞芦子关，意在扼制史思明、高秀岩的西进，具有重大的战

---

① （清）朱鹤龄：《杜工部诗集辑注》卷十六，河北大学出版社 2009 年版，第 627—628 页。
② 同上书，第 117 页。

略意义。通过对杜诗诗旨的阐述，定此诗作于至德二载（757）杜甫身禁长安之时。确实如此，朱注不仅还原了杜诗创作真实的历史背景，而且使读者深切理解了杜甫的深思远虑和感人的爱国情怀，诚如王嗣奭所说："此篇直作筹时条议，剀切敷陈，灼见情势，真可运筹决胜。若徒以诗词目之，则又文人之见也。"（《杜臆》卷三）

2.《喜雨》："春旱天地昏，日色赤如血。农事都已休，兵戎况骚屑。巴人困军须，恸哭厚土热。沧江夜来雨，真宰罢一雪。谷根小苏息，疹气终不灭。何由见宁岁，解我忧思结。峥嵘群山云，交会未断绝。安得鞭雷公，滂沱洗吴越。原注：时闻浙右多盗贼。"

朱注解题曰：

> 《旧唐书》：宝应元年八月，台州人袁晁反，陷浙东州郡。广德元年四月，李光弼讨之。此诗末自注语，正指袁晁也。是时公在梓阆间，故有"巴人困军须"之句。诸本编次皆失之。①

按此诗编年直接关系到杜甫对民族斗争与农民起义关系的认识。诗写春旱严重，农事不兴，而兵戈不息，巴人困扰。但宋注均忽视了杜甫诗末自注"时闻浙右多盗贼"。赵次公关于该诗编年已不可考，然据末句"安得鞭雷公，滂沱洗吴越"的注文，显然他以为该句并未反映时事，而是使用了《诗经》的语典。郭知达注亦然。臆二家以末句仅为杜公苦心良愿，约略如《茅屋为秋风所破歌》及《洗兵马》二诗末句"安得"云云，遂置公自注于不理。蔡梦弼注稍进于是，于末句云："按甫意欲鞭驱雷车，滂沱而雨，一洗吴越之乱。吴越平则人获安居，天时自得，何忧旱干哉？"以为"浙右盗贼"为"吴越之乱"，失之眉睫。黄注于诗题下云："永泰元年作"，曰："按史，永泰元年四月己巳，自春不雨，至是而雨，当是永泰元年，而梁权道编在上元二年。而史不言是年有旱。"又对蔡注"吴越之乱"表示怀疑，曰："旧注以吴越为永王璘之乱。按史，永王璘至德元年（756）冬反，而公是时在贼

---

① （清）朱鹤龄：《杜工部诗集辑注》卷十，河北大学出版社 2009 年版，第 388 页。

营，不应及巴人，当是永泰元年（765）作此。史云：四月己巳有春不雨，至是而雨。故诗云春旱。及七月，又以久旱，遣近臣录囚，则是年自春至秋多旱。洗吴越者，谓袁晁自台州反，陷信、明等州，方伏诛，而歙州人又杀其刺史。"

黄注虽重视"公自注"并有所考辨，但视盗贼为乱臣，仍谬以千里。盖诸家之失，在于未能理解杜甫之于农民暴动的态度。杜诗大凡涉及黎民百姓，多忧心忡忡，如《自京赴奉先县咏怀五百字》曰："穷年忧黎元，叹息肠内热"，《驱竖子摘苍耳》曰："乱世诛求急，黎民糠籺窄"，《晚登瀼上堂》曰："黎民困逆节，天子渴垂拱。"晚年流落潦倒，仍念念不忘民瘼，如《秋日夔府咏怀》"宵旰忧虞轸，黎元疾苦骈"，《大历三年春城放船出瞿塘峡》"回首黎元病，争权将帅诛"。如此忧国忧民，怎可急转直下，判若两人，视苍生为无物？故诸家于史书中找寻旱灾与战乱吻合的记载，但不中肯綮，亦在意料之中。杜甫是国家至上主义者，在遇到民族斗争和阶级斗争矛盾之际，一般站在民族、国家立场的高度，希望结束内乱，一致攘敌。[①]正基于对杜诗的深刻理解，朱注定该诗作于宝应元年（762），比旧注提前三年，为仇注引用，已成共识。

3.《三绝句》其一："前年渝州杀刺史，今年开州杀刺史。群盗相随剧虎狼，食人更肯留妻子。"其二："二十一家同入蜀，惟残一人出骆谷。自说二女啮臂时，回头却向秦云哭。"其三："殿前兵马虽骁雄，纵暴略与羌浑同。闻道杀人汉水上，妇女多在官军中。"

按，此诗首二句"前年渝州杀刺史，今年开州杀刺史"，史无记载，遂致纷纭之说。宋有三说，梁权道从旧次编广德二年（764），鲁訔编上元二年（761），黄鹤编大历三年（768）。然皆囿于史、鉴，左支右绌，难圆自说。以致师古注伪造"吴璘杀渝州刺史刘卞，杜鸿渐讨平之。翟封杀开州刺史萧崇之，杨子琳讨平之"的史实，贻误后学。朱注曰：

首章渝开杀刺史，事虽无考，而以后二章证之，则此乃永泰元年事

① 韩成武：《杜甫敌视袁晁暴动问题的再认识》，《杜甫新论》，河北大学出版社 2006 年版。

也。《唐书·本纪》：永泰元年九月，仆固怀恩诱党项、浑、奴剌寇同州及凤翔、盩厔。此诗末章云"纵暴略与羌浑同"，则知其时为寇者，乃羌、浑也。次章云"惟残一人出骆谷"，骆谷关在盩厔西南，又知二十一家因避羌浑而入蜀也。虽宝应元年党项、奴剌尝寇梁、洋间，然尔时禁军尚未盛，《兵志》云：广德元年代宗幸陕，鱼朝恩举神策军迎扈，后以军归禁中，自将之。永泰元年，又以神策军屯苑中。自是寖盛，分为左右厢，势居北军右，数出征伐有功。以诗中"殿前兵马"句观之，则是作于宝应之后。若广德二年、上元二年、大历三年，羌、浑皆未尝入寇梁、洋也。①

朱注据后两首诗中所涉及的党项羌、吐谷浑入寇和禁军势盛两件史实的发生年代，考定组诗作于永泰元年（765），时杜居云安，很有说服力，后为仇注采纳。三诗均记动乱史实，可补史书之阙。

4.《奉待严大夫》："殊方又喜故人来，重镇还须济世才。常怪偏裨终日待，不知旌节隔年回。欲辞巴徼啼莺合，远下荆门去鹢催。身老时危思会面，一生襟抱向谁开。"

朱注曰：

此诗旧谱及诸家注并云广德二年（764）作。据《通鉴》，是年严武得剑南之命在正月，诗不当曰"隔年回"。又公与武诗，皆随所受官而称之，其时严已封郑国公，不得但称大夫，且迁黄门侍郎时，已罢兼御史大夫矣。黄鹤致疑于此，故编宝应元年。然是年春，公不闻尝去草堂，何以有"欲辞巴徼""远下荆门"之语？即使公欲赴荆楚，何不经嘉、戎，下渝、忠，顾乃北走山南，由梓、阆而出峡耶？当仍以旧编为是。其云"旌节隔年回"，意武受命剑南，乃在广德元年之冬。而唐人凡称节度使皆曰大夫，正不必以封郑公为疑也。《杜诗博议》："《旧书·地志》：合剑南东、西川为一道，在广德元年。《唐会要》则云二年正月八

---

① （清）朱鹤龄：《杜工部诗集辑注》卷十二，河北大学出版社 2009 年版，第 476 页。

日。此武受命在元年冬之一证也。"①

此处考证，综合了杜诗习惯、杜甫行迹以及唐代地理，定于广德元年
(763) 之冬，论据十分充分。

5.《黄草》："黄草峡西船不归，赤甲山下人行稀。秦中驿使无消息，蜀
道兵戈有是非。万里秋风吹锦水，谁家别泪湿罗衣。莫愁剑阁终堪据，闻道
松州已被围。"

朱注曰：

> 按史：杜鸿渐至蜀，崔旰与杨子琳、柏茂林等各授刺史防御，而不
> 正旰专杀主将之罪，故有"兵戈是非"之语。盖言崔氏乱成都，柏、杨
> 讨之，其是非不可无辨也。然旰本建功西山，郭英乂通其妾媵，激之生
> 变，其罪有不专在旰者。未几释甲，随鸿渐入朝，而吐蕃则岁岁为蜀
> 患。故末语又不忧剑阁而忧松州也。松州先为吐蕃所陷，此云"已被围"，
> 必中间严武又收复。又按：此诗首二语，乃夔州作无疑。黄鹤疑松州被
> 围，谓广德元年事，因以"秦中驿"使为李之芳使吐蕃，"蜀道兵戈"
> 为徐知道据剑阁。全解俱谬，今以旧编正之。②

此诗编年看似不难，因为首联言及地理，次联及尾联言及时事，似乎容
易确定作年，其实不然。因为据首联，此诗当作于杜甫在夔州期间（766 年
春至 768 年春）；据次联及尾联，容易认为此诗是写松州被围，是广德元年
(763) 十二月吐蕃陷松州、维州之事。二者相差不少。黄注据后者，曰：
"今诗云被围，则是作于其年秋。是时公在梓、阆，不应言锦水，殆是因兵
戈而思成都，故云。诗又云'黄草峡西船不归，赤甲山下行人稀'者，亦是
因山南之乱而言，非公在夔作也。旧次非。"所谓旧次，今查赵注，编此诗
入夔州诗，当即黄注所指。朱、黄争论的焦点在于"蜀道兵戈有是非"一
句，朱认为此当作崔旰之乱。据唐史，杜鸿渐至蜀治理崔旰之乱，将崔旰及

---

① （清）朱鹤龄：《杜工部诗集辑注》卷十一，河北大学出版社 2009 年版，第 430 页。
② 同上书，第 520—521 页。

讨伐崔旰的杨子琳、柏茂林各授刺史、防御使之职，并未处罚崔旰。杜甫对此不满，故提及"是非"问题。然而崔旰之乱，起因于成都尹郭英乂发泄私愤通崔之小妾，故郭之罪亦不可不论。杜甫一味指责崔旰当然有所不妥，但他认为诸将应平息内讧，一致对外，因为吐蕃已经威胁到边境，这无疑是正确的。故定该诗作于大历元年（766）秋，甚是。反观黄注，前后格碍，颇难通顺。今人许世荣据明曹学佺及清人李元所著笔记，认为此诗作于杜甫入夔前数月，亦可备一说。

6.《奉送王信州崟北归》（诗长不录）。

黄鹤据诗中"太史尚南留"句，以为乃称颂对方；又认为"信州"是湖南的颖州，遂定于大历四年（769）湖南作。朱注认为"太史尚南留"句不过是作者自谓，说自己像当年滞留洛阳的太史公一样客居夔州，曰：

> 按唐颖州亦曰信州。今诗有"绝塞豁穷愁"语，乃是夔州，盖王罢夔守归朝，而公送之。旧本误编湖南诗内，今改正。①

这里从诗意、地理沿革方面驳斥黄注，定该诗作于大历二年（767），很有说服力。

7.《江南逢李龟年》："岐王宅里寻常见，崔九堂前几度闻。正是江南好风景，落花时节又逢君。"

此诗宋注皆置于荆南诗，如黄注曰："梁权道编在大历三年（768）作，荆南诗内。按公以是年正月出峡，暮春至江陵，今诗云'落花时节又逢君'，正其时也。"但诸家皆忽略了"江南"一词，朱注曰：

> 《楚词章句》："襄王迁屈原于江南，在江、湘之间。"《史记》："王翦定江南地。"又："项羽徙义帝于江南。"此诗题曰"江南"，必潭州作也。旧编荆南诗内，非是。《明皇杂录》："上素晓音律，乐工李龟年特承恩遇。其后流落江南，每遇良辰胜景，常为人歌数阕。座客闻之，莫

---

① （清）朱鹤龄：《杜工部诗集辑注》卷十六，河北大学出版社 2009 年版，第 633 页。

不掩泣罢酒。"《云溪友议》:"明皇幸岷山,百官皆窜辱。李龟年奔泊江、潭,杜甫以诗赠之。"①

自古以来,长江、湘江之间习称"江南",屈原被流放于此,楚汉之争时义帝被迁徙于此,皆因此乃荒乡僻壤。潭州正位于此,故曰"江南"。《明皇杂录》及《云溪友议》分别记载李龟年"流落江南"、"奔泊江潭",实际还是沿用古称。而旧注定为荆南的江陵诗内,江陵位于长江之北,不得称为"江南"矣。定此诗在稍后之大历五年(770),极为稳妥。

其余如《送长孙九侍御赴武威判官》诗,旧注以为"去秋群胡反"系指吐蕃,遂定为至德二载(757);朱注考证"群胡"当指武威九姓商胡,此诗当系于乾元元年(758)。《巴西驿亭观江涨呈窦十五使君》,朱注据《唐书·地志》及杜安简《地志》关于"巴西"的分合沿革,并结合《巴西闻收京送班司马》诗旨,定为阆州诗,而非黄注所云绵州诗。《归雁》(闻道今春雁)诗,黄注编于大历四年(769);朱注据《唐会要》大历二年"岭南节度使徐浩因阳雁来境,以为祥瑞,乞编入史"的记载,定于大历三年春。《衡州送李大夫七丈勉赴广州》,黄注据《旧唐书》李勉的宦迹,定为大历四年;朱注揆之实情,定此诗大历三年(768)春作,更为合理。《幽人》诗,黄注定作乾元二年(759);朱注以诗末有"五湖浩荡"语,认为"必居湖南时作",编入大历三年(768)潭州诗。《柟树为风雨所拔叹》,黄鹤据史"永泰元年(765)三月,大风拔木",谓此诗作于其时,穿凿无谓;朱注将此诗与下《茅屋歌》俱编入上元二年(761)成都诗内,得之。以上的例证还有不少,皆为仇注信从,不一一列举。

(三)对于没有充足依据确定岁月者,朱注一般秉持阙疑态度,避免牵强附会。

黄注虽极研寻补缀之功,但强为编年,带来附会穿凿的弊端,为此遭到后世许多批评。《四库总目·〈黄氏补注杜诗〉提要》云:"题与诗皆无明文,不可考其岁月者,亦尝合其一字一句,强为编排,殊伤穿凿。"方贞观

---

① (清)朱鹤龄:《杜工部诗集辑注》卷二十,河北大学出版社 2009 年版,第 825 页。

说："吕汲公作杜诗年谱，不过酌量其先后，仿佛其时势，约略其踪迹，初未尝逐年累月，征事征诗，而梁权道、黄鹤、鲁訔之徒，用以编次，遂年栉月比，流于穿凿。"① 钱谦益更尖锐地指出："梁权道、黄鹤、鲁訔之徒，用以编次先后，年经月纬，若亲与子美游从，而借记其笔札者。"② 方、钱之说，更适用于黄注。对于因史料湮灭不能详考，或诗中线索不足考定编年者，大可实事求是，宁缺勿凿。如《去秋行》诗，宋代注家皆强为编年，赵注以为"诗不是言段子璋事"，定为广德元年（763）。鲍钦止曰："上元二年四月，段子璋反，遂州刺史、嗣虢王巨修属郡礼出迎之，被杀。"以为诗作于上元二年（761）。黄注以《苦战行》有"苦战身死马将军"，此诗有"遂州城中汉节在，遂州城外巴人稀"句，以为"马将军"即讨段子璋而死，定于宝应元年（762）作。朱注曰：

> 按史：段子璋以上元二年四月反，五月伏诛。而此诗云"去秋涪江木落时"，则非子璋反时事。鲍注既未可据，黄鹤以前诗"马将军"会讨子璋而死，其说亦岂足深信耶。次公谓其事在广德元年之秋，亦无所证明。大抵杜诗无考者，皆当阙疑，不必强为之说。

按今仇注驳朱注，以为"唐史出于传闻，未可尽信；杜诗出于目击，不必致疑"，又谓"时月不符者，必属史传之误"，恐未必可关朱氏之口。然无论如何，朱注认为"杜诗无考者，皆当阙疑，不必强为之说"的态度是可取的。

## 第三节　仇注对朱注编年之继承

仇兆鳌《杜诗详注》在编年上没有大的突破，主要依据黄、朱二家，其余注家仅数例而已。对于朱注编年不苟同旧注而自成一说者，除了少数（如《寄李十四员外布十二韵》等），仇注一般尽从朱注。除了上述朱氏有考辨的

---

① （清）方贞观：《杜工部诗辑注》批语，南京图书馆藏本。
② 《注杜诗略例》，《钱注杜诗》卷首，上海古籍出版社 1979 年版。

例子外，仇注还大量引用朱注未有考辨的编年，如：

《送孔巢父谢病旧游江东兼呈李白》，仇注曰："朱注：此诗乃天宝中在京师作。"

《大云寺赞公房四首》，仇注曰："此诗黄鹤编在至德二载陷贼时。其连章次序，今依朱本，先后秩然。他本不免颠错。"

《萧八明府实处觅桃栽》，仇注曰："黄鹤注：'数首俱上元元年初营草堂时作。'觅桃、觅竹、觅桤、觅松、觅果，皆营草堂时渐次栽种者。从朱本因类附之。"

《和裴迪登蜀州东亭送客逢早梅相忆见寄》，仇注曰："此公往蜀州时，朱氏编在上元元年冬。"

《奉酬李都督表丈早春作》，仇注曰："朱氏亦编在（上元）二年。"

《江畔独步寻花七绝句》，仇注曰："旧编在宝应元年，朱本编在上元二年。"从朱。

《题新津北桥楼》，仇注曰："朱氏编在上元二年。"

《赴青城县出成都寄陶王二少尹》，仇注曰："朱注依草堂本编在上元二年，此盖出郭后寄二尹者。"

《游修觉寺》，仇注曰："朱氏编在上元二年。"

《严氏溪放歌》，仇注曰："此依朱氏编在广德元年秋阆州作。"

《绝句四首》，仇注曰："此依朱本，与前诗连编。旧在永泰元年者，非。是年（广德二年）四月，严武方卒，公行出蜀矣。"

《除草》，仇注曰："诗云'藩篱''松竹'，当是草堂诗，依朱氏编在永泰元年成都诗内。"

《青丝》，仇注曰："朱氏编在永泰元年。"

《奉汉中王手札》，仇注驳黄注，曰："旧编在永泰元年，今依朱氏入在大历元年夔州。"

《草阁》，仇注曰："朱氏编在大历元年。"

《雨》（行云递崇高），仇注曰："黄鹤编在云安作。今按云云。还依朱本入在大历元年。"

《折槛行》，仇注曰："黄鹤编在荆南诗内，盖误认'白马将军'为崔旰也。按朱注指为鱼朝恩，当是大历元年所作。"

《立春》，仇注曰："诗云'巫峡''寒江'，系夔州所作，依朱氏入在大历二年。"

《树间》，仇注曰："黄鹤编在成都。今依朱本属夔州诗中。"

《暮春》，仇注曰："此依朱氏编在大历二年。"

《甘林》，仇注曰："朱注编在大历二年。"

《季夏送乡弟韶陪黄门从叔朝谒》，仇注曰："朱注：唐杜鸿渐以黄门侍郎、同平章事镇蜀，大历二年六月自蜀还朝，当是其时作。"

《移居公安山馆》，仇注曰："朱氏编在大历三年冬，自江陵至公安时作。"

《奉送魏六丈佑少府之交广》，仇注曰："黄鹤编在大历三年岳州，今从朱氏编入四年冬潭州诗内。"

《北风》，仇注曰："黄鹤编在大历三年，今从朱氏编在四年秋潭州作。"

《蚕谷行》，仇注在考证后曰："今依朱氏编在四年为是。"

《朱凤行》，仇注曰："朱氏编在大历四年潭州作。今玩此诗词意，与《白凫行》相似，盖同时之作无疑。"

以上是仇注标明引用朱注编年者，如果加上暗引者，为数更多。粗略估计，仇注吸收朱注编年者有八十首之多，占全部杜诗约百分之六。虽然绝对数及比例不是很大，仇注亦非尽善尽美，但考虑到"千家注杜"的历史及许多杜诗"以类相从"沿袭旧注的传统，这个数字的意义又不容低估。朱氏以一家之力而能有如此成就，显然是功不可没的。

# 第四章 《杜诗辑注》的文字校勘研究

元、明两代，学术荒芜，加之各种杜诗注本鲁鱼亥豕，射利作伪，杜诗文字讹误窜夺的情况已非常严重。到了清初，随着杜诗热和注杜的兴起，注家面对的首要问题，就是对杜诗文字进行正本清源的是正考异，去伪存真。朱鹤龄综合各家杜诗注本和文集总集，对杜诗文字校勘做出了杰出贡献。

清人极为重视校勘，除了文字狱的社会背景外，学术自身的发展规律起了根本的作用。清代是学术积淀的时期，对数千年以来的学术进行总结整理已成为历史大势，而校勘即是此浩大事业的基础工程。顾炎武是清初最早提倡校勘之学者，其《九经误字》"以明国子监所刊诸经字多讹脱，而坊刻之误又甚于监本，乃考石经及诸旧刻，作为此书"，《金石文字记》"裒所见汉以来碑刻，以时代为次，条下各缀以跋。其无跋者，亦具其立石年月、撰书人姓名，证据今古，辨正讹误，较《集古》、《金石》二录实为精核，亦非过自标题也"（均见《四库提要》）。朱氏与顾氏皆重考据，于校勘尤甚。

## 第一节 杜诗文字校勘小史

校勘之功用，一则为了正本清源，不诬古人，一则为了作出正确的注释，不误今人。杜诗的文字校勘，宋人作出了巨大努力。杜诗异文共三千五百多处，几乎均为宋人辛勤搜集整理的结果，即使钱注，也是对吴若本的取舍而已。宋人校勘杜诗文字，除了广泛搜集各种存世杜集以及唐诗总集外，还注意搜集各种钞本和石刻文字。南宋龚颐正《芥隐笔记》中记载说："王仲言自宣城归，得杜甫诗三峡，有南唐澄心堂纸，有建邺文房印、沈思远印及束力赐印。笔法精妙，殆能书者。试考一二诗，多与今本不同"①，云云。《王直方诗话》记载了从江心一石刻上得杜诗《过洞庭》的事情。在大量占有材料的基础上，宋代一流的学者，多有甄别研究杜诗文字的经历，如苏舜钦、苏轼、王安石、宋祁、黄庭坚、陈师道、蔡兴宗、朱熹、陆游等人，这在很大程度上保证了杜诗校勘的质量。② 而编辑和注解杜诗的学者，一般亲自从事校勘，其中比较突出的有二王本、吴若本、赵次公本、蔡梦弼本、钱谦益本。

### 一 二王本

二王本被誉为现存各种杜集之祖，王洪就叙述了宋代学杜的盛况，以及王洙采集、编次、校勘的辛劳：

> 近世学者争言杜诗，爱之深者，至剽掠句语，迫所用险字而模画之，沛然自以绝洪流而穷深源矣。又人人购其亡逸，多或百余篇，少或数十句，藏弆矜大，复自以为有得。翰林王君原叔尤嗜其诗，家素蓄先唐旧集。及采秘府名公之室，天下士人所有得者，悉编次之，事具于记，于是杜诗无遗矣。子美博闻稽古，其用事，非老儒博士罕知其自出。然讹缺久矣，后人妄改而补之者众，莫之遏也，非原叔多得其真，为害大矣。……原叔虽自编次，余病其卷帙之多而未甚布，暇日与苏州进士何君瑑、丁君修，得原叔家藏及今古诸集，聚于郡斋而参考之，三月而后已。义有兼通者，亦存而不敢削，阅之者固有浅深也。③

他们遵循不轻改原文和保存异文的做法，为后代注家效法。

### 二 吴若本

因为二王本的失传，吴若本成为存世杜集中校勘和文献价值最大的版本。

---

① 《芥隐笔记》"杜诗古今本不同"条，《四库全书》电子版。
② 参见莫砺锋《宋人校勘杜诗的成就与影响》，《杜甫研究学刊》2005年第3期。
③ （宋）王洪：《后记》，仇兆鳌《杜诗详注》附编，中华书局1979年版，第2241—2242页。

据林继中的考定，吴若本从源流上是与二王本最为接近的本子，因此大体保存了二王本的原来面目。① 其价值体现在正文的保存和异文的校勘两个方面。

第一，吴若本是白文本，突出特点是面目清净，除了为数不多的所谓"公自注"，它是没有注释的。加之它当初编校时占有资料有限，刻成后又流传不广，因此几乎没有遭到臆改和窜夺，又悄悄躲过了元明两代的污染，一直到清初为钱谦益获得。清代吴若本的流传可分两个支流，一是它成为《钱注杜诗》的底本，而《全唐诗》的杜诗部分，又大体以钱注为底本，故现今《全唐诗》大体保存了吴若本的正文和异文。二是朱鹤龄与钱谦益合作注杜，从吴若本中迻录了大量异文。《钱注杜诗》中出现了不少校勘问题，朱氏在此基础上进一步完善，其成果为仇兆鳌《杜诗详注》基本吸收，成为杜诗研究的基本材料。

第二，吴若本在杜诗校勘方面形成了独具特色的一个系统。它以"樊作"、"刊作"、"晋作"、"荆作"、"一作"等标明杜诗异文来源的做法，为后世注家效仿，从南宋的蔡梦弼，到清代的钱谦益、朱鹤龄、仇兆鳌、杨伦，各家注本均采用这个做法，可见影响之巨。

### 三　赵次公本

赵次公也对杜诗校勘作出了不少努力，他的校勘结合注释，从多方面发微，在宋代学者中很有代表性。如《送韦书记赴安西》"白头无藉在"，藉一作籍。赵曰：

> 谓无所倚借，故用对哀怜字。或一作籍，为通籍之籍，非唯不对，又不连接上句，又不指言谁人。②

《北征》"惨淡随回纥"，"纥，一作鹘"。赵曰：

> 当以回纥为正。盖当杜公时，未有回鹘之称。至德宗朝而后，来请

---

① 林继中：《杜诗赵次公先后解辑校》"前言"，上海古籍出版社 2012 年版（修订本）。
② 同上书，第 40 页。

易回鹘，言捷鸷犹鹘然。①

赵次公精通史学，故在有关史实的异文考定方面，屡有卓识，该例即是。《绝句漫兴九首》"笋根雉子无人见，沙上凫雏傍母眠"，雉旧作稚，赵曰：

> 笋根雉子，则雉鸡之子，出古乐府，有《雉子斑》，故用对"凫雏"。《西京杂记》：太液池，其间凫雏鹤子，布满充积。雉性好伏，况其子之身小，在笋之旁难见亦可知。缘世间本有作"稚子"，故起纷纷之说。予问韩子苍，子苍曰：笋名稚子，老杜（之意也），不用《食笋》诗亦可。觉范之说如此。夫既谓之笋根稚子，则稚子别是一物，岂仍旧却是笋耶？诸说皆非，而赞宁穿凿尤甚。蜀中竹间有鼠大如猫，成都人岂不皆知之且识之邪？②

《解闷十二首》"劳人重马翠眉须"，"须"字旧有异文"疏"，赵曰：

> "须"字与"壶"字同韵，而"疏"字为失韵。③

《野望》"西山白雪三城戍"，"城"一作"年"，赵曰：

> 西山，在松、维州之外。维州，今之威州是也。冬夏有雪，号为雪山，所以控带吐蕃之处。时吐蕃方入寇，故须防戍矣。高适上疏，可证三城置戍之始。旧本作"三年"，非。④

可见赵次公的校勘，多结合诗意、史实、文献、音韵、地理等方面的知识，考镜源流，思虑缜密，体现了高超的校勘艺术，比吴若本相对单纯的版

---

① 林继中：《杜诗赵次公先后解辑校》，上海古籍出版社 2012 年版（修订本），第 218 页。按据林继中考证，"德宗"当为"宪宗"。
② 同上书，第 459 页。
③ 同上书，第 1115 页。
④ 同上书，第 497 页。

本会校，更富有智慧和学力。以上各例多为朱注及仇注采用，就说明了其校勘的成果。其他如对《杜鹃》诗前四句是否属于"公自注"的辨别，对《觅胡孙》句序的议论，皆醒人耳目。

## 四 蔡梦弼本

蔡梦弼对杜诗文字校勘也十分重视，一些重要的校勘考证为《杜诗辑注》所汲取，如下面数例：

《次空灵岸》，蔡曰："'空灵'当作'空舲'，刀笔误耳。郦道元《水经注》：湘水县北有空舲峡，惊浪雷奔，险同三峡。"

《上兜率寺》"周颙好不忘"，"周"一作"何"，蔡曰："何颙见《后汉书·党锢传》，与诗义不类。或疑是周颙，周颙奉佛有隐操。"

《石犀行》"刻石立作五犀牛"，蔡注曰：

> "三犀"当作"五犀"，流传之误也。或谓甫止言"三犀"，岂据所见乎？按《华阳国志》："秦孝文王以李冰为蜀守，作石犀五头以厌水精，穿石犀溪于江南，命曰犀牛里。"郦道元《水经》所载："后转犀牛二头在府中，一头在市桥，二头沉之深渊。冰又自湔堰上分穿羊摩江灌口西，于玉女房下白沙邮作三石人，立水中，与江神要水，竭不至足，盛不至肩，迄今蒙福。"

上述三例，涉及史书、地志，考证精当，非博学恰闻者不能赞辞。钱谦益说："蔡梦弼以捃拾子传为博，泛滥踳驳，昧于持择"（《钱注略例》），恐不尽然。尽管有人指责其乃如南宋陈起之类书贾者，然杜诗学正因不捐细流、不让尘土，故能成其大，对蔡注亦当作如是观。而蔡注有的注文则保留了杜甫修改的原迹，尤为难得，如《曲江对酒》"桃花细逐杨花落"，"杨"一作"梨"，蔡曰："老杜墨迹初作'欲共杨花语'，自以淡笔改三字。"显然宋人是有机会得到杜甫真迹的。

这里顺便提及《引言》中洪业《杜诗引得序》所指出的关于朱鹤龄是否使用蔡注底本的问题。洪业看似言之凿凿，其实失之毫厘。首先，蔡梦

弼《草堂诗笺》在清初并非罕见之本,当时钱谦益、钱曾、季振宜均藏有
此书。钱、朱交恶分刻各书后,朱氏在《辑注》的钱序后"识语"云:
"书既分行,仍用草堂原本笺语,间存异说。谋之同志,咸谓无伤",说得
非常明白。其次,朱氏与钱谦益交往前后达七八年之久,杜诗异文三千五
百多处,朱氏应该有充足的时间过录这些异文。再次,涉及朱氏对《草堂
会笺》的使用,主要是编次和文字异同的问题,朱氏在《辑注凡例》中交
代得也很清楚:"杜诗编次,诸本互异,惟《草堂会笺》觉有伦理。盖古
律体制间有难分,时事后先无容倒置,不若从此本为稍优也。特某诗必系
某年,则拘固可笑。今略仿其意,前后以时事为排比,其无考者,或从人,
或从类,皆参以他善本诠次之,而于各卷之首标为'公某时某地作',庶
几师编年之沿而无其陋云。"意思是说,取蔡本为底本,不过其编年"觉
有伦理",但也只是取其大概而已,并不盲从。每卷之首,标为"公某时
某地作",即非蔡本之旧,而是依自己的判断来定夺的。卷数和文字的问
题,也是同样的道理。蔡书五十卷,朱氏《辑注》二十卷,但朱氏以蔡本
作底本,"参伍众说",成一家之言,仅此而已,周采泉《杜集书录》说:
"朱注流传不广,故对于朱《注》少有作深入研究者,唯洪业于此书颇多
指斥,甚至以为其校勘编订,视钱笺为更劣。结论则云'虽其用力甚勤,
用心甚苦,其如贻误后学何?'仅就其一二异文错简,竟尔大肆诋諆,亦不
能视为定论",实为平情之论。

## 五　《钱注杜诗》

钱注校勘包括文字和"公自注"两方面问题。

（一）对吴若本的处理

钱谦益以吴若本为底本已无疑义。他对吴若本虽很重视,但并非完全照
搬,也做了一些处理,如在诗篇的并合方面,今朱鹤龄《杜诗辑注》卷十三
《咏怀古迹五首》题下有"吴本作《咏怀一章》《古迹四首》"之注文,保留
了吴本原迹,钱注合并为《咏怀古迹五首》,而无说明文字。在排列先后方
面,如《行次昭陵》和《重经昭陵》二诗,钱注调整至《北征》之后。说明
钱注已非真正意义上的吴若本。

就文字校勘而言，钱注亦非完全遵从原本。钱谦益以吴本为底本，吴本中的"樊作"、"晋作"、"荆作"、"宋作"、"陈作"、"刊作"、"一作"、"《正异》作"、"陈浩然作"、"《文粹》作"、"《英华》作"等字样一仍其旧。它舍弃了不少吴若本过于谬误的文字，据粗略估计，不下五十处，凡钱注正文下标明"吴作某"的，皆属于舍弃吴本而取自他本之列，但大体还是保存了吴若本文字的原貌。钱注详列异文，数量远过南宋各注，对杜诗文字的校勘而言，功不可没。

（二）关于"公自注"

钱注涉及的另一校勘问题，就是吴若本有不少的注文，这些注文既有吴若自己的注文，也有钱谦益认为的"公自注"。他说："杜集之传于后世者，惟吴若本最为近古，它本不及也。题下及行间细字，诸本所谓公自注者多在焉，而别注（即吴若注）亦错出其间。余稍以意为区别，其类于自注者，用朱字；别注则用白字，从《草本》之例。"（《钱注略例》）吴若注与"公自注"在吴若本中是混而为一的，钱谦益则"以意为区别"，用朱字标明"公自注"，用白字标明吴若注，但在清康熙年间静思堂刊刻《钱注杜诗》原刻本（即《杜工部集》）中，这些朱字、白字的区别已经看不到了。所以是否"公自注"，还要靠读者自己的判断。

（三）钱注校勘的问题

吴若本年代较早，成书在南北宋之交，保存了较多的二王本面目，但其缺点与优势一样明显。它虽逃过了后世注家和商贾的窜夺污染，但在校勘方面，因为无法与时俱进地吸纳校勘成果，故远远落后于南宋赵、郭、蔡、黄几家。钱注所参校之本，十分有限，主要是影宋钞本、赵次公本、郭知达九家注本、蔡梦弼草堂本、黄鹤本几家。钱注对异文的搜集狠下了一番功夫，保存的数量之大，超越以往，为后代凭借取舍创造了一定条件。他和钱、曾的丰富藏书，也为其校勘提供了一定条件，如《信行远修水筒》"何假将军盖"，钱谦益据所藏高丽刻《草堂诗》"盖"字异文"佩"，认为"较盖字为稳，宜从"，为仇注所取。但主要的问题是，对于这些费心搜集的异文，钱注在仔细辨别和抉择方面，做得欠妥，因此钱注校勘的问题有：一是取舍不当。尽管钱谦益对吴若本作出了一些舍弃，但大部分保留，包括一些明显的谬误文字。这些谬误文字，部分是吴若本自身的问题，但更多的是钱氏对吴若本的难以割舍。试举数例：

1. 钱注《魏将军歌》："钩陈苍苍风玄武"，一云"玄武暮"①。其实"风玄武"早为赵次公所纠正。此句"钩陈"意为钩陈六星，喻后宫；"玄武"，即未央宫之玄武阙，喻皇帝。赵注曰："旧本误以武字为韵，云'风玄武'，极无义理，徒误学者。以钩陈则苍苍，以玄武则暮，言当酒阑插剑之时如此。"② 赵注所言极是，"风玄武"无义，钱注虽标示异文，却于正文中弃而不录，甚是无谓。今朱注及仇注皆从赵注。

2. 钱注《秋兴八首》"几回青琐照朝班"，"照"一作"点"③。按九家注、黄注、千家注、朱注、仇注皆作"点"，唯蔡注、钱注作"照"。朱注引宋代学者楼钥曰："点与玷同，古诗多用之。束皙《补亡》诗：'鲜俪晨苞，莫之点辱。'陆厥《答内兄希叔》诗：'既叨金马署，复点铜龙门。'杜诗'几回青琐点朝班'正承用此也。"④

就文意而言，此处"照"字不如"点"字为优。

3. 钱注《洗兵马》"词人解撰河清颂"，"河清"一作"清河"。按九家注、黄注、千家注、朱注、仇注皆作"河清"，唯蔡注、钱注作"清河"。杜诗极为重视对仗，乃至后世有假对之目，如以"子云"对"今日"（《送杨六判官使西蕃》），已为今人共知。此处以"清河"对上句"隐士休歌紫芝曲"之"紫芝"，亦假对耳。

二是钱注有不少误校、漏校。今人曹树铭作了一个《钱注杜诗》的勘误表（见《杜集丛校》），还不包括漏校，其中包括我们讨论范围中的对于底本和参校本的误校，可以参看。钱注误校、漏校的情况，洪业在《杜诗引得》中也曾提及，说"约有百条之多"。这其中原因很多，但主要大概与钱氏本身对校勘之类的技术性工作不甚感兴趣以及晚年精力不济有关。

① 《钱注杜诗》卷八，上海古籍出版社1979年版，第246页。
② 林继中：《杜诗赵次公先后解辑校》，上海古籍出版社2012年版（修订本），第147页。
③ 《钱注杜诗》卷八，上海古籍出版社1979年版，第507页。
④ （清）朱鹤龄：《杜工部诗集辑注》卷十三，河北大学出版社2009年版，第530页。

# 第二节 《杜诗辑注》关于杜诗正文之校勘

朱鹤龄对校勘的重视较之前人有过之而无不及，成绩可说集前代之大成。原因可分客观和主观两个方面。客观而言，宋人已经取得了很多成绩，对于异文的范围，朱氏只是取舍的问题，不存在另起炉灶的麻烦；他与钱谦益合作注杜多年，亲阅吴若本，且对于钱谦益关于吴若本的意见也有所了解，无论钱氏的正确或错误的看法，皆足可供其借鉴。《钱注杜诗》出版后，又可从容取览，仔细甄别。可以说，《钱注杜诗》面世后，关于杜诗的一切异文，尽在朱鹤龄掌握之中，这为其抉择打下了好的基础。

就主观而言，又可分三个层次。第一是重视，朱鹤龄的《杜诗辑注》从立意上看，就是要提供世人一个正本清源、简洁无误的杜注本，所以他在清理杜诗文字方面不遗余力，他的注文中可见许多他关于一字一句的斤斤考辨，就是证明。这个方面他与顾炎武均为清代校勘学的先驱。二是勤奋和认真。钱谦益重视而未认真，故待朱鹤龄细心考辨。朱鹤龄大概是杜诗学史上对杜诗文字用力最勤且最认真的注家，他广泛搜集杜诗的不同版本，认真核对，注明来源，比较优劣。钱谦益说他"订一字如数契齿"（《吴江朱氏杜诗辑注序》），确非虚语。三是学、识、才。校勘的最终目的是保证文字的正确或少误，没有学识才，不免空谈。朱氏精于文字、音韵、训诂等小学，造诣甚深。其注中大量引用字书、音书以及有关的古注，《愚庵小集》中也有不少与友人讨论文字、音韵、训诂的篇章，可见其学术旨趣。他本人又擅文辞，故对校勘有独到的体悟。他的校勘最终为仇注全面继承，实非偶然。

## 一 关于校本

从《杜诗辑注》的校勘实际来看，可分杜诗正文和"公自注"两个部分。本节先述前者。

《杜诗辑注·凡例》说："集中讹字最多，朱子欲如韩文作考异而未果。今遍搜宋刻诸本及《文粹》、《英华》对勘，夹注本文之下，以备参考。"所谓宋刻诸本，包括钱朱二人合作时期所用的吴若本，朱鹤龄"得阅其全注"

的赵次公、黄鹤、蔡梦弼本，以及郭知达九家等注本。总集有宋人的《唐文粹》、《文苑英华》。笔记如宋人姚宽《西溪丛语》、龚颐正的《芥隐笔记》、陈岩肖《庚溪诗话》、程大昌《雍录》等也多有取资，又适当参考新、旧《唐书》以及清初时的所谓"今本"。这些参校之本，或与杜甫时隔不远，大致保存原来面目，各总集及《唐书》是也；或罗列异文，有所辨别，宋各注本是也；或善于考证，精说纷呈，《西溪丛语》、《芥隐笔记》、《庚溪诗话》、《雍录》是也。总之，广泛而精当，是《杜诗辑注》校勘之参校本选用的主要原则。如《芥隐笔记》虽仅一卷，但考证博洽，具有根柢，颇堪考资。《春日忆李白》"白也诗无敌"，"敌"又作"数"；"俊逸鲍参军"，"俊逸"又作"豪迈"，即朱氏据《芥隐笔记》录入。《雍录》是记载周、秦、汉、隋、唐五朝都城的地理专著，其中关于长安的考证，因为大体保存了吕大防和阁本《长安图》的原貌，尤为可贵，故为历代治杜者习用。程大昌在此书中多引杜诗佐证地理，如《重过何氏五首》"天清皇子陂"，"清"字又作"寒"，即朱鹤龄据之而录。

重要的是，朱鹤龄是亲自查阅这些参校之书的，仔细核对，据实而录，而非如一般的注家只是转录旧本异文。如《戏简郑广文兼呈苏司业》"才名三十年"，宋代各本皆无异文，但朱鹤龄翻阅《文苑英华》和新、旧《唐书》，得"三"之异文"四"，补宋注失校之阙，为研究郑虔及杜诗保存了重要的原始资料。态度认真，由此可见一斑。

## 二 关于杜诗正文

杜诗的校勘有其相对的特殊性。一般讲校勘，有对校、本校、他校和理校之说，由于杜诗在宋代即受到极大重视，所以校勘的前三者，也就是材料的收集，基本上宋人已经完成。即使吴若本，也是宋代的一种白文会校本。而所谓理校，虽仅限于在宋人的范围中作出取舍，但仍需要精湛的学术造诣，涉及经学、史学、地学、小学，以及熟悉杜诗文本，深谙杜诗的手法和规律，远非浅学陋识者可自任。一般认为，宋人校勘用力甚勤，清人校勘既勤且精，是不无道理的。

校勘范围甚广，就杜诗而言，主要集中于三类：

（一）讹字

讹字可分形讹和音讹。形讹在杜诗异文中所占比例最高，多因抄录、刊刻不慎导致。如《自京赴奉先县咏怀五百字》"群冰从西下"，九家本作"冰"，黄本作"水"，朱本定作"冰"，仇本从。"冰"、"水"形近而讹。音讹的例子，如《清明二首》"虚沾周举为寒食"，"周"字，郭本、黄本、千家本皆作"焦"，唯蔡本注曰："一作周。"朱本于"焦"字下注曰："当作周"，又注曰：

> 《后汉书》："周举迁并州刺史。旧俗，以介之推焚骸，至其月，咸言神灵，禁举火。举作书置之推庙，言春中寒食一月，老少不堪，今则三日而已。由是风俗颇革。"①

此处引《后汉书》周举移风易俗，改寒食一月为三日的史实，正合诗意。显然"焦"为"周"之音讹。《别李秘书始兴寺所居》"重闻西方止观经"，旧本讹"止"为"之"，音近而讹，朱本亦据李华《左溪大师碑》改正。

（二）通假和联绵、象声、译音词

此类异文亦占相当比重。这类字以音表字，反映了古代汉语的特点，所以一般无所谓正误，故以两存为宜。通假如：忽与或，列与烈，交与教，则与即等，甚多不举。联绵词如，《留花门》"千骑常撖烈"，"撖烈"一作"撖栜"；《醉歌行》"春光潭沱秦东亭"，"潭沱"一作"澹沱"。象声词如《漫成一首》"船尾跳鱼拨剌鸣"，"拨剌"又作"泼剌"、"跋剌"等。译音词如《哀王孙》"东来橐驼满旧都"，"橐驼"一作"骆驼"。但由于古代音韵学不甚发达，所以对此类异文攻驳不休，汲汲于正别之辨。其实这些通假、联绵、象声、译音词皆因音而定，无所谓正别。有时却错会了勘定的机会，如《义鹘行》"飘萧觉素发，凛欲冲儒冠"，检宋各本、钱本、朱本、仇本，"欲"字下皆注曰："一作烈。"但无一本取作正文。其实"凛冽"是双声词，对叠韵词"飘萧"，十分妥帖。今亟当改正。

---

① （清）朱鹤龄：《杜工部诗集辑注》卷十九，河北大学出版社 2009 年版，第 781 页。

（三）义同或义近字

包括两类，一是异文之间有明显的义同或义近的关系，如《今夕行》"相与博塞为欢娱"，"博塞"一作"赌博"。一类是无明显的义同或义近的关系，需要通过训诂才能确定的，如《秋雨叹三首》"秋来未曾见白日"，"未曾"，一作"未省"，"曾"与"省"同义。

## 三　《杜诗辑注》对正文校勘的依据及实例

《杜诗辑注》对正文之异文的处理，沿用了吴若本"樊作"、"晋作"、"一作"之类的体例。在对异文的取舍上，《杜诗辑注》虽多循宋代的旧本，但还是作出了许多富有卓识的判定，精义迭呈。其具体依据可分为以下几类：

（一）依照史实

1.《过宋员外之问旧庄》"零落首阳阿"，"首"字下注："旧作守，误。"朱注曰：

> 按《新书》："之问，汾州人。"《旧书》则云："虢州弘农人。"首阳与虢州相邻，故有庄在焉。赵次公引河东蒲坂之首阳，误矣。

2.《投赠哥舒开府翰二十韵》"今代麒麟阁"，"麒麟"下注："诸本多作骐骥，误。"朱注曰：

> 《汉书》：甘露三年，单于入朝，上思股肱之美，乃图画大将军霍光等十二人于麒麟阁。张晏曰：武帝获麒麟时，作此阁。

按朱注对"骐骥"的注解，见于《骢马行》"肯使骐骥地上行"之注，曰：

> 《战国策》：世无骐骥騄駬，王之驷已备矣。鲍彪注：字书不载騄駬。惟《玉篇》云：马黑脊。亦不言良马。陆玑疏：麒麟，行中律吕。则此马以麒麟比也。《尔雅翼》："麒麟善走，故良马亦名为骐骥。

"骐骥"专指马，"麒麟"指祥瑞之兽，二者不可混为一谈。且"麒麟阁"源自史书文献，意义固定，则此诗当以之为正。

3.《留别贾严二阁老两院补阙》，"补阙"，一作"遗补"。朱注曰：

　　时贾至为中书舍人，严武为给事中。两院，谓拾遗、补阙也，作"遗补"是。

4.《戏赠阌乡秦少府短歌》，"少府"下注："吴若作少公。"朱注曰：

　　按：少公，即少府。《国史补》：张旭为常熟尉，有老父过状，判去。不数日，复至，乃怒责之。老父曰："实非论事，睹少公笔迹奇妙，贵为箧笥之珍耳。"可证唐人称尉为少公也。《太白集》有《秋日钱阳曲王赞公贾少公赴上都序》。

5.《石犀行》"嗟尔三犀不经济，缺讹只与长川逝"，"三"字下注："蔡云当作五。"朱注曰：

　　按《蜀王本纪》、《华阳国志》、《水经注》、《成都记》，皆云李冰作犀牛五头，后来止二犀可考，其三头已不存，所谓"缺讹只与长川逝"也。缺，损其数；讹，易其处也。①

按以上数例，皆依据史实考定异文，确凿无疑。

（二）依照地理

1.《陪李北海宴历下亭》"北渚凌清河"，注："一作青荷，一作清荷，俱非。"朱注曰：

　　杜氏《通典》：今东平、济南、淄川、北海界，中有水流入海，谓

---

①　以上5题6例，分别见朱鹤龄《杜工部诗集辑注》，河北大学出版社2009年版，第8、55、91、140、191、282页。

之清河，实菏泽、汶水合流，亦曰济河。

按此句《钱注杜诗》正作"青荷"，故朱氏亦纠钱注校勘之失。

2.《同诸公登慈恩寺塔》"秦山忽破碎"，"秦"字下注："一作泰。"朱注曰：

> 秦山，谓终南诸山。登高望之，大小错杂，如破碎然。泾渭二水从西北来，远望则不可求其清浊之分也。黄鹤本作"泰山"，引宣和间樊察《序雁塔题名》为证，谬矣。

3.《喜达行在所三首》"莲峰望忽开"，"莲峰"下注："《英华》及《正异》俱作连山。"朱注曰：

> 按：公自金光门出，西归凤翔，不应走华阴道，当以"连山"为正。

4.《柴门》"巨渠决太古"，"巨"字下注："黄作巴"。朱注曰：

> 按：巨渠，恐当作巴渠。《水经注》：清水出巴渠县东北巴岭南獠中，即巴渠水也。西南流至其县，又西入峡。又曰：巴渠水南历檀井溪之檀井水，下入汤溪水，汤溪水又南入于江，名曰汤口。

5.《戏作俳谐体遣闷二首》"公历青羌坂"，"坂"字下注："一作板，非。"朱注曰：

> 按：唐嘉州本古青衣羌，其地近邛崃九折阪，故曰青羌阪。①

以上皆据地志或地理考证文字正误，精当可据。

---

（三）依照训诂

1.《赠特进汝阳王二十二韵》"章罢凤骞腾"，"骞"字下注："一作骞，非。"又《赠比部萧郎中十兄》"风雅蔼孤骞"，"骞"字下注："他本作骞，误。"朱注曰：

按：骞、骞，音义各不同。骞，去干切，马腹热。骞，虚言切，飞貌。

2.《陪郑广文游何将军山林十首》"千章夏木清"，"章"字下注："一作重，非。"朱注曰：

《史·货殖传》：山居千章之萩。注：大树曰章。

3.《醉歌行》"春光潭沱秦东亭"，"潭"下注："一作澹。"朱注曰：

《江赋》：随风猗萎，与波潭沱。善曰：潭沱，随波之貌。富嘉谟《明水篇》：春光潭沱度千门。

4.《城西陂泛舟》"青蛾皓齿在楼船"，"蛾"字下注："一作娥，非。"朱注曰：

宋南平王《白纻曲》：佳人舞袖曜青蛾。蛾，蛾眉也。

按吴曾《能改斋漫录》卷三"曜青蛾"条曰："杜子美《一百五日夜对月》诗：'想像曜青蛾。'盖蛾眉也。世所传本多作'娥'，非是。"当为朱氏所本。仇注曰："《诗》：'蝤首蛾眉。'注：'蚕蛾之眉，细而长曲。'"较吴、朱二说为优。

5.《九日寄岑参》"所向泥活活"，"活活"，一作"浩浩"。朱注曰：

《诗》注：活活，水流声。

6.《望岳》"荡胸生曾云","曾"字下注：

　　《集韵》：层，通作曾。

7.《醉歌行》"渚蒲牙白水荇青","牙"字下注：

　　《韵会》：芽通作牙。

8.《奉和贾至舍人早朝大明宫》"旌旂日暖龙蛇动"，"旂"字下注："俗作旗，非。"朱注曰：

　　《释名》：旂，倚也。画作两龙，相依倚也。

9.《投简梓州幕府兼简韦十郎官》"幕下郎官安隐无"，"隐"字下注："一作稳。"朱注曰：

　　《说文》：隐，安也。义与稳通。《通鉴》：玄宗遣中使至范阳，禄山踞床不拜，曰："圣人安隐?"注：隐，读曰稳。又唐帖多写"稳"为"隐"，作"隐"正得之。

10.《舍地占归草堂捡校聊示此诗》"孰知江路近"，"孰"字下注："今本一作熟。"朱注曰：

　　按《说文》：孰，食饪也。古文惟有"孰"字，后人加"火"，以别生熟之熟。《汉书》"孰计"，皆作"孰"。

11.《赠李八秘书别三十韵》"对扬抏士卒"，"抏"字下注："旧作抗，非。"朱注曰：

《上林赋》："抏士卒之精，费府库之财，而无德厚之恩。"善曰："抏，损也，音玩。"吴曾《漫录》："抏，挫也，吾官切。"《平准书》："百姓抏弊以巧法。"《索隐》曰："《三苍》：抏，音五官切。抏者，耗也。"取此音以释此诗，于义甚当。王褒《讲德论》："惊边杬士，屡犯兔莞。"铣曰："杬，动也。"恐亦是"抏士"讹为"杬"耳。

12. 《解闷十二首》"侧生野岸及江蒲"，"蒲"字下注："一作浦。"朱注曰：

刘熙《释名》：草团屋曰蒲，又谓之庵。此诗江蒲，似用此义，言荔枝生于野岸江庵之侧耳。

13. 《入衡州》"华表云鸟坤"，"坤"字下注："蔡云：疑作阵。"朱注曰：

《韵会》：坤，增也，厚也。于"云鸟"难通。公诗"共说总戎云鸟阵"，作"阵"字是，言华表之旁，皆列云鸟之阵也。[①]

按以上数例，或据字书，或据旧注，皆精审可从。仇注尽引。

（四）依照诗义或诗法

1. 《冬日有怀李白》"短褐风霜入"，"短"字下注："刊作裋。"朱注曰：

按《战国策》："邻有短褐。"一作裋。《史记》："士不得短褐。"司马贞曰："短亦作裋。裋，襦也。"《汉书·贡禹传》："裋褐不完。"班彪《王命论》："裋褐之衰。"皆裋字，竖音。唐人遂两用之。若少陵"短褐风霜入，还丹日月迟"与"江湖漂短褐，霜雪满飞蓬"，以属对言，皆不当作裋。

按，所言甚是。杜诗二句，"短褐"对"还丹"、"短褐"对"飞蓬"，

---

皆形容词对应。

2.《奉赠韦左丞丈二十二韵》"白鸥没浩荡","没"字下注:"一作波。"朱注曰:

> 《东坡志林》:子美"白鸥没浩荡",言灭没于烟波间耳。宋敏求谓鸥不解没,改作波字,便觉神气索然。

3.《陪李金吾花下饮》"细草称偏坐","偏坐"下注:"一作偏称。"朱注曰:

> 赵曰:公尝使偏劝、偏醒、偏秣,此云偏坐,言偏宜于此坐也。

4.《相从行赠严二别驾》"乌帽拂尘青螺粟","螺"字下注:"卞作骡。"朱注曰:

> 赵曰:青螺粟,帽之文也。按:此解无义,作"青骡"近之。乌帽则拂去其尘,青骡则饲之以粟,即"与奴白饭马青刍",言主人待客之厚如此也。

5.《写怀二首》之二末句"终契如往还,得匪合仙术",前句末注:"一作终然契真如",后句"合"字下注:"一作金。"朱注曰:

> 终契二句难解。按《文选》:孙楚《陟阳候》诗:齐契在今朝。注引《说文》:契,大约也。言齐死生,契在于今朝。终契,即齐契之契也。如往还,即《吴越春秋》所云"生往死还"也。如此说稍通,终属晦僻。蔡兴宗、赵次公俱从别本,定作"终然契真如,得匪金仙术"。金仙,佛也。其义似优,当据此改正。

6.《郑典设自施州归》"列郡宜竞借","借"字下注:"他本作惜。"朱注曰：

> 竞借，从草堂本为正。谢灵运《山居赋》：怨浮龄之如借。

7.《魏十四侍御就敝庐相别》"惜别倒文场"，"倒"字下注："他本作到。"朱注曰：

> 蔡曰：倒文场，谓倾倒其诗章也。按：公诗"尺牍倒陈遵"同此句法。若作"到"，与"问草堂"复矣。

8.《寄张十二山人彪三十韵》"商山犹入楚，渭水不离秦"，"渭"字下注："一作源。"朱注曰：

> 按旧注："源水，桃花源也。"桃源在武陵，与秦地何涉？又两句俱使避秦事，终未稳惬，恐以"渭水"为正。[1]

以上数例考察诗意，揆之诗法，皆言之成理。

（五）依照出处

有时异文皆无明显格碍之处，只有寻求杜诗出处，择优录取。此校勘最难者。

1.《陪郑广文游何将军山林十首》"阴益食单凉"，"单"字下注："一作簟，非。"朱注曰：

> 郑望《膳夫录》：韦仆射巨源，有烧尾宴食单。《戎幕闲谈》：颜鲁公诣范氏尼问命，尼指座上紫丝布食单，曰：颜衫色如此。

按赵注亦作"食单"，曰："铺食单于棘树之下，阴益其凉也。"以单为

---

① 以上8例，分别见朱鹤龄《杜工部诗集辑注》，河北大学出版社2009年版，第34、29、62、365、707、706、332、248页。

铺地之布单，甚是。邵宝《分类诗注》以"单"为盛器之箪，乃竹筐也。朱注从赵注，且于宋郑望《膳夫录》搜出例证。

2. 《丽人行》"宾从杂沓实要津"，"杂"字下注："一作合。"朱注曰：

> 《刘向传》：杂沓众贤。

3. 《乐游园歌》"阊阖晴开诛荡荡"，"诛"字下注："旧作映，赵定作诛，《英华》同。"朱注曰：

> 《汉志》"天马歌"：游阊阖，观玉台。"天门歌"：天门开，诛荡荡。注：阊阖，天门也。诛，读如迭。

4. 《郑驸马池台喜遇郑广文同饮》"燃脐郿坞败，握节汉臣回"，"握"字下注："一作秃。"朱注曰：

> 《竹坡诗话》：晁以道家有宋子京手书少陵诗一卷，如"握节汉臣回"乃是"秃节"，"新炊间黄粱"乃是"闻黄粱"。杨慎曰：《后汉·张衡传》：苏武以秃节效贞。公正用此。《补注》："秃节"虽有据，按《左传·文三年》：司马握节以死，故书以官。作"握节"为正。

终以"握节"为正。此前后的改易斟酌，可见校勘之不易。

5. 《赠卫八处士》"新炊间黄粱"，"间"字下注："一作闻。"朱注引钱笺曰：

> 《招魂》："稻粢穱麦，挐黄粱些。"注曰："挐，糅也，谓饭则以粳稻糅稷，择新麦糅以黄粱，和而柔嬬且香滑也。"《本草》："香美逾于诸粱，号为竹根黄。"按此诗"间黄粱"，即"挐"字之意，作"闻"字非。①

---

（六）依照杜集或他人文集

依照杜集即以杜证杜，以杜诗所习用字眼证明之，非熟于杜诗者难以办此。

1. 《郑典设自施州归》"登顿入天石"，"石"字下注："他本作矢，非。"朱注曰：

入天石，言石势之参天也。公《瞿唐》诗"入天犹石色"可证。旧本讹作"矢"，须溪云："暗用李广射石没羽事。"此喜新之见，笺杜诗正不宜尔。

2. 《陪郑广文游何将军山林十首》"不识南塘路，今知第五桥"，"塘"字下注："一作唐。"朱注曰：

南塘，按许浑诗云："背岭枕南塘。"其亦在韦曲之左右乎？①

（七）依照版本或善本

1. 《巳上人茅斋》"天棘蔓青丝"，"蔓"字下注：

旧作"梦"。赵次公云：欧阳公家善本作蔓。

2. 《丽人行》。朱注曰：

按杨用修谓"珠压腰衱稳称身"之下，古本有"足下何所著，红蕖罗袜穿镫银"二句。不惟宋本未见，添此反觉蛇足。

3. 《陪李北海宴历下亭》"海右此亭古，济南名士多"，"右"字下注：

一作"内"，《正异》定作"右"。②

---

① 以上 2 例，分别见朱鹤龄《杜工部诗集辑注》，河北大学出版社 2009 年版，第 706、63 页。
② 以上 3 例，分别见朱鹤龄《杜工部诗集辑注》，河北大学出版社 2009 年版，第 5、61、13 页。

按，蔡兴宗《杜诗正异》为校勘杜诗的专著，多得善本，考订精审，为注家信从。

（八）综合考虑

有时一字之勘定，需要结合多种因素，综合考虑，而每位注家学识有深浅，所据有异同，故见仁见智，聚讼纷纭。但朱氏往往广征博引，考据翔实，故多为仇注汲取。

1.《游龙门奉先寺》"天阙象纬逼"，"阙"字下注："《正异》作窥。"朱注曰：

> 《庚溪诗话》：按韦述《东都记》：龙门号双阙，以与大内对峙，若天阙然。此诗天阙指龙门也。王荆公谓对属不切，改为天阅。蔡兴宗《正异》谓世传古本作天窥，引《庄子》"以管窥天"为证。皆臆说。杨慎曰：古字窥作窺，天窺、云卧，乃倒字法耳。窥天则星辰垂地，卧云则空翠湿衣，见山寺高寒，殊于人境也。按用修之说，盖主兴宗。然《丹阳记》载王茂弘指牛头山两峰为天阙，见《文选注》；禹疏伊水北流，两山相对，望之若阙，见《水经注》，皆确据也。况此本古体诗，何必拘拘偶对耶？

按朱注从出处、地理和诗律方面考证当为"阙"字。

2.《秋雨叹三首》"阑风伏雨秋纷纷"，"伏"字下注："《英华》作长，去声。荆公作仗。"朱注曰：

> 赵曰：阑珊之风，沉伏之雨，言其风雨之不已也。按：谢灵运诗"述职期阑暑"，又张协《苦雨》诗"阶下伏泉涌"，用字皆出《文选》。阑风、伏雨，大抵是风过雨来之状，秋深时往往有之。旧注引"光风泛崇兰"，既谬；胡仔以"长雨"为是，如"长物"之"长"，亦未安。荆公本作"仗雨"，当即"伏"字之讹耳。

按，今人郭在贻曰："作'长'字为是，仗是长的同音假借字，伏又是仗的误字。仇兆鳌《杜诗详注》作阆风伏雨，又谓荆公本作仗雨，当即'伏'字之讹耳，可谓以不狂为狂矣。"引胡仔之说为证，其言甚辨（《杜诗异文释例》）。然仇兆鳌之说承自朱鹤龄，朱鹤龄已辨胡仔之说"未安"，揆之文意，甚是。郭殆未见朱注乃耳。此异文的校勘，从版本看似乎取《英华》之"长"字为佳，然《英华》谬误不少，经周必大等数次校勘，南宋方有定本，不可盲从。荆公"仗"字诸家皆不取，殆于诗几于不辞。从出处看，"伏"字自有所本；从文意看，"伏雨"乃沉伏之雨，嫌其多也。"长"（去声）虽有多余之意，然仅"长物"一例。综合言之，取"伏"字佳。

3.《哭严仆射归榇》"风送蛟龙匣"，"匣"字下注："一作雨。"朱注引钱笺曰：

> 《西京杂记》：汉帝及诸王送死，皆珠襦玉匣，匣形如铠甲，连以金缕，皆缕为蛟龙鸾凤龟麟之象，世谓为蛟龙玉匣。《霍光传》：赐璧、珠玑、玉衣、梓官。则人臣亦可称"蛟龙匣"也。按：任昉《求立太宰碑表》云：珠襦玉匣，遽饰幽泉。公哀李光弼诗亦云"零落蛟龙匣"，"雨"字断为"匣"字无疑。

检郭、蔡、黄各本皆作"风送蛟龙雨"，无异文。唯钱注吴若本有异文"匣"字，朱本当迻录吴若本。"蛟龙匣"见之于史书，又见于文章，再见于杜甫诗作，可确定无疑。且诗意较"蛟龙雨"为优，如黄注引师古曰："言贤者之得势，今云风送蛟龙雨，雨被风吹断，则蛟龙失势可知。"强作解人。

4.《忆郑南》。朱注曰：

> 旧作《忆郑南玭》。玭，蒲眠切，珠名。吴若注：玭，疑作沘，音泚，玉色鲜洁也。按：郑南，华州郑县之南。详诗意，只是忆郑南寺旧游耳。玭字或讹或衍。赵云：师民瞻削去玭字。草堂本作《忆郑南》，今从之。

此例从训诂、诗意方面辨别"玭"为讹字或衍字，甚是。

5.《往在》"清旭散锦幪"，"幪"字下注："吴作骤，《正异》定作幪。"

朱注曰：

> 《广韵》：驴子曰骡。郭知达本注：徐陵诗：金鞍覆锦幪。幪，鞍帕也，公诗屡用锦幪，以幪为正。

此据训诂和出处勘定异文。

6.《寄刘峡州伯华使君四十韵》"伐数必全惩"，"数"字下注："一作叛。"朱注曰：

> 按张兵、伐叛二句，于文义不属，从草堂本作"伐数"为长。《七发》云：皓齿蛾眉，命曰伐性之斧。多欲以伐性，犹之张兵以害身也。故养生之理，贵于自惜，而伐数之事，必全惩之。数，即年数之数。①

从诗义及出处看，作"数"字优。

（九）两可者

杜诗保存下来的异文，因为经过历代注家的精心选择，一般均可并存。而有些疑难异文，经过朱氏的笺解辨别，使人对诗义有了更深刻的理解。

1.《夜听许十一诵诗爱而有作》"紫燕自超诣"，"燕"字下注："旧作鸾。杜田云：欧阳公家本作燕，《正异》亦作燕。"朱注曰：

> 《西京杂记》：文帝自代来，有良马九匹，其一曰紫燕骝。《唐六典》：《昭陵六马赞》：紫燕超跃。赵曰：凤五色，多紫者曰鹭鹭。公《北征》诗"天吴及紫凤，颠倒在裋褐"，紫鸾即紫凤也。《夔府咏怀》诗亦云"紫鸾无近远"。

则朱氏认为燕、鸾二字皆可用。

2.《戏简郑广文兼呈苏司业》"时时与酒钱"，"与"字下注："一作乞，

---

丘既切。"朱注曰：

> 《朱买臣传》：吏卒更乞匄之。颜师古曰：乞，读作气，与也。《广韵》：乞，与人也。

据此可知，"与"、"乞"皆有给予之意，故两用皆可。

3. 《送从弟亚赴河西判官》"黄羊饫不膻，芦酒多还醉"，"芦"字下注："一作芦。"朱注曰：

> 蔡曰：大观三年，郭随使虏，举黄羊、芦酒问虏使时立爱，立爱云："黄羊野物，可猎取，食之不膻。芦酒，縻谷酝成，可酸醋，取不醉也，但力微，饮多则醉。"信子美之言验矣。芦，蔡肇本作"虏"，引高适"虏酒千钟不醉人"为证。当两存之。钱笺：庄绰《鸡肋编》：关右塞上有黄羊，无角，色同麝鹿，人取其皮为衾褥。土人造嚼酒，以芦管吸于瓶中，杜诗"黄羊"、"芦酒"，盖谓此也。

按"虏酒"、"芦酒"皆言之有据，可以并存。

4. 《寄刘峡州伯华使君四十韵》"聊从月竁征"，"竁"字下注："旧本讹作继，师作窟，赵作峡。"朱注曰：

> 月竁，犹言月胁。月窟，草堂及郭本作"竁"，较"继"字为优。又近志载：夷陵州有明月峡，作"峡"亦通。

据训诂，可作月竁；据地志，可作月峡。两说不妨并存。

5. 《题郑十八著作丈》"可念此翁怀直道"，"翁"字下注：

> 一作公，《汉书》公、翁通用。①

---

① 以上 5 例，分别见朱鹤龄《杜工部诗集辑注》，河北大学出版社 2009 年版，第 86、86、133、597、172 页。

另外还可以看出，《杜诗辑注》录有大量吴若本的异文，但朱氏对吴若本并不盲从，如：

《雨过苏端》"久旱雨亦好"，"雨"字下注："吴作云。"

《送长孙九侍御赴武威判官》"此行牧遗甿"，"牧"字下注："吴作收。"

《逼侧行赠毕四曜》，"侧"字下注："吴作仄。"朱注曰："《上林赋》：逼侧沁潜。司马彪曰：逼侧，相逼也。"按杜诗屡用"逼侧"，如《赠苏四徯》"古来逼侧同"，《送韦十六评事充同谷防御判官》"逼侧兵马间"，皆表示逼迫受限之意。而"逼仄"无一例。

《奉赠李八丈判官》"垂白辞南翁"，"辞"字下注："吴作乱。"

《承沈八丈东美除膳部员外郎阻雨未遂驰贺奉寄此诗》"未暇申安慰"，"安"字下注："吴作宴。"

《沙苑行》"泉出巨鱼长比人"，"泉"字下注："吴作海。或云当是渊字，唐讳渊，故作泉。"朱注曰："公《留花门》诗云：'沙苑监清渭，泉香草丰洁。'则泉为沙苑所固有，宜作'泉'字。"

以上各例，钱本皆从吴若本。钱谦益对吴若本亦非盲从，也做了一些调整，但恐怕还是出于保存古本的考虑，故若非过于乖戾，一般从之，而同时也留下了不少隐患。这是一个两难的抉择。朱鹤龄则没有这些顾虑，他看到吴若本借鉴不足及甚少抉择的根本缺陷，而是放眼整个宋代注本，字字斟酌，取精用宏，集腋成裘，采花酿蜜，故能站在时代的高度，对杜诗文字做出历史性贡献。

## 第三节　《杜诗辑注》关于"公自注"之校勘

杜诗文字又有杜甫本人自注即"公自注"的问题。杜诗在文字、编年、交游、史实等考据上均存在许多困难，众说纷纭，若得杜甫本人自注，可使不少问题涣然冰释，所以在宋代就对杜甫的自注十分重视。但同时也产生了不小的后遗症，其一，在笺注、刊刻、传抄杜诗时，时有将杜甫自注和注家注文混而为一的现象。吴若本即是典型。将"公自注"和注家的注文判别开来，很有难度，一般只能依据内容和语气风格约略判断，或者以杜证杜，找出矛盾之处，或者寻求善本。其二，更有甚者，有的注家因为不能很好解释杜诗，而故意伪造杜甫自注以从己说，这在伪王洙注及千家注中比较突出，钱谦益也将之视为宋人恶行之一。其三，后代注家引用前代注家，将杜甫自注和原注文混而为一，或者将杜甫自注割裂，只引部分，乃至裁决诗旨，常为所惑。总之情况十分复杂，不胜枚举。经过元、明两代，杜诗的自注更是鱼龙混杂，在俗本中已到了泛滥成灾的程度。

杜甫自注既然是杜诗的一部分，对于理解和笺注杜诗十分重要，所以朱鹤龄也全力以赴，加以甄别。他在《凡例》中单列一条，颇与诸家不同，曰：

> 千家本公自注语，向疑后人附益，考之，多王原叔、王彦辅诸家注耳，未可尽信。今取类于公注者，以原注二字系之，旧本所无俱削去，其旧云自注而千家本不载者特标数则。

一般而言，推敲所谓的"公自注"是否真的属于杜甫自注，有一个重要的因素，就是看它的内容是否非常具体，如十分精确的时间、地点，不见经传的人物及其行踪履历，或杜诗中希见的人物等，一般不可能是注家的注文或造伪者所敢为，后代注家也容易识别，如《发同谷县》的自注"乾元二年十二月一日，自陇右赴成都纪行"，《扬旗》题下的自注"二年夏六月，成都尹严公置酒公堂，观骑士试新旗帜"，《倚杖》题下的自注"盐亭县作"，《舟前小鹅儿》题下的自注"汉州城西北角官池作。官池，即房公湖"，《章梓州水亭》题下的自注"时汉中王兼道士席谦在会，同用荷字韵"，《赠蜀僧闾丘师兄》题下的自注"太原博士均之孙"，《江畔独步寻花七绝句》"走觅南邻爱酒伴"下的自注"斛斯融，吾酒徒"等，均属此类。推原朱鹤龄《杜诗辑注》对杜甫自注的校勘取舍，其依据盖有以下几个方面。

**一 依据善本**

1. 《赠韦左丞丈济》"鸰原荒宿草，凤沼接亨衢"之下，黄本有"济之兄恒亦为给事中"的所谓"公自注"。朱注曰："此出黄鹤补注，他本无之。"

2.《八哀诗》之《赠秘书监江夏李公邕》"慷慨嗣真作",朱注曰:"《千家注》本此句下有公自注'甫有和李太守诗'。考旧善本俱无之,今削去。"①

上述二例皆依据宋代善本而校勘。

## 二 以杜证杜

如《醉歌行赠公安颜少府请顾八题壁》,朱注曰:"顾八,即后顾八分文学也。旧注谓吴人顾况,千家本又系以'公自注',其妄甚明。"② 朱注删去所谓"公自注",甚是。杜甫在开元中即早闻顾戒奢大名,与之酬唱则在晚年湖南江陵。除此篇外,尚有相邻的下篇《送顾八分文学适洪吉州》。旧注谓"吴人顾况",徒以《醉歌行赠公安颜少府请顾八题壁》中有"君不见东吴顾文学"之句,然下篇《送顾八分文学适洪吉州》称颂顾八分书法,"昔在开元中,韩蔡同赑屃。三人并入直,恩泽各不二",开元之际顾况年尚龆龀,则顾八分非顾况显而易见,"公自注"云云则无中生有,不攻自破。

## 三 依据史实

1.《相从行赠严二别驾》,朱注曰:

> 鲁訔诸本题下并注云:时方经崔旰之乱。黄注曰:崔旰之乱,在永泰元年,公已次云安。此诗是宝应元年避徐知道之乱往梓州作,题下字乃注家妄添,而后人不察,以为公自注耳。

2.《晚秋陪严郑公摩诃池泛舟得溪字》,九家本、阙名千家本题下有所谓"公自注"曰:"池在府内,萧摩诃所开,因是得名。"朱注曰:

> 《元和郡县志》:摩诃池在州城西。《通鉴注》曰:《成都记》云:摩诃池在张仪子城内,隋蜀王秀取土筑广子城,因为池。有一僧见之,曰:

---

① 以上2例,分别见朱鹤龄《杜工部诗集辑注》,河北大学出版社2009年版,第27、565页。
② 同上书,第760页。

摩诃宫毗罗。盖胡僧谓摩诃为大宫，毗罗为龙，谓此池广大有龙，因名摩诃池。或曰萧摩诃所开，非也。池今在成都县东南十二里。①

则旧注所谓"公自注"，显系后人附会添注。

**四 综合考虑。**

对杜甫自注的辨别，一般结合多种因素，不过侧重于某一方面。如《对雪》"有待至昏鸦"，旧本该句下有"公自注"："何逊诗'城阴度墙黑，昏鸦接翅归'"。朱注曰：

> 按二语今《何记室集》不载。公《复愁》诗"钓艇收缗尽，昏鸦接翅归"，不应直用成句，且昏鸦亦常语，何独于此释之？必出后人假托。今流俗本所云"公自注"者，多此类也。②

此例均衡考虑了文献、诗歌内容及自注的一般规律，驳斥有力。

## 第四节 《杜诗辑注》校勘之不足

朱鹤龄《杜诗辑注》的校勘也暴露了一些问题，有如下几类：

**一 联绵字的异文**

联绵字由两个音节联缀而成，每个音节不能单独表示含义，所以一般也没有固定不变的写法。如踌躇，可以写成"跏躇"，亦可写成"踟蹰"，这是汉语独有的语言现象，但古人对此并不十分理解，所以在杜诗联绵字的异文校勘上花费了不少笔墨，如《杜诗辑注》中下面的几个例子。

1.《自京赴奉先自京赴奉先县咏怀五百字》"乐动殷胶葛"，"葛"字下注曰："旧作樛嶱，荆公、欧公定为胶葛。《正异》作嶱嵑。"

---

① 以上 2 例，分别见朱鹤龄《杜工部诗集辑注》，河北大学出版社 2009 年版，第 365、455 页。
② 同上书，第 814 页。

2.《万丈潭》"倒影垂澹潵",潵字下注:"赵刻同,吴作瀙。"朱注曰:"按瀙字,《玉篇》、《广韵》、《增韵》皆不载。《广韵》:'潵,清也,濡也。'蔡曰:'澹潵,犹澹沲也。'"

3.《醉歌行》"春光潭沱秦东亭","潭"字下注:"一作澹。"

实际上此类正文、异文的考辨,意义不大。

## 二　误校和漏校

1.《天育骠骑歌》"遂令大奴守天育","守"字下注:

> 《英华》同。一作"字",胡仔云:"东坡书作字。"

《钱注杜诗》曰:

> 胡仔曰:"东坡书此诗,作'字天育'。邻昂《马坊颂碑》:'唐初得马于赤岸泽,命张万岁傍陇右驯字之。'"从"字"为是。

按"守"、"字"形近而讹。字,乳也,驯养也。此类异文于文意无碍,最让注家束手无策,在无版本依据的情况下,往往沿用旧文。但该例有东坡书在,自当从钱注改作"字"。仇注亦作"字",甚是。此例朱注误校。

2.《示从孙济》"未知适谁门","知"字下注:"一作委。"按郭在贻认为当作"委",曰:

> 作"知"字可能是由于后人不了解"委"字的意思而妄改的。"委"字自六朝以来就有"知"的意思。若杜诗本作"知",则不会有人去无事生非地改作委。①

则朱注此例亦因训诂而误校。

---

① 《杜诗异文释例》,《草堂》1982 年第 2 期。

3.《重过何氏五首》"花妥莺捎蝶",无异文。按钱注"妥"字曰:

> 吴若本注:"刊作堕,音妥。妥又音堕。"

则朱注漏校异文"堕"。但这样的例子在朱注中似不多见。

## 三 "公自注"的问题

杜甫自注因为各种复杂因素,往往似是而非,让注家不胜其扰。朱鹤龄虽对"公自注"很重视,也出现了一些谬误,如《秋日夔府咏怀奉寄郑监李宾客一百韵》"堇抵公畦棱"句下注曰:"原注:京师农人指田远近多云几棱。"检宋各本,吴若本、赵本、郭本皆认为是杜甫自注。唯蔡本无其惯用的"甫自注曰"四字。而黄本赫然引作"洙曰"云云。黄本成书虽最晚,但并未删除伪王洙注,所以保留了关于此条杜甫自注的真相。据程千帆《古诗考索·杜诗伪书考》,伪王洙注在南宋之初,即与王洙自编无注的本子并行于世。那么吴若本、赵本、郭本皆误引伪王洙注,以为杜甫自注,而蔡梦弼认为不是,朱注、仇注皆从旧本,误也。

仇兆鳌评价朱鹤龄《杜诗辑注》曰:"坊本多字画差讹。蔡兴宗作《正异》,朱文公谓其未尽,当时欲作考异,未暇及也。近日朱长孺采集宋、元诸本,参列各句之下,独称详悉。"(《杜诗详注凡例》)前修未密,后出转精,虽是校勘的一般规律,但需要每代人不懈的努力。杜诗自杜甫身后至清初《杜诗辑注》付梓刊刻(770—1670),历经整整九百年,虽有众多学者为之甄别校勘,辛勤不懈,然谬误如扫落叶,旋扫旋生,至朱氏始集历代之大成,存真汰伪,定于一尊,沾溉学林,功莫大焉。

# 第五章 《杜诗辑注》的字词和名物研究

## 第一节 《杜诗辑注》的字词研究

杜诗的用字用词非常丰富，内容既涉及经史子集，也包括口语、俗语、方言乃至公案语，可以说是唐代的语言大师。杜诗既为后人研究语言文字提供了可观的原始材料，也提出了很大的挑战。朱鹤龄《杜诗辑注》的著作宗旨主要在于厘清杜诗的文字障碍，所以对影响理解杜诗文本的各种文字都颇下苦功。本节所要探讨的所谓字词研究，集中在语言文字意义上的字词及部分一般字词，目的是避免大而无边也大而无当，使人容易看出朱氏的治学旨趣。

就历史上的杜注来看，《杜诗辑注》是最重视字词研究的注本之一，应无疑义。宋代各家注本对杜诗的字词，主要局限于寻觅出处，以赵次公注成绩较大。清初小学兴盛，产生了一批开启风气的小学专家，朱鹤龄是其中佼佼者。《杜诗辑注》对字词的研究集中在如下几个方面。

### 一 释字义

杜诗用字广博精深，是杜诗沉郁特色的重要因素。因此《杜诗辑注》在笺注字义上锱铢必较，颇见苦功，唯其如此，方可字从意顺，使杜诗底蕴大白于世。其具体包括如下几个方面。

(一) 明通假

王念孙说："训诂之旨，存乎声音。学者以声求义，破其假借之字而读以本字，则涣然冰释。如其假借之字而强为之解，则诘鞠为病矣。"① 下面数例可说明通假在杜诗笺注中的作用。

1. 《同李太守登历下古城员外新亭》"迹籍台观旧，气冥海岳深"。朱注曰：

> 按《韵会》：古籍字与藉通。亭之基迹，凭藉台观之旧；亭之气象，冥接海岳之遥。此正和邕诗"形制开古迹"及"泰山"、"巨壑"二句意。旧注"籍"字作"图籍"解，"冥"字作"溟蒙"解，义遂难通。

2. 《铁堂峡》。朱注曰：

> 《说文》：山峭夹水曰峡。《韵书》不与硖通。然周立硖州，以居三峡之口因名，则二字殆可通也。

3. 《投赠哥舒开府翰二十韵》"轩墀曾宠鹤，畋猎旧非熊"。按宋代各注皆引《史记》曰："文王将出猎，卜之曰：'所获非熊、非罴、非虎、非貔，乃霸王之辅也'。"朱注曰：

> 《史·齐世家》：文王将猎，卜曰："所获非龙、非彲、非虎、非罴，乃霸王之辅。"果遇太公于渭阳，载与俱归。按：《史记》及《六韬》并无"非熊"语。洪容斋云后人使"非熊"，始于吕翰《蒙求》。然公诗已先之矣。《尔雅翼》：熊之雌者为罴。则熊、罴殆可互用。

"熊"与"罴"通假，则"非熊"即"非罴"，杜诗用典出于《史记》无疑。

4. 《留花门》"公主歌黄鹄"。朱注曰：

> 《文苑英华辨证》：郑愔《送金城公主适西蕃》诗"贵主想黄鹤"，

① 王念孙：《读书杂志·淮南内篇第八·本经》，上海古籍出版社 2014 年版。

马怀素诗"空余愿黄鹤","鹤",《汉书》作"鹄"。陆德明云:鹄又作鹤。则鹄、鹤通用。

5.《夜》"步簷倚仗看牛斗"。朱注曰:

 《楚词》:"曲屋步櫩。"注:步櫩,长砌也。《上林赋》:"步櫩周流。"注:步櫩,步廊也。櫩,古簷字。《说文》又作檐。《留青日札》云:"步檐,如今之飞檐、步廊也。屋之半间亦曰一步。"

明白"簷"、"櫩"通用,可知杜诗"步簷"出于《楚辞》之"步櫩"。

6.《西阁三度期大昌严明府同宿不到》"今疑索故要"。朱注曰:

 《韵会》:故,古通作固。索故要,言明府不来,疑索我之固要而后至也。

7.《七月三日亭午已后》"晚风爽乌匼"。朱注曰:

 薛梦符曰:"乌匼,乌巾也。"赵曰:"今有匼顶巾之语。"按:《博物志》:"魏武作白帢。"《礼部韵略》:"帢,帽也,亦作帕,士服,状如弁,缺四角。"至匼字,古人多用,如鲍照诗"银屏匼匝",公诗"马头金匼匝",《唐书》:"杨再思阿匼取容"、"卢杞诏谀阿匼",皆不以言巾。吴若注云:"匼,当作帢,音恰。"殆是,今字书多从之。洪驹父谓"乌匼,不舒貌",此臆说耳。

考定"匼"即"帢"字。

8.《投简梓州幕府兼简韦十郎官》"幕下郎官安隐无",隐,一作稳。朱注曰:

 《说文》:"隐,安也。"义与"稳"通。《通鉴》:"玄宗遣中使至范阳，禄山踞床不拜，曰：'圣人安隐。'"注：隐，读曰稳。又唐帖多写"稳"为"隐"，作"隐"正得之。

9.《不离西阁二首》"西阁从人别，人今亦故亭"。亭，朱注曰：

> 《复古编》：停，本作亭，后人别作停。言非西阁留人，人则自留耳。

旧注失注。这里考出亭、停乃古今字，可通用。杜诗表面用"亭"字，实际用本义"停"。

10.《送杨六判官使西蕃》"子云清自守，今日起为官"，朱注曰：

> 《扬雄传》：雄三世不徙官，有以自守，泊如也。子云、今日是假对。但《汉书》言子云系出扬侯，其字不从木。按：晋羊舌氏食邑于扬，曰扬食我，后分其田为三县，曰平阳，曰杨氏，则扬与杨同出一姓，故杨修有"吾家子云"之语。或疑此送杨判官，不合用子云事，盖失考耳。①

旧注对此处是否用扬雄之典有疑虑，主要是杜甫所送的判官姓"杨"，故不敢遽定。但朱氏据《左传》及杨修《答临淄侯牋》"修家子云，老不晓事"之语，认为杨、扬通假，源出一姓，故用扬雄之典无误。虽然此处考证非关杜诗字面，但背后的字词通假认定却是关键的。

（二）据字书考义项

杜诗的字词训诂，在宋代已经取得很大成就。凡是稍有难度的字词，基本有了大体的解释；或者某字词的解释虽未取得共识，但可能的义项均大致罗列，后人难以置喙。而《杜诗辑注》的文字训诂，在取字方面不一定十分艰深，所以旧注一般忽略失注，但朱氏细心抉择，或从《说文》等字书中考定本义，或推衍引申义、比喻义，甚有收获，且多为仇注所取。

---

① 以上10例，分别见朱鹤龄《杜工部诗集辑注》，河北大学出版社2009年版，第14、256、56、187、540、538、508、387、609、137页。

1. 《赠李白》"飞扬跋扈为谁雄"。"跋扈"，宋代各本无注。朱注曰：

> 《西京赋》：睢盱跋扈。《梁冀传》：此跋扈将军也。按《说文》：扈，
> 尾也。跋扈，犹大鱼之跳跋其尾，强梁之义也。《选注》及《后汉注》
> 俱未明。

此据《说文解字》纠正《文选注》和《后汉书注》，甚是。李善《文选注》引贾逵《国语注》曰："肆恣也"，引孔安国《尚书传》曰："忕恶也"，皆不合杜甫规劝李白之善意。

2. 《重过何氏五首》"花妥莺捎蝶"。妥，朱注曰：

> 《曲礼正义》：妥，颓下之貌。一曰：关中人谓落为妥。

赵注释"妥"为"安妥"，宋注多从，大误。

3. 《戏题王宰画山水图歌》"山木尽亚洪涛风"。朱注曰：

> 《说文》：亚，次也。《广韵》：又就也，相依也。风势涌涛，山木尽
> 为之低亚。公诗"花亚欲移竹"及"花蕊亚枝红"，皆与此同义。

"亚"字旧注无注。朱注引字书及杜诗为证，翔实可据。

4. 《琴台》"野花留宝靥"。朱注曰：

> 《说文》：靥，颊辅也。梁简文帝诗：分妆开浅靥。《酉阳杂俎》：近
> 代妆尚靥如射月，曰黄星靥。靥钿之名，盖自孙和邓夫人始。按：唐时
> 妇女多贴花钿于面，谓之靥饰。李贺诗"花合靥朱红"是也。

"靥"字从原始的"颊辅"义，演变为唐代的"钿饰"义。没有这个注解，一般读者不易读懂诗句。

5. 《江上值水如海势聊短述》"新添水槛供垂钓"。"槛"字旧注无注。

朱注曰：

> 《说文》：槛，栊也，一曰圈也。轩窗之下为棂曰栏，以板曰槛。公草堂有水槛，盖于水际为之。

"水槛"就是水边栏板，杜诗用"槛"字本义。

6.《闻斛斯六官未归》"土锉冷疏烟"。

> 《御览》：《说文》云：锉，（镵）镂也。《篆文》云：秦人以钴铓为锉（镵）。按：镂，音副，釜大者曰镂。土锉，是甂瓯之属，即今行锅也。《困学纪闻》云：土锉，乃黔蜀人语。恐不然。

7.《数陪李梓州泛江有女乐在诸舫戏为艳曲二首赠李》"青霄近笛床"。床，朱注曰：

> 按《释名》：床，装也，凡所以装载者皆谓之床，如糟床、食床、鼓床、笔床，皆此义。《树萱录》云：南朝呼笔管为床。笛床当即其类。

按"床"字旧注无注，仇注全录该条而未标明。

8.《投赠哥舒开府翰二十韵》"轩墀曾宠鹤"。轩，朱注曰：

> 《左传》：卫懿公好鹤，鹤有乘轩者。注：轩，大夫车也。《邵氏闻见录》：轩墀宠鹤，鹤或以为病。按：《韵会》：檐宇之末曰轩，取车象也。借用无害。

"轩"字在此诗中可借用《韵会》的解释。

9.《雨不绝》"院里长条风乍稀"。院，朱注曰：

> 《说文》：院，垣也。《增韵》：室有垣墙者为院。黄鹤谓是严武幕

中，非也。

黄鹤注曰："诗云'院里长条风乍稀'，当是广德二年在严公幕中作。院里，如《简院内诸公》、《立秋日院中有作》是也。"但黄鹤所举二诗的"院"字，实际指"节度使府署"，是引申义。而此诗用"垣墙"之本义。朱注据字书并结合诗歌内容，驳正黄注，定该诗于夔州诗。

10.《江头五咏》"乱结枝犹垫"。垫，朱注曰：

> 《说文》：垫，下也。凡物之下堕，皆可云垫。①

按《九家集注杜诗》引《尚书注》："垫，弱也。以其体之柔弱而如垫也。"朱注驳正之。

（三）据出处考义项

此类字或词，在杜诗中一般并非使用本义，而多为引申义或比喻义，所以注家容易产生歧见。朱注挖掘出字词的出处，也就确定了字词的义项及杜诗所本，深化对杜诗的理解并往往纠旧注之失。

1.《十二月一日三首》"要取椒花媚远天"。媚，朱注曰：

> 按：十二月一日去元日已近，故用椒花献颂事。媚，即《古乐府》"入门各自媚"之"媚"耳。此正应起语"春意动"三字。杨用修谓椒花色绿，与叶无辨，不可言媚，当作楸花。吾不谓然。

此据《古乐府》定作"取悦"之义。

2.《最能行》"贫穷取给行舴子"。舴，朱注曰：

> 杜田《补遗》：舴，小舟名，言轻如叶也。《切韵》、《玉篇》并不载。按：王智深《宋记》：司空刘休范举兵，潜作舰舴。戴暠《钓竿》

---

① 以上10例，分别见朱鹤龄《杜工部诗集辑注》，河北大学出版社2009年版，第15、66、288、306、307、311、384、56、536、334页。

诗：蘘花装小楪。公用字所本。

朱注引南齐王智深《宋记》及南朝梁代戴暠所作乐府诗《钓竿》，可知杜诗用字所本。

3.《哭王彭州抡》"将军临气候，猛士塞风飙"。气候，朱注曰：

> 气候，用兵之气候。刘歆《七略》有《风候孤虚》二十卷。

4.《佐还山后寄三首》"分张素有期"。分张，朱注曰：

> 分张，分别时也。《高僧传》：道安为朱序所拘，乃分张徒众。王羲之帖：秋当解褐，行复分张。李白诗：不忍云间两分张。

"分张"本义"分散，散布"，但在《高僧传》和王羲之《谢仁祖帖》中作"分别"解，杜诗即本此义。

5.《乾元中寓居同谷县作歌七首》"魂招不来归故乡"。招魂，朱注曰：

> 《招魂》：魂兮归来，反故居些。古人招魂之礼，不专施于死者。公诗如"剪纸招我魂"、"老魂招不得"、"南方实有未招魂"，与此诗"魂招不来归故乡"，皆招生时之魂也。本王逸《楚辞注》。

"招魂"多义，杜诗本《楚辞》，招生者之魂。

6.《戏韦偃为双松图歌》"偏袒右肩露双脚"。袒，朱注曰：

> 《金刚经》：偏袒右肩，右膝着地。《长水经疏》：袒，肉袒也。西方俗仪，见王者必肉袒，示非敢有犯，佛教亦随此用。然此以表将荷大法之重担耳。

按《说文》："袒，衣缝解也。"此句咏图画中"胡僧"，故"袒"义亦有别于本义，而是据于佛书，含有"担荷大法"之义，这是言外之意，为一般注家忽略。

7.《遣怀》"尺土负百夫"。负，朱注曰：

> 《唐韵》：俗谓负为输。《战国策》：将军必负十万、二十万之众乃用之。注：负，恃也。按：负百夫，即此义。以百万之众攻一城，岂非负百夫而争此尺土乎？此极言开边之祸。旧注未明。

赵注曰："争一尺之土，以百夫为偿。"解"负"为"偿"，即上所引《唐韵》之"输"义。仇注从之。朱注据高诱《战国策》注文，认为"负"当作"恃"义，可备一说。

8.《寄刘峡州伯华使君四十韵》"江湖多白鸟，天地有青蝇"。白鸟，朱注曰：

> 鲍曰："江湖多白鸟"，与"白鸥多浩荡"同意。一说：《大戴礼·夏小正》：丹鸟羞白鸟。丹鸟，丹良也；白鸟，蚊蚋也。凡有翼者为鸟。梁元帝《纳凉》诗：白鸟翻帷暗，丹萤入帷明。蔡曰：韩昌黎诗：蝇蚊满人区，可与尽力格。寓意与此正同。①

"白鸟"有二解，一谓鸥鹭之类，《诗经》"白鸟鹤鹤"是也，喻贤者；二谓蚊蚋也，以譬小人。朱注据《大戴礼·夏小正》，又引梁元帝诗，可知杜诗所本，乃"蚊蚋"之义。

（四）重视方言的训诂

杜诗有不少方言。朱氏的注释，除了征引《方言》等字书及旧注外，还多方请教蜀人。

1.《哭李尚书》"王孙若个边"。朱注："若个，唐人方言。"

2.《解忧》"向来云涛盘"。朱注引赵注曰："云涛盘，言云涛之间盘转

---

① 以上8例，分别见朱鹤龄《杜工部诗集辑注》，河北大学出版社2009年版，第477、497、602、236、263、289、584、598页。

未出，乃方言所谓盘滩也。旧注：云涛盘，滩名，极为险阻。恐是附会。"

3.《风雨看舟前落花戏为新句》"赤憎轻薄遮人怀"。朱注："赤憎，犹云生憎，亦方言也。"

4.《巳上人茅斋》"天棘蔓青丝"。朱注："《抱朴子》及《博物志》皆云：'天门冬一名颠棘，以其刺故也。'然不载'天棘'之名，疑是方言。"

5.《九日寄岑参》"雨脚但如旧"。朱注："雨脚是方言。"

6.《送蔡希鲁都尉还陇右因寄高三十五书记》"马头金匼匝，驼背锦模糊"。朱注引赵注曰："匼匝、模糊，皆方言。"

7.《三绝句》"会须上番看成竹"。朱注："斩新、上番，皆唐人方言。"

8.《观李固请司马弟山水图三首》"野桥分子细"。朱注引杨慎曰："杜诗'醉把茱萸子细看'及'野桥分子细'，虽用方言，却有所本。"

9.《秋日夔府咏怀奉寄郑监李宾客一百韵》"堲抵公畦棱"。朱注："韵书'棱'字无去音，盖方言也。"

10.《最能行》"撇漩捎潏无险阻"。朱注引李实曰："今川语，漩、潏皆去声。撇，犹过。捎者，用梢拨之而度。"[1] 按李实为朱氏好友，著有《蜀语》。杜诗有关蜀中方言、方物及地理，朱氏多向其请益。

## 二 订旧讹

所谓旧讹，有多种情形，或是杜甫前人之讹，或是杜甫之讹，或是旧注旧说之讹，或是杜诗流传所讹。这类杜诗文字的考证，虽也有不少训诂，但主要目的在于纠正错误。

（一）订杜甫及前人之讹

1.《三川观水涨二十韵》"漂沙坼岸去"。坼，朱注曰：

> 谢灵运诗：坼岸屡崩奔。按：《玉篇》：坼，一音鱼斤切，与垠同，岸也，界也。坼岸，当作垠岸。《文选注》音祁，恐误。

---

① 以上 10 例，分别见朱鹤龄《杜工部诗集辑注》，河北大学出版社 2009 年版，第 757、774、822、5、77、94、344、457、592、497 页。

《玉篇》的作者是南朝陈顾野王，朱氏训诂，于《玉篇》多有依据。此据《玉篇》纠正《文选注》对"圻"字的误读。

2.《送许八拾遗归江宁觐省甫昔时尝客游此县于许生处乞瓦棺寺维摩图样志诸篇末》。"棺"字，朱注曰：

> 《瓦官寺碑文》：寺本晋武帝时建，以陶官故地在秦淮北，故名瓦官，讹作"棺"耳。《六朝事迹》载，有僧好诵《法华经》，葬以瓦棺，青莲生其舌根，因名。则好异者之说也。

"瓦棺寺"，应作"瓦官寺"。杜甫也是以讹传讹罢了。

3.《初月》"暗满菊花团"。团，朱注曰：

> 或曰：《诗》：零露溥兮。《说文》：溥，徒官切，露多貌。"庭前有白露，暗满菊花团"，疑必"溥"字误。按：《韵会》：团，或作专。《周礼》"其民专而长"是也。溥，《集韵》或作（雨专），通作"专"。以故古多混用。谢灵运诗：火云团朝露。谢朓诗：犹沾余露团。谢惠连诗：团团满叶露。江淹诗：檐前露已团。庾信诗：惟有团阶露，承睫苦沾衣。旧本俱作团。

"溥"、"团"混用，在杜甫之前就已经如此。朱注的一番详征博引，既对"团"字的误用作了追根究底的考察，也有益于更好地理解杜诗。

4.《奉赠严八阁老》"扈圣登黄阁"。黄阁，朱注曰：

> 《说文》：阁与阖异。阁，夹室也，以板为之，亦楼观通名。阖，门旁小户也。汉公孙弘开东阖以延贤人，盖避当门，而东向开一小门引宾客，以别于官属也。汉三公黄阁，注：不敢洞开朱门，以别于人主，故黄其阖。又唐门下省以黄涂门，谓黄阁。《唐志》：中书舍人以久次者一人为老。此诗云"扈圣登黄阁"，又《待严大夫》诗云"生理止凭黄阁老"，皆当作"阖"。非子美误用，乃讹字相沿耳，当改正。

按朱注谓非杜诗误用，而是以讹传讹。

5. 《释闷》"扬鞭忽是过湖城"。湖城，朱注曰：

> 按《晋书·明帝纪》：微行至于湖，阴察敦营垒而出。《王敦传》：帝至芜湖，察敦营垒于湖。即芜湖也。《地志》：晋太康中，分丹阳置于湖县，即今当涂县地。又芜湖县有王敦城，此诗所云"湖城"也。自唐以来，皆破句读，故乐府有《湖阴曲》，张文潜始正之，云"于湖"为句。

按唐人读《晋书·明帝纪》"微行至于湖，阴察敦营垒而出"为"微行至于湖阴，察敦营垒而出"，以"于"为介词，"湖阴"为地名，故讹传为"湖城"之典故。该句之用典宋注早已考出，但朱鹤龄纠正杜甫"湖城"的用词错误。

6. 《冬到金华山观因得故拾遗陈公学堂遗迹》"上有蔚蓝天"。蔚蓝，朱注曰：

> 杜田曰：《度人经》：三十二天，三十二帝。诸天皆有隐名，第一太黄皇曾天，郁罐玉明。罐，音蓝。蔚蓝，即郁罐也。赵曰：蔚蓝，谓茂蔚之蓝，天之青色如此。若如杜说，郁作蔚、罐作蓝，岂有两字俱改易之理？今诗人言水曰"挼蓝水"，则天之青曰"蔚蓝天"，于义无害。陆游曰：蔚蓝乃隐语天名，非可以义理解也。杜诗所云，犹未有害，韩子苍云"水色天光共蔚蓝"，直谓天水之色俱如蓝，恐又因老杜而失之者也。

按"蔚"字有"茂密"义，而"蔚蓝"则不词。杜诗误用，后袭用成俗。

7. 《即事》"多病马卿无日起"，朱注曰：

> 公诗"葛亮"、"马卿"，或疑不当截字用，然六朝人已有之。庾信碑文：渡泸五月，葛亮有深入之兵。薛道衡碑文：尚寝马卿之书，未允

梁松之奏。①

按此考察诗赋用语问题。诗赋因字数或韵律的局限，在使用人名、地名时截字，遂为语病，至李商隐大畅其风，不可为训。

（二）订旧注旧说之讹

1.《三川观水涨二十韵》"阴气不黪黩"。黪黩，宋代注本多从赵注，作"垢黑"解。朱注曰：

> 按：黪，当作墋，楚锦切。陆机《高祖功臣赞》：茫茫宇宙，上墋下黩。注：墋，不澄清貌；黩，媟也。

赵次公注："《选》有'上惨下黩'。"盖偶误记。朱氏检出杜诗所本乃陆机语，且纠旧注之失。仇注曰："朱云：当作墋，楚锦切。"采纳了朱氏意见。

2.《火》"薄关长吏忧，甚昧至精主"。朱注曰：

> 言蛟龙神物，奈何为焚山之举，以谤讟而荧侮之？此固旧俗不经，实因长吏薄于忧民，不知以精诚为主，尽祈救之道耳。"薄关长吏忧"，微刺当时郡邑有司也。梦弼注：薄，读伯各切，谓迫近郊关也。恐不然。

蔡梦弼注"薄"为迫近，遂失诗旨。朱注解作"薄情"之"薄"，得之。

3.《送蔡希鲁都尉还陇右因寄高三十五书记》"因君问消息，好在阮元瑜"。好在，朱注曰：

> 好在，乃存问之词。《通鉴》：高力士宣上皇诰曰"诸将士各好在"，与此同。胡三省注：好在，犹言好生。非是。

4.《漫成二首》"春流泯泯清"。泯泯，朱注曰：

---

① 以上 7 例，分别见朱鹤龄《杜工部诗集辑注》，河北大学出版社 2009 年版，第 109、166、229、139、419、367、690 页。

> 《说文》：水流浼浼貌，从水，冈声。或作泯。又《增韵》：泯泯，犹茫茫也。按："泯泯"对"荒荒"，极状江流之远大。张有《复古编》云：湉，古活字。泯泯，是活活之误。不知湉湉、活活意象各不侔。

按《诗经·硕人》："北流活活"，注："活活，水流声。"盖张有《复古编》所本，以为"泯泯"乃"活活"之误。但此诗"泯泯"，韵书自有定义，作"茫茫"解，较"活活"之"轻快"义为佳。

5.《寄岳州贾司马六丈巴州严八使君两阁老五十韵》"志在必腾骞"。朱注曰：

> 《说文》：骞，马腹病也。《毛诗》：不骞不崩。注：骞，亏也。腾、骞二字难连用，作腾骞方合，而骞字不在韵内。孙愐云：文人相承，以骞为掀举之义，押入先韵，非也。余按：《汉书》：斩将搴旗。注：搴，取也。《韵会》云：搴，古通于骞。杜诗用腾骞，盖以搴取为义。

孙愐是唐音韵学家，玄宗时人，尝刊正隋陆法言之《切韵》，并增字加注，于天宝十年（751）编成《唐韵》五卷，已佚。孙愐所说，当是盛唐乃至中唐诗人用韵的实际情况。宋代各注对杜诗"腾骞"的用法均未赞一词，唯朱注有所考辨，可补旧注之失。

6.《故著作郎贬台州司户荥阳郑公虔》"荟蕞何技痒"。朱注曰：

> 钱笺：封演《闻见记》：天宝中，协律郎郑虔采集异闻，著书八十馀卷。人有窃窥其草稿，告虔私修国史，虔闻而遽焚之，由是贬谪十余年。虔所焚书，既无别本，后更纂录，率多遗忘，犹存四十余卷。书未有名，及为广文博士，询于国子监司业苏源明，源明请名《会粹》，取《尔雅》序"会粹旧说"也。西河太守卢象赠虔诗曰："书名会粹才偏逸，酒号屠苏味更醇"，即此之谓也。高元之《茶甘录》：子美诗"荟蕞何技痒"，荟，草多貌。蕞，小也。虔自谓著书虽多，皆碎小之事。后人传写误为"会粹"，谓会集其纯粹，失之远矣。唐史目其书为"会

萃"，亦承袭之误。按：二说不同。据《尔雅序》，乃是"会稡"。稡音最，聚也。次公云：当以公诗为正。①

朱鹤龄赞同高元之的意见，认为郑虔的著作当作"荟蕞"，并引赵次公的看法为助，唐史及俗传"荟稡"当据杜诗以正。这个意见是对的。荟蕞，卑小也，含有谦义。

（三）订杜诗流传所讹

杜诗在流传过程中，往往因多种因素产生异文，后代注家排比各本，或知所从。而有些文字，旧本皆误，且无异文，这就给校勘及注解埋下了隐患。此类文字纠谬，纯然所谓"理校"，尤见功力。

1.《赠比部萧郎中十兄》"风雅蔼孤骞"。旧本"骞"字作"骞"。朱注曰：

　　按：骞、骞，音义各不同。骞，去干切，马腹热。骞，虚言切，飞貌。

2.《法镜寺》"婵娟碧藓净"。旧本"藓"字作"鲜"。朱注曰：

　　按："碧藓"断是苔藓之藓。公《哀苏源明》诗云"垢衣生碧藓"，旧本讹作"鲜"，注家遂引《吴都赋》"檀栾婵娟，玉润碧鲜"，以为四字皆言竹。恐无此句法。

3.《柴门》"余光散唅呀"。唅呀，朱注曰：

　　韵书：唅，胡绀切，哺也；呀，虚加切，张口也。用此无义，当是"谽谺"之讹耳。《上林赋》：谽呀豁閜。注：谽呀，洞谷空大貌，与谽

　　① 以上6例，分别见朱鹤龄《杜工部诗集辑注》，河北大学出版社2009年版，第110、507、95、301、246、570页。

衍同。言日光返照，散映于谿衍之间也。①

按以上三例文字，皆形近而讹。

朱鹤龄对杜诗字词是下了苦功的，这从他不盲从旧注旧说、必亲检字书及虚心请教的态度上可见一斑。如果说朱鹤龄《杜诗辑注》在字词研究方面有何缺陷的话，可以说也是整个杜诗注释史的缺陷，那就是对杜诗一般字词的研究还不够全面和深入。今人张相说："诗词曲语辞者，即约当唐、宋、金、元、明间，流行于诗词曲之特殊语辞，自单字以至短语，其性质泰半通俗，非雅诂旧义所能赅，亦非八家古文所习见也。"② 这段话用在杜诗语言研究上也完全适用。

杜诗语言之丰富和生动，在有唐一代，可为诗文之翘楚。但历代杜注，均对此重视不够，而是将重点集中于语典和疑难字词，也就是"雅词"；而许多看来没有疑义或训诂价值的字词，即所谓"俗语"，则被等闲放过。杜诗中有经传语，有六朝语，有唐人口语，有公案语，有方言等，其中研究比较薄弱的部分大概是包括口语、方言在内的俗语。俗语中有些延续到后世，不烦注家赘言，但有许多已经消失，或意义内涵有所改变，即需注家笺注。

举例来说，《彭衙行》"痴女饥咬我"的"咬"字，历代无注，大概均认为当作"咬啮"义，其实不然。蒋鸿礼《敦煌变文字义通释》一书引《燕子赋》、《搜神记》、韩愈《誉孟郊》等材料，认为这是唐代俗语，当解作"求恳"义。《观公孙大娘弟子舞剑器行》诗末句"老夫不知其所往，足茧荒山转愁疾"，"愁疾"亦历代无注，也是唐代口语中一个双声联绵字，又可写作"愁寂""愁绝"（"愁"为崇母，"疾"、"寂"、"绝"均为从母），如杜诗《太岁日》"愁寂鸳行断，参差虎穴临"，《北风》"涤除贪破浪，愁绝付摧枯"，可知三词为一词耳。《宴戎州杨使君东楼》"重碧拈春酒"，"拈"字又作"沽"，赵次公举元稹《元日》"羞看稚子先拈酒"及白居易《岁假》"岁酒先拈辞不得"两个例子，说明"'拈酒'乃唐人语也"，这就很好地解决了异文的问题。其实"拈"在唐代俗语中，不仅可说"拈酒"，还可说"拈

---

① 以上 3 例，分别见朱鹤龄《杜工部诗集辑注》，河北大学出版社 2009 年版，第 34、257、630 页。
② 张相：《叙言》，《诗词曲语辞汇释》卷首，中华书局 1977 年版，第 1 页。

叶"、"拈笔",用法甚广。

　　古代杜注或其他注家一般对俗语、口语这些活的语言不够重视,与我国传统训诂学研究的主要对象集中在先秦典籍以及在《说文》、《广雅》所收词语这一状况有关,结果造成后人熟稔先秦词语而生疏唐人俗语的怪现象。就朱氏《杜诗辑注》而言,对收录唐人俗语研究材料的一些著作,如颜师古《匡谬正俗》,玄应、慧琳《一切经音义》,宋陈彭年《广韵》、丁度《集韵》、王楙《野客丛书》等,虽有所汲取,但十分有限。如"端居"在杜诗中凡二见,《夔府书怀四十韵》"扈圣崆峒日,端居滟滪时",《回棹》"强饭莼添滑,端居茗续煎",朱氏无注,今人多作"平时"、"闲居"解,均误,应作"独居"。"与"字,旧注一般不加注,今人亦多从略。但在杜诗《赠翰林张四学士垍》"恩与荔枝青"、《洗兵马》"司马清鉴悬明镜,尚书气与秋天杳"中,作"似"解更为准确。"向来",杜诗屡用,如《重过何氏五首》"向来幽兴极,步屧向东篱"、《渼陂行》"少壮几时奈老何,向来哀乐何其多"、《伤春五首》"鬓毛元自白,泪点向来垂"、《江边星月二首》"天河元自白,江浦向来澄"、《送司马入京》"向来论社稷,为话涕沾巾"等,作"近来"解更妥当,而非"一向"之义。今人张相《诗词曲语辞汇释》收录了不少唐代俗语,但还有许多不足。杜诗学应该充分吸收相关学科诸如历史、语言、地理、文化的最新成果,这是由朱氏《杜诗辑注》关于语言研究引起的一点赘言。

## 第二节　《杜诗辑注》的名物研究

　　中国古代典籍如《周礼》、《诗经》存在大量的名物词语,因此许多字书如《尔雅》、《说文》、《释名》中许多篇幅是用来注释经传名物的。时至唐代,虽然诗歌中也多有当时名物,但因为时代较晚,一般注家并不作为笺注的重点。杜诗中有大量的名物词,包括天象、地物、人体、冠服、饮食、宫室、交通、朝制、武备、珍宝、乐舞、游戏、宗教、医药、农具以及草、木、虫、鱼等,门类很多,如果没有注释,今人是很难理解其为何物的。研究杜诗的名物词,对更好地理解杜诗,以及研究唐代的历史、民俗和语言等,甚有裨益。

在传统训诂学中，名物词曾作为训诂学的研究对象受到小学家的重视。清初小学兴盛，朱鹤龄对杜诗名物的考证也倾注了不少精力。他的方法可分几种，一是对字义生僻的名物，多追根溯源，从《尔雅》、《说文》中寻求本义，二是排比旧注旧说，从中抉择最佳含义，三是结合诗文使用，演绎合适含义。还有少数蜀地方物，则直接征询蜀人。

**一 补正旧注**

宋注虽对大多名物作了笺注，但不少缺乏追根究底的考证，引用随意，或者干脆随文释义，使人不得要领。朱注披沙拣金，并加以补充完善。如下列数例。

1. 《游龙门奉先寺》"已从招提游，更宿招提境"。招提，朱注曰：

> 《僧史》：魏太武始光元年，创造伽蓝，立招提之名。《僧辉记》：招提者，梵言拓斗提奢，唐言四方僧物，但传笔者讹拓为招，去斗奢，留提字，即今十方住持寺院耳。《唐会要》：官赐额为寺，私造者为招提兰若。

前两条材料均引自郭注，后一条材料为朱氏所增。

2. 《陪郑广文游何将军山林十首》其三"万里戎王子，何年别月支"。戎王子、月支，朱注曰：

> 《汉·张骞传》：匈奴破月氏王。师古曰：月氏，西域胡国也。音支。《旧唐书》：肃州酒泉郡，汉月氏国地。龙朔元年，于吐火罗国所治遏换城，置月氏都督府。按：戎王子，必是月氏花名，但未详何种。或曰：《本草》：日华子云：独活，一名戎王使者，戎王子当是其类。

这段考证在九家注和蔡注基础上补充《本草》资料，令人信服。

3. 《陪郑广文游何将军山林十首》其七"楝树寒云色，茵蔯春藕香"。楝、茵蔯，朱注曰：

《说文》：棘，小枣，丛生。《埤雅》：大者枣，小者棘。按：独生而高者为枣，列生而低者为棘，观字形可辨。然此云"寒云色"，似是高大之木。又《尔雅注》：赤楝，好丛生山中，白楝叶圆而岐，为大木。从别本作"楝"，亦通。《本草》：茵蔯，蒿类，经冬不死，更因旧苗而生，故曰茵蔯。李时珍曰：茵蔯气芳烈，昔人多莳为蔬。洪舜俞《老圃赋》"酤糟紫姜之掌，沐酰青蔯之丝"是也。

宋注对"楝树"皆无注。对"茵蔯"的注释，宋注中取郭注和黄注，但总的来看，还是失于简单。朱注引用《说文》、《埤雅》、《尔雅注》、《本草》及《本草纲目》等训诂和名物专书，使两个名物的注释更为全面。

4.《三绝句》"楸树馨香倚钓矶"。楸树，朱注曰：

《尔雅》：椅梓。郭璞注：即楸也。陆玑《诗疏》：楸之疏理白色而生子者为梓。《图经本草》：梓木似桐而叶小花紫。

前者为黄注所注。朱注引《图经本草》，遂趋完备。

5.《西阁二首》"朱绂犹纱帽"。纱帽，朱注曰：

《唐书》：隋贵臣多服乌纱帽，后渐废，贵贱通服折上巾。此云"朱绂犹纱帽"，盖当时以为隐居之服。李义山诗"乌帽逸人寻"，此可证也。

宋注多引赵注曰："朱绂则朝服，而纱帽则隐者之巾。公官虽省郎，而身则闲旷，故云。"朱注引李商隐诗为证，显然比宋注明确而有力。

6.《巳上人茅斋》，上人，朱注曰：

吴曾《漫录》：唐诗多以僧为上人。按：《摩诃般若经》云：何名上人？佛言：若菩萨一心行阿耨菩提，心不散乱，是名上人。《十颂律》云：人有四种，一粗人，二浊人，三中间人。四上人。巳上人，无考。

欧阳公注作僧齐己，大谬。

宋代注本，除了九家注对"上人"未作注释外，其余皆引欧阳公曰："僧齐己也，善吟诗，知名于唐。"朱注引吴曾《能改斋漫录》的材料驳斥宋注，十分正确。

7.《奉送严公入朝十韵》"空留玉帐术"。玉帐，朱注曰：

> 《抱朴子·外篇》：兵在太乙玉帐之中，不可攻也。《唐·艺文志》：兵家有《玉帐经》一卷。张淏《云谷杂记》：按颜之推《观我生赋》：守金城之汤池，转绛宫之玉帐。又袁卓《遁甲专征赋》：或倚直使之游宫，或居贵神之玉帐。盖玉帐乃兵家厌胜之方，主将于其方置军帐，则坚不可犯。其法出于黄帝遁甲，以月建前三位取之。

旧注多从赵注，以为"玉帐"乃"大师将军之帐"。朱注引南宋张淏《云谷杂记》，认为当作"兵家秘笈"解。仇注全引而未标明。

8.《十二月一日三首》"百丈谁家上水船"。百丈，朱注曰：

> 《演繁露》：劈竹为大瓣，用麻绳连贯以为牵具，是名百丈。乐天《入峡》诗：荐莩竹篾筶，欹危舵师趾。筶即百丈也。《入蜀记》：上峡惟用橹及百丈，不用张帆。百丈以巨竹四破为之，大如人臂。①

这里引用罗大经《演繁露》的描述，又征引白居易和陆游《入蜀记》的文字加以补充，丰富了赵注"牵船篾"的内涵。

## 二 自出新义

对于旧注旧说的错误，朱氏多方考证，严密推理，驳斥旧注旧说之谬妄。

1.《新婚别》"兔丝附蓬麻，引蔓故不长"。兔丝，朱注曰：

---

① 以上 8 例，分别见朱鹤龄《杜工部诗集辑注》，河北大学出版社 2009 年版，第 1、63、65、343、539、5、352、477 页。

《诗》注：女萝、兔丝、松萝也。《尔雅》：唐蒙、女萝、兔丝。按：诸家《本草》，兔丝并无女萝之名，惟松萝一名女萝。陆玑《诗疏》：兔丝，蔓生草上，黄赤如金。松萝，蔓延松上，生枝正青。陆佃《埤雅》：在木为女萝，在草为兔丝。可证二者同类而有别。古诗"与君为新婚，兔丝附女萝"，善注：古今方俗名草不同，然是异草，故曰附。此解甚明。

按宋注多引"洙曰"，以为"兔丝"即"女萝"。朱注考证各家《本草》及陆玑《诗疏》、陆佃《埤雅》和《文选注》，认为二者并非一物，纠正了旧注的错误。

2. 《恶树》"枸杞因吾有，鸡栖奈汝何"。鸡栖，朱注曰：

《急就篇》注：皂荚树，一名鸡栖。《魏志》：刘放、孙资久典枢要，夏侯献、曹肇心不平。殿中有鸡栖树，二人相谓：此亦久矣，其能复几。按：枸杞、鸡栖皆嘉木也。恶木剪除，二者皆得遂其生长，故曰"因吾有"、"奈汝何"。次公云"恐妨鸡栖"，大谬。

赵注因不懂"鸡栖"之义导致误读，其余宋注及钱注于"鸡栖"皆无注。按"鸡栖"非生僻名物，《初学记》卷十一《职官部》"事对"，以"龙池"对"鸡树"；《白孔六帖》卷七一"中书令"亦有"鸡栖"条，注曰："中书省有鸡栖树。"

3. 《与鄠县源大少府宴渼陂得寒字》"饭抄云子白"。云子，朱注曰：

《汉武内传》：太上之药，乃有风实、云子、玉津、金浆。许彦周《诗话》：葛洪《丹经》：云子，碎云母也。今蜀中有碎石（石瞟），状如米粒，圆白，云云子石也。按：云子，以拟饭之白耳。《抱朴子》云：服云母十年，云气常覆其上。服其母以致其子，理自然也。此是云子疏义。升庵《韵藻》引山稻名云子，河柽号雨师，直以云子为稻名，不知何本。次公指为菰米，则前人已驳其谬矣。

宋注中，赵注指"云子"为菰米，郭注、黄注、蔡注皆引"洙曰"："云子，雨也。荀子《云赋》曰：托地而游宇，友风而子雨。"千家注云："不可解。"朱注认为是道教服食的一种白色药石，杜诗用来比拟饭之白，较为可信。

4.《登牛头山亭子》"路出双林外"，双林，朱注曰：

> 《傅大士传》：大士舍宅于松下建寺，因以树名双林。徐陵《东阳双林寺傅大士碑》：大士熏禅所憩，独在高岩。爰挺嘉木，是名梓树。擢本相对，似双槐于侠门；合干成阴，类双桐于空井。

宋注多于"双林"无注。钱注精通佛典，然于此亦无注。"双林"最早表示释迦牟尼涅槃处。南齐建武年间，傅大士以"双林"命名所建之寺，故"双林"演化为寺庙的代称。在此诗中具体指牛头山长乐寺。

5.《观公孙大娘弟子舞剑器行并序》，剑器，朱注曰：

> 段安节《乐府杂录》：健舞曲有棱大、阿连、柘枝、剑器、胡旋、胡腾等。软舞曲有凉州、绿腰、苏合香、屈柘、团圆旋、甘州等。张尔公《正字通》云：剑器，古武舞之曲名，其舞用女妓雄妆，空手而舞，见《文献通考》舞部。此诗正指武舞言，或以剑器为刀剑，误也。

按千家注及钱注皆以为"剑器"为刀剑，大误。朱注引唐代《乐府杂录》，又引明人张自烈《正字通》的考证，定"剑器"为舞曲。仇注引而未标。

6.《江阁卧病走笔寄呈崔卢两侍御》"香闻锦带羹"，锦带，朱注曰：

> 锦带，即莼丝。《本草》作"蓴"。蔡朗父名纯，改为露葵。或谓之锦带，今南方湖泽中多有之，生湖南者最美。此诗"锦带"与"秋菰"并举，知必为"莼"无疑也。《本草》又言"莼多食壅"，故下云"兼暖腹"。薛梦符以为锦带花，谬甚。

莼羹是江南家常菜，朱氏十分熟悉，加上对诗意的理解和《本草》记载，因此这个注释十分可靠。

7.《堂成》"笼竹和烟滴露梢"。笼竹，朱注曰：

> 竹有数种，节间客八九寸者曰笼竹，一尺者曰苦竹，弱梢垂地者曰钓丝竹。

8.《秋日荆南送石首薛明府辞满告别奉寄薛尚书颂德叙怀斐然之作三十韵》"西候别君初"。西候，朱注曰：

> 孙子荆有《征西官属送于陟阳候》诗，注：陟阳亭名候亭也。西候谓此，唐人每用之。旧注：斗杓，建西之候。非是。①

孙子荆即晋人孙楚，其诗见于《文选注》卷二十。"西候"是送别处，好似唐诗中"南浦"、"长亭"，已经成为送别的代称和典故。旧注非。

### 三　请教蜀地友人

对于一些蜀地方物，朱氏还请益友人李实，如：

1.《春水》"连筒灌小园"，连筒，朱注曰：

> 李实曰：川中水车如纺车，以细竹为之，车骨之末缚以竹筒，旋转时低则舀水，高则泻水，故曰"连筒灌小园"，若夔府修水筒，则引山泉者。

2.《除草》，原注："去荓草也。"朱注曰：

> 《益部方物赞》：焊麻，自剑以南，处处有之，或触其叶，如蜂螫人，

---

① 以上 8 例，分别见朱鹤龄《杜工部诗集辑注》，河北大学出版社 2009 年版，第 197、309、73、382、710、794、275、755 页。

以溺灌之即解。茎有刺，叶或青或紫，善治风肿。考杜诗，当作"荨"。李实曰：荨叶如焊麻，川人名曰荨麻，毛刺蠚人，亦曰蠚麻。旧注云山韭，《海篇》云菜，皆非。①

按宋注皆据"伪苏注"所引《益部方物赞》，以为"荨草"即"山韭"，大误。以上二例引用蜀人李实的考证，比旧注的道听途说和以讹传讹更具说服力。

### 四 罗列诸说

对于一时不能确定含义的名物，朱氏本着阙疑的精神，往往罗列诸说，供读者参考。如《重过何氏五首》其四"苔卧绿沉枪"，绿沉，朱注曰：

> 《西溪丛语》：《北史》：隋文帝赐张奫绿沉甲，兽文具装。《武库赋》：绿沉之枪。《续齐谐记》云：王敬伯夜见一女取酒，提一绿沉漆榼。王羲之《笔经》云：有人纵恐绿沉，以调绿漆之，其色深沉如漆，调雌黄之类。薛苍舒注云精铁，非也。吴曾《漫录》：枪用绿沉饰之，如弩称黄间，以黄为饰。刘邵《赵都赋》：其用器则六弓四弩，绿沉黄间。古乐府：绿沉明月弦。此弓亦号绿沉也。《宋元嘉起居注》：广州刺史韦朗作绿沉屏风。《六典》：鼓吹工人之服。亦有绿沉。此以绿沉饰器服也。《南史》：任彦升卒，武帝方食西苑绿沉瓜。皮日休《新竹》诗：一架三百本，绿沉森冥冥。皆言其色也。赵德麟误以为竹名，而或以为铁，尤谬。《野客丛书》：绿沉，不可专指一物，盖物色之深者皆为绿沉也。按：杨用修谓绿沉是以绿沉色为漆，饰枪柄，盖本《西溪》。胡元瑞非之，云乃绿沉色之铁耳。今备存其说，以待参考。②

这里引用了姚宽《西溪丛语》、吴曾《漫录》、王楙《野客丛书》以及杨慎、胡应麟的观点，实际有五种结论，一是姚宽、杨慎认为的"漆"，二是

① 以上2例，分别见朱鹤龄《杜工部诗集辑注》，河北大学出版社2009年版，第302、459页。
② 同上书，第67—68页。

薛苍舒认为的"精铁",三是吴曾认为的"饰物",四是赵令畤(字德麟)所认为的"竹",五是胡应麟所认为的"绿沉色之铁"。今仇注取第一说,认为"绿沉"是深绿色的漆,"绿沉枪"是以深绿色漆涂柄的枪。

朱鹤龄对杜诗名物十分关注,当与清初渐兴的博学思潮有关。自晚明以来,实学思潮生机蓬勃,延续到清初,发展出博学派、经史派,乃至自然科学的流派。在朱氏的友人中,这样的例子就有不少,如顾炎武从经学、史学、文学,到地理、文字、音韵等,几乎无所不窥,就是典型的博学派。潘柽章、吴炎著《明史记》,陈瑚是经学家,王锡阐是历学家,对天体的测算与来华的西洋学者不谋而合。学者对知识的追求已经进入细化的阶段,"一物不知,儒者之耻",所以追根溯源,必穷而尽之。朱鹤龄《愚庵小集》就记载了他与遗民学者对杜诗名物探讨的一个例子:

> 杜诗"香间锦带羹",《本草》:"莼,一名水葵,或名锦带。"宋人注以为锦带花,误也。时与天章论杜,因及之。①

《江阁卧病走笔寄呈崔卢两侍御》在杜诗中并非什么重要的诗篇,《杜诗辑注》对此诗仅有一条注释,就是对"锦带"的名物考证。"天章"是吴之纪的字,吴之纪是清初著名诗人吴兆骞的从兄,顺治六年(1649)进士,官工部主事,后遭弹劾,弃官隐居,酷爱杜诗。这个例子不仅说明清初的杜诗热,也从侧面反映了学者对名物的兴趣,确实与时代的思潮有密不可分的关系。

---

① 《莼羹诗同天章山夫作》"杜陵夸锦带,谁解觅江滨"句下注,《愚庵小集》卷四,华东师范大学出版社 2010 年版,第 64 页。

# 第六章 《杜诗辑注》的职官及制度研究

## 第一节 考杜诗之职官

职官是政治制度的一个重要组成部分，是最重要的典章制度之一。研究杜诗，必然涉及唐代的职官。唐代职官虽以三省六部为基本骨干，但具体而言，不仅官职名称繁多，而且种类庞杂，如虚衔、实授的区别，权官、兼官、加官的区别，以及散阶、勋级、封赠等，还有不少稀见官职或俗称、省称、古称等，非常烦琐。宋代注家对此误漏甚多，朱鹤龄的注释大多翔实有据，对理解杜诗帮助很大。

### 一 据史书考一般职官例

旧注中对许多职官无注，或失于简略，朱注加以补充。

1. 《刘九法曹郑瑕丘石门宴集》。法曹，朱注曰：

> 《唐书》：府州各有法曹参军事。《海录碎事》：魏置理曹掾，法曹也。

按宋注对"法曹"无注。朱注交代了"法曹"在唐代的机构设置，并简要介绍其历史起源，较有纵深。

2. 《房兵曹胡马》。兵曹，朱注曰：

> 《唐书》：诸卫、府、州，各有兵曹参军事。

按黄注曰："《唐志》：东宫、王府、三都都督府、都护府皆有兵曹。"钱注无注。兵曹乃唐代为府、州等设立的"六曹"之一，在府称"兵曹参军"，在州称"司兵参军"。又东宫、王府、三都都督府、都护府、诸卫、藩镇等多有设置。

3.《简吴郎司法》。司法，朱注曰：

> 《唐书》：府、州各有司法参军事。《唐六典》：炀帝罢州置郡，改司功、司仓、司户、司兵、司法、司士等为书佐，皇朝因其六司，而以书佐为参军事。

按宋注、钱注对"司法"均无注。司法，即司法参军事，隶属法曹，掌鞫狱法、督盗贼、知赃贿没入。这个注释交代了"司法"在唐代的设置，且概述其沿革，较为全面。

4.《赠陈二补阙》。补阙，朱注曰：

> 《唐六典》：垂拱中，置左右补阙各一员。天授初，左右各加三员。①

## 二　考稀见之职官

1.《行官张望补稻畦水归》。行官，朱注曰：

> 行官是行田者。韩文公《答孟简书》：行官自南回，过吉州。盖唐时有此名目。

按宋注、钱注对"行官"均无注。此诗中"行官"是负责巡视田园之官，但"行官"盛唐不多见，多见于中晚唐，且名目多，管辖事务更剧。今人冻国栋指出唐代后期，节镇、州府并有行官，其职任不仅有行田、信使、

---

① 　以上 4 例，分别见朱鹤龄《杜工部诗集辑注》，河北大学出版社 2009 年版，第 4、6、684、33 页。

传令、送行、点检饲草、主管驱驮等，还负责巡行园事、押马、军兵部署等。行官称谓的广泛使用，反映了唐后期称谓的泛官化倾向，即对一般低级的胥吏也往往缀以"官"的称谓。①

2.《入奏行赠西山检察使窦侍御》。检察使，朱注曰：

> 鹤曰：考新旧史、《会要》，无检察使，唯有巡察、观察、按察之名。然《欧阳詹集》有《送韦检察》诗，又似史失书。诗云"八州刺史思一战，三城守边却可图"，是西山诸州未没吐蕃时作。按：《会要》有西山运粮使、检校户部员外郎。诗云"运粮绳桥壮士喜"，疑即此官，窦盖以侍御出耳。②

检《唐会要》卷七八《诸使中》"黜陟使"，曰："（贞元）十三年六月，加剑南西山运粮使、检校户部员外郎韦肇兼御史大夫。"注曰："员外兼大夫新例"。自中唐以后，因平乱之需，事务鞅掌，多以朝臣兼使节。杜诗"西山检察使"即"西山运粮使"之别称。

## 三　考权官、兼官、加官加衔例

杜诗中的职官类型比较复杂，涉及权官、兼官、加官等。权官与正职官有分别，但权力相同，当正职官不能胜任，或者某官位暂无合适人选，或者为防止某部门专权独大，皆可以他官权充。兼官是在本官职以外，又任他官。设立兼官的目的，主要是防止机构重叠。加官是给官吏高于本职的虚衔，表示尊贵之意，是名誉性头衔。唐代加官加衔制度比较普遍，如杜甫就有"检校工部员外郎"的加官。旧注因为疏于唐代官制或史实，相关注释多不能深入。朱注往往结合史籍、杜诗以及历史文献推敲考证，得出令人折服的结论。

（一）考权官例。《天宝初南曹小司寇舅》。朱注曰：

---

① 冻国栋：《旅顺博物馆藏唐建中元年孔目司帖管见》，《魏晋南北朝隋唐史资料》第 14 辑，武汉大学出版社 1996 年版。

② 以上 2 例，分别见朱鹤龄《杜工部诗集辑注》，河北大学出版社 2009 年版，第 635、328 页。

《旧唐书》：吏部员外郎二员，一人主判南曹。注：以在选曹之南，故曰南曹。按：唐制，未闻以司寇判南曹。权德舆《吏部南曹厅壁记》：高宗上元初，请外郎一人颛南曹之任，其后或诏他曹郎权居之。此云"南曹小司寇"，当是以秋官权职者。①

旧注对"南曹小司寇"究竟为何颇有歧见，如赵注据《周礼·秋官》"司寇掌邦刑"推定小司寇"必为刑部侍郎"。检《旧唐书》卷四三《职官志》："（吏部）员外郎一人，掌判南曹。每岁选人，有解状簿书、资历考课，必由之以核其实，乃上三铨。""南曹"下注曰："曹在选曹之南，故谓之南曹。"唐代铨选每年进行一次，选人档案都要先经南曹检验，与南曹所存档案进行对比核实，如有不符，则不准参加铨选，如经查对无误，即送吏部选曹选授。吏部选曹又称"三铨"，由尚书、侍郎主持，掌管全国六品以下文官的选拔。但铨选不久，即弊病百出。权德舆《吏部南曹厅壁记》高宗时"诏他曹郎权居之"的记载，是高宗为了防止吏部专权而采取的权宜之策。杜诗"南曹小司寇"，即以刑部侍郎权掌南曹铨选事宜，亦沿袭陈例。因为属于权宜，故史书不载。可见朱注的考证十分重要。

（二）考兼官例

1. 《赠献纳使起居田舍人澄》。献纳使，朱注曰：

《唐书》：垂拱二年，置匦，以受四方之书，以谏议大夫、补阙、拾遗一人，充使知匦事。天宝九载三月，玄宗以匦声近鬼，改为献纳使。至德二年复旧。每仗下议政事，起居郎一人执事记录于前，史官随之。后复置起居舍人，分侍左右，秉笔随丞相上殿。按：田是时以起居舍人知匦事，献纳使其兼官耳。旧注谓中书舍人知匦，此制始于宝应元年，不当引也。

所引《旧唐书》的两条材料，分别说明"献纳使"的沿革和"起居舍

---

① （清）朱鹤龄：《杜工部诗集辑注》，河北大学出版社 2009 年版，第 10 页。

人"之职掌，田澄的本职是起居舍人，献纳使是其兼官。旧注引《唐会要》卷五五《省号》"中书舍人"之"瓯"字部曰："宝应元年五月，敕给事中韩赏、中书舍人杨绾同充理瓯使，其时二人"，但"中书舍人"与"起居舍人"不合，朱注所驳甚是。

2.《赠崔十三评事公辅》，评事，朱注曰：

> 评事掌出使推按，不为冗官。此云"官联辞冗长"，下云"教练羽林儿"，盖崔自外僚征入朝，为羽林幕职，评事恐是兼官，或先曾以评事贬斥。

按赵注曰："崔评事于元戎之僚属，可辞冗长矣。"黄注："师曰：时王思礼为帅，表请崔为幕职，故云云。冗长，不急之务也。"二注均未涉及"评事"之职掌，故读者对前后诗语仍不甚了了。钱注无注。检《唐六典》卷十八"大理寺"，有"评事十二人"，从八品下，"其务在平刑狱"，是实职，而冗官是无专职而备执行临时使命的职务，朱注曰"不为冗官"，甚是。诗又有"官联辞冗长"及"教练羽林儿"二语，朱注认为"盖崔自外僚征入朝，为羽林幕职，评事恐是兼官，或先曾以评事贬斥"。今仇注采纳。

3.《奉送郭中丞兼太仆卿充陇右节度使三十韵》"殊恩且列卿"。朱注曰：

> 《唐志》：御史中丞二人，正四品下。太仆寺卿一人，从三品。中丞兼卿，所以为加恩也。

旧注对该句内涵不甚清楚，如赵注曰："言其兼太仆卿也。"但为何"兼太仆卿"即是"殊恩"，言之不详。钱注据新、旧《唐书》，认为二史不言兼御史中丞和太仆卿，此诗"可以补二史之缺"，但于"殊恩且列卿"无注。"郭中丞"即郭英义，曾任御史中丞、太仆卿，至德二载加陇右节度使。《旧唐书》卷四四《职官志》："太仆寺卿一人，从三品。职掌邦国厩牧、车舆之政令，总乘黄、典厩、典牧、车府四署及诸监牧之官属。"位高权重。以正四品之御史中丞而兼从三品之太仆寺卿，按照唐制，低阶兼高阶，或外官兼朝官，当是额外加恩，故言"殊恩"。朱注从职官制度方面考虑，引用《职官志》的材料，很好地解释了人们的疑问。"妙誉期元宰，殊恩且列卿"，并非仅是杜甫的谀词，而是有其客观依据的。

4.《戏作花卿歌》"绵州副使著柘黄"。朱注曰：

> 《唐六典》：诸军各置节度使一人，五千人以上置副使一人。子璋，《新书》作节度兵马使，《旧书》、《通鉴》作梓州刺史，此诗又云绵州副使。唐东川节度治梓州，子璋盖以梓州刺史领副使时据绵州反，遂称绵州副使耳。"著柘黄"，谓僭天子服色。①

旧注对"绵州副使"颇有争议。赵注曰："《高适传》云'梓州副使段子璋反'，而公今诗云'绵州副使著柘黄'，则'梓州'字误传为'绵州'乎？"黄注曰："史云：剑南东川节度兵马使段子璋反，陷绵州、遂州。按《旧史》：'东川节度，治梓州，管梓州、绵、剑、普、陵、荣、遂、合、渝、泸等。'则不当云'绵州副使'，然是时治绵州，赵未之考也。"钱注详考史实，而于"绵州副使"未有发明。按《旧唐书·高适传》曰"梓州副使"，又曰"东川节度，治梓州"，《新唐书》曰"节度兵马使"，皆误。新、旧《唐书》及《通鉴》在有关唐代官职方面记载颇乱，乃至自相舛讹，此为一例。梓州为东川节度使驻地，时李奂为东川节度使，段子璋为副使而兼梓州刺史，因其占据绵州而反，故云"绵州副使"。朱注得之，赵注、黄注皆未深考。

（三）考加衔例

《惜别行送刘仆射判官》，仆射判官，朱注曰：

> 按唐制，仆射下宰相一等。时盖刘之主将加此官，而刘为其属也。②

按宋注、钱注对"仆射判官"均无注。据朱注，可知杜甫所送者即刘判

---

① 以上4例，分别见朱鹤龄《杜工部诗集辑注》，河北大学出版社2009年版，第69、503、136、319页。

② 同上书，第838页。

官，仆射是其主将即山南东道节度使梁崇义的加衔。刘判官是下属，"仆射判官"即"仆射"之判官。

### 四　考古称、习称例

杜诗称呼对方官职，有时使用古称或唐代的习惯称呼，这给注释带来一定难度。朱氏多方钩稽，往往补旧注之未备。

考古称例。如《送重表侄王砅评事使南海》"廷评近要津"。朱注曰：

> 《六典》注：汉宣帝于廷尉置左右评员四人。魏晋以来，直谓之廷尉评。[1]

检《唐六典》卷十八"大理寺"，有"评事十二人"，注曰："《汉书》云：宣帝地节三年，置廷尉平，秩六百石，员四人。其务在平刑狱，故曰廷平。至后汉光武，省右平，唯置左平。魏晋以来，不复云左，但云廷尉平。宋、齐各一人，第六品。陈第七品。后魏、北齐及隋各置一人，正第六品下，官为评事。皇朝因之，置十二人，从八品下。"因杜诗用古称，宋注、钱注多无注。

考习称，如下列数例。

1.《湘江宴饯裴二端公赴道州》，端公，朱注曰：

> 裴虬也。浯溪观唐贤题名：河东裴虬，字深源，大历四年，为著作郎兼侍御史、道州刺史。按：《旧书本纪》：大历三年十二月，道州刺史崔涣卒。虬盖代涣。《通典》：唐侍御史号为台端，他人称之为端公。舒元舆《御史记》：中丞为端长。

按，宋注、钱注对"端公"无注。《通典》卷二四《职官六》"侍御史"曰："侍御史之职有四，谓推弹公廨杂事，定殿中监察以下职事。及进名改

---

① （清）朱鹤龄：《杜工部诗集辑注》，河北大学出版社 2009 年版，第 820 页。

转，台内之事悉主之，号为台端，他人称之曰端公，其知杂事者谓之杂端，最为雄剧。""端公"是对侍御史的尊称。又《能改斋漫录》卷六"裴二端公"条曰：

> 鲍彪《杜诗谱论》第十卷"大历四年己酉，年五十八"有《次湘江宴饯裴二端公赴道州》诗，又有《暮秋枉裴道州手札》诗，又有《暮秋枉裴道州手札率尔遣兴》诗，又有《湘江宴饯裴二端公赴道州》诗，彪皆不著裴二端公为何人。予偶读蒋参政之奇《武昌怡亭序》云：怡亭铭，乃永泰元年李阳冰篆，李莒八分，而裴虬作铭。又云：因过浯溪，观唐贤题名，有河东裴虬，字深源，大历四年为著作郎，兼侍御史，道州刺史。始知杜甫所谓裴二端公者，为虬也。予因著此以补鲍氏之阙。

朱注据吴曾所考，结合《通典》关于"端公"的解释以及《旧唐书》关于崔涣的记载，断定所谓"裴二端公"即裴虬，可以成说。"端公"的解释成为连接两条材料的关键。

2.《戏赠阌乡秦少府短歌》，"少府"下注："吴若作少公，陈浩然、郭知达作少翁。"朱注曰：

> 按：少公即少府。《国史补》：张旭为常熟尉，有老父过状，判去不数日，复至，乃怒责之。老父曰：实非论事，睹少公笔迹奇妙，贵为筐笥之珍耳。可证唐人称尉为少公也。《太白集》有《秋日饯阳曲王赞公贾少公赴上都序》。①

今钱注该题作"少公"而无注。朱氏据李肇《国史补》和李白集，考证"少公"为唐代对县尉之习称。

## 五　考官服

官服与职官制度有密切关系。杜诗常以服色作为代称，或抒发尊敬之情，

---

① 以上 2 例，分别见朱鹤龄《杜工部诗集辑注》，河北大学出版社 2009 年版，第 791、191 页。

或表达自怜之意，或以为词藻对仗。旧注对官服少有考证，朱注从官制方面填补了许多空白，为阐释杜诗提供了独特视角。

1.《送韦书记赴安西》"朱绂有哀怜"。朱绂，朱注曰：

> 按唐制：御史赐金印朱绂。韦书记必兼官御史，故云"朱绂有哀怜"。

结合史实，此诗的"韦书记"，当是随同安西副大都护封常清一起赴安西的掌书记。"有哀怜"，即哀怜我之意。"朱绂"是红色官服，按照唐制，四、五品朝官方可着朱绂，而掌书记为军职，不可着朱绂，则韦书记必兼官御史，方有"朱绂"的待遇。这个考证说明了韦书记的双重身份。旧注不及。

2.《陪郑广文游何将军山林十首》"金鱼换酒来"。金鱼，朱注曰：

> 《玉海》：《朝野佥载》：高宗上元中，令九品以上佩刀砺、算袋、纷帨，为鱼形，结帛作之，取鱼之众鲤，强兆也。《唐会要》：鱼袋著紫者金装，绯者银装。按：《车服志》：佩鱼始高宗朝，武后改佩鱼为龟。中宗初，罢龟袋，复给鱼。此诗作于天宝年间，宜有"金鱼"之句。然太白《忆贺监》诗又云"金龟换酒处"，盖龟、鱼皆唐制，不妨随举言之。杨用修谓太白遇知章在中宗时，故以金龟换酒。误矣。考太白年谱，中宗初才五六岁。

宋注及钱注皆引"阮孚为常侍，以金貂换酒"，以为杜诗用典。朱注所引王应麟《玉海》材料，见于《玉海》卷八六"唐佩韎韐佩鱼玉梁宝钿带"条注文，考论甚详。杨慎所言，见《升庵集》卷六十《金鱼金龟》条，曰："佩鱼始於唐永徽二年，以鲤为李也。武后天授元年改佩龟，以玄武为龟也。杜诗'金鱼换酒来'，盖开元中复佩鱼也。李白《忆贺知章》诗'金龟换酒处'，盖白弱冠遇贺知章，尚在中宗朝，未改武后之制。"（《四库全书》电子版）又见于《丹铅余录》卷八。仇注略依朱注，曰："杜诗'金鱼换酒来'，此时仍用鱼矣。李白《赠贺知章》云'金龟换酒处'，盖系往时旧物耳。"今按：《唐会要》卷三一"鱼袋"："永徽二年四月二十九日，开府仪同三司及京官文武职事四品、五品，并给随身鱼袋。天授元年九月二十六日，改内、外官佩鱼为龟。至神龙元年二月四日，复佩鱼。"永徽二年即公元 651 年，天授元年即 690 年，神龙元年即 705 年。《李白年谱》："天宝元年（742），李白年四十二，至京师，与太子宾客贺知章遇于紫极宫，一见赏之，曰：'此天上谪仙人也！'因解金龟换酒为乐。"则杨慎所谓"白弱冠遇贺知章，尚在中宗朝，未改武后之制"，误矣。又"金龟换酒"，首见于李白《对酒忆贺监诗序》："太子宾客贺公，于长安紫极宫一见余，呼余为'谪仙人'，因解金龟，换酒为乐。"当是实情，非诗人戏言，则朱注所谓"龟、鱼皆唐制，不妨随举言之"，微误；仇注言"盖系往时旧物"，得之。杜诗作于天宝十二载（753）春，说"金鱼换酒"，与太白诗一样皆为写实之词。朱注为理解杜诗提供了历史的知识背景。

3.《遣闷奉呈严公二十韵》"青袍也自公"。青袍，朱注曰：

> 《唐志》："尚书员外郎，从六品上。上元元年制，五品服浅绯，六品服深绿。"公时已赐绯，而此云"青袍"者，以在幕府故耳。旧注谓青袍九品服，误矣。真如律、也自公，言幕下之礼，亦同于朝廷也。

按未知所谓"旧注"何指，赵注、九家注、蔡注、黄注、钱注于"青袍"皆无注。《唐书·太宗本纪》，贞观四年"八月丙午，诏三品已上服紫，五品已上服绯，六品、七品以绿，八品、九品以青"。《旧唐书·高宗本纪下》："上元元年，敕文武官三品已上服紫金玉带，四品深绯，五品浅绯并金带，六品深绿，七品浅绿并银带，八品深青，九品浅青。"旧注以"青袍"为九品服，盖因此耳。但旧注没有注意到两个问题，一是杜甫此刻已经不是九品官。广德二年（764）六月，严武表杜甫为节度参谋、检校工部员外郎，赐绯鱼袋。诏除的加官，按照唐代职官制度，官居六品上，当服深绿。但"赐绯鱼袋"，则当服绯袍。杜甫作此诗，在广德二年之秋，距严武之荐已有三四月之久。二是没有注意到幕职与朝官的区别。杜甫在严武幕府的正式职务是节度参谋，当着"青袍"。"黄卷真如律，青袍也自公"，幕下之礼，亦同于朝廷也，言下已流露劳瘁不堪之态。朱氏熟悉杜甫履历，又结合官制解读"青袍"，表现了敏锐而深厚的学识功力。

4.《故右仆射相国张公九龄》"紫绶映暮年"。紫绶，朱注曰：

> 唐制：大都督府长史，从三品，应紫绶。荆州为大都督，故时服紫绶也。

按宋注及钱注对"紫绶"多无考证，唯黄注曰："《汉公卿表》：丞相金章紫绶。"仅着眼字面，与史实无关。《旧唐书》卷九九《张九龄传》曰："初，九龄为相，荐长安尉周子谅为监察御史。至是（开元二十四年），子谅以妄陈休咎，上亲加诘问，令于朝决杀之。九龄坐引非其人，左迁荆州大都督府长史。"《唐六典》卷三十曰："大都督府长史一人，从三品。"又卷二："从三品，曰银青光禄大夫。"注曰："加金章紫绶及银章青绶。"朱注综合张九龄的仕进履历和职官品阶，考订"紫绶"非虚词，深化了读者对杜诗"诗史"特点的认知。

5.《陪柏中丞观宴将士二首》"佳人指凤凰"。朱注曰：

> 按：鹦鹉，蒙绮馔；凤凰，蒙金章。《唐会要》：延载元年，内出绣袍赐文武官。三品以上，其袍文，宰相饰以凤凰，尚书饰以对雁。舒襟皆各为回文。又《唐书》：代宗诏曰：所织盘龙、对凤、麒麟、狮子等锦绮，并宜禁。可证凤凰乃当时章服也。旧注引凤凰事，都支离。

按赵注曰："筵上或画图，或绣帐上有之，而佳人共指为言说也。"黄注同。九家注、蔡注、千家注皆以为"弄玉吹箫乘凤而去"之事。钱注无注。仇注斥朱注"太曲"，言"指凤凰，弹琴也"。引《西京杂记》"赵后有宝琴曰凤凰"为证。检杜诗用"指"字，共四十六例，无一可作"弹奏"之意；用"凤"字，共二十例，亦无一用"琴"典。杜诗诗法严谨，律体尤其如此，此诗颈联曰"无私齐绮馔，久坐密金章"，则颔联"醉客沾鹦鹉，佳人指凤凰"当分别言之。"鹦鹉"为酒杯,对应"绮馔",则"凤凰"对应"金章",当指章服而言。且诗旨称美柏中丞,望其仕途腾达,有所升迁,正"佳人指凤凰"之意。若从仇注,"凤凰"指琴,虽为僻典,勉可成说,而"指"字又何处安放?朱注所引《唐会要》及《旧唐书》材料,载在典册,均反映当时真实情况。朱注辩驳有力,不宜遽废。

6.《奉赠卢五丈参谋琚》"银章破在腰"。朱注曰:

> 《白帖》:《晋·舆服志》:假印绶,而官不给鞶囊,得自具作。汉世有鞶囊者,佩在腰间,或谓之绶囊。按:隋唐以后,官不佩印,止有随身鱼袋。此云"银章破在腰",盖举银鱼言之,当时金、银鱼谓之章服。

按赵注曰:"公时为尚书工部员外郎,赐绯鱼袋而流落故也。"黄注以为用典。蔡注、千家注、钱注无注。银章即银印。汉制,凡吏秩比二千石以上皆银印。隋唐以后官不佩印,只有随身鱼袋。金、银鱼袋等谓之章服,亦简称"银章"。杜诗凡三用"银章",《春日江村五首》之三"赤管随王命,银章付老翁",朱注引《汉书·百官表》注文曰:"《汉旧仪》云:银印,背龟纽,其文曰章,刻曰某官之章也。"《秋日夔府咏怀奉寄郑监李宾客一百韵》"雾雨银章涩,馨香粉署妍",可见杜诗使用"银章",主要还是从修辞着眼的。

7.《复愁十二首》之十二"莫看江总老,犹被赏时鱼"。朱注曰:

> 《玉海》:《苏氏记》云:永徽以来,正员官始佩鱼。开元八年九月,中书令张嘉贞奏:致仕及内外官五品以上、检校试判及内供奉官,准正员例佩鱼。自是恩制赏绯、紫,必兼鱼袋,谓之章服。《演繁露》:《六典》:符宝郎随身鱼符,所以明贵贱、应宣召。其制左一右一,左者进内,右者随身。饰以玉、金、银三等,题云某位姓名,并以袋盛。其袋,三品以上饰以金,五品以上饰以银。末言己年虽老,犹有江总银鱼之赐,则流落亦未足为恨也。公尝检校员外郎,赐绯鱼袋,故云。①

---

① 以上7例,分别见朱鹤龄《杜工部诗集辑注》,河北大学出版社2009年版,第52、64、453、572、576、798、667页。

按所引分别见于《玉海》卷八六"唐佩鞢鞢佩鱼玉梁宝钿带"条和《演繁露》卷四"鱼袋"条。旧注多纠缠于杜甫以江总自比是否合适上，而对"赏时鱼"皆无考证。赵注曰："此篇惟末句难解。唐有赏绯鱼袋，有赐绯鱼袋，然公官衔则赐绯鱼袋者，安得谓之'赏时鱼'乎？"考唐史多用"赐绯鱼袋"，也有极少数用"赏绯鱼袋"者，如《唐会要》卷三一"内外官章服附"条，说"在军赏绯紫鱼袋者，在军则服之，不在军不在服限"，又该条曰："今已后，除灼然有战功外，余不得辄赏绯紫"，似乎"赏"字专用于军职，然《旧唐书》卷一六三《卢简辞传》，记卢"入拜兵部郎中，赐绯鱼"，则"赏"、"赐"自可通用，不必多虑。杜甫被"赏时鱼"，实际上是开元八年官服改制的结果，因为他承蒙严武之荐，为尚书省检校工部员外郎，正在改制之列，故得以终身"准正员例佩鱼"，即可像正式编制者一样佩带绯鱼袋。这是朱注所引《玉海》条为我们揭示的历史意义，而引《演繁露》，则形象说明了绯鱼袋的功能、形制、材质，使读者有一定的感性认识。杜甫晚年流落江湘，但热血丹心，忠贞不渝，始终关心国事民瘼，他与朝廷早已断绝了音信往来，唯一的联系就是小小的绯鱼袋，它寄托了杜甫忠君报国的情怀，时时勾起他对时局的忧虑，也是他晚年痛苦生涯的少有的慰藉。正是在这个意义上，他以江总自况，说自己虽晚景伤感，有家难回，却蒙朝廷之赐，能够佩鱼行吟。看似洒脱通达，其实又蕴含了不尽的哀怨和无奈。

# 第二节　考唐代制度

杜诗反映了唐代的各个方面，其对于政治、军事、经济、社会的描写，也往往牵涉到唐代特定的制度。读者因为时代的隔阂，对杜诗隐含的制度性问题不得其解，也会一定程度上影响阅读和解读。朱注在前代学者研究成果的基础上，结合史实和典籍，钩深抉隐，对杜诗背后的唐代制度进行了全面的考证，为深入诠释杜诗做出了贡献。

## 一　考才人射生之制

杜诗《哀江头》有"辇前才人带弓箭，白马嚼啮黄金勒"之句，旧注对

"才人带弓箭"理解不一。黄注曰："苏曰：晋宣帝出猎长春苑，辇前才人皆乘宝马，带画弓、白羽箭。"以为用典。宋注多引之。朱注曰：

> 《旧书·百官志》：内官才人七人，正四品。按：诗云"辇前才人带弓箭"，则唐时天子游幸，有才人射生之制矣。王建《宫词》"日暮千门临欲锁，红妆飞骑向前归"，又李贺《乐词》"军装官妓扫娥浅，摇摇彩旗夹城暖"，皆可与此诗相证。而新、旧《史》诸书不载其事。①

仇注引《搜神记》"李楚宾带弓箭游猎"，不过单纯着眼于字面。《旧唐书·百官志》："才人七人，正四品。"看似地位甚高，然在后宫中，上有皇后、四妃、九嫔、婕妤、美人，其实地位低下。才人平时在后宫掌管食宿礼乐之类的具体事务；在帝、后外出时，才人有时也随行陪侍。唐代承北朝雄健之风，君王外出狩猎游玩，往往有才人骑射随行伴驾。玄宗时仍然遗留此风习。朱注所引王建《宫词》及李贺《乐词》虽反映的是中晚唐的宫女尚武情况，但盛唐时期亦应如此。朱注可从。

## 二 考朝仪之制

《至日遣兴奉寄北省旧阁老两院故人二首》有"忆昨逍遥供奉班""孔雀徐开扇影还"之句，旧注对此多无注。朱注曰：

> 宰臣两省官，对班于香案前，百官班于殿庭。扇合，皇帝升御座，内谒者承旨唤仗。《六典》：尚辇局掌舆辇伞扇，大朝会则孔雀扇一百五十有六，分居左右。旧翟羽扇，开元初改为绣孔雀。②

此考朝仪制度。关于朝会仪式，详见《新唐书》卷二三上《仪卫志》，甚为烦琐，朱注节略，言简意赅。关于"孔雀扇"，详见《唐六典》卷一一

---

① 《杜工部诗集辑注》，河北大学出版社 2009 年版，第 118 页。
② 同上书，第 182 页。

《少府监》正文及注文。杜甫以拾遗掌供奉讽谏，故曰"供奉班"；自开元以来，供奉讽谏尤为清选，故言"逍遥"。而"孔雀扇"也成为杜甫回忆中朝廷的象征，如夔州作《秋兴八首》曰"云移雉尾开宫扇，日绕龙鳞识圣颜"。朱注简明概述朝会仪式，十分必要。

### 三　考罢朝之制

《奉答岑参补阙见赠》"窈窕清禁闼，罢朝归不同。君随丞相后，我往日华东"，今宋注多引"赵曰"：

> 补阙、拾遗，在《百官志》皆隶门下省，而门下省在日华门之东。杜公为左拾遗，则所谓"我往日华东"矣。于参言"君随丞相后"，则当往尚书省。岂参为补阙，阙而兼为诸部中官邪？不然，纪当时参不坐省而随丞相实事耳。旧注所引，据杨侃《职林》所载，盖按唐史"门下省有左补阙六人，从七品上；左拾遗六人，从八品上，掌供奉讽谏。大事廷议，小则上封事"，其注云："武后时垂拱元年，置补阙、拾遗，左右各二员。"《新史》所载如此。则左属门下省，右属中书省，岂武后时耶？然因解"随丞相后"而言之，则丞相又却是尚书省矣。恐惑后学，不得不辨。参于史无传，其诗集杜确序之，止云"自补阙迁起居郎"。起居郎又却隶中书省也。俟博者辨之。①

朱注曰：

> 参为补阙，属中书，居右署。公为拾遗，属门下，居左署。《雍录》：《唐六典》：宣政殿前有两庑，两庑各有门，其东曰日华，日华之东则门下省也，居殿庑之左，故曰左省。西廊有门曰月华，月华之西即中书省也。凡两省官，系衔以左右者，皆分属焉。"罢朝归不同"，言分东西班，各归本省也。"君随丞相后"，宰相罢朝，由月华门出而入中

---

① 《杜诗赵次公先后解辑校》，上海古籍出版社 2012 年版（修订本），第 259 页。

书，凡西省官亦随丞相出西也。若左省官，仍自东出，故云"我往日华东"也。①

按赵注说补阙、拾遗"皆在门下省"，是依据《新唐书》卷四七《百官志》"门下省"的记载。但在唐代，门下、中书两省各置有补阙、拾遗，如《新唐书》之《百官志》"中书省"有"右补阙六人，右拾遗六人，掌如门下省"的记载。赵注当偶失检耶？又以为"左属门下省，右属中书省"是武后时期的旧制，岑参乃兼"诸部中官"，更误。岑参《寄左省杜拾遗》"联步趋丹陛，分曹限紫微。晓随天仗入，暮惹御香归"，其实已经微逗两人"分曹"之意。两省各置补阙、拾遗，在中书省者称右补阙、右拾遗；在门下省者称左补阙、左拾遗，自武后至唐末未有改变。朱注据程大昌《雍录》卷八"两省"即门下、中书相对位置的考证，认为"参为补阙，属中书，居右署。公为拾遗，属门下，居左署"，即岑参为中书省右补阙，杜甫为门下省左拾遗，最为透彻，一切迎刃而解。

## 四　考祭祀制度

《桥陵诗三十韵因呈县内诸官》为杜甫携家道经桥陵而呈县内诸官之作。桥陵是睿宗墓地。诗中有"中使日夜继，惟王心不宁"之句，写中使每日献享陵墓，而君王犹有不宁，以此赞美宗室仁孝。然旧注多误解，如赵注曰："《唐书》载裴度之讨淮西，先是，诸道兵皆有中使监军，进退不由主将。度至行营，并奏去之。则中使之名，自度已前有矣。《周礼》：惟王建国。《诗》：王心载宁，王心则宁。"以祭陵之中使为监军之中使。黄注、钱注无注。朱注曰：

《旧书·玄宗纪》：天宝十载正月，太庙置内官，供洒扫诸陵庙。《礼记》：备物之享。《唐六典》：凡朔望、元正、冬至、寒食，皆修享于诸陵，若桥陵则日献羞焉。②

---

① 《杜工部诗集辑注》，河北大学出版社 2009 年版，第 165 页。
② 同上书，第 102 页。

检《唐六典》卷十四"太常寺"之"诸陵署"曰："陵令掌先帝山陵，率尸守卫之事，丞为之贰。凡朔望、元正、冬至、寒食，皆修享于诸陵。若桥陵则日献羞焉。"之所以桥陵独享"日献羞"的待遇，是因为此时玄宗仍然在位，睿宗为玄宗之父，故"中使日夜继"。他解皆谬。

### 五　考军事制度

《夕烽》"夕烽来不近，每日报平安"。朱注曰：

> 《唐六典》：凡烽候所置，大率相去三十里。其放烽有一炬、二炬、三炬、四炬者，随贼多少而为差焉。近畿封二百七十所。按：唐镇戍每日初夜放烟一炬，谓之平安火。《安禄山事迹》：潼关失守，是夕平安火不至，帝惧焉。①

按此引赵注而有所增补。杜甫对边境安全十分关心，"烽火"一词也常见于诗篇，《送从弟亚赴安西判官》"连山暗烽燧"，说西边的座座山岭被烽烟遮暗，希望杜亚靖靖边建功。在流离陇右时，因秦州处于唐与吐蕃的最前线，所以他的秦州诗中屡见烽火的描写。除了《夕烽》，《秦州杂诗》之十七"惊急烽常报，传声橄屡飞"，《寓目》"羌女轻烽燧，胡儿制骆驼"，均表现了其以国事为重，不计个人得失的宽阔胸襟。朱注据史书考证唐代烽候的设置和报告制度，对理解该诗起了关键作用。

### 六　考兵役制度

《新安吏》"府帖昨夜下，次选中男行"，朱注曰：

> 《隋书》：追东官兵贴上台宿卫。《通鉴注》：兵贴，军籍也。顾炎武曰：《通鉴》：建中元年，杨炎作两税，人无丁、中，以贫富为差。按唐制，人有丁、中、黄、小之分。注曰：天宝三载，令民十八以上为中男，

---

① 《杜工部诗集辑注》，河北大学出版社 2009 年版，第 232 页。

二十三以上成丁。杜诗"府帖昨夜下，次选中男行"，即此也。①

此考兵役制度。宋注及钱注皆无注，当以为"府帖"、"中男"为一般名词，轻轻放过。朱注所引"《通鉴注》"，见于朱熹《资治通鉴纲目》卷三六下所引《集览》。唐代实行府兵制，故称军帖为府帖。府兵制促进了初、盛唐的繁荣和稳定，但安史之乱起，府兵制大坏。后方兵员枯竭，原来规定男子满二十三岁为丁，满十八岁为中，此时因战事吃紧，连"中男"亦不能幸免。顾炎武所考，正揭示了杜诗隐含的历史沧桑，有助于深刻理解杜诗。

### 七　考官场惩戒制度

《送高三十五书记十五韵》"脱身簿尉中，始与捶楚辞"。朱注曰：

> 《邵氏闻见录》：唐参军簿尉，有罪加挞罚，如今之胥吏。鲍曰：捶楚，谓捶有罪者，非身受杖之谓。按：簿尉决棒，唐制如此。《元稹集》有《论观察使韩皋封杖决杀县令状》，《新书》载柳仲郢杖县令至死，贬官县令犹杖，则簿尉可知矣。昌黎诗云：判司卑官不堪说，未免捶楚尘埃间；杜牧之诗亦云：参军与簿尉，尘土惊劻勷。一语不中冶，鞭笞身满疮。皆可与公诗相证。若是捶有罪之人，何得云"辞"？②

宋注也注意到唐代官场的这种现象，但对被"捶楚"者是否为有罪之官看法不一，如九家注引"鲍云"，认为杜诗所言，"捶有罪者也"，与韩愈诗"未免捶楚"者自有不同。对此类史书阙载之制度，朱氏从唐代文集和文献中寻觅素材，《元氏长庆集》卷三七《论浙西观察使封杖决杀县令事》，是元稹元和四年在监察御史任上，弹劾浙西观察使、润州刺史韩皋封杖决湖州安吉县令孙澥的一篇奏文。奏文说孙澥"过犯绝轻"，实际恐怕是韩皋封洗垢索瘢，谈不上有什么罪的。"柳仲郢杖县令至死"的例子，见于《新唐书》卷一六三《柳仲郢传》，柳仲郢是柳公绰之子，柳公权之侄，大中十二年

①　《杜工部诗集辑注》，河北大学出版社 2009 年版，第 195 页。
②　同上书，第 72 页。

（858）为山南西道节度使，以芥蒂之故，杖杀南郑令权奕。朱注的征引充分说明唐代县官、簿尉的地位很低，簿尉决棒这种制度在唐代是客观存在的。

从以上所举之例不难看出，朱氏在继承宋人成果的基础上，博览历代文献，结合杜诗诗意，对杜诗有关职官制度进行了彻底的整理和甄别，为杜诗学在清代的发展奠定了坚实的根基。他的考证多为仇注吸收。仇注在《凡例》"近人注杜"中提及朱注，认为其对于职官"考据分明"，确非虚语。

# 第七章 《杜诗辑注》的地理研究

## 第一节 朱鹤龄与杜诗地理

　　杜诗中许多地方涉及地理学。杜甫自少年游历到晚年客死湖南，他的踪迹形成了一个大致上短下长的梯形，上方的两点分别是长安和洛阳，右斜边是青少年时期从洛阳出发的江浙、齐鲁、梁宋一线，左斜边是从长安出发的陇右至成都一线，底部是自成都沿岷江南下东进的长江一线。可以看出，杜甫的游踪基本围绕着长江和黄河两大流域，而这也是唐帝国主要的文明和发达地区。

　　杜甫游历广，造成其诗歌地理名词多，使历代的注家在地理方面投入了不少的精力。（一）杜诗地理多古称、代称。如《十月一日》诗，当是大历二年（767）杜甫客居夔州时所作，内容描写当地的风土人情，其中"夜郎溪日暖"一句，宋代注家误解"夜郎溪"为地名，如九家注、黄注、千家注均引伪"王洙注"曰："夜郎，西南夷也。犍为有夜郎溪。"其实不对，杜诗在此用了代称。唐代与夔州接壤的黔施、珍思等州，皆古夜郎地，所以用古地名"夜郎"称之，"溪"指五溪，而非另有什么"夜郎溪"。如果不懂杜诗中的这些代称，亦易造成误会。（二）杜诗地理多泛称，而这些泛称的内涵，古今变化很大。在唐代习用的地理名词，因为各种原因，到了后代不易理解。例如《柴门》"峡门自此始"中的"三峡"，《归雁》"不过五湖秋"中的"五湖"，《野望》"山连越嶲蟠三蜀，水散巴渝下五溪"中的"三蜀"和"五溪"，均是泛称，在唐人看来也许不成问题，可到了后代，地志或习俗对这些称呼的理解已经发生了很大变化。如果注家没有注意到这些变化，就会对杜诗产生误解。

但杜诗地理最根本的难处，在于历史上行政区划的沿革纷繁复杂。且不说唐代地理自宋至清的变化，不知给注家增加了多少麻烦，单说唐初的一百多年或唐代的近三百年，地理区划也经历了多次改变。如"巴西"一词即是典型，"巴西"在唐前即分分合合，经历了十几次的变革，有时为县，有时为郡。每次的区划也不尽一致，唐初武德元年（618），巴西郡改为隆州，管辖十二县。武德四年和八年，辖县有所增减并合。到了玄宗时的先天二年，也就是开元元年（713），为避玄宗讳，改隆州巴西郡为阆州阆中郡。《旧唐书·地理志》中说："绵州巴西郡，治巴西县。又刘璋分三巴，巴郡阆中县，巴西郡治焉。"黄鹤注据此定《巴西驿亭观江涨呈窦十五使君》为绵州诗。但在《巴西闻收京送班司马》中，"巴西"则指阆州，黄注没有注意到这个变化，所以弄错。

仇兆鳌在《杜诗详注》"凡例"中说朱鹤龄精于地学，不是谀词。朱鹤龄擅长地学，这在杜诗注家中独具一格，使他在是正杜诗文字、为杜诗编年以及笺注方面，比旧注更胜一筹。明末清初，受到时事的反激，知识分子开始逐渐抛弃空谈心性的阳明之学，致力于实学，顾炎武和朱鹤龄即是最早的一批学者。顾炎武自崇祯十二年（1639）后，即开始搜集史籍、实录、方志及奏疏、文集中有关国计民生的资料，并对其中所载山川要塞、风土民情作实地考察，以正得失。明亡后又孜孜二十余年，披阅志书一千余部，以及大量的"一代名公文集及奏章文册之类"，著成《肇域志》一百卷，约一百三十万字，内容涉及各地建置沿革、山川形胜，引征史料广博完备，其数量之多超过之前的《大明一统志》。明亡之时（1644），朱鹤龄开始笺注《禹贡》，为其地理之学打下良好基础。《禹贡》是《尚书》的一篇，全文仅1189字，篇幅虽小，却是先秦最富科学性的地理著作，也是我国第一部结集性的地理著作。朱鹤龄《禹贡长笺·自序》说："兵燹余生，屏居无事，爰取注疏大全与百氏之说条贯而衷断之。大约体宗诂训而旁及史家，求为通今适用之学。"这是一部贯通古今的地理笺注著作，多引前贤旧注旧说并加以驳正，使他对自先秦以来地理的沿革有了深入的研究。

如首列二十五图，自《禹贡》全图以及"导山"、"导水"皆一一考证，又
详征历代地理著作和《一统志》、各省《通志》，对山川形势、历代都会、
边防河工、水利、赋税、漕渠的考核"尤费苦心"。《四库提要》认为此书
"作于胡渭之前，虽不及渭之荟粹精博，而旁引曲证，亦多创获"。其中对
《禹贡》"三江"的辨析，列举许慎《说文》、班固《汉书》、郦道元《水
经注》、郭璞《尔雅注》、韦昭《国语注》，以及庾仲初《吴都赋注》、张
守节《史记正义》、顾夷《吴地记》对"三江"的界说，又引述宋、明以
来十数家之考辨，悉心推敲，结论为乾嘉学者所称。他对《尚书》、《左
传》、《诗经》笺注中有关的地理考据也详征博引，浩繁博洽。广博而详悉
的考据，是他地理之学取得重要成就的保证。

## 第二节　考杜诗地理之沿革

　　杜诗使用地名有多种情况，一是直接使用当时地名，但或因为设置
不一，或名称生僻，若不注释其本末沿革，读者即茫然不知何处。二是
使用古称、别称。三是杜诗所称地名，后世或改名，或移至另处，亦须
注释。

### 一　考杜诗行政区划沿革例
《杜诗辑注》中对杜诗所涉及的州郡地名一般均有注释。如：
1. 《陪李北海宴历下亭》，朱注曰：

　　　　《旧唐书·地理志》：青州，属河南道。武德四年，置青州总管府。
天宝元年，改为北海郡。乾元元年，复为青州。

　　"北海郡"在历史上仅数见，如三国时孔融曾任北海郡太守，后在
隋、唐代短时间亦称北海。倒是"青州"一名源远流长，《禹贡》中就
有记载："海岱惟青州"，后历代均有设置。因此这里对"北海"的注释
甚有必要。

2.《喜达行在所三首》。朱注曰：

　　《旧书》：至德二载，肃宗自彭原幸凤翔时，改扶风为凤翔郡。

这里指出行在即凤翔，而凤翔即原来的扶风县。

3.《送陵州路使君之任》。朱注曰：

　　《唐书》：陵州仁寿郡，属剑南东道。本隆山郡，天宝元年更名。

　　意思是说，陵州在天宝元年之前原名隆山郡，天宝后又称仁寿郡，受辖于剑南东道。将该州的来龙去脉交代得非常清楚。

4.《赠别何邕》"绵谷元通汉"，朱注曰：

　　《唐书》：绵谷县，属利州。《禹贡》注：汉出为潜。郭璞云：有水从汉中沔阳县南流，至梓潼、汉寿县，入大穴中，通罡山下，西南潜出。旧云即《禹贡》潜水也。《史记正义》：潜水出利州绵谷县东龙门山石穴下。按：绵谷，即蜀汉之汉寿，今保宁府广元县是。"绵谷元通汉"，谓绵谷潜水，本上合于沔阳之汉水也。汉中北直长安，故云。

　　绵谷是唐代利州属县，即今四川广元县，地处嘉陵江上游。嘉陵江在古代称作"潜水"，是汉水流经绵谷的分支。何邕是绵谷县尉，将赴长安，杜甫作诗赠别，此句以嘉陵江本通于汉水，比喻何邕可以顺利回到长安，表达自己的艳羡之情。在宋代的注本中，对此的解释一般是引用赵次公的随文释意，注曰："绵谷，绵名属利州。言何公所往，利州而去，得归汉上也。"没有作专门的考据。在《钱注杜诗》中，引用《三国志·蜀志》："先主使陈戒绝马鸣阁。魏武闻之，曰：此阁过汉中之阴平，乃咽喉之要路。"及《蜀梼杌》曰："利州四会五达之地"，但与句意没有关联。而朱注分别引用《禹贡》关于"潜水"的最早记载，又引郭璞《尔雅音义》对汉水的发源和流向的解释，再引唐人张守节《史记正义》关于"潜水"在利州绵谷县与汉水接头的地点，使人知道，潜水上接汉水，潜水代表绵谷之地，汉水代表秦地的长安，此句寓意何邕就像潜水源自汉水一样可以顺利回到长安。

## 二　考杜诗地名使用古称、别称例

杜诗地名喜用古称，一是出于艺术的需要，加强诗歌的历史感、纵深感，丰富诗歌的韵味，二是出于内容的需要，在叙述历史事件时必须使用古称。第一点，如以下五例。

1.《秦州杂诗二十首》之六"防河赴沧海"。朱注曰：

> 《博物志》：东海称渤海，又谓之沧海。按：唐河北道沧、景等州，皆古渤海郡地，黄河入海于此。

按此句意谓"为防御河北的叛军而远赴沧海"，是为正平定安史之乱而奔波的唐军而发。旧注不明"沧海"所指，如赵次公注以为所"防"的是吐蕃军队，曰："沧海岂指青海邪？考之地理，洮州之北河州，河州渡河则鄯州，鄯州之北则青海也。"① 以为"沧海"概指西北靠近青海之地，大谬。由于地处古代渤海地区，又称"沧海"，《博物志》即载"东海称渤海，又谓之沧海"，可见"沧海"为唐之河北道沧、景等州，实指无误。

2.《十月一日》"夜郎溪日暖"。朱注曰：

> 唐黔中道黔、施、珍、思等州，皆古夜郎地，与巴、夔接境。溪即五溪也。旧注：犍为有夜郎溪，不知何据？

宋注多不明地理沿革，皆以为有"夜郎溪"之地名，如赵次公注曰："夜郎溪，于地志无所考，幸因公诗见之。"② 黄氏《补注杜诗》曰："夜郎，西南夷也。犍为有夜郎溪。"③

---

① 《杜诗赵次公先后解辑校》，上海古籍出版社 2012 年版（修订本），第 314 页。
② 同上书，第 1172 页。
③ 《补注杜诗》卷三二，《四库全书》电子版。

3.《贻华阳柳少府》"俱客古信州"。朱注曰：

> 《旧唐书》：夔州本梁信州，隋为巴东郡，武德元年改信州，二年又改夔州。《新书》：避皇外祖独孤信讳，改夔州。

按该诗是杜甫大历元年（766）夏末所作，时华阳县尉柳某客居夔州，住在野寺，与杜所住西阁仅四五里之遥。诗写杜甫访柳情事，抒发家国身世之慨。此用"古信州"，加深了抒情的历史情调。

4.《夔府书怀四十韵》"贼壕连白翟"。朱注曰：

> 《汉·匈奴传》：晋文公攘戎狄，居西河、圌洛之间，号曰赤翟、白翟。注：圌洛，今上郡宁川地。《史记索隐》：故西河郡有白部胡。按：唐鄜、延二州，即春秋白翟地。禄山反，京畿、鄜坊皆附之，故云"连白翟"。

按唐代无"白翟"之地，此诗用古称。白翟是少数民族聚居地区，唐代的鄜、延二州，属于春秋白翟地。这里用"白翟"，可能与下句"战瓦落丹墀"之"丹墀"对仗之需有关。

5.《戏作俳谐体遣闷二首》"西历青羌坂"。朱注曰：

> 按：唐嘉州本古青衣羌，其地近邛崃九折阪，故曰"青羌阪"。唐咸通中，赵鸿《题杜甫同谷茅茨》诗云：青羌迷道路，白社寄杯盂。

旧注多无注。按此诗记录夔州之人情世俗。"青羌"是嘉州古称，也就是今天的乐山地区。"西历青羌坂"是说杜甫曾路过嘉州。使用古称，与下句"南留白帝城"构成对仗。

第二点，叙述历史事件时须用古称。

6.《送元二适江左》"晋室丹阳尹"，朱注曰：

> 《宋书》：汉元封二年，立丹阳郡，治今宣城之宛陵县。晋武帝太康

二年，分丹阳为宣城郡，治宛陵，而丹阳移治建业。元帝太兴元年，改为尹，领县八。

按"丹阳"是古称，唐代为润州，即今天的镇江地区。此诗是杜甫在梓州送别元二之作，嘱咐其途中谨慎。元二所经，先是下句"公孙白帝城"，即东汉初年公孙述据以作乱的白帝城，次为"晋室丹阳尹"，即晋室南渡初年王敦作乱于温峤、刘隗为丹阳尹之时。此句叙述历史事件，须用古称。除了古称，杜诗中有时也用别称，但不多。

7. 《游龙门奉先寺》，朱注曰：

龙门即伊阙。《元和郡县志》：伊阙山在河南府伊阙县北四十五里。《两京新记》：炀帝登北邙，观伊阙，曰：此龙门耶？自古何不建都于此？《一统志》：阙塞山在河南府城西南三十里。《左传》：赵鞅使女宽守阙塞。即此。一名伊阙，俗名龙门山，又名阙口。[①]

按"伊阙"是正式名称，而"龙门"是"伊阙"之俗称。

## 三 考杜诗所指地理改名、移置、消失例

杜诗中不少景观，一般多是建筑物或小的河流湖泊，极易因年代久远而消失，或移置、改名。朱注对此考究原始，解决了不少旧注无法注释的地名。

1. 《重过何氏五首》"云薄翠微寺"。朱注曰：

《唐书》：长安县南五十里太和谷有太和宫，武德八年置，贞观十年废，二十一年复置，曰翠微宫，笼山为苑，元和中以为寺。《长安志》：翠微宫在万年县外终南山之上。按：元和去公没三十余年。今诗已云"翠微寺"，岂此宫废置不一，中间曾改为寺耶？

---

① 以上 7 例，分别见朱鹤龄《杜工部诗集辑注》，河北大学出版社 2009 年版，第 217、695、505、599、699、399、1 页。

按据《新唐书》记载，翠微寺原名翠微宫，元和中改为寺。元和上距杜甫去世三十多年，而杜诗已经称之为"寺"，朱鹤龄对此提出疑问是自然的。今人宋开玉对此作了一番考证，不妨移逯如下：

朱氏的怀疑是对的。唐诗中吟咏翠微寺的作品较多，比杜甫稍早或同时的孟浩然有《题终南翠微寺空上人房》、李白有《答长安崔少府叔封游终南翠微寺太宗皇帝金沙泉见寄》诸诗，唐代高僧道宣（596—667）于高宗乾封二年（667）所撰《关中创立戒坛图经·戒坛受时仪轨第九》云："至如终南山大翠微寺等诸沙门，及岩隐野居、追朋问道之宾，翕习容裔，整带而赴"，就已经提到翠微寺了。《新唐书·高宗本纪》载，贞观二十三年（649）太宗在翠微宫病危，"诏皇太子听政于金液门。四月，从幸翠微宫。太宗崩，以羽檄发六府甲士四千，卫皇太子入于京师"，立为唐高宗。由此可以推定，翠微宫是在高宗执政初年（650—667）舍为佛寺的。《新唐书·地理志一》《长安志》《太平寰宇记》诸志传记载错误。①

2. 《北征》"寂寞白兽闼"。朱注曰：

按：白兽闼，即白兽门。《三辅黄图》：未央宫有白虎殿。唐避太祖讳，改为兽。《唐书》：临淄王讨韦后，帅兵攻白兽门，斩关而入。又：康国安迁太学博士、白兽门内供奉。皆可证。

此考证"白兽"之来历。"闼"字即"门"意，改作"闼"主要是为了押仄声韵。旧注对于"白兽"皆无考订。如赵注曰："白兽闼，考之唐志，无此名。惟汉未央宫中有白虎门、白虎殿，岂公借用以为比师，大意劝车驾归长安也。"蔡注、千家注皆从之。朱注从《旧唐书》中寻找到"白兽门"的两条材料（后条与钱注同，出于颜真卿《康使君碑》），对照赵注引自《三

辅黄图》的记载，断定二名之异在于避讳，证据确凿，可为定谳。今仇注引
而未表明所自。

3.《三绝句》"惟残一人出骆谷"。朱注曰：

> 《唐书》：兴道有骆谷路，南口曰傥谷，北口曰骆谷。《元和郡县
> 志》：傥谷，一名骆谷，在兴道县北三十里。按：骆谷在长安西南，骆
> 谷关在京兆府盩厔县西南一百二十里。武德七年，开骆谷道以通梁州，
> 在今关外九里。贞观四年，移于今所。骆谷道，汉魏旧道也，南通蜀汉。
> 《寰宇记》：自鄠县界西南，经盩厔县，又西南入骆谷，出骆谷，入洋州
> 兴势县界。

按此处考证了"骆谷"的几个同名地点。骆谷道系古代长安翻越秦岭通
达汉中、四川的驿道，因自长安南下先经周至县西骆谷而得名，武德年间开
通，贞观年间移置。

4.《短歌行赠王郎司直》"仲宣楼头春已深"。朱注曰：

> 《荆州记》：当阳县城楼，王仲宣登之而作赋。《一统志》：仲宣楼在
> 荆门州，即当阳县城楼。按《方舆胜览》：仲宣楼在荆州府城东南隅，
> 此乃后梁时高季兴所建。或引之，非。①

此诗是大历三年（768）春天杜甫江陵之作，少年王郎即将西游成都，
干谒王侯，诗以王粲激励王郎，希望他振作有为，博取功名。"仲宣"即王
粲，"仲宣楼"即王粲所登抒发怀才不遇和思念故国情绪之楼，在当阳县城，
后来荆州移居江陵，所以江陵也有仲宣楼故迹。《文选注》引南朝宋盛弘之
《荆州记》曰："当阳县城楼，王仲宣登之而作赋。"当引此为据。盛弘之
《荆州记》三卷是记载古楚国的重要历史资料，久佚，朱注恐亦据《文选
注》。"或引之，非"，即针对钱注而言。今检钱注"仲宣楼"注，引《方舆

胜览》曰："在荆州府城东南隅，后梁时高季兴建。"《方舆胜览》是南宋祝
穆编撰。朱鹤龄在《与李太史论杜注书》中说：

> 地理山川古迹，须考原始及新、旧《唐书》《元和郡县志》，不得已
> 乃引《寰宇记》《长安志》以及近代书耳。"春风回首仲宣楼"，应据盛
> 弘之《荆州记》甚明。今乃引《方舆胜览》高季兴事，季兴五代人也，
> 季兴之仲宣楼，岂即当阳县仲宣作赋之城楼乎？①

高季兴所建之"仲宣楼"，定是因原楼已毁而重建，而非故迹。对于地
理山川古迹的征引，确应如朱氏所言，"须考原始"，既然《荆州记》已有记
录，当应据引，而不应引五代时期的伪古迹。其实在地理研究方面，钱注的
失误处颇多，远非朱氏拈出的这一处。

## 第三节　考杜诗地理所在

杜诗中的不少地名，因为同名、微小，或因相对位置过于复杂等，一般
旧注多误注、略注或竟不注、失注。朱注悉心辨析，一改旧注之陋。

### 一　考杜诗地理之同名例

1.《过宋员外之问旧庄》"零落首阳阿"。朱注曰：

> 按：《新书》：之问，汾州人。《旧书》则云虢州弘农人。首阳与虢
> 州相邻，故有庄在焉。赵次公引河东蒲坂之首阳，误矣。

按此诗作于青年时期，时杜甫在河南偃师首阳山下筑室，祭远祖当阳君，
顺路凭吊宋之问在首阳山下的别业。首阳山有数处，此诗之首阳山即《元和
郡县志》卷六所载"在县（偃师）西北二十五里"的一处。赵注所引之"河

---

① 《与李太史论杜注书》，《愚庵小集》卷十，华东师范大学出版社 2010 年版，第 210 页。

东蒲坂"的首阳山，位于今山西境内，当因同名而误引《太平寰宇记》卷四四的记载，显然非杜诗所指。

2.《玄都坛歌寄元逸人》"故人昔隐东蒙峰"。朱注曰：

> 按：公《同太白访范隐居》诗"余亦东蒙客，怜君如弟兄"，此在鲁郡作也。《昔游》诗"东蒙赴旧隐，尚忆同志乐"，正指元逸人言之。陆放翁谓东蒙乃终南山峰名，引种明逸诗"登遍终南峰，东蒙最孤秀"为证，乃喜新之说，不足信也。

此以杜证杜，可证杜诗所用"东蒙"皆指鲁境之东蒙山，而非陆游所指之终南山东蒙峰。

3.《送韩十四江东省觐》"黄牛峡静滩声转，白马江寒树影稀"。朱注曰：

> 赵曰：白马江，蜀州江名，今称亦然，乃韩与公为别之处。此二句分言地之所在也。按：唐蜀州，今为崇庆州。《一统志》云：白马江，在崇庆州东北十里，源自江源废县，东入新津县界。当从赵注无疑。他注引《九域志》"江陵有白马洲"，非也。

此处朱注以为"白马江"实指，并从《一统志》中考出相关材料。所曰"他注"，当指钱注初稿。钱注以为"白马"当指"白马洲"，故因同名而误。朱鹤龄曾评论说：

> "白马江寒树影稀"，白马江，《地志》：在蜀州，今崇庆州之白马江是也。时子美在蜀州送韩十四，故云。今引《寰宇记》"王僧达为荆州，刑白马祭江"，不亦傎乎？①

今检钱注，正用《寰宇记》王僧达"刑白马祭江神"的记载。大概钱谦

---

① 《与李太史论杜注书》，《愚庵小集》卷十，华东师范大学出版社 2010 年版，第 210 页。

益经过反复思考，认为此处的"白马"连地名都不是。检《明一统志》卷六七"成都府"之"山川"，有"白马江"条，注曰："在崇庆州东北一十里，源自晋原废县，东入新津县界。"如果钱氏稍微留心，不难搜寻。且上句"黄牛峡静滩声转"之"黄牛峡"，钱注分别引《水经》、《水经注》和《宜都记》，认为实有其地，则下句"白马江"亦应视作地名。钱注中有不少类似的常识性错误，朱氏所摘仅是其中比较突出的例子。究其根源，非仅钱氏不措意于此，而是钱氏在地学方面学识尚浅所致。

4.《不见》"匡山读书处，头白好归来"。朱注曰：

> 杜田《补遗》：白之先客居蜀之彰明，太白生焉。白读书于大匡山，其宅在清廉乡，后为僧房，号陇西院。按：《太白集》中多匡庐诗。其《书怀》诗云"仆卧庐山顶，餐霞漱瑶泉。半夜水军来，浔阳满旌旃。空名适自误，迫胁上楼船"，可证太白为永王璘迫致，时正在庐山。此诗"匡山读书处，头白好归来"，盖深惜其放逐之久，望其归寻旧隐也。杜田云云，本出杨天惠《彰明逸事》之说，事容有之，但此诗则断指浔阳之匡庐，不当引彰明为证也。

按"匡山"，旧注旧说大致有两种，一说以为是四川彰明的大匡山，即李白青少年读书处，见《唐诗纪事》《九家集注杜诗》；一说以为是指今江西九江的庐山，一名匡庐，又称匡山，即李白晚年归隐处，黄鹤、王嗣奭、钱谦益、朱鹤龄、仇兆鳌等持此说。二说均以传闻为据，都非确证。只是就诗情来看，此时杜甫正在蜀中，颇有招李白归来的意思，所以前说较为合理。

5.《近闻》"崆峒五原亦无事"。朱注曰：

> 按：《地志》：崆峒有三，此与五原并举，当指在平凉者言之。五原，今榆林地，直长安西北，与灵州接壤。先是，仆固怀恩自灵州合吐蕃、回纥入寇，今吐蕃败走，故崆峒、五原皆无事也。

按《寰宇记》："禹迹之内，山名崆峒者三：一在临洮，一在安定，一在汝州。"朱注据史实定为平凉之崆峒。

6.《次空灵岸》。朱注曰：

> 蔡曰：空灵当作空舲，刀笔误耳。按：《水经注》：湘水县北有空舲峡，惊浪雷奔，浚同三峡。《十道四蕃志》：湘水有空舲滩。《一统志》：空舲岸在湘潭县西一百六十里。此诗云"沄沄逆素浪"，是自岳溯潭甚明，必湘水县北之空舲峡也。薛梦符注引归州空舲峡，却是下水也，与公所经行之地不合。①

"空舲峡"在唐代有两处，一属归州，即秭归县，一属湘水县。按照杜甫从岳州到潭州的路线，当取后者。

## 二 考杜诗地名之相对位置例

杜诗中有时连用数个地名，这些地名之间的相对关系，若非对地理有专门研究者，很难说得清楚。或者虽仅一个地名，但处于重要节点，因此也必须作出解释。

1.《白水崔少府十九翁高斋三十韵》"昆仑崆峒巅，回首如不隔。前轩颓反照，巉绝华岳赤。兵气涨林峦，川光杂锋镝"。朱注曰：

> 昆仑、崆峒，在白水西北。华岳在白水东南。时哥舒翰统兵二十万守潼关，潼关属华州，与白水近，故见兵气之盛如此。

按数句涉及"昆仑崆峒"、"华岳"、"白水"三个地名，经过朱注结合史实的说明，方可理解末句内涵，亦可明白杜诗皆当时情景之实录。

2.《夔州歌十绝句》之二"白帝夔州各异城，蜀江楚峡混殊名"。朱注曰：

> 陆游《入蜀记》：唐故夔州，与白帝城相连。杜诗"白帝夔州各异

---

城"，盖言难辨也。按：古白帝城在夔州城东，故曰"各异城"。瞿唐峡旧名西陵峡，与荆州西陵峡相乱，故曰"混殊名"。

按二句涉及四个地名，又夹杂古称，旧注虽有辩说，但读者仍不甚了了。朱注言简意赅，诗意豁然。

3.《送从弟亚赴河西判官》"须存武威郡，为画长久利"。朱注曰：

> 按：武威郡地势西北斜出，隔断羌戎，乃控扼要地。河西有事，则陇右、朔方皆扰。是时有九姓商胡之叛，故曰"须存武威郡，为画长久利"也。

按该例虽仅有"武威郡"一个地名，但因地处要冲，关联陇右、朔方，所以必须综合言之，理顺其相互关系，方可理解此句之深刻意义。

4.《行次昭陵》。朱注曰：

> 《唐书》：京兆府醴泉县有九嵕山，太宗昭陵在西北六十里。按：昭陵在醴泉，近泾阳，直京师之北。《草堂诗笺》序于《北征》诗后，良是。盖省家鄜州，道经此也。黄鹤编在天宝五载，谓西归应诏时作，大谬。①

黄注引新、旧《唐书》及《地理志》，曰："当是天宝五年自东都归长安时作。诗云幽人拜鼎湖，则是未奏赋授官前也。"② 关键在于其对于"昭陵"具体的位置并不清楚，所以将此诗编在《北征》之前。

### 三 考杜诗微观地名及驳讹传例

杜诗有些地名因微小生僻或史书阙载的原因，一般旧注多误解。朱注仔细考证，亦有发明。

---

① 以上4例，分别见朱鹤龄《杜工部诗集辑注》，河北大学出版社2009年版，第108、521、133、148页。

② 《补注杜诗》卷十七，《四库全书》电子版。

1.《解闷十二首》之三"何人为觅郑瓜州",原注:郑秘监审。朱注曰:

> 张礼《游城南记》:济潏水,陟神禾原,西望香积寺下原,过瓜洲村。
> 注:瓜洲村在申店潏水之阴,《许浑集》有《和淮南相公重游瓜洲别业》诗,
> 淮南相公,杜佑也。按:瓜州村与郑庄相近。郑庄,虔郊居也。审为虔之
> 侄,其居必瓜州村,故有末语。"州"当作"洲",与"秋瓜忆故丘"紧相
> 应。或以大历中,郑审尝任袁州刺史,改作"袁州",生趣便索然矣。

按"瓜州",旧注多误解。如黄注:"师曰:瓜州,金陵之别号。郑审乃
公故人也。"以为当如王安石《泊船瓜州》"京口瓜洲一水间"之"瓜州"。
又因"瓜"字有异文"袁",所以钱注改"郑瓜州"为"郑袁州",但赵注
即已考"袁"为非。朱鹤龄通过南宋张礼《游城南记》及唐人《许浑集》的
记载,确认"瓜洲"的存在,再考察瓜洲与郑审的关系,诗意豁然开朗。

2.《南池》"南有汉王祠"。朱注曰:

> 汉王祠,即高祖祠。项羽立高祖为汉中王。汉中邻阆,故池南有汉
> 王祠,在今保宁府城南。

按旧注于"汉王祠"无注。

3.《秋日寄题郑监湖上亭三首》题解。朱注曰:

> 据《汉书注》,高唐在云梦华容县,后人因巫山神女,遂传在巫峡。
> 此诗"高唐寒浪减,仿佛识昭丘"及《夔州歌》中有"高唐天下无",
> 皆指在巫峡者言之。①

此据杜诗以驳俗说。

---

① 以上3例,分别见朱鹤龄《杜工部诗集辑注》,河北大学出版社2009年版,第662、402、
550页。

# 第四节 考杜诗地理之泛称

杜诗中的地理泛称大致有两种，一种以方位词为主，如"东郡"、"山东"、"江东"、"淇上"、"塞上"、"海西"等，一种以数目词为主，如"五湖"、"五城"、"三蜀"、"五溪"之类。杜甫使用这些泛称，因为约定俗成的"小环境"和"大环境"，理解上不会产生歧义，所以自无不可。到了宋代，时过境迁，注家们脱离了唐代的"大环境"，又隔膜于杜甫的"小环境"，对这些泛称的解读已经众说纷纭。加上"无一字无来处"之说的盛行，注家们多从经史典籍中寻求此类泛称的出处，结果当然是刻舟求剑，凿枘难合。朱注对此类泛称颇费苦心，往往以杜证杜，并结合史实以及杜甫独特的情境，综合考察其最佳含义。

## 一 考杜诗方位地理泛称例

1.《登兖州城楼》"东郡趋庭日"。朱注曰：

> 按：东郡，东方之郡，犹齐、赵谓之"东藩"也。旧注引《汉书》东郡，非。汉东郡乃今东昌府。

杜诗"东郡"凡三用，皆泛称而非实指。旧注皆引"洙曰：兖州，汉之东郡"误。今人曹慕凡对此解说曰：

> 钱谦益、仇兆鳌均引《汉书·地理志》：东郡，秦置，属兖州。非是。按"秦置，属兖州"二句为颜师古注。所谓"兖州"乃《禹贡》所举九州之一，与唐之兖州固不相涉。《旧唐书》三八《地理志》云："兖州，上都督府。隋鲁郡。（唐）武德五年置兖州。领任城、瑕丘、平陆、龚丘、曲阜、邹、泗水七县、贞观十四年置都督府，管兖、泰、沂三州。天宝元年，改兖州为鲁郡。乾元元年，复为兖州。"汉之东郡，初无兖州之名，领二十二县，治濮阳，大如后世一省。而唐之兖州，只有七县，且无东郡之

名。在汉东郡与唐兖州之间无论如何不能画等号，故知钱、仇皆误。朱鹤龄知为泛称，故云，"东郡，东方之郡"，又嫌太泛。盖兖州在泰山东南，概言可曰东郡耳。①

2.《野老》"王师未报收东郡"。朱注曰：

> 按《唐史》：滑州灵昌郡，本东郡。然乾元二年秋，东京及济、汝、郑、滑四州皆陷贼。是年秋，犹未收复，何以独举滑州？盖东郡谓京东诸郡，非滑州也。《兖州城楼》诗"东郡趋庭日"，兖州亦不名东郡。此可证也。

此引杜诗"东郡趋庭日"，可证此处"东郡"指京东诸郡。

3.《秋日夔府咏怀奉寄郑监李宾客一百韵》"东郡时题壁"。朱注曰：

> 夷陵郡在夔州之东，故曰东郡。

杜甫此诗自注："郑在江陵，李在夷陵。"则"东郡"显然指夷陵郡和江陵而言，亦泛称。

4.《送孔巢父谢病旧游江东兼呈李白》。朱注曰：

> 按诗云"南寻禹穴见李白"，此江东乃浙江以东，即会稽也。《晋书》："谢安被召，历年不至，遂栖迟东土"，"王羲之既去官，遍游东中诸郡"，皆谓会稽也。太白《怀贺监》诗"欲向江东去，定将谁举杯。稽山无贺老，却棹酒船回"，盖亦以会稽为江东也。

此处结合诗句，考证"江东"所指。禹穴，地名，地点有三处，一在蜀地石纽，一在陕西旬阳，一在绍兴会稽。时李白正寓居会稽，再结合李白之

---

① 曹慕凡：《杜诗地名泛称释例》，《杜诗杂说》，生活·读书·新知三联书店 2009 年版，第130 页。

诗，确定此诗之"江东"正指会稽。

5.《苏端薛复筵简薛华醉歌》"近来海内为长句，汝与山东李白好"。朱注曰：

> 按：唐人刘全白作《太白谒记》，云广汉人。曾巩《序》又云：蜀郡人，隐岷山。而《旧书》则以为山东人。考之，广汉、蜀郡、山东皆白侨寓所在。白本陇西成纪人，凉武昭王嵩九世孙，李阳冰《序》可据也。此称山东，盖太白父为任城令，因家焉。生平客齐、兖间最久，故时人以山东李白称之，太白《东鲁行》"学剑来山东"，此明证也。元微之作子美《墓志》，亦曰"是时山东人李白，亦以文奇取称"。自曾子固疑《旧史》为误，而杨用修又因李阳冰《魏颗序》有自号"东山"之说，遂谓后人妄改山东，殊不然也。

《四库全书》之《李太白集提要》对此亦有辩说：

> 《旧唐书》白《传》称"山东人"，《新唐书》则作"陇西成纪人"。考杜甫作《苏端薛复筵醉歌》有"近来海内为长句，汝与山东李白好"句，杨慎《丹铅录》据魏颗《李翰林集序》有"世号为李东山之文"，谓杜集传写误倒其字，似乎有理。然元稹作杜甫墓志，亦称"与山东人李白"，其文凿然，如倒之作"东山人"，则语不成文，又不得以魏《序》为解。检白集《寄东鲁二子》诗有"我家寄东鲁"句，颗《序》亦称"合于鲁一妇人生子曰颇黎"，盖居山东颇久，故人亦以是称之，实则非其本籍，刘昫等误也。

按此句"山东"之意思，史上纷争不断，可归结为四派。一是"山东"派，以《旧唐书》为代表，据李白诗文，坐实李白就是山东人。一是"异地"派，以刘全白、《新唐书》、曾巩为代表，反对《旧唐书》之说，认为当作"广汉人"、"陇西成纪人"或"蜀郡人"。一是"侨寓"派，以朱注及《四库提要》为代表，认为"山东"是李白寓居之地，文字无误。一是"东山"派，以杨慎为代表，认为文字有误，但势力最薄，且单文孤证（详见王琦《李太白集注》卷三三杨慎《李诗选题辞》），不足为据，朱注及《四库提要》皆驳之，可置之不理。

除了"东山"派外，其余三派亦有错误。"异地"派与"山东"派，也就是五十步与一百步的差距，皆认虚作实，龃龉难通。朱注之"侨寓"派，虽思路开阔，但仍嫌胶固。曹慕凡之说，最为通达，曰：

> （此）指郡望之山东。据我看，杜甫此诗中的"山东"一语殆以赵郡旧族目李白，因唐代习用"山东门第"、"山东旧族"抬高姓崔、姓卢、姓李的人，其实他们完全可以不必实是该郡人。李白自称则是"陇西布衣"（《上韩荆州书》），其实大家都知道李白也并非陇西人，称陇西也是叙郡望。（唐代李姓说郡望，不是陇西，便是山东）唐室有冒赵郡李氏之嫌（陈寅恪《唐代政治史述论稿》1—11 页），张说好求山东婚姻，李稹以爵位不如族望，与人书札唯称陇西李某而不具官衔《俱见《国史补》卷上）。当时社会既有这种风习，杜甫本人又素以旧族自许，故称人亦喜说门第，如"名家合是杜陵人"（《送乡弟绍……》）、"吾怜荥阳秀"（《郑典设自施州归》）之类，宜其于太白亦如此。[①]

6. 《泛溪》"东城多鼓鼙"。朱注曰：

> 成都城在草堂之东，故曰东城。旧注都谬。

按赵注曰："东城，东州之城也。是年四月，东川节度兵马使段子璋反。五月，西川节度使崔光远使牙将花惊定击斩之，惊定乘胜大掠东蜀，至天子闻之而怒。则虽七月兵应未定，故云。"黄注、千家注均曰："史思明是年入东京，故云东城多鼓鼙也。"前者所指过于宽泛，后者径指东都洛阳，误。"东城"，即东边之城成都。杜诗"东城"凡四用，皆非实指，除了上例，还

---

① 曹慕凡：《杜诗地名泛称释例》，《杜诗杂说》，生活·读书·新知三联书店 2009 年版，第129 页。

有《水阁朝霁奉简云安严明府》"东城抱春岑",指云安;《阻雨》诗"伫立东城隅"、《柴门》诗"东城干旱天",均指"夔州",因杜甫瀼西之居在夔州东郭,故称。此处则因居于成都之西,故称成都为东城。

7.《黄河二首》"黄河北岸海西军"。朱注曰:

> 《水经》:河水自于阗、疏勒而东,径金城允吾县北。郦道元云:王莽之西海也,莽纳西零之献,以为西海郡,治此城。阚骃曰:县西有卑禾羌海,世谓之青海。唐时其城陷于吐蕃,故此云"海西军"。或引史"宝应元年回纥可汗屯河北,雍王率僚属往见之"以证此诗,不知回纥地直朔方,不得云"海西军"也。鲍钦止注指吐蕃入寇,仍以此说为正。

此考证"海西"。旧注多依赵注"黄河之北,大海之西,则河北一带之州郡也",大而无当。钱注以为指回纥之地,亦误。此"海"是卑禾羌海,俗称青海,"海西"即青海之西,陷于吐蕃,则"海西军"不言自明。唐代对青海之西从未有过控制,故注家欲从唐史中寻觅答案,自然无功而返。朱注引用《水经注》的材料笺注"海西",正是其地学知识厚积薄发的结晶。

8.《洗兵马》"淇上健儿归莫懒,城南思妇愁多梦"。朱注曰:

> 淇水在卫地,卫州与相州相邻。"淇上健儿"指围邺之兵也。城南,长安城南。

"淇上"即指"卫地"。"邺城"是古代名城,但于北周末年(580)被毁。唐代相州为"邺城"之部分,也是叛军安庆绪的龟缩之地,在今河南安阳。

9.《贻阮隐居》"塞上得阮生"。朱注曰:

> 塞上,谓秦陇。按:《古今注》:塞者,所以雍塞夷狄也。公秦州、夔州诗,每用"塞上"字,盖秦界羌夷,夔界五溪蛮,二州皆有关隘之设。

此处结合字词本义，考证"塞上"所指，的确别开生面。亦可证杜诗用字之不苟。

10.《又上后园山脚》"平原独憔悴，农力废耕桑"。朱注曰：

> 平原，犹言中原。黄鹤指德州平原郡，非也。时河北皆苦戍役，不应独举平原一郡言之。《补注》：平原独憔悴，陶渊明《拟古》诗：山河满目中，平原独茫茫。即此诗"平原"也，断非指平原郡。①

杜诗用"平原"仅此一处。此诗是大历二年（767）夔州之作，追忆往昔，哀叹统治者穷兵黩武，以致山河板荡，自己有家难回。是概述，不当单指平原郡。

## 二 考杜诗数目地理泛称例

1.《塞芦子》"五城何迢迢"，朱注曰：

> 按：《唐书·方镇表》：朔方节度领定远、丰安二军及东、中、西三受降城。"五城"当以此为据。张说为朔方节度大使，往巡五城，措置兵马。元载请城原州，云：北带灵武，五城为之羽翼。皆即此诗所指也。《地理志》载夏州朔方县有乌延、宥州、临塞、阴河、淘子等城，在芦子关北，乃长庆四年节度使李佑筑。鲍钦止引之以证此诗，误矣。《梦溪笔谈》以宋时延州五城为杜诗"五城"，尤误。

旧注"五城"皆误，如黄注引鲍彪所注"五城"，其实是长庆年间所筑，距安史之乱已近七十年。钱注引《梦溪笔谈》所云"五城"，乃宋朝新筑，大误。详见《笺评》一章第一节。

2.《野望》"山连越巂蟠三蜀，水散巴渝下五溪"。三蜀、五溪，朱注曰：

---

① 以上10例，分别见朱鹤龄《杜工部诗集辑注》，河北大学出版社2009年版，第2、279、591、35、112、287、444、186、201、639页。

《汉书》：越巂郡，本益州西南外夷，武帝初开置。《唐书》：巂州越巂郡，属剑南道。《御览》：《永昌郡传》云：越巂郡，在建宁西北千七百里，自建宁高山相连，至川中平地，东西南北，八千余里。《一统志》：今为四川行都司。常璩《蜀志》：秦置蜀郡，汉高祖置广汉郡，武帝又分置犍为郡，后人谓之三蜀。

《寰宇记》：巴州北水，一名巴岭水，一名渝州水，一名宕渠水。《水经注》：武陵有五溪，谓雄溪、樠溪、力溪、潕溪、西溪也。辰溪其一焉。夹溪悉是蛮左右所居，故谓五溪蛮也。《后汉书》注：五溪蛮，皆盘瓠子孙，土俗，雄作熊，樠作朗，潕作武。按：《寰宇记》：黔州涪陵水，西北注涪州，入蜀江。黔州，今辰州地，即五溪水也。涪水至渝州，与岷江合，至忠、涪以下，五溪水来入焉。此云"下五溪"，盖约略大势言之。

旧注甚略。此处对"三蜀"、"五溪"之考证，充分证明了朱氏地学之精深。仇注全引而略有增益，但未标明引自朱注。

3. 《归雁》"不过五湖秋"。朱注曰：

雁至衡阳则回，此"五湖"当指洞庭湖，言太湖为五湖，而《荆州记》云：洞庭湖亦谓之太湖。又《史记索隐》云：具区、洮漏、彭蠡、青草、洞庭共为五湖。则洞庭正得称五湖耳。

按旧注于"五湖"无注。雁至衡阳，乃唐宋人习用文辞，如王勃《滕王阁序》"雁阵惊寒，声断衡阳之浦"，孟贯《归雁》"春至衡阳雁，思归塞路长"，范仲淹《渔家傲》"衡阳雁去无留意"。杜诗亦暗用此典故。衡阳临近洞庭湖，故"五湖"为洞庭湖无疑。

4. 《柴门》"峡门自此始"。朱注曰：

《水经注》：广溪峡，乃三峡之首，自昔禹凿以通江郭，景纯所谓"巴东之峡，夏后疏凿"。庾仲《雍荆州记》：巴楚有明月峡、广德峡、

东突峡，今谓巫峡、秭归峡、归乡峡。《峡程记》：三峡即明月峡、巫
山峡、广溪峡，其瞿唐、滟滪、燕子、屏风之类，皆不与三峡之数。
《寰宇记》：夔州三峡，曰西峡、巴峡、巫峡。宋肇《三峡堂记》又以
西陵峡、巫峡、归峡为三峡。按：三峡诸说不同。今公云"峡门自此
始"，与《水经注》合。疑明月峡不列三峡内，盖明月峡在夔州之上
也。然《忠州龙兴寺》诗又云"忠州三峡内"，则公于此亦无定说
矣。又按：公诗"瞿唐争一门"与"三峡传何处，双崖壮此门"，即
此诗所谓"峡门"也。他本讹作"峣"，遂以"峣门"为夔州地名，
大谬。①

按"三峡"多有，故地志记载亦有异。此处结合杜诗，认为当作"瞿
唐峡"。

## 第五节　考人物行踪

《杜诗辑注》又非常精于对人物行踪的考证，以此编年或笺评诗旨。杜
诗中的人物行踪大致可分两类，一是纪实诗中透露的杜甫自己行踪，一是其
他诗中涉及的人物行踪。

### 一　考杜甫行踪例

杜诗"诗史"说的一个重要因素，就是杜诗多纪实，它真实记录了杜甫
自身的出处行迹，故而亦有"自传"的说法。因此注家多据杜诗地理考察杜
甫行踪，以补史阙、编年或纠谬。朱注在此多有发明。

1.《三川观水涨二十韵》。朱注曰：

《旧唐书》：三川县，属鄜州，以华池水、黑水及洛水三川同会得名
也。公天宝十五载夏，自奉先之同州白水，赋《高斋》诗，已是五月。

①　以上4例，分别见朱鹤龄《杜工部诗集辑注》，河北大学出版社2009年版，第116、366、742、630页。

又自白水之鄜州，道出华原，乃赴灵武所经也。同州在华原东百八十里，华原北至防州百八十里，防北至鄜百四十五里。岂非公自白水西北至华原，又自华原北至防，复自防北至鄜乎？

此引黄注而略有损益。通过考证，杜甫北征路线历历可寻。

2. 《喜达行在所三首》"莲峰望忽开"，"莲峰"下注："《英华》及《正异》俱作连山"。朱注曰：

> 按：公自金光门出，西归凤翔，不应走华阴道，当以"连山"为正。

旧注多作"莲峰"，即华山西峰莲花峰。金光门是长安西门，杜甫从此出发逃至长安之西的凤翔，当选择最短路程，而华山位于渭南市华阴县境内，在长安之东，正好相反，所以杜甫不可能选择这条南辕北辙的路线。今仇注从之，改正文为"连山"。

3. 《彭衙行》"欲出芦子关"。朱注曰：

> 鄜州在白水县北，延州在鄜州西北，芦关又在延州北。时公欲北诣灵武，故道出芦关也。

《彭衙行》记录了杜甫一年前携家逃难的心理状态，"欲出芦子关"透露了杜甫当时欲投奔灵武的真实想法。此条地理考证对了解杜甫思想的发展很有帮助。

4. 《别董颋》"汉阳颇宁静，岘首试考盘。当念着皂帽，采薇青云端"。朱注曰：

> 岘山在襄阳，与邓州相近。公素欲居襄阳，故因董适邓而及之。言己亦将道汉阳，登岘首，为终隐计，子当念我之采薇于云端也。黄鹤谓汉阳、岘首皆董适邓所经，诗意不然。①

---

① 以上 4 例，分别见朱鹤龄《杜工部诗集辑注》，河北大学出版社 2009 年版，第 108、127、151、767 页。

按前二句写杜甫希望行经汉阳，归隐襄阳之岘山。黄鹤之所以以为汉阳、岘首是董颋去邓州必经之地，除了对于诗意没有深刻领悟外，可能也与地理有关。此诗是杜甫作于大历三年（768）离公安赴岳阳的途中，董颋将溯汉水赴邓州以谒邓州守。汉阳在岳阳东北，可为董颋所经，但襄阳则偏离了董赴邓的路线。所以此二句只能是写杜甫之想象。如果没有对唐代地理的熟稔，是不太可能理解此诗的。

## 二　考其他人物行踪例

1.《哀江头》"清渭东流剑阁深，去住彼此无消息"。朱注曰：

> 清渭、剑阁，旧注谓一秦一蜀，托讽玄、肃父子之间。按：肃宗时由彭原平凉至灵武即位，与清渭无涉。余谓渭水，公陷贼所见；剑阁，玄宗适蜀所经。"去住彼此无消息"，是言身在长安，不知蜀道消息耳。

所谓旧注，是指宋注，以为此句暗示肃宗在"清渭"，玄宗在"剑阁"，彼此不通音问，故互相隔阂，造成后来肃宗不尽子道的悲剧。但朱注认为肃宗由彭原至灵武，不经渭水，故"托讽"说不攻自破。

2.《洗兵马》"常思仙仗过崆峒"。朱注曰：

> 《括地志》：笄头山，一名崆峒山，在原州平凉县西百里。《乐府解题》：《关山月》，伤离别也。按：肃宗自马嵬，经彭原、平凉至灵武，合兵兴复，道必由崆峒。及南回也，亦自原州入，则崆峒乃銮舆往来之地。

如果没有朱注的阐发，可能对此句就不知所云。因为当初肃宗逃难的路线须经崆峒，而光复旧土打回长安也须经过崆峒。崆峒山是肃宗来往必经之地，也见证了其前后数年的抗战，所以此句是劝告其勿忘当年的狼狈和艰辛，务必保持戒慎，雪耻复国。

3. 《送李校书二十六韵》"南登吟白华，已见楚山碧"。朱注曰：

> 按：校书自京师归省亲，道经汉中，汉中在长安南，为楚北境，故云"楚山碧"也。观诗末有"褒斜"、"汉水"语可见。①

旧注对"已见楚山碧"一句皆无考证。赵注曰："吟《白华》而见楚山碧，则舟必以王事南往于汉上矣。"大误。朱注结合诗中的几个地名，认为"楚山"即古楚国之汉中，是李校书之母所居之地。李校书回乡省亲，归心似箭，眼前似乎早已看到碧绿的楚山。诗末的"褒斜"是汉中山谷名，南谷曰褒，北谷曰斜。"汉水"也流经汉中。这里对李之路线认定的关键是考证汉中为古楚所在。仇注引《史记·秦纪》"楚自汉中，南有巴、黔，惠文王十三年攻楚汉中，取地六百里，置汉中郡"，得之。

# 第六节　考水

考水与考地有许多差别，所以别列一节。古代有专门的"水学"，是因为水流涉及范围广，一般的地学知识难以完全涵盖，又因为水流古今变动不居，常常改道，考证更为复杂。杜诗多涉及水，中原及西南的名流大川，在杜诗中几乎均有反映。杜诗的旧注，因为水系知识的匮乏，多阙略不注，或十分简陋，也影响对杜诗的阅读理解。而考水正是朱鹤龄的优势，他的地理学造诣在笺注中得到淋漓尽致的发挥。他的笺注手法多样，一般根据阐释杜诗的需要，从不同角度对水系河流进行笺注，或考水之名称，或考水之流向，或考水之古今始末。引用的文献也十分丰富，从最古的《禹贡》到唐代的史志，或后世的专书。除了地志、水书，还常引用一般的文献和诗文。这种驾轻就熟的本领，正是清代学者注杜的特色，也使杜诗笺注达到了一个新的高度。

1. 《三川观水涨二十韵》"交洛赴洪河，及关岂信宿？应沉数州没，如听万室哭"。朱注曰：

---

① 以上3例，分别见朱鹤龄《杜工部诗集辑注》，河北大学出版社2009年版，第118、184、170页。

《旧唐书》：洛交县，属鄜州洛水之交，故名。《寰宇记》：洛交水在县南一里。及关，谓潼关也，关在华山之东。杜氏《通典》：潼关本名冲关，言河流所冲也。洛水发源鄜州白于山，合漆沮水，至同州朝邑县入河，其势最大而疾，故有数州沉没之惧焉。

此考水之源流。旧注对此数句之河流、地名均无注释。《三川观水涨二十韵》是杜甫天宝十五载（756）之作。当时安史叛军攻破潼关，杜甫所居的白水县十分危险，只好携家北逃鄜州，在经过三川县时，遇山洪暴发。此诗即描写全家艰难跋涉的情况，并抒发了对局势的忧虑。朱注引《旧唐书》、《寰宇记》及杜氏《通典》，目的是以史证诗，说明洛水确经鄜州境内，史上曾经对潼关造成严重危害。再详细说明洛水的源流及走向，以证明杜甫担心洛水汇合黄河，再度冲击潼关并淹没数州的忧虑，不是杞人忧天。这条笺注引证周密，解说严谨，对理解诗意极有助益。

2.《秦州杂诗二十首》"清渠一邑传"。朱注曰：

《秦州记》：天水县界有水一派，北流入长道县界。《旧唐书》：秦州州前有湖水，冬夏无增减，故名天水郡。按：《唐志》：秦州有清水县。《水经注》云：清水导源东北陇山，径清水县故城东，与秦水合，东南注渭县，以此得名。今云"清渠"，岂即此水欤？

此考"清渠"当即《水经注》之"清水"，较为可信。

3.《发秦州》"汉源十月交"。朱注曰：

《唐书》：汉源县属成州。按：《地志》：汉有二源，东源出武都氐道，西源出陇西西县之嶓冢山，南入广汉。此名"汉源"，盖西汉也。

此条考水源。汉水的西部源头，即今天陕西省西南部秦岭与米仓山之间的宁强县冢山，靠近唐之秦州。

4. 《赠别何邕》"绵谷元通汉，沱江不向秦"。朱注曰：

> 《唐书》：绵谷县，属利州。《禹贡》注：汉出为潜。郭璞云：有水从汉中沔阳县南流，至梓潼、汉寿县，入大穴中，通罡山下，西南潜出。旧云即《禹贡》潜水也。《史记正义》：潜水出利州绵谷县东龙门山石穴下。按：绵谷，即蜀汉之汉寿，今保宁府广元县是。"绵谷元通汉"，谓绵谷潜水，本上合于沔阳之汉水也。汉中北直长安，故云。
>
> 《汉书·地理志》：沱水，在蜀郡郫县西，东入大江。其一在汶江县西南，东入江。郭璞《尔雅注》：沱水，自蜀郡都安县湔山，与江别而更流。金履祥曰：江至永康军导江县，诸源既盛，遂分为沱，东至眉州彭山县，复合于江。按：沱江，《蜀志》谓一在灌县，一在新繁。灌县之沱，一名郫江，即郭注所云别江于湔山者。《沟洫志》谓李冰所穿，恐亦因禹故迹而疏之耳。

两句均是有关水的考证。关于前句，嘉陵江在古代称作"潜水"，是汉水流经绵谷的分支。何邕是绵谷县尉，将赴长安，杜甫作诗赠别。旧注对此或仅考典故，或付阙如。此句寓意何邕就像潜水源自汉水一样可以顺利回到长安。关于"潜水"，此处不妨参阅朱氏的详尽考证：

> 《史记正义》云："潜水源出利州绵谷县东龙门山大石穴下。庾仲雍以垫江（晋县）有别江出晋寿县，此即潜水。"余按：今保宁府广元县，汉广汉地也，蜀汉曰汉寿，晋改晋寿，隋改绵谷。石穴水当是经绵谷出宕渠（今渠县），杜少陵诗"绵谷元通汉"，此一证也。郑康成云："汉别为潜，其穴本小禹，自广汉疏通，即为西汉，盖即指绵谷水耳。"然此水既从沔阳南流，则是东汉枝派，与西汉水迥不相蒙。《地理志》云："潜水出巴郡宕渠符特山，西南入江。"不云"潜"，即西汉康成始合之为一，郦道元、孔颖达辈因之疑康成说不足信。及考《水经注》，西汉水自嶓冢而下，即西南流过祁山，入嘉陵道，为嘉陵水；又东南流经宕渠，合宕渠水，乃知西汉水入潜，故世遂以"潜"即西汉耳。若必如

《注疏》解，求所为出汉入汉者为"潜"，则今之宕渠水与西汉水皆至合州入大江，何尝与沔、汉相为沿注哉？①

此条考证潜水之沿革走势，纠正历代学者之谬妄，不仅对杜诗的阐发甚有助益，更是地理学上的一个重要发现。故《愚庵小集》之《四库提要》也以为此文与《禹贡三江辨》、《震泽太湖辨》诸篇地学论文"悉能典雅醇实，不堕剿窃摩拟之习"，"多有裨于考证"，深中肯綮。

后条考水之沿革。朱注因时代先后依次引用《汉书·地理志》、郭璞《尔雅注》及宋元学者金履祥的考证，目的是考察沱江在不同历史时期的走向及与长江交汇地点的变化，以此说明沱江自古以来确是"不向秦"的，即不通向秦川的。所下按语，是考察杜诗所指沱江。也许我们觉得为了注释"沱江"二字而如此大费周章，是否过于严肃或"不解风情"了，但从宋代杜注的历史看，学术化、考据化恐怕是杜诗笺注所必经的阶段。没有这个坚实的基础，杜诗的演绎及其理论都是空中楼阁。

5.《咏怀二首》"飘飘桂水游"。朱注曰：

《楚词》：桂水兮潺湲。《水经注》：郴阳县，桂阳郡治也。《地理志》曰：桂水所出，因以名。应邵曰：桂水出桂阳东北入湘。《元和郡县志》：桂江，一名漓水，经临桂县东。按：漓水与湘水，同出今桂林府兴安县海阳山，漓南流而湘北流，漓水又名桂水。公时未尝至桂林，而此又言"飘飘桂水游"，他诗又云"桂江流向北，满眼送波涛"，盖湘水自临桂而来，亦得称桂水也。

此条考"桂水"所指。引《楚辞》，表明桂水之名古已有之，杜诗可能化用之。引《水经注》和《元和郡县志》，考察桂水之发源流向及其别名。按语画龙点睛，漓江与湘江虽异流而同源，同出桂林府兴安县海阳山，故可代称；而漓江又名桂水，故湘江亦可称为桂水。再引用杜诗，以杜证杜。则

① 《嶓冢汉源辨》，《愚庵小集》卷十二，华东师范大学出版社2010年版，第247页。

此句意为"（驾舟）沿着湘江浮游"，是实写。赵注以为"桂水出会稽，禹崩之地"，"欲往而怀叹也"，大误。

6.《送十五弟侍御使蜀》"百丈内江船"。朱注曰：

　　旧注：水自渝上合州者，谓之内江；自渝由戎、泸上蜀者，谓之外江。按：《通鉴》：朱龄石伐蜀，众军从外水取成都，藏僖从中水取广汉，老弱乘高舰，从内水向黄虎。史照《释文》：巴郡正对二水口，右则涪内水，左则蜀外水。内水自渝上合州至绵州，外水自渝上戎、泸至蜀。杨用修谓：外水即岷江，内水即涪江，中水即沱江。①

此条考水之泛称，驳斥旧注之误，朱注引《通鉴》之史料，又引史照《释文》和杨慎的材料驳之，可证"内江"即涪江。

# 第七节　补正旧注

《杜诗辑注》对长期以来旧注误解为一般名词的地理专名有所补充和注释，对旧注中严重的谬误进行驳斥，这也是朱氏对杜注正本清源努力的一部分。

## 一　补旧注之阙

1.《题郑县亭子》"云断岳莲临大路"。朱注曰：

　　《晋书》：晋檀道济伐后秦，至潼关。秦遣姚鸾屯大路，绝道济粮道。《通鉴注》：自渑池西入关，有两路。南路由回豁阪，自汉以前皆由之。曹公恶路险，更开北路，遂以北路为大路。

按旧注多从赵注，以为"大路"指一般道路，故阙而不注。朱注引《通

---

鉴注》的材料，说明"大路"为曹操所开，《晋书》之"大路"乃其故道，也是杜诗所云"大路"。

2.《甘园》。朱注曰：

> 甘，古通作"柑"。《益部方物赞》：柑生果、渠、嘉等州，结实垺于江南，味差薄。李实曰：柑园在梓州城南十里，今犹名柑子铺，柑废。

按该诗有"春日清江岸，千甘二顷园"之句，千家注之标题为《柑园》，朱注当受此启发。但旧注均以"甘园"或"柑园"为一般的种柑之园，朱注据好友蜀人李实的材料，认为"甘园"乃特定地名，此诗当咏梓州城南之柑园，为该诗编入梓州诗提供了新的证据。

3.《柴门》"巨渠决太古"。巨，一作巴。朱注曰：

> 按：巨渠，恐当作巴渠。《水经注》：清水出巴渠县东北巴岭南獠中，即巴渠水也。西南流至其县，又西入峡。又曰：巴渠水南历檀井溪之檀井水，下入汤溪水，汤溪水又南入于江，名曰汤口。

旧注皆以"巨渠"为一般名词而忽略。朱注因为熟稔地理，所以能在不易察觉的异文中发现并解决问题，此即一典型之例。

4.《严氏溪放歌行》。朱注曰：

> 《华阳国志》：阆中有三狐、五马、蒲、赵、任、黄、严为大姓。《唐书·李叔明传》：阆州严氏子疏称，叔明少孤，养于外族，遂冒其姓。可证严氏溪在阆州，溪盖以其族名也。[①]

该条考"严氏溪"之地理位置。旧注均以该诗为绵州诗。赵注虽对此诗所作时地有所怀疑，但因不知"严氏溪"何指，只得作罢。朱注引《华阳国

---

① 以上4例，分别见朱鹤龄《杜工部诗集辑注》，河北大学出版社2009年版，第177、382、631、402页。

志》的材料，见该书"巴志"之"巴西郡·阆中县"。《华阳国志》是东晋常璩所撰，是我国现存最早的最完整的一部地方志，记载地域范围为晋代梁、益、宁三州。"阆中"即唐代阆州。所引《唐书·李叔明传》材料，见于《旧唐书》卷一二二："李叔明，字晋卿，阆州新政人。本姓鲜于氏，代为豪族。兄仲通，天宝末为京兆尹、剑南节度使。兄弟并涉学，轻财好施。叔明初为剑南节度使杨国忠判官，乾元后为司勋员外郎副。汉中王瑀使回纥，回纥接礼稍倨，叔明离位责之。……大历末，有阆州严氏子上疏，称叔明少孤，养子于外族，遂冒姓焉，请复之。诏从焉。叔明初不知其从外氏姓，意丑其事，遂抗表乞赐宗姓，代宗以戎镇寄重，许之。"《旧唐书》的材料可证李叔明本姓鲜于，少养于严氏，改姓严；后又得代宗所赐，改姓李。两条材料可以推测，"严氏溪在阆州，溪盖以其族名也"。

## 二　正旧注之误

1. 《垂老别》"土门壁甚坚，杏园度亦难"。朱注曰：

> 《九域志》：卫州汲县有杏园镇。《旧唐书》：郭子仪自杏园渡河围卫州。又，董秦为濮州刺史，移镇杏园。按：时子仪、光弼相继守河阳，土门、杏园皆在河北，故须严备。旧注谬极。

宋代旧注均引《长安志》，以为"土门"、"杏园"俱在长安，大误。杜诗多用"土门"，但名同而地异。此处当以朱注为正，在河北。按语引郭子仪、李光弼相继镇守河阳的材料，说明"土门"、"杏园"正在附近。"壁甚坚"、"度亦难"，言土门壁垒甚为坚固，杏园水急敌军难渡，"慰妻而兼为自解之词"（仇注）。

2. 《九日蓝田崔氏庄》"玉山高并两峰寒"。朱注曰：

> 玉山即蓝田山。按：蓝田山去华山近，故曰"高并两峰寒"。旧注指秦山、华山，非是。

黄注引"晏曰"："玉山与秦山、华山峙立，故云高并两峰寒"，朱氏认为所谓"两峰"即蓝田山和华山。

3. 《望岳》"箭栝通天有一门"。朱注曰：

> 箭栝，旧注引箭筈峰。姚宽云：箭筈岭自在岐山。按：地志诸书，并不云华山有箭栝。《韩非子》：秦昭王令工施钩梯而上华山，以松柏之心为博箭，长八尺，棋长八寸，而勒之曰：王与天神博于此。《水经注》：自下庙历列柏南行十一里，东回三里，至中祠。又西南出五里，至南祠。从北南入谷七里，又届一祠。出一里至天井，井才容人行，迂回顿曲而上，可高六丈余。山上有微涓细水，流入井中。上者皆所由涉，更无别路。出井望空视，明如在室窥窗矣。此与"通天一门"语甚合。所云"列柏"，岂即"箭柏"耶？《初学记》"事类"亦以"莲峰"对"柏箭"，则箭栝乃柏字之讹。李攀龙《华山记》又云：自昭王施钩梯处西南上三里许，得一峡如栝，曰天门。岂后人因杜诗附会乎？①

杜诗有三《望岳》，此首《望岳》为乾元元年（758）华州司功参军任上望华州华阴县之华山。"车箱入谷无归路，箭栝通天有一门"，上句咏"车箱谷"，则下句亦当对应为地名。赵注等引《华山记》"箭筈峰"，然据朱注考证，"地志诸书，并不云华山有箭栝"。引《韩非子》，说明此山峰之得名渊源有自，非空凭无据。且与《水经注》、《初学记》之材料均可证"栝乃柏字之讹"。该条考证详征博引，条分缕析，显示了朱氏广博的学识和坚实的考据才能。

---

① 以上 3 例，分别见朱鹤龄《杜工部诗集辑注》，河北大学出版社 2009 年版，第 198、180、178 页。

# 第八章 《杜诗辑注》的史实研究

杜诗的史实考证历来是杜诗研究最重要的方面，也是《杜诗辑注》最关注和收获颇丰的方面。

自晚唐以来，杜诗就有"诗史"的说法。宋人以诗史互证的手法考据杜诗，取得了丰厚的成果，其中以赵次公和黄鹤的努力最有成效。他们对唐史比较熟悉，许多考据资料为清人沿用继承。如赵次公注释《折槛行》"娄公不语宋公语，尚忆先皇容直臣"，引《资治通鉴》中独孤及上疏的内容，为清代许多注家所取。黄鹤注对杜诗进行了全面编年，许多考证与诗歌内容涉及的史实密不可分。如黄注对《寄裴施州》一诗的考证，长近五百字，为朱注及仇注引用，仇注标为朱注不妥，应将著作权还原给黄鹤。其次是他们不主张将杜诗与唐史随意比附，如赵次公多次批评了高登在《高东溪集》中所作的穿凿考证，给后人以深刻启发。

但宋注也存在一些缺陷，具体表现在以下几个方面。（一）疏漏多。黄注考史最精，主要在编年，关于诗歌正文的史实考订，却疏阙较多。（二）深入少。宋注虽然全面，但在某些重要的史实方面，其实不及王观国、王应麟、洪迈等学者深入。（三）附会多。黄注追求全面编年，其实这是不可能的。钱谦益就尖锐批评黄注多牵强附会处，"年经月纬，若亲与子美游从而借记其笔札者"①。钱注用吴若本不编年，朱注虽考订杜诗的许多编年，但基本还是有所节制，只是区分大致的时段，二注的目的在于避免附会牵强。

朱注和钱注是杜注史上考证史实成就较高的两个注本。之所以能够取得

---

① （清）钱谦益：《注杜诗略例》，《钱注杜诗》卷首，上海古籍出版社1979年版。

较大成就，既与当时的政治形势有关，也与学术界对诗、史本质及诗史互证
的认识深化有关。

# 第一节　论诗史互证

诗史互证包括"以史证诗"和"以诗证史"两个方面，前者指通过史实
考证诗歌，目的在于证明诗歌的史学特质，并以此挖掘诗歌的深层意蕴；后
者指通过诗歌考证历史，具体包括补史之阙和纠史之谬。关于诗史互证的内
涵，一般认为包括"以史证诗"、"诗史互参"和"以诗证史"，但仔细推敲，
所谓"诗史互参"，其实内容不外"以史证诗"和"以诗证史"。自古以来，
杜甫诗歌因为"善陈时事"，被历代学者视为"诗史"，对于杜诗历史背景的
考证也格外倾注精力，今人概括曰"诗史互证"。

## 一　杜诗的"诗史"说

诗史互证提法的出现是一个漫长的历史过程，它伴随着中国古代文史观
念的变革、诗歌笺注的发展以及激烈的民族斗争的历史背景。

中国古代的诗歌与历史有不解之缘。作为古代诗论开山纲领的"诗言
志"，郑玄云："国史采众诗，明其好恶，令瞽蒙歌之，其无作主，皆国史主
之，使可歌。"① 诗、史发挥了纪事监察的功能。孔门四科之一的"文学"，
是以史学为主，包括今天文学在内的学术整体。两汉时期，文学依然附丽于
经史。扬雄认为辞赋之作是"雕虫篆刻，壮夫不为"。王充说："文岂徒调墨
弄笔为美丽之观哉！载人之名，传人之行也。"② 文学在当时的历史条件下，
只有依附经史之学，才能提高其在整个学术系统中的地位。即使到了"文学
自觉"的魏晋时代，文学渐从经史的羽翼下挣脱出来，但一般文士所重，还
是攸关治国安邦的经史文章，即曹丕在《典论·论文》中所云"盖文章，经
国之大业，不朽之盛事"，轻视描写个人生活、吟咏性情的一般作品。儒家
传统的诗教观点，深刻影响了古代文人的价值取向。经过六朝经学和诗风衰

---

① （唐）孔颖达：《毛诗注疏》卷一注文引郑玄语，《四库全书》电子版。
② （汉）王充：《佚文篇》，《论衡》卷二十，《四库全书》电子版。

变之后，唐代许多人更视诗歌为个人遣闷排忧之作，是经济人生的"小道"、"末技"，对史学价值、史笔精神有了更自觉的追求，杜甫就是代表人物之一。他在《贻华阳柳少府》中说："文章一小技，于道未为尊"，正是这种传统观念的集中反映。他在诗歌中一再以"史臣"称道友人，主张直笔发抒的诗风。其"三吏"、"三别"、《兵车行》、《悲陈陶》等新题乐府，信笔直书，善纪时事，庶几乎史。长篇大章的新体律诗也一反过去局限于孤情只意、借古喻今的陈规，直面人生，反映现实，显示了自觉的史学趋向。到了晚唐，孟棨云："杜逢禄山之难，流离陇蜀，毕陈于诗，推见至隐，殆无遗事。故当时号为诗史。"① 此说得到后世的响应，如宋祁就称赞杜诗"善陈时事，律切精深，至千言不少衰，世号诗史。"② 即是对杜诗"诗史"说的肯定。

后代学者在运用"诗史"的概念时，又根据自己的诗学观点和对杜诗的理解，从不同视角和不同层面对之阐释、修正，从而丰富了"诗史"的内涵和学术性。除了上述"善纪时事"的解释外，尚有：（一）"史德史识"说。认为杜诗有不隐恶、不潜善、不虚美的史家之德和"知本察隐"的史家之识，故或拟之《春秋》，或拟之司马迁，号为"诗史"。如南宋周煇《清波杂志》卷十引李遐年之言曰："诗史犹国史也。《春秋》之法，褒贬于一字，则少陵一联一语，正《春秋》法也。"③ 胡宗愈《成都草堂诗碑序》曰："先生以诗鸣于唐，凡出处去就，动息劳佚，悲欢忧乐，忠愤感激，好贤恶恶，一见于诗，读之可以知其世，学士大夫谓之诗史。"④ 文天祥序其《集杜诗》，从自己的切身遭遇中深感"凡吾意所欲言者，子美先为代言之"，因谓"昔人评杜诗为诗史，盖以其咏歌之辞，寓纪载之实，而抑扬褒贬之意，灿然于其中，虽谓之史可也"。杜甫在重大的政治和历史事件面前，往往察微知著，义正词严，富有史家之美德和卓识，故黄庭坚誉之"千年是非存史笔"，是甚有见解的。（二）"近经"说。蔡居厚《诗史》从诗歌发展史的高度考察杜

① 华文轩：《古典文学研究资料汇编》"杜甫卷"第一册，中华书局 1964 年版，第 38 页。
② （宋）欧阳修、宋祁：《新唐书》，中华书局 1975 年版，第 5735 页。
③ 华文轩：《古典文学研究资料汇编》"杜甫卷"第三册，中华书局 1964 年版，第 638 页。
④ 华文轩：《古典文学研究资料汇编》"杜甫卷"第一册，中华书局 1964 年版，第 92 页。

诗的历史地位，肯定杜诗"言理近经"、"有三百篇之旨，足与《国风》、《雅》、《颂》相表里"，故称之为"诗史"①。明代高棅云："公之忠愤激切、爱国忧国之心，一系于诗，故常因是而为之说曰：《三百篇》，经也；杜诗，史也。诗史之名，指事实耳，不与经对言也。然风雅绝响之后，唯杜公得之，则史而能经也，学工部则无往不在也。"②将杜诗与《诗经》相提并论，称赞其博大精深的思想内容以及赋比兴手法的完美结合。（三）"补史"说。清代浦起龙在《读杜心解》中的一段话很有代表性，他说："代宗朝时，（杜诗）有与国史不相似者：史不言河北多事，子美日日忧之；史不言朝廷轻儒，诗中每每见之。可见史家只载得一时事迹，诗家直显出一时气运。诗之妙，正在史笔不到处。"③（四）"自传"说。仇兆鳌说："甫当开元全盛时，南游吴、越，北抵齐、赵，浩然有跨八荒、凌九霄之志。既而遭逢天宝，奔走流离，自华州谢官以后，度陇客秦，结草庐于成都瀼西，扁舟出峡，泛荆渚，过洞庭，涉湘潭。凡登临游历，酬知遣怀之作，有一念不系属朝廷，有一时不端疴斯世斯民者乎？读其诗者，一一以此求之，则知悲欢愉戚，纵笔所至，无在非至情激发，可兴可观，可群可怨，岂必辗转附会，而后谓之每饭不忘君哉！"④

　　虽然各种说法自有道理，但归根结底不能离开杜诗纪事写实的根本特质。杜诗对导致封建社会中落的安史之乱有极为详细的描写刻画，前后八年，篇什之富，再现之真，远轶流辈，垂范后世。自天宝十四载冬乱发前夕，作《自京赴奉先县咏怀五百字》，有"疑是崆峒来，恐触天柱折"之句，对大乱将临已隐有预感。至广德元年，梓州作《闻官军收河南河北》，喜战乱平息。携家逃难，有《彭衙行》；陷贼长安，有《哀王孙》《悲陈陶》《悲青坂》《对雪》《塞芦子》《哀江头》《春望》；至凤翔行在，有《喜达行在所三首》；任官拾遗，有《述怀》《羌村三首》《北征》《喜闻官军已临贼境》《收京三首》；官华州司功，有《洗兵马》、"三吏"、"三别"等。加上晚年追忆之

---

　　① 郭绍虞：《宋诗话辑佚》下册，中华书局1980年版，第454页。

　　② （明）高棅：《唐诗品汇》上册，上海古籍出版社1982年版，第415页。

　　③ （清）浦起龙：《读杜心解》，中华书局1961年版，第11页。

　　④ （清）仇兆鳌：《杜诗详注·序》，中华书局1979年版，第1—2页。

诗，总数不下四十篇。恰如巨幅历史画卷，逼肖真实，曲折生动，艺术反映了八年离乱给唐帝国造成的永久疮痍以及给人民带来的深重苦难。杜诗还善于记录重大社会主题，如《兵车行》揭露玄宗穷兵黩武，《丽人行》揭露杨氏兄妹专宠跋扈，《奉同郭给事汤东灵湫作》《自京赴奉先县咏怀五百字》《哀江头》直斥统治者荒淫误国，《盐井》《岁晏行》等记述田制破坏、币制失策、横征暴敛等严重的经济弊端，《释闷》反映边防松弛、外患连绵，《去秋行》《草堂》《客居》《逃难》《三绝句》反映藩镇猖獗、割地自雄、拥兵作乱的现状，《驱竖子摘苍耳》《岁晏行》等刻画贵贱、贫富、劳逸、苦乐诸多方面的不均现象。

"诗史"观念也集中体现于历代的各种杜甫年谱和杜诗笺注之中。自北宋吕大防开始，先后产生几十部杜甫年谱。从今存的吕大防、蔡兴宗、赵子栎、黄鹤、朱鹤龄、仇兆鳌等人的年谱看，作者均采取诗史对照、互相印证的方法，探赜索隐，详尽考察杜诗中的史料线索，大致确定了杜甫一生的踪迹和大部分作品的系年。而在杜诗笺注中，"诗史"的作用更为明显，成为笺注杜诗的一个先设观点。从北宋陈禹锡以新、旧《唐书》为按，诗史为断，自题其书曰《史注诗史》，到清初钱谦益、朱鹤龄等笺注杜诗，广引博征，赅洽精审，辨疑纠伪，以两《唐书》《通鉴》为主干，以各种地志、杂史、笔记、诗话为羽翼，互相发明考订，形成了阵容浩荡、学风坚实的"以史证诗"派。宋代的黄鹤注本在编年和考史上代表了宋人的最高成就，而随着史学及其方法的发达，清初注家对唐史的研究日臻精密，"以史考诗"的水平也超越往古。在以钱谦益为核心的苏州以及江南地区，聚集了一批学有根底、精于考据的注杜、评杜和学杜的学人，人数达百人之众，形成了浓厚的研究唐史的风气，极大地推动了杜诗研究的深入。他们认为杜甫命意是"心不孤起，仗境方生"，主张必须精通史书，熟稔典故，体察杜甫的生平经历和处境感受，如此方可解诗。试看钱谦益熟练使用史料，似若己出，即可窥见其史学修养；据以阐释诗意，发皇杜甫之心曲，冀存少陵之真面目，澄清旧注之谬误，使杜诗底蕴大白于天下。这在他自诩为"凿开日月，手洗鸿蒙"的《冬日洛城北谒玄元皇帝庙》《洗兵马》《承闻河北诸道节度入朝欢喜口号绝句十二首》《诸将五首》诸笺中表现得尤为明显。这几首诗笺注的宗旨，就是指出杜甫对玄、肃、代三帝及朝廷的讽喻。尽管因求深求新而有可议之处，但改变了长期以来对杜甫"一饭不忘君"的愚忠看法，还原了杜甫的"真面目"，这是其最值得称说之处。朱鹤龄亦据史重新解读《奉同郭给事汤东灵湫作》《收京三首》《建都十二韵》等诗，一洗旧注之陋。可以说，清初学者在"以史证诗"治杜方面取得了空前绝后的成绩。

## 二 关于"以史证诗"

但也必须看到"以史证诗"的局限。

第一，杜诗相当忠实地反映了当时的现实，杜诗中以为题材的许多重大历史事件，考之唐史，均大体合节；所吟颂的一些重要人物，也大致与史书相符。例如杜诗《八哀诗》对王思礼、李光弼、张九龄等人的叙述，与《旧唐书》对照，基本没有出入。合观称颂李嗣业的几篇诗，与新旧《唐书》对照，可以说"遗貌取神"，基本抓住了李嗣业的精神风貌，是艺术真实和历史真实的合璧。得杜诗可以论世知人，此非虚言。但又不可不注意到，无论是史书还是杜诗，都是人写的，都是历史的客观和史官、诗人主观综合的结果。尤其是在封建社会，所谓"二十四正史"，均是撰写者取舍、组织、阐释、叙述出来的，特别是在材料的取舍和人物的评价方面，更是受到了官方意识形态的严格控制。所以"以史考诗"，首先必须正确而辩证地看待史书，不宜将之看作完全无误的铁证，然后再用杜诗对照。宋代杜诗注家过信两《唐书》中杜甫的史料，以之解读杜诗，结果许多作品凿枘难合，甚至连诗旨都无法确定，就是吃了盲从正史之亏。对待杜诗也是如此，不应将杜诗看作完全的"信史"。杜甫本身限于各种原因，或错误记载历史，或有意无意疏忽某些史实的因素。错误记载历史的例子，如大历二年杜甫在夔州作《承闻河北诸道节度入朝欢喜口号十二首》之三"河北将军尽入朝"，朱鹤龄指出："河北入朝事，史无明文，疑公在夔州，特传闻之，而未实然耳。"① 这是杜甫传闻的疏忽。再如严武与杜甫十分亲密，但无论是生平大节还是评价，史书之严武与杜诗之严武还是有相当差距的。《旧唐书》中关于严武在朝

---

① （清）朱鹤龄：《杜工部诗集辑注》，河北大学出版社 2009 年版，第 624 页。

"与宰臣元载深相结托，冀其引在同列"以及"小不副意，赴成都杖杀（章彝）"的劣迹记载，在杜诗中不可能见到；而《旧唐书》中对严武"前后在蜀累年，肆志逞欲，恣行猛政"、"穷极奢靡，赏赐无度"、"性本狂荡，视事多率胸臆"①的此类评价，在杜诗中也不见丝毫踪影。人们更可能记得杜甫在《八哀诗》中对严武"公来雪山重，公去雪山轻"的美誉。事实上，严武并非杜甫所认为的那样，是个可为国之栋梁的人才，至少《旧唐书》与杜甫的认识是不同的。这种情况在杜诗中恐怕绝非一处。

第二，无论史书或者诗歌（文学），均只能反映部分的现实。各种唐代的史料总和，也只是三百年唐帝国活生生史实的脉络而已；包括"诗史"的杜诗在内的所有唐代诗歌或文学之总和，也只是唐代生活的斑斑点点而已。史和诗有不能对应交集的空白地带，那是历史的沉默之处，注家无论如何努力，也只能株守现有的史料，力图为诗歌安排合理的历史归宿；对于史料不及处，注家应该知难而退，这就是朱氏所谓"诗有可解，有不可解"的用意所在。

第三，史料和诗情有严格的区分。钱钟书说得好："历史考据只扣住表面的迹象，这正是它的克己的美德，要不然它就丧失了谨严，算不得考据，或者变成不安本分、遇事生风的考据，所谓穿凿附会。"②"以史证诗"要求诗歌必须提供足够的史料线索，为笺注者明引或暗示寻求史料的通途幽径，正如几何学有"三点固定法"一样，诗歌作品必须提供足可"锁定"相应史料的数点"信息"，仅凭蛛丝马迹，考出所谓"史实"，再以之笺诗释意，鲜有不谬。所以它一般多适用于叙事性强、直接描写与时事有关的作品，或借比兴传统来表现现实社会的作品，至于那些抒情成分较多的诗歌作品，并不适合，杜诗尚有不少作品姑从旧编而无确证以系年，就是证明。如果捕风捉影，深文周纳，势必沦于穿凿附会，宋注和清注皆曾犯过此类错误。邓之诚说："钱谦益《读杜小笺》事事征实，不免臆测。"钱注虽在杜诗旨意上取得一定成绩，但事事比附史实，亦难逃臆测之诛，并在某种程度上歪曲了作者的本旨深趣。

---

① （五代）刘昫等：《旧唐书》，中华书局 1975 年版，第 3395 页。
② 钱钟书：《宋诗选注·序》，人民文学出版社 1958 年版，第 4—5 页。

　　第四，"以史证诗"的目的是为了更准确深入地理解作品。准确赋予诗歌作品一定的时代和事件背景，可以避免对诗歌解释的随意性，为进一步解读和欣赏文本自身打下基础。但从杜诗的笺注史来看，注家往往注目于史实、地理等背景考证，对诗歌审美反倒似乎视而不见，亦即所谓的"释事忘义"或买椟还珠。杜诗之美，更多的是凝练之美、雄浑之美、韵律之美，而这不是枯燥乏味的考史释地所能给予的。甚至清初出现了一些完全抛弃旧注的白文杜注，可以看作是对旧注过于注重背景考证的极端反叛，此举虽不值得提倡，但所蕴含的意义则当引以为戒，值得今人反思。

## 三　关于"以诗证史"

　　"以诗证史"也由来已久，非后世或近代学者的发明，但直到清初才得到明召大号的提倡。中国的上古之史，多赖《诗经》等保存一定的史料。《左传》大量引用《诗经》，多达一百九十首次；司马迁《史记》之《殷本纪》《周本纪》，记载殷之始祖契、周之始祖后稷的事迹，几乎全搬《商颂·玄鸟》和《大雅·生民》，《诗经》成为补商周史阙的重要材料，均是典型的"以诗证史"的例子。就是说，《左传》作者和司马迁在考订《诗经》多载上古之史的基础上，才将其援引入史的。历代官方正史也不乏补诗入史的情况。杜诗在宋代受到极大关注，其史料价值也得到重视。黄鹤《补注杜诗》注《三绝句》"前年渝州杀刺史，今年开州杀刺史"，引著名学者鲍慎由的话说："开州、成都远，不知其故，史不书，失之。"说明北宋人已经注意到这个问题。刘克庄说："唐自中叶以徭役调发为常，至于亡国，肃、代而后，非得贞观、开元之唐矣。新、旧唐史不载者，略见杜诗。"

　　但"以诗证史"严格意义上并不是一种注诗的方法，而是一种考史的方法，具体而明确的内涵及目的是对史书的补阙纠谬，目的在史而非诗。近代陈寅恪主张"以诗证史"，也是出于同样目的。在他眼里，诗具有史的真实性。在《以杜诗证唐史所谓杂种胡之义》一文中，他以杜诗中关于"杂种胡"的诗句，补证"故杂种胡即中亚昭武九姓胡，唐人日习称九姓胡为杂种胡"，云："杜少陵与安、史为同时人，其以杂种目安、史，实当时称中亚九姓胡为杂种胡之明证。"① 他认为："唐代诗歌保留了大量历史记录，唐史的复杂性与接触面广这些特点，都在唐诗中有反映，成为最原始的实录。文章合为时而作，所以唐诗中也反映了当时社会的现象。"② 但钱钟书显然反对"以诗证史"，说："夫世法视诗为华言绮语，作者姑妄言之，读者亦姑妄听之。然执着遣兴泛寄，信为直书纪实，自有人在。诗而尽信，则诗不如无耳。"③ 在《管锥编》中更是反复致意："盖诗史成见，塞心梗腹，以为诗道之尊，端仗史势，附和时局，牵合朝政；一切以齐众殊，谓唱叹之永言，莫不寓美刺之微词。远犬吠声，短狐射影，此又学士所乐道优为，而非慎思明辨者所敢附和也。"④ 他批评的对象显然是指陈寅恪。两人的观点皆有合理之处，但指向却不完全一致。从陈氏看，诗是广义的史，自然无误；"诗史互证"作为一种考证文史的综合手段，也是适用的。从钱氏看，强调"诗道之尊"和诗歌独有的美学价值，也未可厚非。两人的根本分歧在于立足点的不同，陈是史学家，他眼里的杜诗都是史料，但具体到治杜注杜，除了上述几例对杜诗研究有所助益外，作用并不明显，这就说明今人习用的注释杜诗所谓的"以诗证史"，其实是对其内涵的一种误解。以杜诗考证历史，目的在史而非杜诗本身，这也是我们今天研究杜诗所应该重视的方面。

# 第二节　以史证诗

以史证诗，是以史料考察诗人的本事、诗中的时事、人物或历史背景以释证诗歌。这一方法适用于研究写实性诗歌，而杜诗是写实性诗歌的代表，特别适用此方法。《杜诗辑注》对杜诗的考证亦多以史实为基础。下面即从几个方面分析其以史证诗的具体成果。

## 一　以史考杜诗人物

清初注家扩大了史实研究的范围，对杜诗中有关人物的考证取得了前所

---

① 陈寅恪：《金明馆丛稿二编》，生活·读书·新知三联书店 2001 年版，第 58 页。

② 同上书，第 227 页。

③ 钱钟书：《谈艺录》（补订本），中华书局 1999 年版，第 388 页。

④ 钱钟书：《管锥编》，中华书局 1979 年版，第 1389 页。

未有的成绩。朱鹤龄的人物考证甚见功力，常常详引唐史资料多种和总集、别集、碑传，并结合杜诗语境，考证人物身份，加深了对杜诗的理解。

（一）补充旧注

补充者，旧注已有考证，朱注增加材料完善之。

1.《苏端薛复筵简薛华醉歌》，朱注曰：

> 《旧唐书》：杨绾谥文正，比部郎中苏端持两端。卞圜曰：端，时白衣。《唐科名记》：端，来春始及第。薛复，未详。独孤及《燕集诗序》：右金吾仓曹薛华，会某某于署之公堂。

旧注中赵注、九家注、黄注、蔡注及钱注于诗题三人皆无注。"卞圜曰"云云，引自《集千家注分类杜工部诗》。朱注所引《旧唐书·杨绾传》关于苏端的材料，有助于对杜诗的解读。

2.《送李校书二十六韵》，朱注曰：

> 《唐书·宗室世系表》：舟字公受，虔州刺史，陇西县男。父岑，水部郎中、眉州刺史。《旧书》：梁崇义逆命，命金部员外李舟谕旨以安之。柳宗元《石表先友记》：李舟，陇州人，有文学俊辩，高志气，以尚书郎使危疑反侧者再，不辱命。被谗妒，出为刺史，废痼卒。

九家注引"鲍云"："李舟也，《国史补》言舟好事云云。"黄注据《唐书·宗室世系表》考其仕履。蔡注据柳宗元《石表先友记》再作补充。朱注所增乃《旧唐书》卷一二一《梁崇义传》之记载，使李舟的面目更为清晰。此条考证，足见学术乃集腋成裘，愈趋精密。

3.《得广州张判官叔卿书使还以诗代意》，朱注曰：

> 张叔卿，鲁人，见公《杂述》及《旧唐书·李白传》。

按黄注曰："叔卿，其《杂述》所谓鲁之张叔卿者欤？"杜甫《杂述》文曰："鲁之张叔卿、孔巢父二才士者，聪明深察，博辩闳大。"《旧唐书》卷一九〇下《李白传》载，白少与鲁中诸生孔巢父、张叔明等，"隐于徂徕山，酣歌纵酒，时号竹溪六逸"。则"张叔卿"与"张叔明"当系一人。朱注所补甚是。

4.《赤甲》"蜀客郗岑非我邻"，郗，朱注曰：

> 《文苑英华》有符载《志杨鸥墓》云：永泰二载，相公杜公鸿渐，奏授鸥犀浦县令，僚友杜员外甫、岑郎中参、郗舍人昂，闻公殒落，失声咨嗟。又《太白集》有《送郗昂谪巴中》诗。《巴州碑记》云："郗昂有《陪严使君武暮春五言二首在南龛》，诗甚典丽"，则郗为郗昂无疑。时岑嘉州在鸿渐幕府，故云蜀客。①

按旧注唯蔡注曰："郑审、薛璩、郗昂、岑参皆公之故旧。"朱氏补充的《文苑英华》卷九五九符载《犀浦县令杨府君墓志铭》、《太白集》之《送郗昂谪巴中》、王象之《舆地碑记目》卷四《巴州碑记》三条材料，充分说明郗昂是杜甫故旧。

（二）辨析旧注

辨析者，旧注对杜诗人物已有考证，然说法不一，朱注择善而从。

1.《奉赠太常张卿垍二十韵》，垍，一作均。朱注曰：

> 黄曰：《旧书》天宝十三载三月，张均由宪部尚书贬建安太守，还为大理卿。不言均尝为太常卿也。今诗乃是与垍。按：《旧书·均传》云：九载，迁刑部尚书，自以才名当为宰辅。杨国忠用事，罢陈希烈，引韦见素代之，仍以均为大理卿，均大失望。《垍传》云：十三载，尽逐张垍兄弟，出均为建安太守，垍为卢溪司马，岁中召还，再迁为太常卿。《新书》：均还，授大理卿，垍授太常卿。与《旧书》合。《通鉴》亦云：至德元载五月，太常卿张垍，荐虢王巨有勇略。此诗是赠垍甚明。

---

旧本都作赠均，乃刀笔之讹耳。

　　黄注认为当作赠张垍，而九家注曰"《旧唐书》：均，张说之长子也。九载为大理卿，后出为建安太守。岁中召还，再迁太常卿。禄山乱，受伪命，特免死，长流合浦"，以为该诗乃赠张均，钱注亦据九家注，以为意在望求汲引，又寓讽其"求仙得幸"，但检《旧唐书》卷九七《张说传》所附张均、张垍之传，没有张均尝为太常卿之记载。九家注伪造，黄注得之。朱注通过对新旧《唐书》及《通鉴》的比对，说明此诗赠张垍无疑。

　　2.《洗兵马》"关中既留萧丞相，幕下复用张子房。张公一生江海客，身长九尺须眉苍"。张公，朱注曰：

　　　　《旧唐书》：张镐风仪魁岸，廓落有大志，好谈王伯大略，自褐衣拜左拾遗。玄宗幸蜀，徒步扈从，玄宗遣赴行在，至凤翔，奏议多有弘益，拜谏议大夫。寻代房琯为相。《封氏闻见记》：张镐起自布素，不二年而登宰相。正身特立，不肯苟媚阉人。群阉疾之，称其无经济才，改荆府长史。按史：是年五月，镐已罢相。此盛称其筹策者，惜其去而功不就也。观史思明、许叔冀之叛，镐先料之，则比以子房，岂为过哉？

　　宋注及钱注皆以"张公"为张镐，唯阙名千家注引《蔡宽夫诗话》曰：

　　　　老杜云"张公一生江海客，身长九尺须眉苍。微起适遇风云会，扶颠始知筹策良"，说者以为张公镐也。镐虽史称有王霸大略，然当为相收复两京时，不闻别有奇功，但有策史思明欲以范阳归顺为伪、知许叔冀临难必变二事耳，然当时亦不果用也。岂史氏或有遗耶？

　　"张子房"即汉代张良，以谋略著称。张镐预知史思明、许叔冀之叛，料事如神，比之张良不为过。且本传载其"风仪魁岸，廓落有大志，好谈王伯大略"，与杜诗所言颇类。当从朱注。

　　3.《别蔡十四著作》"主人薨城府"，朱注曰：

主人,赵次公、黄鹤俱云郭英乂也。按:《旧史》:英乂奔简州,普州刺史韩澄斩其首送崔旰。英乂必殡于成都,故此云"殨城府",隐之也。或疑指严武,非是。

此诗为杜甫云安之作。故人蔡十四此次护送"主人"灵柩由水路归京,与杜甫相遇于云安。然"主人"谓何,旧注不一,赵注认为当指郭英乂,黄注认为指严武。钱注从黄注,曰:"盖英乂单骑奔简州,为晋州刺史韩澄所杀。不当云'殨城府'也。"① 按诗有"忆念凤翔都,聚散俄十春"之句,杜甫至德二载丁酉(757)在凤翔,至大历元年丙午(766)为"十春",诗当作于该年。而严武卒于永泰元年(765),故"主人"非严武甚明。蔡为剑南节度使郭英乂故旧,大历元年有崔旰之乱,蔡访郭于成都,值其死,遂扶其榇以归,则"主人"当属郭英乂。郭虽"粗暴武人"(见《旧唐书》杜甫传)与杜甫未有交游,但因蔡十四而为之隐讳,故曰"殨"。朱注可信。

4.《寄刘峡州伯华使君四十韵》"学并卢王敏,书偕褚薛能",朱注曰:

钱笺:《唐书》:刘允济博学,善属文,与王勃早齐名。垂拱四年,奏上《明堂赋》,则天手制褒美,拜著作郎。诗云"学并卢王敏",又与公祖审言同事天后,知必为允济也。胡震亨曰:详诗语,其先当是刘宪也。宪与公之祖审言同列《文艺传》。宪在则天时,累官冬官员外郎,审言亦为膳部员外郎,是为"接迹升"也。宪尝受诏,推按来俊臣,嫉其酷暴,欲因事绳之,反为俊臣所构坐贬,故云"翠虚捎魍魉"。俊臣败,宪转凤阁舍人。景龙中,与审言同直修文馆,故云"丹极上鹓鹏"也。按《唐史》:二刘皆以来俊臣构贬官,后皆转凤阁,直修文馆。但宪文名不甚著。史称审言雅善五言诗,工书翰,有能名。此云"学并卢王、书兼褚薛",以刘与审言并称,必属允济无疑也。审言子并以手刃周季重被杀,苏颋为墓志,允济为祭文,则二公交契之厚可知矣。

---

① (清)钱谦益:《钱注杜诗》卷五,上海古籍出版社1979年版,第167页。

该诗当作于大历二年（767）夔州。时刘伯华任峡州（今湖北宜昌）刺史，杜甫作诗相赠。诗中追溯先世渊源，称颂刘之先祖"学并卢王敏，书偕褚薛能"。但对先祖为何人，宋注皆失考。钱注指刘允济，胡震亨指刘宪。《旧唐书》卷一九〇中"文苑"有《刘允济传》，又有《刘宪传》，二人事迹相类，故有争议。然诚如朱注所言，"宪文名不甚著"，与杜甫祖父审言并称者，当属允济无疑。又引卷一九〇上《徐齐聃传》"苏颋为（并）墓志，刘允济为祭文"的记载，则刘伯华的先祖为允济确凿无疑。

5. 《承闻河北诸道节度入朝欢喜口号绝句十二首》其十一"李相将军拥蓟门，白头虽老赤心存。竟能尽说诸侯入，知有从来天子尊"。李相将军，朱注曰：

> 按史：李怀仙先以范阳归顺，是时为检校侍中，幽州、卢龙等军节度使，但未有说诸侯入朝。梦弼谓是李光弼，近之。光弼在玄、肃朝，尝加范阳节度使，又尝兼幽州大都督府长史，虽止遥领其地，亦可谓之拥蓟门也。广德二年，光弼已没。此所云"白头"、"赤心"，盖追美之。

按"李相将军"，指李姓宰相而兼节度使者，旧注对此何人颇有争议。赵注、九家注皆无考，黄注曰：

> "李相将军"意是指李怀仙。怀仙广德元年为史朝义伪范阳节度使，因中使骆奉仙请降，又遣兵追朝义而缢之，代宗授以检校侍中、幽州卢龙等军节使，事见旧史并《通鉴》。幽州有蓟县，故云。自是与蒋嵩、田承嗣、张忠志等分河朔而帅之，称蕃臣。怀仙大历三年为其麾下所杀，第未详何以谓将军。①

而蔡注谓指李光弼。阙名千家注乃并列二说。钱注据《旧唐书》及《八哀诗》，以为当作李光弼。② 二人宦迹类似，故有此争。《旧唐书》卷一百十

---

① （宋）黄鹤：《补注杜诗》卷二八，《四库全书》电子版。
② （清）钱谦益：《钱注杜诗》卷十五，上海古籍出版社1979年版，第534页。

《李光弼传》："（天宝）八载，充节度副使，封蓟郡公。"又大破"贼将蔡希德、史思明、尹子奇"，"河北归顺者十余郡"。此诗作于大历二年（767）夔州时，杜甫误闻河北诸道节度入朝，当因此缅怀光弼当年业绩。朱注可据。

6.《荆南兵马使太常卿赵公大食刀歌》"芮公回首颜色劳"，芮公，朱注曰：

> 旧注：芮公，荆南节度使也。按：唐惟豆卢、钦望、豆卢宽封芮公，而不在大历间。《旧书·卫伯玉传》：广德元年，拜江陵尹，充荆南节度观察等使。大历初，丁母忧，朝廷以王昂代之。伯玉讽将吏留已，遂起复再为节度，至大历十一年入觐卒。则是时节度荆南者，乃伯玉也。伯玉以大历二年六月封阳城郡王，或由芮公进封阳城，亦未可知。史失之不详耳。①

对于"芮公"是何人，九家注及黄注皆以为"荆南节度使"，较为含糊。钱注："吴若本注：以《唐书》考之，恐是卫伯玉。"② 殆朱注所本。

（三）纠正旧注

纠正者，旧注虽有考证，然无一正确，朱注正之。

1.《承沈八丈东美除膳部员外郎阻雨未遂驰贺奉寄此诗》，朱注曰：

> 《唐书》：膳部，属礼部，郎中、员外各一人。《太平广记》：《纪闻》：唐沈东美为员外郎，太子詹事佺期之子。按：《唐书》：佺期以起居郎兼修文馆直学士。与公祖审言同事武后，故诗中有"旧史"、"通家"等语，而比东美为诸父。又律体盛于佺期，故云"诗律群公问"也。旧注指沈既济之胄，大谬。既济，德宗时人，《唐书》可考。

"胄"者，子孙也。诗有"儒门旧史长"之句，赵注曰："谓之旧史，则

---

① 以上6例，分别见朱鹤龄《杜工部诗集辑注》，河北大学出版社2009年版，第80、185、486、596、626、712页。

② （清）钱谦益：《钱注杜诗》卷七，上海古籍出版社1979年版，第230页。

东美者史官，沈既济之胄也。"黄注同，则东美为沈既济后裔。然《旧唐书》卷一四九《沈传师传》曰："字子言，吴人，父既济。博通群籍，史笔尤工。吏部侍郎杨炎见而称之。建中初，炎为宰相，荐既济才堪史任，召拜左拾遗、史馆修撰"云云，当即旧注所据。杨炎乃代宗时人，大历九年（774）任吏部侍郎，其时杜甫墓木已拱，何由得与既济之子孙谋面？旧注显误。沈东美，史书无载。朱氏所引，见于《太平广记》卷四四八"狐二"，虽所记乃荒诞，然人物当有据，可以信从。由此可见虽野史小说，亦间可供考史之助。

2.《奉赠鲜于京兆二十韵》"有儒愁饿死，早晚报平津"，平津，朱注曰：

> 《汉·公孙弘传》：元朔中，代薛泽为丞相，封平津侯。按：平津，谓国忠也。仲通与国忠深交，此诗疑公谒选时所上，故望其汲引。旧注平津指鲜于，谬矣。

九家注曰："平津侯：公孙弘开阁延贤人，故其宾客仰衣食，以喻鲜于。"其余旧注皆同。旧注皆以"平津"喻鲜于仲通，朱注指为杨国忠。今检《汉书》卷五八《公孙弘传》："封丞相弘为平津侯，其后以为故事。至丞相封，自弘始也。"则"平津"为宰相之代称。而鲜于仲通时为京兆尹，不得称为"平津"矣。此句"早晚"谓何时，"平津"当指时与鲜于仲通交好、时任宰相的杨国忠。当从朱注。

3.《别张十三建封》"乃吾故人子，童丱联居诸"，童丱，朱注曰：

> 《旧唐书》：建封兖州人，父玠，少豪侠。安禄山反，令伪将李庭伟率蕃兵胁下城邑，玠率乡豪集兵杀之，太守韩择木方遣使奏闻，玠荡江南，不言其功。按：公父闲为兖州司马。此云"故人"，当是趋庭之日与玠游也。建封以贞元十六年终，年六十有六。公开元末游兖，建封是时才六七岁，故云"童丱联居诸"。旧注：公幼时与建封父友善。谬矣。

宋注于"童丱"何指皆无考。钱注引《旧唐书》卷一四〇《张建封传》，又曰："公父为兖州司马，当以趋庭之日与玠游也。"殆朱注所谓"旧注"。

然考张建封生平，当生于唐玄宗开元二十三年（735），卒于德宗贞元十六年（800），年六十六岁。杜甫于开元末年游兖州，建封尚幼。则"童卯"指建封，意为"那时你正是童年时光"。钱注大谬。

4.《入衡州》"中有古刺史，盛才冠岩廊。扶颠待柱石，独坐飞风霜"，古刺史，朱注曰：

> 古刺史，谓阳济也。济为衡州刺史兼御史中丞，故以"独坐"称之。次公谓：即后篇崔侍御渙，非。

赵注云："刺史乃柱石之臣，'独坐'者，御史也，岂公后篇所注崔侍御渙者乎？"宋注多从之。钱注无考。按《聂耒阳以仆阻水书致酒肉疗饥》"崔师乞已至"句，有杜甫自注："闻崔侍御渙乞师于洪府"云云，即赵注所指。"独坐"、"风霜"皆为御史之典故，此诗既云刺史，又用御史之典，阳济为衡州刺史兼御史中丞，当属无疑。

5.《莫相疑行》"晚将末契托年少"，年少，朱注曰：

> 黄曰：年少，谓郭英乂也。英乂代严武帅蜀，年方三十余。按：公《传》云：英乂粗暴武人，无能刺谒，乃扁舟下峡。公在成都，未与英乂往来，安得有"末契托年少"之句乎？①

旧注"年少"所指不一。九家注曰："时甫依严武几为武所杀。"谓指严武，最不可取。此说出《新唐书》杜甫本传，朱氏已驳之，曰："此说出《云溪友议》，不可信。"黄注题解曰："郭英乂帅蜀时，年方三十余，此诗意是为英乂作。"却于诗注云："年少，指严武也。"首鼠两端，莫知依违。按杜甫与郭英乂未有来往，更何况托之"末契"？朱注所驳甚是。

（四）补旧注之阙

补阙者，旧注皆无注，朱注补之。

---

① 以上5例，分别见朱鹤龄《杜工部诗集辑注》，河北大学出版社2009年版，第77、53、806、829、464页。

1. 《王命》"深怀喻蜀意，恸哭望王官"，王官，朱注曰：

> 王官，当指严武，吐蕃围松州，高适不能制，故蜀人思得武代之。

旧注于"王官"皆无注。诗当作于广德元年（763），时高适领西川节度使，吐蕃陷陇右，围松州，渐逼京师，适不能制，故杜甫望朝廷遣命官。严武镇蜀，吐蕃不敢窥境，故此"王官"当意属严武。

2. 《秦州杂诗二十首》其十九"故老思飞将"，飞将，朱注曰：

> 按史：是年秋七月，郭子仪以鱼朝恩之谮，罢闲京师。此云"飞将"，盖指子仪也。①

宋注于"飞将"多考典，钱注无注。唯蔡注曰："郭子仪取鱼海五县是也。"因诗首句"凤林戈未息，鱼海路常难"，故云，但朱注驳之曰："考新旧《史》诸书，并无之，不可信。"又据《旧唐书》郭子仪本传考其行迹。杜甫睹边患而思良将，"飞将"非必指子仪，然于诗意亦无违碍，可备一说。

（五）考杜诗人物之世系

杜甫称颂人物，多叙其绍承家风家世，朱注对此亦有考证。

1. 《公安送韦二少府匡赞》"逍遥公后世多贤"。朱注曰：

> 《北史》：周韦敻养高不仕，明帝号为逍遥公。按《唐书》：韦嗣立，中宗亦封为逍遥公。韦氏九房，以敻后为逍遥公房，嗣立后为小逍遥公房。

2. 《赠秘书监江夏李公邕》"呜呼江夏姿"。朱注曰：

> 按：《世系表》：后汉会稽太守高阳侯徙居江夏，遂为江夏李氏。其后元哲徙居广陵，元哲生善，善生邕。故题曰"江夏李公"，又云"江

---

① 以上2例，分别见朱鹤龄《杜工部诗集辑注》，河北大学出版社2009年版，第409、222页。

夏姿"也。次公以唐史"江都人"为疑,盖失考耳。①

按赵注曰:"此黄香也。汉人语云:天下无双,江夏黄香。"且怀疑《旧唐书》李邕本传"江都人"为误。宋注皆从之,钱注无注。朱注据《新唐书》"宰相世系表"考证李邕祖籍江夏,则"江夏"当指李邕。

(六)以史考杜诗称述非尽虚语

杜诗称颂人物之语,而后人多认作兴到语或干谒语。朱氏以史考其非尽虚语。

1.《奉寄河南韦尹丈人》"盘错神明惧,讴歌德义丰",朱注曰:

> 按:《唐书》称济文雅,能修饰政事,所至以治称。此诗盘错二语,当是实录。

"盘错神明惧,讴歌德义丰",是称颂韦济处理盘根错节之事明断果决,连神明亦有所畏惧;诗篇雅正,使世风归于淳正。此诗当作于天宝七载(748),正值杜甫困守长安时期。旧注皆以为干谒之语。朱注考史认为乃是实录,虽不中亦不远。

2.《赠李白》"飞扬跋扈为谁雄",朱注曰:

> 按:太白《东鲁行》云:顾余不及仕,学剑来山东。唐史称白好纵横术,喜击剑,为任侠。此故以飞扬跋扈目之。

3.《奉赠韦左丞丈二十二韵》"李邕求识面,王翰愿卜邻",朱注曰:

> 《年谱》:公游吴越归赴卿举,时方二十三岁。《唐书》本传:甫少贫不自振,客齐、赵间,李邕奇其才,先往见之。赵曰:公《哀李邕》诗:伊昔临淄亭,酒酣托末契。重叙东都别,朝阴改轩砌。

---

① 以上2例,分别见朱鹤龄《杜工部诗集辑注》,河北大学出版社2009年版,第764、564页。

追言洛阳相见事，岂非公与邕先识面于洛阳乎？《新史》盖误以再见
为始识面矣。《唐书·文苑传》：王翰，字子羽，并州晋阳人，及进
士第，张说辅政，召为秘书正字，终道州司马。按：邕、翰皆公同
时前辈，识面、卜邻乃当时实事。旧注引杜华母使华与王翰卜邻，
出伪书杜撰。①

李邕是当时文坛人物。据《新唐书》杜甫本传"李邕奇其才，先往见
之"一句可知，李邕对杜甫十分器重，曾于洛阳率先过访之。到济南再会，
跟杜甫结下深厚的忘年之交。故所谓"李邕求识面"，虽出以大言，但也是
事实。王翰是杜甫前辈诗人，"愿卜邻"云云，未知然否。

## 二　以史释诗

杜诗多征信，故注家多以史实证明和解释杜诗。朱注对唐史颇为熟稔，
故解诗亦于旧注多有补正。如上所云，可分三类：

（一）补充旧注

补充者，旧注已有考证，朱注增加材料完善之。

1.《八哀诗·故右仆射相国张公九龄》"波涛良史笔，芜绝大庾岭"，朱
注曰：

> 《旧书》：九龄迁中书令，尝监修国史。又《唐会要》云：《六典》，
> 开元二十八年张九龄所上。此所谓"良史笔"也。波涛，言其笔如波涛
> 之翻；芜绝，言其人没而史笔遂绝也。

赵注曰："意谓九龄之文如波涛之翻，可充良史之笔，惜乎芜没隔绝于
大庾岭之外也。"宋注多引之。朱注据《旧唐书》张九龄本传，考证其"监
修国史"，又据《唐会要》补充其奏上《唐六典》之史实，信实可据。

2.《后出塞五首》"献凯日继踵，两蕃静无虞"。朱注曰：

---

① 以上3例，分别见朱鹤龄《杜工部诗集辑注》，河北大学出版社2009年版，第26、15、28页。

《旧唐书·北狄传》：奚与契丹，两国常递为表里，号曰两蕃。《新书·安禄山传》：天宝元年，押两蕃、渤海、黑水四府经略使。四载，奚、契丹杀公主以叛，禄山幸邀功，肆其侵，起兵击之。八月，给契丹诸酋，大置酒毒焉。既酣，悉斩其首，先杀数千人，献馘阙下。《通鉴》：十三载四月，禄山奏击破奚、契丹，虏其王李日越。十四载四月，奏破奚、契丹。《安禄山事迹》：禄山诱降阿布思部落，执其男女一万口，送于京师。玄宗御勤政楼受之。又遣其子庆绪献奚契丹生口三千人、金银、锦罽、驼马、奚车于阙下。玄宗大悦，张乐以会将士。

按宋注对二句多误解。赵注、黄注以为歌颂朝廷靖边之策，黄注还认为"两蕃"指吐蕃和奚契丹。皆误。从全诗的语气来看，二句当有讽刺之寓意。杜甫认为，献捷的使者日赴京都，奚与契丹看似平静而无事端，其实正隐藏着巨大危机。安禄山为邀功自固，滥杀奚与契丹，而玄宗昏聩，为"安史之乱"埋下了隐患。朱氏在钱注的基础上补充完善，遂使余蕴大白。

3.《送陵州路使君之任》"高官皆武臣"。朱注曰：

> 按史，是时诸州久屯军旅，多以武将兼领刺史，法度废弛，人甚弊之。故有"高官皆武臣"之叹也。

旧注多随文释义，唯钱注曰："《房琯传》：邠州久屯军旅，多以武将兼领刺史，法度隳废。州县廨宇并为军营。官吏侵夺百姓室屋以居，人甚弊之。"朱注认为"诸州"皆如此，不独邠州也，对钱注予以补充说明。

4.《警急》"才名旧楚将，妙略拥兵机"。朱注曰：

> 《高适传》：至德二年，永王璘反。适因陈江东利害，永王必败，肃宗奇其对，以适为扬州左都督府长史、淮南节度使，故云"旧楚将"。[1]

---

[1] 以上4例，分别见朱鹤龄《杜工部诗集辑注》，河北大学出版社2009年版，第573、213、398、408页。

赵云："考适传：自谏议大夫除扬州大都督长史、淮南节度使。此所谓楚将也。"宋注多从之。然为何赞之"妙略拥兵机"，赵注无解。朱注补充之，诗意豁然。

（二）纠正旧注

1. 《夔府书怀四十韵》"总戎存大体，降将饰卑词"。朱注曰：

> 按《通鉴》：史朝义死，贼将田承嗣、薛嵩等降。副元帅仆固怀恩恐贼平宠衰，奏留承嗣等分帅河北，自为党援。由是诸镇桀骜不可制。公诗"总戎存大体，降将饰卑词"，正纪其事。曰"存大体"，为朝廷隐也。

赵云："总戎者，元帅也。时代宗以雍王括为天下兵马大元帅，德宗是已。降将饰卑词，代宗即位之次年广德元年，史朝义兵败，其将李怀仙斩其首降也。"宋注多引。黄注及钱注释"总戎"，于二句未有考证。按赵注虽考"总戎"，而于"存大体"无解，考"降将饰卑词"尤误，实际对二句并未理解。朱氏认为，田承嗣、薛嵩等降将以卑词为解，仆固怀恩假公济私、奏留分帅而造成藩镇猖獗，雍王对此一切袖手旁观，是负有责任的，故为之隐讳曰"存大体"。这个注解考察史实并体会杜诗深意，对理解二句极有帮助。

2. 《后出塞五首》"云帆转辽海，粳稻来东吴"。朱注曰：

> 辽东南临渤海，故曰辽海。《杜诗博议》："《昔游》诗'幽燕盛用武，供给亦劳哉。吴门转粟帛，泛海陵蓬莱'，与此诗'云帆转辽海，粳稻来东吴'皆记天宝间海运事也。愚谓海运当始于隋大业中。《北史·来护儿传》：'辽东之役，护儿率楼船，指沧海，入自浿水。'时护儿从江都进兵，则当出成山大洋，转登莱，向辽海也。唐太宗屡讨高丽，舟师皆出莱州，其馈运当从隋故道。骆宾王《讨武曌檄》云：'海陵红粟，仓储之积靡穷。'盖隋唐时于扬州置仓，以备海运，馈东北边。禄山镇范阳，番汉士马居天下之半，江淮挽输，千里不绝。所云'云帆转辽海'者，自辽西转馈北平也。"

宋注皆疏漏。钱注"辽海"曰:

> 《唐会要》:开元二十七年,李适为幽州节度、河北海运使。《西溪
> 丛语》:闻习海者云:航海自二浙可至平州,闻登州竹山、驼基诸岛之
> 外,天晴无云,可望平州城壁。杜甫《后出塞》及《昔游》篇云云,其
> 事可见。陶九成《辍耕录》:国朝海运粮储,以为古来未尝有此。按杜
> 诗云云,则唐时已有海运矣,朱、张特举行耳。①

朱、钱二注对此二句均详征博引,可见用心。争议在于:"转辽海"的
道路究竟为何,当引何为据?钱氏对"辽海"自然了解,但引《唐会要》
"河北海运使",又引南宋姚宽《西溪丛语》卷下及元陶宗仪《辍耕录》卷
十一的资料等,恐怕文不对题,对解"转辽海"无益。杜诗此二句谓云帆
转过渤海,运来东吴粳米。"云帆转辽海"指从辽西转馈北平,二句含有
对河北诸镇坐大的隐忧。朱氏所引潘柽章《杜诗博议》,以杜证杜,认为
《昔游》中"吴门转粟帛,泛海陵蓬莱"可与此句合观,又引《北史》及
骆宾王之文证明运东吴稻米,经渤海,转至河北,历代如此,不必引后世
材料以为佐证。

3.《赠翰林张四学士垍》"恩与荔枝青"。朱注曰:

> 按《唐史》:贵妃嗜生荔枝,明皇置驿传送。垍尚主,宅在禁中,
> 得与此赐,所谓"恩与荔枝青"也。

九家注:"翰林拜命日,赐金荔枝带。"宋注多引之。钱注无注。今按
上句已云"内颁金带赤",若下句"荔枝"仍指翰林所佩之带,则合掌矣。
故"恩与荔枝青"当另有所指。《旧唐书》卷九七《张垍传》:"垍以主
婿,玄宗特深恩宠,许于禁中置内宅,侍为文章。尝赐珍玩不可胜数。时
兄均亦供奉翰林院,常以所赐示均"云云,则赏赐荔枝不为无据。此纠旧

---

① 《钱注杜诗》卷三,上海古籍出版社 1979 年版,第 96 页。

注之失。

4.《览柏中丞兼子侄数人除官制词因述父子兄弟四美载歌丝纶》"三止锦江沸"。朱注曰:

> "三止锦江沸",是柏中丞与崔旰相攻时事,黄鹤指讨平段子璋、徐知道及崔旰,非也。子璋反东川,与成都无涉。次公谓宝应元年徐知道反,永泰元年崔旰反,大历三年杨子琳以泸州反。考子琳入成都,公去夔已久,柏中丞亦不闻,后复迁蜀,安可妄为之说哉?①

其驳黄注及赵注均十分有力。钱注则对"柏中丞"进行考证。新、旧《唐书》的本纪及杜鸿渐和崔宁传,均有关于柏茂琳及柏贞节的记载,但彼此互异,纠缠不清。钱氏认为柏茂琳、柏贞节乃二人,此诗"柏中丞","必茂琳,非贞节也"。朱氏则详引潘柽章《杜诗博议》长达千余字的考证,认为"疑贞节乃茂林之字,或后改名,非二人也"。仇注从之。

当然,在朱氏以史释诗的注文中,也不乏穿凿的例子,如《野望》"跨马出郊时极目,不堪人事日萧条"。朱注曰:

> 按史:是时分剑南为两节度,而西山三城列戍,百姓疲于调役,高适尝上疏论之。公诗当为此作,故有人事萧条之叹。②

此解引自九家注"洙曰",千家注从之。此诗据首二句"西山白雪三城戍,南浦清江万里桥",一般认为是成都诗。朱氏亦据此定诗作于宝应元年(762),杜甫出城郊而放眼四望,不免忧心忡忡。但能否仅据首二句,就推断杜诗"不堪人事日萧条",所忧就是朱注所云呢?后人详尽考史,认为杜甫应该如此,把杜甫看作对时事无所不知的"超人",不然史实便无处安放,恐怕是强杜以从己。此诗虽有时事的影子,但比较模糊,

---

① 以上4例,分别见朱鹤龄《杜工部诗集辑注》,河北大学出版社2009年版,第600、213、20、574页。

② 同上书,第336页。

对待此类抒情之作，不宜勉强援引史实。

### 三　以史订诗

杜诗的少数诗篇，因误据传闻，或因自己不慎，导致谬误。朱氏亦据史订杜诗之误。

1. 《承闻河北诸道节度入朝欢喜口号绝句十二首》其三"喧喧道路多歌谣，河北将军尽入朝"。朱注曰：

> 按史，大历二年正月，淮南节度使李忠臣入朝。三月，汴宋节度使田神功来朝。八月，凤翔等道节度使李抱玉入朝。河北入朝事，史无明文。疑公在夔州特传闻之，而未实然耳。

旧注对河北入朝事颇有争议。黄注详考之，题解认为组诗最末一首有"十二年来多战场"之句，故"非止言一时事"；钱注列举大历二年李忠臣、田神功、李抱玉等入朝事，但无河北将军入朝的例子。时杜在夔州，极可能误据传闻，一时欢喜，感兴而作，抒发其爱国热忱。但揆之史实，河北入朝于史无据。

2. 《上兜率寺》"栋宇自齐梁"。朱注曰：

> 按：王勃《郪县兜率寺碑》：兜率寺者，隋开皇中之所建也。此云"自齐梁"，疑未详考。①

杜甫以为兜率寺乃齐梁时期所造。朱氏据王勃之文考之，纠杜诗之误。

### 四　以史订旧注

宋注伪造典故、地理、史实等"故实"来注释杜诗，贻误学者，流毒深远，钱谦益已经指出，朱氏也给予了有力揭露，如下面两个史实方面的例子。

---

① 以上 2 例，分别见朱鹤龄《杜工部诗集辑注》，河北大学出版社 2009 年版，第 624、381 页。

1.《三绝句》（殿前兵马虽骁雄）。朱注曰：

> 代宗任用中人，专倚禁军以平祸乱，而不知其纵暴乃如此，此诗故深刺之也。师古注：时天子命陆瓘以三千神策军弹压蜀乱。遍考史、《鉴》，俱无此事。凡师古所引《唐史拾遗》，皆出伪撰，严沧浪已尝辩之。如公诗"自平中官吕太一"，其事本载正史，师乃云《唐史拾遗》有吕宁为太一官使，即此推之，他可知矣。

2.《大麦行》"岂无蜀兵三千人"。朱注曰：

> 按："蜀兵三千"，应是蜀兵调发，策应山南者。师古造为杜鸿渐遏贼之说。考鸿渐镇蜀，在永泰元年，其时为乱者，非羌胡也。旧注妄撰故实，后人多为所误，故正之。①

# 第三节　以诗证史

杜诗具有鲜明的纪实性，自宋以来已为杜诗学界的共识。朱氏对唐史进行研究，认为杜诗可补唐史之未备，又可纠正其许多错谬。

## 一　以诗补史

1.《送孔巢父谢病旧游江东兼呈李白》。朱注曰：

> 按史：巢父以辞永王璘辟署知名，广德中，始授右卫兵曹参军。此诗乃天宝中公在京师作，意巢父尝闲游长安，辞官归隐，史不及载。旧注云：巢父察永王必败，谢病而归，公作此送之。大谬。

---

① 以上 2 例，分别见朱鹤龄《杜工部诗集辑注》，河北大学出版社 2009 年版，第 476、350 页。

宋注及钱注多据《旧唐书》有关孔巢父的记载，认为"巢父察永王必败，谢病而归，公作此送之"，大误。因为永王之败在至德二年，而是时李白因永王流夜郎。此诗在长安作，又有"南寻禹穴见李白"句，时间、地点皆不吻合。黄注对此已经表示怀疑，朱注则进一步推测，孔巢父当"在天室间尝游长安，辞官归隐，史不及载耳"，如此方可通顺，可补史书之阙。

2.《山寺》。朱注曰：

> 按：章彝事，二史无考，但附见《严武传》云，武再镇剑南，杖杀之。公在东川，与往来最数，然《桃竹杖》、《冬狩行》语皆含刺，他诗又以指挥能事、训练强兵称之。大抵彝之为人，将略似优，乃心不在王室。是冬天子在陕，彝从容校猎，未必无拥兵观望、坐制一方之意。公窥其微而不敢诵言，因游寺以讽谕之。

杜甫与章彝交往甚频。章彝为东川节度留后，亦方镇要员，然史书记载颇疏。朱氏据杜诗《山寺》《桃竹杖》《冬狩行》数诗，对其生平大节作一概括总结，可补史书之阙。

3.《大麦行》"大麦干枯小麦黄，妇女行泣夫走藏。东至集壁西梁洋，问谁腰镰胡与羌"。朱注曰：

> 按：《旧书·肃宗纪》：宝应元年建辰月，党项、奴剌寇梁州，观察使李勉弃城走。《新书·党项传》：上元二年，党项羌与浑、奴剌连和寇凤州。明年，又攻梁州，进寇奉天。此诗"胡与羌"，正指奴剌、党项也。"大麦枯"、"小麦黄"，亦是夏初事。又按《代宗纪》：宝应元年，吐蕃陷秦、成、渭等州。成州与集、壁、梁、洋壤接，疑吐蕃是年入寇，亦在春夏之交。史不详书，故无考耳。

杜诗《大麦行》记录了吐蕃对蜀地的一次入侵，而新、旧《唐书》及《通鉴》对具体时间均无载。朱氏据对照杜诗及唐史诸材料，认为当在宝应元年"春夏之交"。

4.《越王楼歌》。朱注曰：

> 《绵州图经》：越王台，在州城外西北，有台高百尺，上有楼，下瞰州城。唐高宗显庆中，太宗子越王贞任绵州刺史日作。按：贞刺绵州，新、旧《书》本传皆不载，史略之耳。

5.《送陵州路使君之任》。朱注曰：

> 按：高适在蜀《请合东西川疏》云："嘉陵比为夷獠所陷，今虽小定，疮痍未平。"可证陵州先经寇乱，惜二史不载其事。此诗洁己、平役，盖告以文臣救乱之道，当如是耳。

6.《太子张舍人遗织成褥段》"李鼎死岐阳，实以骄贵盈"。朱注曰：

> 《旧唐书》：上元二年十二月，以羽林大将军李鼎为凤翔尹，兴、凤、陇等州节度使。二年二月，党项、羌寇宝鸡，入大散关，陷凤州，鼎邀击之。六月，以鼎为鄜州刺史、陇右节度使。按：李鼎之死，史、《鉴》俱不载。此云"死岐阳"，盖未至陇右也。

按李鼎，新、旧《唐书》及《通鉴》多有记载。《旧唐书》卷十《肃宗本纪》载上元二年六月以其为"鄜州刺史、陇右节度使"之事，然无下文。朱氏据杜诗"李鼎死岐阳"句，认为其"盖未至陇右也"，即并未赴任，可补史阙。

7.《宿青溪驿奉怀张员外十五兄之绪》。朱注曰：

> 《高力士外传》：李辅国弄权，但经推按，不死则流，黔中道尤多。员外，则张谓、张之绪、李宣。按：辅国死于宝应元年十月，之绪当以辅国败后，复官员外郎也。

按郭湜，太原人，曾因得罪肃宗时宦官李辅国，与高力士同贬谪居巫州，遂笔记高力士口述的旧事，成《高力士外传》。此书从开元后期写起，记到高力士被贬以至病死为止，其中颇多有关朝政大事，而为两《唐书》所失载者。后人不明其史料价值，往往把此书视同小说。实际该书对研究开元天宝间政治、"安史之乱"爆发前后的社会形势颇有参考价值。朱氏据此书，并结合杜诗考证，认为此诗"张员外"即张之绪，"当以辅国败后，复官员外郎也"。

8.《秋日荆南送石首薛明府辞满告别奉寄薛尚书颂德叙怀斐然之作三十韵》。朱注曰：

> 按：新、旧《书》皆不立《薛景仙传》。《逆臣传》载：代宗讨史朝义，右金吾大将军薛景仙，请以勇士三万，摧锋死贼。观此诗"滏口"数语，则收东京时，景仙尝会师滏阳，立功河北矣。《旧书》：至德元载十二月，秦州都督郭英乂，代景仙为凤翔太守。而不言景仙迁转何官，此诗云"殊恩再直庐"，岂景仙自凤翔入，即历金吾羽林之职耶？史家阙轶甚多，可据此补之。

诗题中"薛尚书"即薛景仙，"薛明府"为薛景仙之弟。薛景仙是平定安史之乱的功臣，但唐史未立专传，仅散见纪传之中。朱氏据该诗，认为可补史阙者有二：一是"景仙尝会师滏阳，立功河北"，二是其"历金吾羽林之职"。

9.《三川观水涨二十韵》。朱注曰：

> 是年史不书大水，而诗言水患为甚，可以补史之阙。①

此诗为杜甫天宝十五载（756）夏避难三川（今陕西富县）之作。诗中多纪水灾，如"漂沙坼岸去，漱壑松柏秃"、"应沈数州没，如听万室哭"，可见水势之大和危害之严重，但唐史却无相关记载。朱氏认为可"补史之

---

① 以上9例，分别见朱鹤龄《杜工部诗集辑注》，河北大学出版社2009年版，第35、406、350、356、398、446、466、756、108页。

阙"，当从。以上数例皆为仇注所引。

## 二 以诗订史

有关唐代的史书，如新、旧《唐书》及《资治通鉴》的唐代部分，均有不少错误，不过是程度不同而已，而且各书之间有的记载相互矛盾，往往使学者不知所从。朱鹤龄对唐史尤其是新、旧《唐书》的差异及《旧书》缺陷颇有心得：

> 石晋宰相刘昫撰《旧唐书》二百卷（一云二百十四卷），因吴竞、韦述、令狐峘、崔龟从等旧文而增缉之。宋庆历中，宋景文、欧阳永叔重修，削传六十一，增传三百三十七，续撰四志、四表，事加于前，文减于旧，一时称为良史，刘书遂废格不行。然议者谓《新书》用字奇涩，颇为失体；又刊削诏令，使有唐三百年王言湮蔑无考，吴缜至作《纠谬》一书以排斥之。唐子西又极推旧史，举其"决海救焚"、"钦鸩止渴"为名言。余尝翻阅其书，事详文核，诚不可废；所憾者，笔法冗长，论赞尤令人厌观。若求闳博简练，有典有则，洵无逾于《新史》矣，岂可以五代卑靡之格与之同论哉。削诸诏不录，盖因骈偶非古，且当时自有大唐诏令单行，刘器之乃谓"事增文损"，正《新书》之失，此不可晓也。《新书》疏漏虽或不免，然旧书亦多有之。段秀实定郭晞乱卒，事出柳子厚纪录上之史馆者，而《旧史》失书；李邺侯周旋肃、代间，甚多权略，及相德宗安太子，辨说尤伟，《旧史》全略之，反云"诡道求容，不为时君所重"；太白讥子美"饭颗山头"诗，此流俗妄传也，而遽以之入传；退之经师人表，文章百代钻仰，乃诋其"恃才肆意，有戾孔孟之旨"，则此书得失大略可睹矣。嘉靖间督学闻人诠以宋板阙佚，搜刻吴中，得《纪》、《志》于文恪王公，得《列传》于光禄张氏、长洲贺氏，遂成完帙，然书中文义多龃龉难读。又《太平御览》所引唐书，皆《旧书》也，如王栖曜游虎丘，一箭贯云中双雁，梁肃诸文士作歌咏之，李义山诗所以有"将军一箭歌"之句，而《本传》未之见，然则今之所行，亦非全书矣。①

---

① 《读旧唐书》，《愚庵小集》卷十三，华东师范大学出版社 2010 年版，第 269 页。

这一段议论，对《旧唐书》的不足了然于胸，确非博学多识者可轻发。

（一）以诗订唐史杜甫生平之谬

新、旧《唐书》中甚多且相互冲突的错误，尤其是关于杜甫生平的记载，给杜诗注家带来很多困扰。朱氏据杜诗及可靠史实，对杜甫生平梗概及其他错误的史书记载进行了追根溯源的勘正，驳斥了宋代杜甫年谱的各种错误，为杜甫及杜诗的研究扫清了主要障碍，至今仍嘉惠学人。这是朱氏《杜诗辑注》史实考证的重要成果。

1. 《旧唐书》"杜甫本传"："天宝末，献《三大礼赋》，玄宗奇之，召试文章，授京兆府兵曹参军。"《新唐书》"杜甫本传"："天宝十三载乙未，朝献太清宫，飨庙及郊，甫奏赋三篇。帝奇之，使待制集贤院，命宰相试文章，擢河西尉，不拜，改右卫率府胄曹参军。"朱氏曰：

> 按：献赋在天宝十载，《新史》误，辨详文集。

2. 《旧唐书》"杜甫本传"："十五载，禄山陷京师，肃宗征兵灵武。甫自京宵遁，赴河西，谒肃宗于彭原，拜左拾遗。"《新唐书》"杜甫本传"："禄山乱，天子入蜀，甫避走三川。肃宗立，自鄜州羸服欲趋行在，为贼所得。至德二年，亡走凤翔，上谒，拜左拾遗。"朱氏曰：

> 按：公自京师西窜，谒肃宗于凤翔。《旧史》误也。

3. 《旧唐书》"杜甫本传"："肃宗怒，贬琯为刺史，出甫为华州司功参军。"《新唐书》"杜甫本传"："琯败陈涛斜，又以客董庭兰罢宰相。甫上疏言管罪细，不宜免大臣。帝怒，诏三司推问。宰相张镐曰：'甫若抵罪，绝言者路。'帝乃解。然自是不甚省录。时所在寇夺，甫家寓鄜，弥年艰窭，孺弱至饿死。因许甫自往省视。从还京师，出为华州司功参军。"朱氏曰：

> 按：公之孺弱饿死，乃天宝十四载自京赴奉先时事。若往鄜迎家，则在至德二载。《新史》又误，当以诗正之。

4.《旧唐书》"杜甫本传"："甫寓居成州同谷县，自负薪采梠，儿女饿殍者数人。久之，召补京府功曹。"《新唐书》"杜甫本传"："流落剑南，结庐成都西郭。召补京兆司功参军，不至。会严武节度剑南东西川，往依焉。"朱氏曰：

> 按：公不赴京兆功曹，乃武再帅剑南时也。史亦误，辨详诗集。

5.《旧唐书》"杜甫本传"："武与甫世旧，待遇甚隆。甫性褊躁无器度，恃恩放恣。尝凭醉登武之床，瞪视武曰：'严挺之乃有此儿！'武虽急暴，不以为忤。"《新唐书》"杜甫本传"："武外若不为忤，中衔之，一日欲杀甫及梓州刺史章彝，集吏于门。武将出，冠钩于帘三。左右白其母，奔救得止，独杀彝。"朱氏曰：

> 按：此说出《云溪友议》，不可信。辨详诗集。

于严武《寄题杜二锦江野亭》诗后，朱注曰：

> 子美集中诗，凡为武者几三十篇。《送还朝》曰："江村独归处，寂寞养残生。"《喜再镇》曰："得归茅屋赴成都，真为文翁再剖符。"此犹武在时语。至《哭归榇》云："一哀三峡暮，遗后见君情。"《八哀》诗云："空余老宾客，身上愧簪缨。"若果有欲杀之怨。不应眷眷如此。好事者但以武诗有"莫倚善题鹦鹉赋"之句，故用证前说，引黄祖杀祢衡为喻，是殆痴人面前，不得说梦也。武肯以黄祖自比乎？"莫倚善题鹦鹉赋"，虑其恃才傲物，爱而规之也。"何须不著鹓鸶冠"，劝之出而仕也。二语正见严杜交情之厚。①

6.《旧唐书》"杜甫本传"："甫以其家避乱荆楚，扁舟下峡，未维舟而

---

① 《杜工部诗集辑注》，河北大学出版社 2009 年版，第 341 页。

江陵乱。"《新唐书》"杜甫本传":"崔旰等乱,甫往来梓、夔间。大历中,出瞿唐,下江陵。"朱氏曰:

> 按:公居江陵及公安颇久,其时江陵无警。《旧书》曰"未维舟"及"江陵乱"者,误也。公尝往来梓、阆间,今云梓、夔,《新书》亦误。二史载居夔下峡事皆不详。①

以上朱氏据杜诗所考证的献赋、谒见肃宗、幼子饿死及迎家、不赴京兆功曹、与严武交往始末、避乱梓阆等六处史实,多攸关杜甫的生平和大节。朱氏的考证,纠正了正史的错误记载,还原了历史真相,消除了数百年以来对杜甫的误解,对杜诗研究的深入也颇有裨益,诚可谓杜甫功臣。仇注对朱氏有关杜甫的考证全部引录。

(二)以诗订史

朱氏还依据杜诗、他人诗文,对唐史中其他的矛盾及错误记载进行了辩驳。

1.《寄岳州贾司马六丈巴州严八使君两阁老五十韵》。朱注曰:

> 《贾至传》:坐小法,贬岳州司马。《严武传》:"坐房琯事,贬巴州刺史。"按《新书·肃宗纪》:"九节度师溃,汝州刺史贾至奔于襄邓。"其贬岳州必因此。本传谓"坐小法",史文未详耳。《房琯传》:武贬巴州刺史,在乾元元年六月,《旧书》却云贬"绵州"。按巴州有严武《光福寺楠木歌碑》,题云"卫尉少卿兼御史严武",夫武在巴州既有碑可证,则《旧史》言"绵州"者,非矣。且《武传》既言"贬绵州",而《房琯传》又载乾元元年六月诏曰"武可巴州刺史",何其疏也。黄鹤云武自巴迁绵,亦无据。《杜诗博议》:至贬岳州,实因弃汝州之故,吴缜《唐书纠谬》有辨甚详。

---

① 以上6例,均见朱鹤龄《杜工部诗集辑注》卷首《旧唐书·文苑·杜甫传》注文。

此处纠正了唐史的三处错误和疏漏，一是关于贾至被贬的原因。《旧唐书》的贾至本传语焉不详，朱氏据《新书·肃宗纪》的记载，认为当是贾至因弃守汝州被贬。二是关于严武贬至何处。朱氏考证认为贬于绵州。三是《旧唐书》一书中关于严武的贬地却前后不一，当以"巴州"为是。

2.《赠蜀僧闾丘师兄》"吾祖诗冠古，同年蒙主恩"。朱注曰：

> 公祖《审言传》：武后朝，授著作郎，迁膳部员外郎。按：史称均拜太常，在中宗景龙间，据公诗所云，则武后时已擢用。疑本传有误。

按闾丘均传，附录于《旧唐书》卷一九〇中《列传·文苑传》一四〇《陈子昂传》中，曰："成都人闾丘均以文章称。景龙中，为安乐公主所荐，起家拜太常博士。公主诛，均坐贬循州司仓卒。有集十卷。"而杜诗"吾祖诗冠古，同年蒙主恩"，意思是说闾丘均与杜甫之祖父杜审言在武后朝一同受恩擢用。显然《旧唐书》关于闾丘均的记载有阙。

3.《送严侍郎到绵州同登杜使君江楼宴得心字》。朱注曰：

> 黄曰：严武时赴召，未为黄门侍郎。其再以黄门侍郎尹成都，又薨于官，此云"严侍郎"，似误，或后来所题。按：《通鉴》：宝应元年六月壬戌，以兵部侍郎严武为西川节度使。今据公诗，盖以侍郎召也。又《新书》于封郑国公时，云"迁黄门侍郎"，《旧书》于罢兼御史大夫时，云"改兼吏部侍郎，寻迁黄门侍郎"，皆不云为兵部。与《通鉴》不合。

黄注认为"严侍郎"有误，而未考唐史的记载本身即有矛盾。新、旧《唐书》与《通鉴》对为何"侍郎"前后错舛，且时间也不尽吻合，其中必有误。

4.《将赴成都草堂途中有作先寄严郑公五首》。朱注曰：

> 《唐书·严武传》：宝应元年，自成都召还，拜京兆尹。明年，为二圣山陵桥道使，封郑国公，迁黄门侍郎。广德二年，复节度剑南。按：

《旧书》云：武再尹成都，节度剑南，破吐蕃，加检校吏部尚书，封郑国公，与《新书》不合。以此诗题证之，《新书》是。①

朱氏据杜甫此诗纠正《新唐书》关于严武仕履的错误。

# 第四节 诗文互证

杜诗因写实风格，故历来被视作"善纪时事"的"诗史"。但杜诗反映的史实，有的正史无载，所以朱氏采用以杜诗、杜文或以他人诗文来证明其纪实性，这种考证往往甚富成效。

1. 《昔游》。朱注曰：

《昔游》诗当与七古《忆昔行》互证。《昔游》者，纪游王屋山与东蒙山之事也。华盖君，犹《太白集》之丹丘子，盖开元、天宝间道士，隐于王屋者，不必求华盖所在以实之也。诗云"深求洞宫脚"，洞宫，即《忆昔行》所云"北寻小有洞"也；脚，山足也。洞在王屋艮岑，即王屋山东北之岑也。天坛亦在王屋。《地志》：王屋山绝顶曰天坛，济水发源地是也。王屋在大河之北，故《忆昔行》曰"洪河怒涛过轻舸"也。公至王屋，时值其人已羽化，故《忆昔行》曰"辛勤不见华盖君"也。此云"弟子四五人，入来泪俱落"，《忆昔行》曰"弟子谁依白茅屋，卢老独启青铜锁"，卢老正四五人之一也。华盖君既不得见，于是含悽天坛，怅望七药，而复为东蒙之游焉。东蒙旧隐，即《玄都坛歌》所谓"故人昔隐东蒙峰"者也。公客东蒙，与太白诸人同游好，所谓"同志乐"也。其时之伏事者董先生，董先生即衡阳董炼师也。汉武移南岳于霍山，故衡、霍之称相乱。"杖藜望清秋，有兴入庐霍"，即《忆昔行》所谓"更讨衡阳董炼师，南浮早鼓潇湘舵"也。旧注之谬，何啻千里！

_____

① 以上4例，分别见朱鹤龄《杜工部诗集辑注》，河北大学出版社2009年版，第243、286、352、432页。

这里朱氏以《昔游》与《忆昔行》两诗互证，揭示了杜甫早年游梁宋、齐鲁时入山求仙访道的一段经过，确实令人耳目一新。

2.《冬日洛城北谒玄元皇帝庙》"金茎一气旁"。朱注曰：

> 按：《曹子建集》：明帝诏有司铸铜，建承露盘于芳林园，茎长十二丈，大十围，使植作颂铭。则洛城金茎固有之矣。

此处朱氏据曹植之文，考证魏代在洛阳铸造"承露盘"，殆即杜诗所云"金茎"。魏代至杜甫时代约五百年，以承露盘之规模，不至遽毁，故杜诗当实写眼前之景。

3.《寄李十二白二十韵》。朱注曰：

> 按：太白《书怀》诗云："半夜水军来，浔阳满旌旆。空名适自娱，迫胁上楼船。徒赐五百金，弃之若浮烟。辞官不受赏，翻谪夜郎天。"数语与此诗相发明。

此诗写李白受谤蒙冤，被长流夜郎的史实。以李白之诗考证，可见杜甫所云皆为实情，并无虚语。

4.《西山三首》"筑城依白帝，转粟上青天"。朱注曰：

> 极言西山城高，难于转粟。高适《请减三城戍兵疏》所谓"平戎以西数城，邈在穷山之巅，蹊隧险绝，运粮于束马之路，坐甲于无人之乡"也。

此以高文证杜诗所言皆史实。

5.《草堂》。朱注曰：

> 徐知道事，史、《鉴》俱不详。按：《华阳国志》：临邛县在郡西南二百里。诗云"西取邛南兵"，"邛南兵"即下"西卒"，盖此本内附羌

夷，知道引之为乱耳。公上严武《东西两川说》云："西山汉兵，食粮者四千人，皆关辅、山东劲卒。脱南蛮侵掠，邛雅子弟不能独制，但分汉卒助之，不难扑灭。"又云："顷三城失守，非兵之过也，粮不足也。今此辈见阙兵马使，八州素归心于其世袭刺史，独汉卒属裨将主之，窃恐备吐蕃，宜先自羌子弟始。"此诗"邛南兵"，即所云"邛雅子弟"与"羌子弟"也。徐知道乃兵马使，汉兵是其统领，又胁诱羌夷共反，继而贼徒争长，羌兵不附，李忠厚因而杀之，故曰"其势不两大，始闻蕃汉殊。西卒却倒戈，贼臣互相诛"也。"唱和作威福"一段，当是李忠厚既杀知道，纵兵残害无辜，如花敬定之事，故曰"国家法令在，此又足惊吁"也。《通鉴》："宝应元年，严武在西川，为徐知道所拒，不得进。"考知道反，在严武入朝之后，应取此诗正之。①

此据杜甫《草堂》诗及其《东西两川说》相互参证，考证了徐知道反叛的梗概，补充了史载的阙如。又据《草堂》诗纠正了《通鉴》的记载，认为徐知道反"在严武入朝之后"，而非同时。

从上可以看出，朱鹤龄《杜诗辑注》在有关杜诗的史实方面取得了很大成就。之所以能如此，首先与其熟稔杜集、相关诗文以及唐史有关，与旧注及前人的研究成果也有很大关系，如宋代的黄注、同时的钱注在史实上考证精博，给予他许多启发，有些考证是旧注已露端倪，朱氏在此基础上引申阐发，最终使真相大白，如《昔游》与《忆昔行》二诗互证，当是在赵注的启示下完成的。

但最主要的原因，应该是朱氏治史方法的改进及史学视野的开阔。清初史学复兴，诗史互证方法的运用更为成熟，如黄宗羲认为"诗与史相为表里"（《姚江逸诗序》），又提出"以诗补史之阙"的观点（《万履安先生诗序》），表明清人对诗、史关系的理解达到了一个前所未有的高度。清初史家大量引用诗文、笔记、野史、地方志来考证史实，极大地开拓了史料的来源，

① 以上5例，分别见《杜工部诗集辑注》，河北大学出版社2009年版，第204、30、252、410、436页。

丰富了史学实践。朱鹤龄不仅以唐史证明杜诗的写实性，也以之考杜诗之误和旧注之谬；不仅以杜诗补充史实之未备，亦纠史实之谬；不仅以杜证杜，还以他人诗文证杜。这说明了诗史互证方法在新的历史条件下获得了新的发展，是成功的实践。

　　当然，这也与朱氏对诗、史本质的认识更加深刻有关。杜诗虽号"诗史"，但诗是诗，史是史，二者毕竟不可代替。朱氏在《杜诗辑注序》中说："且子亦知诗有可解有不可解乎？指事陈情，意含风喻，此可解者也；托物假象，兴会适然，此不可解者也。不可解而强解之，日星动成比拟，草木亦涉瑕疵，譬之图罔象而刻空虚也。"指出杜诗有"可解"和"不可解"之分。所谓"可解"者，是指那些"指事陈情，意含风喻"，即直接叙写与时事有关的写实诗，以及借比兴传统表现现实社会的诗；所谓"不可解"者，是指那些"托物假象，兴会适然"的写景诗、抒情诗。"不可解而强解之"，则必然穿凿附会，"譬之图罔象而刻空虚"。显然，这是对诗歌特征的本质认识，也是对钱谦益注杜的一种反思。清代杜诗注解能取得"广、专、深、细"的成就，是与朱鹤龄等清初杜注先驱的努力分不开的。

# 第九章 《杜诗辑注》的用典研究

古典诗歌为了追求简练含蓄的艺术效果，多爱用典。用典包括事典和语典，事典就是我们一般所说的典故，也就是故事、寓言、本事；语典就是袭用古人现成的字词句。评价诗歌"典雅"，是说作品使用典故，或语有出处，这是很正面的褒扬。注家对事典和语典的考证，前者旨在释义，后者旨在评判，即考察诗人所受前人作品的影响。二者合观，恰好完成对诗意的阐释和对独创性的评估。中国古典诗歌笺注，历来以考证用典为第一位的工作。只要打开任何一位古代诗人的注本，用力最勤、篇幅最大的，必定是对用典的考据。杜甫"读书破万卷"，学力地负海涵，诗歌大量用典使事，出经入史，驱遣百家，非饱学之士不能窥其堂奥，所以历代注家和学者在杜诗用典方面耗费了泰半的才华。王洙在《增修王原叔编次杜诗后记》中说："近世学者争言杜诗，爱之深者，至剽掠句语，迨所用险字而模画之，沛然自以绝洪流而穷深源矣。……子美博闻稽古，其用事，非老儒博士罕知其自出。"自北宋以来，诗人学者对杜诗嗜若脍炙，爱不释手，是因为它善于用典，善于熔铸古语以表新义，点染古事以为新辞，不惟超迈六代，在唐诗中也独辟蹊径，为后人所宗仰师法。

宋代注家和学者在杜诗用典的研究上用力极深，有代表性的一流学者几乎都参与其中。王得臣《麈史》说："杜子美善于用事及常语，多离析或倒句，则语峻而体健，意亦深稳。"又说："善用人语，浑然若己出，唯李、杜。"是就杜诗用典和化用前人诗赋发表的感言。郭思说："老杜诗学，世以为前无古人，后无来者。然观其诗，大率宗法《文选》，掖其华髓，旁罗曲采，咀嚼为我语。"是对杜诗化用《文选》字句表达的精辟见解。黄庭坚是江西诗派的开创者，其诗歌理论中最著名的主张是"夺胎换骨"、"点铁成金"，即或师承前人之辞、或师承前人之意的一种方法，目的是要在诗歌创作中"以故为新"，别开宋诗之生面。他极力推崇杜甫，把晚期杜甫诗视为宋诗美学理想的参照典范，说："自作语最难，老杜作诗，退之作文，无一字无来处。盖后人读书少，故谓韩、杜自作此语耳。故之能为文章者，真能陶冶万物，虽取古人之陈言入于翰墨，如灵丹一粒，点铁成金也。"《预章黄先生别集》卷四中保存了大量他对杜诗所用语典的考证，他自己身体力行，努力学习杜甫用典的技巧。南宋初年，是江西诗派盛行的黄金时期，几个宋代代表性的杜诗注本均产生于这个时期，可以看出，几家杜注受江西诗派理论的影响，对用典格外关注，其中以赵次公注成绩最为显著，其感悟也最深：

> 余喜本朝孙觉莘老之说，谓"杜子美诗无两字无来处"。又王直方立之之说，谓"不行一万里，不读万卷书，不可看老杜诗"。因留功十年注此诗。稍尽其诗，乃知非特两字如此耳，往往一字繁切，必有来处，皆从万卷中来。至其思致之貌，体格之多，非惟一时人所不能及，而古人亦有未到焉者。若论其所谓来处，则句中有字、有语、有势、有事凡四种。两字而下为字，三字而上为语，拟似依倚为势。事则或专用，或借用，或直用，或翻用，或用其意，不在字语中。于专用之外，又有展用，有倒用，有抽摘渗合而用，则李善所谓"文虽出彼而意殊，不以文害"也。又至用方言之稳熟，用当日之事实者。又有用事之祖，有用事之孙。何谓祖？其始出者是也；何谓孙？虽事有祖出，而后人有先拈用，或用之别有所主，而变化不同，即为孙矣。杜公诗句皆有焉。世之注解者，谬引旁似，遗落佳处固多矣。至于只见后人重用重说处，而不知本始，所谓无祖。其所经后人先拈用，并已变化，而但引祖出，是谓不知夫舍祖而取孙。又至于字语明熟混成，如自己出，则杜公所谓"水中著盐，不饮不知"者。盖言非读书之多，不能知觉，尤世之注解者弗悟也。[①]

---

① （宋）赵次公：《自序》，《杜诗赵次公先后解辑校》卷首，上海古籍出版社 2012 年版。

这里说的字、语、势、事四种"来处"中，除了"势"，其余都属于用典的范畴，字、语属于语典，事属于事典。赵次公的分析稍嫌琐碎，但可见他对杜诗的用典体悟很深。赵注主要是注杜诗的字、词、句，尤重出处，在广度和深度上达到了新的阶段。如《大历三年春白帝城放船出瞿塘峡四十韵》"六月旷抟扶"句注云：

> 《庄子》曰：鹏之徙于南溟也，水击三千里，抟扶摇而上者九万里，去以六月息者也。所谓抟者，抟聚其风也。扶摇者，风名也。今云抟扶，则无义。然起于沈佺期，《移禁司刑》诗云：散材仍葺厦，弱羽遽抟扶。不知沈何故如此剪截经语，而公又取也？

此考证"抟扶"二字出于《庄子》，且认为二字剪截不经，始作俑者为沈佺期，杜甫承讹而误，由此看出赵次公泛览群籍，阅读之广。《奉赠韦左丞丈二十二韵》"贱子请具陈"句注，对旧注作伪表示不满，曰：

> 世有托名《东坡事实》辄云："毛遂有言：'贱子一一具陈之。'"以为浑语，却不引出何书。其全帙引，类皆如此。非特浼吾杜公，又浼苏公，而罔无识，真大雅之厄，学者之不幸也。"①

他对于杜诗一字一句的出处严格核实，所以在杜诗用典的研究方面，赵注代表了宋代的研究水准。但"字字求出处"也必然带来形式主义的弊病，其中比较突出的就是注所不必注，对并无出处的字句作了无谓烦琐的考证，如《又呈吴郎》"无食无儿一妇人"，引《庄子》证"无食"，引古谚证"无儿"，引《高唐赋》证"一妇人"，又认为此句暗用《汉书·王吉传》故事。其实杜诗不仅是学人之诗，更是直写眼前之景、直抒胸臆之情的佳作。若认为杜诗"无一字无来处"，则不仅影响对杜诗艺术成就的认识，甚至贬低了其重要的现实意义。吴曾依仗自己博闻强记，在《能改斋漫录》中考证杜诗

① 以上2例，分别见《杜诗赵次公先后解辑校》，上海古籍出版社2012年版，第1264、55页。

用典，贪多炫僻，甚至到了穿凿难信的地步。所以王夫之批评宋人注杜"总在圈缋中求活计"，虽不中，亦不远。而有的注家以为杜诗一字一词皆有来历，在没有弄清杜诗本意的情况下，甚至伪撰故事以附会杜诗，例如《囊空》"囊空恐羞涩，留得一钱看"，伪苏注就捏造了阮孚的故事；《奉赠韦左丞丈二十二韵》"王翰愿为邻"，蜀人师古注捏造了一个杜华母命华与翰卜邻的故事，就更是自邻无讯了。

清代杜诗注家也对杜诗用典最为关切。钱谦益多次说"注诗难，注杜尤难"，因而"不敢注杜"①，恐怕不仅仅是谦言。但值得注意的是，清人对宋人注杜中出现的问题始终保持清醒的警惕，尤以钱谦益所论最为深刻。他在《注杜诗略例》中开列宋人"注杜错谬"数事，大多与杜诗用典有关，如"伪造故事"、"附会前史"、"伪撰人名"、"改窜古书"、"颠倒事实"及"皆有比托"等，每条皆列举了宋注有典型性的恶例。作为清代开风气的钱注，对有清一代学者影响深远。清代杜注当然也有许多问题，但绝无主观故意的劣行。如号称杜注集大成的《杜诗详注》，今人蒋寅《〈杜诗详注〉与古典诗歌注释学之得失》一文总结其有十大缺陷，分别是：（一）画蛇添足，（二）附会典故，（三）隔靴搔痒，（四）不明出处，（五）引而不释，（六）注语不注典，（七）误指典故，（八）引而不断，（九）该注不注，（十）割裂原文。② 这十个问题，多与杜诗用典考证有关，但都是注家的学力和见解的问题，与宋注伪造的性质完全不同。

朱鹤龄与钱谦益一起合作注杜数年，对钱氏的原则心领神会。钱谦益曾赞扬朱氏"斋心被身，端思勉择，订一字如数契齿，援一义如征丹书。宁质无夸，宁拘无侚，宁食鸡跖，无噉龙脯，宁守兔园之册，无学邯郸之步，斤斤焉取裁于《骚》之逸、《选》之善，罔敢越轶"③。这个评价是实事求是的。钱氏请朱氏为其补注杜诗，除了看重其学识渊博，学风正派老实也是重要因素。朱氏为人严谨踏实，屡以李善注《文选》为圭臬，不造假，不盲从。这种正本清源、标明书证的努力，不仅提示读者杜甫可能的藏书或阅读

---

① 分别见于《读杜小笺序》、《吴江朱氏杜诗辑注序》、《草堂诗笺元本序》。

② 《杜甫研究学刊》1995 年第 2 期。

③ 《吴江朱氏杜诗辑注序》，《钱牧斋全集》（五），上海古籍出版社 2003 年版，第 700 页。

书目，使读者了解杜甫"读书破万卷"的真相，对研究杜诗的用典艺术有切实的帮助，而且也对旧注的错舛进行了彻底的清算。朱氏对用典考证十分严格，辨析也十分细致。

# 第一节　注所当注

对于杜诗的用典，注家首先面对的往往是一个两难困境，既要实事求是地将有出处的用典故注释出来，又要破除"无一字无来处"的旧注传统，避免字字求落实、语语寻出处的无谓滥注。如何把握这个"度"，是衡量注本质量的一个重要因素。《杜诗辑注》在这方面做了精心的选择，具体包括注旧注所未注及防止滥注两方面。

## 一　注旧注所未注

综观杜诗注释史可以发现，杜诗的注释有明显由简趋繁的趋向，这趋繁的部分，用典占据了相当比例。旧注处于草创之时，因学识所限，留下许多空白点，也给朱注提供了广阔空间。

1.《送孔巢父谢病旧游江东兼呈李白》"几岁寄我空中书"。空中书，朱注曰：

> 按：《高僧传》：蓬莱道人，寄书小儿至广陵白兔埭，令其捉杖飘然而往，足下时闻波涛。或云：有商人海行，见一沙门求寄书史宗。同侣欲看书，书著船不脱，及至白兔埭，书飞起就宗，宗接而将去。宗后憩上虞龙山寺，会稽谢邵、魏迈之等皆师焉。

赵注曰："谓之空中书，则以巢父有仙骨，寄书乃在空中来也。"蔡注："空中书，谓雁传书也。"皆以"空中书"为一般名词。朱氏的注释补充了这个空白。

2.《桥陵诗三十韵因呈县内诸官》"唉侯笔不停"。唉侯，朱注曰：

啖侯疑即啖助。《唐书》：啖助，字叔佐，赵州人，淹该经术，善为《春秋》之三家短长，号"集传"。

宋注及钱注于"啖侯"无注。此句与上数句皆赞美奉贤县内诸官，上数句用典，则该句亦可能用典；又杜诗喜用同姓古人赞美对方，如《题张氏隐居二首》"张梨不外求"等即是。啖姓县官饱学富才，下笔不辍，用啖助之典十分合适。

3.《送长孙九侍御赴武威判官》"绣衣黄白郎"。朱注曰：

黄白郎，未详。或曰：黄白，即《汉书》"银黄"，颜师古注：银，银印也；黄，金印也。北齐乐曲：怀黄绾白，鹓鹭成行。

宋注及钱注于"黄白郎"皆无注。《汉书》卷九十《杨仆传》："因用归家，怀银黄，垂三组，夸乡里。"说杨仆春风得意，怀揣金印、银印，衣锦还乡。郭茂倩《乐府诗集》卷十四《北齐元会大飨歌》"食举乐"曰："彤庭烂景，丹陛流光。怀黄绾白，鹓鹭成行。文赞百揆，武镇四方。"是赞美皇帝文治武功的诗句。"银黄"或"黄白"，皆是身份的象征，与杜诗"黄白郎"用意一致。

4.《送杨六判官使西蕃》"惟良待士宽"。朱注曰：

《杜诗博议》：惟良，旧注无解。按《汉书》宣帝曰：与我共理者，其惟良二千石乎？此诗用"惟良"本此，亦友于、贻厥之类也。李嘉佑《送相公五叔守歙州》诗落句云："新安江自绿，明主重惟良"，此一证。时杨判官必膺郡守推荐，衔命入蕃，故曰"惟良待士宽"也。

宋注及钱注于"惟良"无注。按"惟良"最早一见于《尚书·周书·吕刑》"惟良折狱"，一见于《尚书·周书·君陈》"臣人咸若时，惟良显哉"，均表示贤能的官吏。《杜诗博议》引《汉书》，虽然不是最早的语源，但注意到"惟良"是有出处的，可补旧注之失注。

5. 《八哀诗·故司徒李公光弼》"恻怆槐里接"。槐里，朱注曰：

> 《长安志》：槐里故城，即犬戎城，在兴平县东南一十里。钱笺：《神道碑》：窆公于富平县先茔之东。铭曰：渭水川上，檀山路旁。檀山，在县西北四十里，本非槐里。昔汉武帝葬槐里之茂陵，卫青、霍去病墓去茂陵不三里。光弼葬在冯翊，犹卫、霍之接近槐里，故曰"恻怆槐里接"。按：《旧书》本传：光弼葬于三原，诏百官祖送延平门外。《碑》又云：窆于富平县。考三原与富平接壤，在京师东北槐里，则《汉志》属右扶风，非光弼葬地也。《唐书》：高祖献陵在三原，中宗定陵在富平。故以槐里比之。旧注直云"光弼葬槐里"，则失实矣。

旧注没有注意到"槐里"是用典。李光弼死后葬在先帝陵寝旁边，非常荣光。但旧注不明就里，又疏于检史，直云"光弼葬槐里"，贻误不浅。其实《旧唐书》卷一百十《李光弼传》里说得很清楚，他死后"葬于三原，诏宰臣百官祖送于延平门外"。杜诗说他葬于"槐里"，是用了典故，因为汉武帝葬于槐里，霍去病、卫青作为武帝干臣，死后也先后葬于陵寝的旁边。李光弼葬于三原，接近唐高祖的献陵和中宗的定陵，好像卫、霍之于汉武帝。

6. 《冬末以事之东都湖城东遇孟云卿复归刘颢宅宿宴饮散因为醉歌》"天开地裂长安陌，寒尽春生洛阳殿"。天开地裂，朱注曰：

> 按：京房《易占》：天开阳不足，地裂阴有余，皆兵起下害上之象。二句言长安昔为贼所陷，今则东都并收复也。

宋注及钱注于"天开地裂"皆无注。京房《易占》已佚，朱注所引殆其佚文，故无从检核。因为"天开"、"地裂"在《易占》中均为兵乱之象，形容长安、洛阳为贼所陷十分贴切。杜诗前后互文，言两都沦陷，今则恢复。

7. 《戏为六绝句》"清词丽句必为邻"。朱注曰：

> 《文心雕龙》：五言流调，清丽居宗。华实并用，惟才所安。

8.《遣闷奉呈严公二十韵》"周防期稍稍",周防,朱注曰:

> 杜预《左传序》：包周身之防。

杜预《春秋经传集解序》："圣人包周身之防,既作之后,方复隐讳以辟患,非所闻也。"孔颖达疏："谓圣人防虑,必周于身。"与杜诗之意相合。按杜诗凡三用"周防",除此诗外,《瘦马行》"委弃非汝能周防",《送魏二十四司直充岭南掌选崔郎中判官兼寄韦》"雅节在周防",皆用《左传序》之典,而旧注皆无注。

9.《绝句四首》"堑北行椒却背村",行椒,朱注曰:

> 《怀旧赋》：列列行椒。

10.《大历三年春城放船出瞿塘峡久居夔府将适江陵漂泊有诗凡四十韵》"五云高太甲"。五云,朱注曰:

> 京房《易候》：视四方有大云,五色具而不雨,下有贤人隐。"五云"当用此。①

宋注及钱注于"五云"皆无注。宋王应麟云认为王勃《益州夫子庙碑》"帝车南指,遁七曜于中阶；华盖西临,藏五云于太甲"最早用"五云"字,然考证无果。明末学者董斯张认为用《隋书》,"然辗转凑合,终觉晦僻,不如从朱长孺之说"(仇兆鳌语)。

## 二　防止滥注

另一方面,朱注又力戒汗漫征引造成滥注。《杜诗辑注》"凡例"说："习见之事不复详引,戒冗长也。"朱注虽然比较繁富,但并未达到烦琐啰唆

---

① 以上 10 例,分别见《杜工部诗集辑注》,河北大学出版社 2009 年版,第 36、102、129、137、557、190、345、453、462、736 页。

的程度，只要看全书中仅录白文或仅有关于异文之校记而未有注释的杜诗多达一百零九首，即可见一斑。例如卷一七《雨四首》，仇注对此四首诗除了题解、注音及引他人评语之外的注释即达十二条之多，而且此组诗中确实颇有典故、成语可注，但朱注却与钱注一样，竟无一条注文，当是由于那些典故成语都相当常见之故。再如《登高》诗，赵注认为"急""天高""下"分别用潘岳赋、宋玉赋及《楚辞》；"潦倒"、"浊酒杯"出嵇康文，烦琐穿凿，宋注多引之。仇注亦句栉字比，详考出处达二十条，皆画蛇添足，实属无谓。朱注尽删旧注，白文无注。杜诗中许多诗篇皆即兴写景或抒情，语出自然，并无用典，朱注对此一般从略。

《杜诗辑注》对一般熟知的用典不作注释，比如"填沟壑"，语本《战国策·赵策》："触龙说赵太后曰：'愿及未填沟壑而托之。'"杜诗凡四用之：《醉时歌》"焉知饿死填沟壑"，《狂夫》"欲填沟壑惟疏放"，《严氏溪放歌行》"岂免沟壑常漂漂"，《暮秋枉裴道州手札率尔遣兴寄近呈苏涣侍》"泛爱不救沟壑辱"，但无一注释，可见《辑注》的节制。即使必须加注的诗篇，也谨慎选择注释点，如第一首《游龙门奉先寺》，题解之外，仅注释了名物词"招提"，对"天阙"的"阙"字异文进行了辨析。真正考证用典的就是"云卧"，系化用鲍照诗"云卧恣天行"。千家注较少，也有三条；其他宋注各有十条左右不等；而仇注考证用典有十二条。朱注不仅比仇注大为简化，避免了无谓的考据；即使比起宋注，也可说是非常简洁的。

# 第二节　纠正旧注

杜诗用典丰富而复杂，已为学界公认。旧注的考证虽取得很大成就，但仍留下不少谬误之处。朱氏基于对杜诗的深刻理解，结合各种文献资料，对杜诗用典进行了多方面研究，许多成果至今仍为我们习用。

### 一　考杜诗多用熟典例

用典是为了抒情，典故就应该是常见的，而使用僻典则模糊诗意，埋没情感。虽然杜甫腹笥极富，但杜诗的用典一般有个原则，就是使用熟典。而旧注或因学力所限，或不能正确领会诗意，往往不能考证出杜诗用典的正确出处，与杜诗本意失之交臂。如《又观打鱼》"干戈格斗尚未已，凤凰麒麟安在哉"。凤凰麒麟，旧注多引"洙曰"："《春秋繁露》曰：恩及虫鱼，则麒麟至。《孝经援神契》曰：德至鸟兽，则凤凰翔。"朱注曰：

> "干戈"二句，即《家语》"覆巢破卵，则凤凰不翔；剖胎刳孕，则麒麟不至"之意也。①

"凤凰"和"麒麟"同出《孔子家语》，表示反对苛政杀戮的意思，意思完整准确。旧注深文周纳，支离破碎，断不可取。今仇注弃朱注而引旧注，大误。

### 二　考杜诗用典切合身份例

旧注考典，有时只扣字面而不顾内容，造成形式主义的弊端。朱注认为杜诗用典是与对方身份相吻合的，这样才能读懂诗意。

1. 《题张氏隐居二首》之一"不贪夜识金银气"。金银气，朱注曰：

> 按：《南史》载梁隐士孔佑至行通神，尝见四明山谷中有钱数百斛，视之如瓦石。樵人竞取，入手即成沙砾。"不贪夜识金银气"殆是类耶？东坡谓深山大泽有天地之宝，惟无意于宝者能识之，即此句义。

所引见于《南史·隐逸上》卷七五《杜京产传》。宋注皆引《史记·天官书》"败军破国之墟，下积金宝，上皆有气，不可不察"。但此诗描写隐士之居，赞其超脱世俗，则用隐士之典较为恰当。

2. 《杜位宅守岁》"守岁阿戎家"。阿戎，朱注曰：

> 《南史》：齐王思远，小字阿戎，王晏之从弟也。明帝废立，尝规

① 《杜工部诗集辑注》，河北大学出版社 2009 年版，第 356 页。

切晏。及晏拜骠骑，谓思远兄思微曰：隆昌之际，阿戎劝吾自裁，若如其言，岂得有今日？思远曰：如阿戎所见，尚未晚也。晏大怒。后果及祸。子美诗用"阿戎"，盖出此耳。《通鉴注》：晋、宋间人多呼弟为阿戎。

宋注多引"洙曰"："王戎，字浚仲，少阮籍二十岁，而籍与之交。籍与戎父浑为友，戎年十五，随父浑在郎舍，籍每适浑俄顷，辄去过视戎，良久然后出，谓浑曰：'共卿语，不如与阿戎谈。'"但阮籍与王戎是叔侄关系，所以黄注反对这个注释，说：

> 杜位乃公之从弟，有《奉送栢二州别驾因示从弟行军司马位》诗，不应用父子事，王注盖不知善本作"阿咸"。东坡《与子由》诗云"头上银幡笑阿咸"，又《和章饶二君》诗"欲唤阿咸来守岁"，盖用公此诗也。

黄注的批评是对的，但他说"阿戎"当作"阿咸"，却是错的。"阿咸"是阮籍称呼其侄阮咸的，表示叔侄关系，而杜甫与杜位是兄弟关系，显然不宜用这个称呼，苏轼误用。朱注所引，见于《南史》卷二四《王思远传》，王晏与王思远也是兄弟，王思远字阿戎，所以杜甫用"阿戎"称呼杜位，是合适的。朱注所引《通鉴注》，见于《资治通鉴》卷一四一《齐纪七》，胡三省注曰："晋、宋间人多谓从弟为阿戎，至唐犹然，如杜甫于从弟杜位宅《守岁》诗云'守岁阿戎家'是也。"正举杜甫此诗为例，说明朱氏是亲自翻阅《通鉴》的。"王洙注"引用的王戎例子，分别见于《白孔六帖》卷十八"父子"条"阿戎谈"和卷三五"父友"条"阿戎"，而宋代各注纷纷转引，不加甄别，贻误后学。

3. 《白水崔少府十九翁高斋三十韵》"诸翁乃仙伯"。仙伯，朱注曰：

> 《汉书》：梅福为南昌尉，人传以为仙。崔是白水尉，故以仙伯称之。①

---

① 以上3例，分别见《杜工部诗集辑注》，河北大学出版社2009年版，第3、42、108页。

旧注多以为"仙伯"无典。朱注引《汉书》梅福为典，既是熟典，又适合崔氏身份。

### 三　考杜诗借用典故例

所谓借用，就是只用典故的意义，而不太考虑褒贬色彩及字面的吻合。也就是只取一点，不及其余。

1.《投赠哥舒开府翰二十韵》"畋猎旧非熊"。朱注曰：

> 《史记·齐世家》：文王将猎，卜曰：所获非龙、非彲、非虎、非罴，乃霸王之辅。果遇太公于渭阳，载与俱归。按：《史记》及《六韬》并无"非熊"语。洪容斋云后人使"非熊"，始于吕翰《蒙求》，然公诗已先之矣。《尔雅翼》：熊之雌者为罴。则熊、罴殆可互用。

"畋猎旧非熊"，宋注均引《史记·齐世家》，但原文并无"非熊"字，朱氏认为熊、罴二字可以互用，解决了这一悬案。杜诗在此借用"熊"字，当主要出于押韵的考虑。

2.《舍弟观自蓝田迎妻子到江陵因寄三首》其三"卜筑应同蒋诩径，为园须似邵平瓜"，朱注曰：

> 嵇康《高士传》：蒋诩，杜陵人，诩为兖州，王莽居宰衡，诩移归杜陵，荆棘塞门，舍中三径，终身不出。"邵平瓜"，注见三卷。按：蒋诩、邵平皆老于长安者，引此正寓思长安故居，非漫然用事。①

《杜诗辑注》卷三《喜晴》"东门瓜"注引《汉书·萧何传》："邵平故秦东陵侯，秦破为布衣。贫，种瓜长安城东，甚美，世谓东陵瓜。"朱注认为此诗虽用其典而另有深意，寄托了杜甫对长安故居的思念，与传统隐居乐贫的寓意有所不同，故借用之耳。

---

① 以上 2 例，分别见《杜工部诗集辑注》，河北大学出版社 2009 年版，第 56、724 页。

**四 考杜诗用典兼顾现实例**

杜诗不少用典紧贴时代，联系时事，注意古典与今事的相似性。朱注对此十分注意。

1. 《哭严仆射归榇》"天长骠骑营"。骠骑营，朱注曰：

> 《汉书》：元狩六年，霍去病亦骠骑将军薨。其年略与武同，故以比之。旧注引《晋书》齐王攸，非是。

九家注、黄注皆引《晋书》："齐献王攸迁骠骑将军，时骠骑当罢，营兵数十人恋攸恩德，不肯去。"钱注无注。按此诗前有"部曲异平生"句，意思是说严武死后部下零落稀少，异于生时。旧注所引，没有顾及杜诗前后之意。朱注照顾用典与现实，更为可取。

2. 《寄岳州贾司马六丈巴州严八使君两阁老五十韵》"苍茫城七十，流落剑三千"。剑三千，朱注曰：

> 按：《越绝书》：阖闾葬虎丘，有扁诸之剑三千。时西京陵墓多为贼发，故云"流落"，即《诸将》"早时金碗出人间"意耳。旧注引《庄子》"赵文王喜剑，剑客来者三千余人"，于时事无着。梦弼云：剑指剑阁，言玄宗幸蜀，流落三千里之远。夫天子蒙尘，岂得言流落耶？

"苍茫城七十，流落剑三千"，是杜甫回忆自己当年奔赴凤翔行殿之时，国家遭受空前危机的诗句，意思是说：河北城池完全落入敌手，连帝陵的葬物也遭发流落。两句均用典，前句用乐毅下齐七十余城事。安禄山反，河北二十余郡皆弃城走，故云。朱注及宋注对此无异议。但对于后句，赵注、黄注、千家注均引《庄子》赵文王事，其实仅扣住"剑"和"三千"的字面，却与诗意很不吻合。蔡注所言，更是牵强附会。前句用典，则此句亦当用典，这是杜诗的一个重要特点，蔡注指此句写实，不妥；且正如朱注所言，若是玄宗逃亡，岂可用"流落"形容？所以宋注皆误。朱注认为此句联系现实，指安史乱军破长安，唐帝陵寝被掘、文物散失的时事，因此"剑三千"只可能是墓中之物，而《越绝书》卷二所记载的阖闾墓有三千扁诸之剑的材料，不仅字面与之相合，且身份亦颇一致，最为恰当。

3.《随章留后新亭会送诸君》"已堕岘山泪，因题零雨诗"。零雨诗，朱注曰：

> 按：孙楚《陕阳侯送别》诗：晨风飘歧路，零雨被秋草。《宋书·谢灵运传论》所称"子荆零雨之章"也，因送别故用之。旧注引《东山》诗"零雨其濛"，非是。[1]

蔡注、千家注引《诗经·东山》"零雨其濛"，赵注、黄注、钱注皆无注。《诗经·东山》是周公东征归来为慰问战士而作，杜诗不宜引之。孙楚《征西官属送于陕阳侯》是送别之作，杜诗引用十分合适，两句表达对行者的赞美和不舍。

### 五　考杜诗用事典必双例

杜诗用典十分讲究，一般上句用典，下句亦用典，如《别赞上人》"杨枝晨在手，豆子雨已熟"。豆子，朱注曰：

> 《华严经疏钞》曰：譬如春月，下诸豆子，得暖气色，寻便出土。《岁时记》：八月雨为豆花雨。[2]

两句赞美赞上人手持杨枝清净众生，使众生善心萌动。旧注或以"豆子"为眼睛，或以为赞美赞上人的神异。"杨枝"用佛教典故，比喻普济众生，"豆子"亦用佛教典故，譬喻人之善性因缘而生，正如豆子得甘霖暖气，破土而出一样。杜诗这两个典故用得十分高明，自宋至清数百年，无人看出"豆子"用典，这是用典的最高境界。注家不察，往往失注或误注。朱氏曰：

---

① 以上3例，分别见《杜工部诗集辑注》，河北大学出版社2009年版，第470、245、844页。
② 同上书，第252页。

"豆子雨已熟",本佛书"譬如春月,下诸豆子,得暖气色,寻便出土",伪苏注以"豆子"为目睛,既可笑矣;今却云"赞公来秦州,已见豆熟"。夫"杨枝"用佛书,"豆子"亦必用佛书。若云"已见豆熟",乃陆士衡所讥"掣瓶屡空者",子美必不然也。①

所驳"赞公来秦州,已见豆熟",正指钱注。按杜诗用典,尤其是用事典,若上句用,一般下句亦用。如上面所举《收京三首》,"暂屈汾阳驾"用《庄子》"尧往见四子藐姑射之山,汾水之阳,窅然丧其天下焉"的典故,下句"聊飞燕将书"就用了《史记》中鲁仲连射书遗燕将的典故。有时杜诗又更进一步,上句与下句之典多出于同类,如均用道家典或释家典,《奉同郭给事汤东灵湫作》"阆风入辙迹,旷原延冥搜",上句用《十洲记》典,下句用《穆天子传》典,而这两种均是道藏之书。《别赞上人》"杨枝晨在手,豆子雨已熟"也是如此,上句用佛典,则下句亦当用佛典,不可视作常句。

## 六 考杜诗用典无忌例

宋注有时拘于"忠君"说,对杜诗用典大胆无忌的特点不敢揭示。洪迈说:"唐人诗歌,其于先世及当时事,直辞咏寄,略无避隐。至宫禁嬖昵,非外间所应知者,皆反复极言,而上之人亦不以为罪。今之诗人不敢尔也。"②朱注对杜诗大胆用典深有体会,如:《奉酬薛十二判官见赠》"谁重斩邪剑","斩邪"下注:"吴、郭作断蛇,黄作斩郅",朱注曰:

《后汉书》:窦宪大破北单于于稽落山,命中护军班固作燕然山铭,勒石纪功。蔡曰:斩邪,用朱云请剑斩佞臣头事。若作"断蛇",恐非人臣所用。按:斩蛇剑,《同谷七歌》用之,唐人使事不如此拘泥。黄鹤以上有"燕山铭",下有"麒麟阁"句,疑用陈汤斩郅支单于事,亦

---

① (清)朱鹤龄:《与李太史论杜注书》,《愚庵小集》卷十,华东师范大学出版社 2010 年版,第 209 页。

② 《容斋续笔》卷二"唐诗无讳避",《四库全书》电子版。

不然。①

《史记·高祖本纪》载刘邦起事前曾醉行泽中，遇大蛇当道，乃拔剑斩之，后世遂以为君王起事之典故，因此认为"恐非人臣所用"，但唐代思想开放自由，如杜甫《乾元中寓居同谷县作歌七首》其六有"木叶黄落龙正蛰，蝮蛇东来水上游。我行怪此安敢出，拔剑欲斩且复休"之句，正用"斩蛇剑"的字眼，说明唐代文人每放胆直言，并非如后世文人畏葸胆小。

### 七 考杜诗反用典故例

如《送李卿晔》"晋山虽自弃，魏阙尚含情"。晋山，朱注曰：

> 《水经注》：袁崧《郡国志》曰：介休县有介山，有绵上介子推庙。按：公尝扈从肃宗，故自比之推。曰"自弃"者，不敢以华州之贬怼其君也。《壮游》诗"子推避赏从"，亦此意。《杜诗博议》：晋山自弃，即《出金光门》诗"移官岂至尊"意也。古人流离放逐，不忘主恩，故公于贾、严之贬，则曰"开辟乾坤正，荣枯雨露偏"；于己之贬，则曰"晋山虽自弃，魏阙尚含情"，其温柔敦厚之意，言外可想。若以肃宗不甚省录，故往往自况之推，失之远矣。②

"晋山"一词，注家聚讼纷纷。赵注曰："《宣室志》所载野史，曰有道士尹君者隐晋山，不食粟，尝饵柏叶。与今公在蜀诗全不相干。"蔡注引"王子晋学仙隐于缑山"事。晋文公时，介子推有功不愿受禄，隐入绵上山（在今山西介休县）。杜诗此典既有写实成分，又反用典故，曰"自弃"，虽自比介之推，但又包含不敢以华州之贬怼其君的意思，这是杜甫不忘君恩、温柔敦厚的表现，与《壮游》诗"子推避赏从"的意思是一贯的，所以反用其典。赵注、蔡注所引道士隐居的典故，显然与诗意不合。

---

① 《杜工部诗集辑注》，河北大学出版社 2009 年版，第 655 页。
② 同上书，第 418 页。

## 八　考杜诗典故沿讹例

朱注不仅考证杜诗用典，对旧注进行辩驳，还对杜诗沿袭旧讹的典故进行清理，从而从根源上阻绝了虚假典故的泛滥流行，这是真正意义上的正本清源。

1. 杜诗《魏将军歌》"临江节士安足数"。临江节士，朱注曰：

> 《汉·艺文志》有《临江王》及《愁思节士歌》诗四篇。宋陆厥《临江王节士歌》：节士慷慨，发上冲冠。弯弓持若木，长剑竦云端。按：《汉书》：景帝废太子为临江王，后坐侵庙壖为宫，征在入自，时人悲之，故为作歌《愁思》。节士，无考，本是二人，累言之故曰"及"也。陆韩卿合所作乃合为《临江王节士》，其误与中山孺子妾歌同。《哀江南赋》："临江王有愁思之歌"，又因此而误，太白相沿未改。

宋注多引《古乐府》所载陆厥《临江王节士歌》，而无所辨正。朱注引《汉书·艺文志》，说明本为两篇，陆厥误合为一，庾信沿讹，杜甫亦承讹误用，李白《临江王节士歌》也是以讹传讹。这段考证正本清源，消除了千年的误会，很有价值。王琦《李太白全集》对《临江王节士歌》的注释，全引朱注。

2. 《有感五首》"乘槎断消息，无处觅张骞"。朱注曰：

> 《汉·张骞传》：骞以郎应募使月氏，经匈奴，匈奴留骞十余载，后亡归汉。时御史大夫李之芳等使吐蕃被留，故云。按：《汉书》张骞穷河源，无"乘槎"之说。张华《博物志》：海上有人，每年八月，乘槎到天河。未尝指言张骞。宗懔《岁时记》乃云：汉武令张骞寻河源，乘槎而去。赵、蔡俱疑懔为讹。或云：张骞乘槎，出《东方朔内传》，今此书失传。庾肩吾《奉使江州》诗：汉使俱为客，星槎共逐流。正用此事也。

《汉书》中只有张骞出使匈奴之事，西晋张华《博物志》只有"乘槎到天河"的传说记载，到了南朝梁，宗懔《荆楚岁时记》合"张骞出使匈奴"与"乘槎"的传说为一事，赵次公、蔡梦弼因此怀疑宗懔撰造"张骞乘槎"。但仔细推理，不太可能，因为庾肩吾《奉使江州舟中七夕》诗，已经使用这个典故，庾肩吾与宗懔是同时人，不太可能以《荆楚岁时记》中的材料为典。当是俗书或民间传说所致。杜甫亦极有可能沿袭庾肩吾之误。

3.《承闻河北诸道节度入朝欢喜口号绝句十二首》"黄金台贮俊贤多"。黄金台，朱注曰：

> 鲍照诗：岂伊白璧赐，将起黄金台。善曰：王隐《晋书》：段匹磾讨石勒，进屯故安县故燕太子丹金台。《上谷郡图经》曰：黄金台，易水东南十八里，燕昭王置千金于台上，以延天下之士。二说既异，故具引之。按：《史记》：昭王为郭隗改筑宫而师事之。《新序》同此语，不言"台"也。孔融《论盛孝章书》：昭王筑台，以尊郭隗。任昉《述异记》：燕昭为郭隗筑台，今在幽州燕王故城中。并无"黄金"字。"黄金台"之名，始自鲍照诗。《御览》引《史》"昭王置千金"云云，世谓之黄金台，盖误以为《图经》为史耳。

按宋注多曰："燕昭王置千金于台上，以延天下之士，故称为黄金台。"钱注"金台"，引《寰宇记》"西金台"、"东金台"、"小金台"，又引《水经注》"金台陂"，同宋注一样，均没有抓住问题的实质。朱注根据"黄金台"乃尊贤与能的诗意，追溯《史记》及刘向《新序》所载，不言"台"；顺时而下，考孔融、任昉等诗文，始改"宫"为"台"，但无"黄金"字；至鲍照诗，始合"黄金"及"台"为一。李善不明就里，引王隐《晋书》"燕太子丹金台"，其实与鲍诗毫无关系；又引《上谷郡图经》"黄金台"，殊未考该说之无稽。杜诗当亦承鲍诗而误用。而《太平御览》当又沿袭《上谷郡图经》而误。朱注的这段注释，辨析"黄金台"之典谬传的来龙去脉，原原本本，条分缕析，堪称考证之杰作。

4.《覃山人隐居》"北山移文谁勒铭"，北山移文，朱注曰：

《文选》五臣注：周颙先隐都北钟山，后出为海盐令，欲过北山，孔稚圭乃假山灵意，作文移之。中云：驰文驿路，勒移山庭。《齐书》：元徽中，颙出为剡令，建元中为山阴令。未尝令海盐。《选注》误，《一统志》因之亦误。①

宋注关于此句"北山移文"的注释皆引《文选》五臣注，而未有考证。《北山移文》其实是孔稚圭假借周颙的名义而作的游戏文字，历史上的周颙并无出仕海盐令的经历。朱氏据史实考证前人对"北山移文"的长期误解。

**九　考杜诗典故不明例**

杜诗博览群籍，用典来源复杂，间有不能考其出处者，或杜甫误用，亦有可能。而旧注强解凿说，反而凿枘不合。朱氏对此颇为审慎，不知为不知，这是可取的态度。如：

1.《大历三年春城放船出瞿塘峡久居夔府将适江陵漂泊有诗凡四十韵》"五云高太甲"之"太甲"，自宋以来纷纷臆说，然而皆无的证。朱注曰：

太甲，或出纬书，难以强解。

在力不能及的情况下，承认客观或主观的不足，俟之来者，不失为明智之举。

2.《壮游》"枕戈忆勾践"，朱注曰：

枕戈待旦，乃晋刘琨语。此作勾践事，未详。

九家注曰："越王勾践，允常之子，既逃会稽之耻，反国，苦身焦思曰：'汝忘会稽之耻耶？'出则尝胆，卧则枕戈。"黄注同。按文献并无关于勾践"枕戈"的记载，未知九家注何据。或杜甫一时误用，亦未可知。

①　以上4例，分别见《杜工部诗集辑注》，河北大学出版社2009年版，第92、411、625、684页。

3.《诸将五首》"昨日玉鱼蒙葬地，早时金碗出人间"。朱注曰：

> 《杜诗博议》：戴叔伦《赠徐山人》诗云：汉陵帝子黄金碗，晋代仙
> 人白玉棺。可见玉鱼、金碗，皆用西京故实，与首句"汉朝陵墓"相
> 应。但汉后稗史，自《西京杂记》、《风俗通》、《拾遗记》诸书而外，传
> 者绝少，无从考据耳。卢充幽婚，恐尚非的证。①

关于"玉鱼"、"金碗"的典故，旧注多引《搜神记》"卢充幽婚"的故
事，蔡注引《汉武故事》"邺县人发掘茂陵物"的故事。朱注引《南史》沈
炯事，又说"易玉为金，义有未安"，所以并引《杜诗博议》。可见朱氏终觉
二句典故不可详考，故出以疑惑之词。

**十　考旧注误指典故例**

朱氏不仅注释杜诗典故，也对旧注误指、误注和伪造典故进行了揭露。
所谓误指，本是写实之常句，而误以为用典。

1.《酬寇十侍御锡见寄四韵复寄寇》"黄帽待君偏"。赵注曰："前汉邓
通以棹船为黄头郎。颜师古注曰：棹船，能授棹行船也。土胜水，其色黄，
故刺船之郎皆著黄帽，因号曰黄头郎也。"宋注多引之，钱注亦引。朱注曰：

> 黄帽，公自谓也。《刘郎浦》诗：黄帽青鞋归去来。旧注引《汉书》
> 黄头郎，非是。

按杜诗两用"黄帽"，除了此诗，《发刘郎浦》亦用，说明"黄帽"正是
杜甫自著，并无深意，旧注非是。

2.《奉和严中丞西城晚眺十韵》"观图忆古人"。朱注曰：

> "观图忆古人"，言观蜀之地图，辄以古人为期也。公有《同严公咏

---

蜀道画图》诗，又《八哀诗》云"堂上指画图"，可证。旧注引《马援传》东平王观云台图画曰：何不画伏波将军？恐于此不切。

宋注均引《后汉书·马援传》，以为用典。杜诗《严公厅宴同咏蜀道画图》云："日临公馆静，画满地图雄"，《赠左仆射郑国公严公武》云："堂上指图画，军中吹玉笙"，可见"观图"是严武在长期戎马生涯中养成的习惯。此句是赞美他以古人平定天下自期，并非用典。

3. 《寄岳州贾司马六丈巴州严八使君两阁老五十韵》"贾笔论孤愤，严诗赋几篇"。朱注曰：

> 赵曰：贾曰笔，以能文；严曰诗，以能诗。《南史》有"三笔"、"六诗"故也。陆放翁云：南朝词人谓文为笔，杜诗"贾笔"、"严诗"，杜牧之亦云"杜诗韩笔"，往时诸晁谓诗为"诗笔"，非也。按：《汉书》"贾君房下笔，言语妙天下"，"贾笔"当本此。然"贾笔"、"严诗"直以至、武言之，未必用故实。有引贾谊陈政事、严助赋颂数十篇者，非是。

钱注于该诗"严诗"条注曰：

> 《艺文志》"赋家"：庄夫子赋二十四篇，严助赋三十五篇。《严助传》：助留侍中，有奇异辄使为文，及作赋颂数十篇。

则朱注所驳斥，显然针对钱注。按，"贾笔论孤愤，严诗赋几篇"二句互文，意谓贾至、严武二人因谪官抒发孤愤，近来多佳作，与汉代严助事不合。朱注谓没有故实，甚是。

4. 《古柏行》"霜皮溜雨四十围，黛色参天二千尺"。朱注曰：

> 四十围、二千尺，皆假象为词，非有故实。《梦溪笔谈》讥其太细长，《缃素杂记》以古制"围三径一"驳之，次公注又引南阳故城杜

柏大四十围，皆为鄙说。考《水经注》，社柏本云"三十围"，亦与此不合。

赵注曰：

> 其四十围、二千尺，又用柏事以形容今柏之长大也。四十围，则隋《均州图经》云：南阳武当南门有社柏，树大四十围。梁萧欣为郡，伐之。二千尺，则巴郡有柏树，大可十围，高二千尺余。此并载乐史《太平寰宇记》中。公《夔州绝句》有云：武侯祠堂不可忘，中有松柏参天长。则夔州庙中之柏，当公赋诗时，目见其高大，故今又有"参天二千尺"之句。前辈既不知此是夔州，而又不见乐史所载柏事，乃为纷纷之说。①

按二句乃夸张之词，用以象征诸葛亮人格和精神之伟大，非有故实。赵注穿凿。

5.《郑典设自施州归》"登顿入天石"。天石，一作"天矢"，一作"矢石"。千家注及刘辰翁《批点杜诗》认为暗用李广射虎事。朱注曰：

> 入天石，言石势之参天也，公《瞿唐》诗"入天犹石色"可证。旧本讹作"矢"，须溪云：暗用李广射石没羽事。此喜新之见，笺杜诗正不宜尔。②

朱注认为杜诗此处实写眼前之景，并无使典用事，甚是，旧注穿凿。

## 十一　考旧注误注出处例

1.《久雨期王将军不至》"未使吴兵著白袍"，九家注曰："侯景命东吴

---

① 《杜诗赵次公先后解辑校》，上海古籍出版社 2012 年版，第 776 页。

② 以上 5 例，分别见《杜工部诗集辑注》，河北大学出版社 2009 年版，第 827、342、246、495、706 页。

兵尽著白袍,自为营阵。"钱注曰:"《吕蒙传》:蒙至寻阳,尽伏其精兵舡舰中,使白衣摇橹,作商贾人服。"朱注曰:

> 按:《南史》:陈庆之麾下悉著白袍,所向披靡。先是,洛中谣曰:名军大将莫自牢,千兵万马避白袍。"吴兵着白袍"定用此也。旧注引夫差、侯景事,或又引吕蒙白衣摇橹事,俱谬。

朱注所纠,正是九家注和钱注。按"未使吴兵着白袍"意为可惜王将军未能如陈庆之一样建立功勋,而九家注和钱注但扣住字面,与杜诗内涵并无关联。

2.《寄张十二山人彪三十韵》"商山犹入楚,渭水不离秦",渭,一作源。朱注曰:

> 按旧注:源水,桃花源也。桃源在武陵,与秦地何涉?又两句俱使避秦事,终未稳惬。恐以"渭水"为正。商山、渭水,是用四皓、太公事以拟山人。或曰:玩"三违颍水春"及"关西得孟邻"等语,似山人乱后,未归嵩阳。此二句与《谒先主庙》诗"锦江元过楚,剑阁复通秦"同意,言肃宗反正,天下复归于唐也,亦通。[1]

旧注即赵注,赵注认为"源水指言桃源",但若如赵注所说,两句均使用避秦典故,显然不妥。朱注则认为此句用四皓隐居商山和太公隐居渭水之事以况山人,亦可指山河依旧,天下复归于唐,二者皆切合时事,两说并存无妨。按商山又名楚山,在陕西商县东南,属于古楚地。渭水,黄河最大支流,在陕西中部,陕西古属秦地。

## 十二 考旧注伪撰典故例

旧注为了给杜诗找出处,胡乱编造,手法包括伪托古人、伪造故事、伪

---

① 以上2例,分别见《杜工部诗集辑注》,河北大学出版社2009年版,第701、248页。

撰人名、附会前史等，已经钱氏指出。旧注的这种做法影响十分恶劣，不仅可能歪曲了对杜诗的理解，而且助长了注释领域的伪造风气。到了清初，谬种流传，伪劣横行，一般注家又疏于查核原书，以致连稍微简洁像样的注本都欲寻不得，杜诗的万丈光芒化作百重迷雾。朱注旨在正本清源，恢复杜诗的"真面目"，自然反对这种风气。最好的办法，就是对旧注旧说不轻信，不盲从，始终保持一定的戒备，并亲自查核原书，根绝伪谬的源头。这在杜诗笺注史上具有重要意义，也为清代的杜注起到了开风气的示范作用。

1.《阻雨不得归瀼西甘林》"令儿快搔背"。搔背，朱注曰：

> 《三辅决录》注：丁邯迁汉中太守，妻弟为公孙述，将系狱，光武诏曰：汉中太守妻，乃系南郑狱，谁当搔其背垢者？

黄注引"伪苏注"曰："袁安卧，负暄颓檐，颇觉和畅，四肢舒展。令儿搔背，甚快人意。"然经仇注考证，"初无此事"，说明旧注伪托"苏注"，而黄鹤不察，乃引其书。朱注发覆旧注之伪，恢复真相。

2.《秋日夔府咏怀奉寄郑监李宾客一百韵》"朋来坐马鞯"。朱注曰：

> 旧注：《战国策》：苏秦激张仪，令相秦，以马鞯席坐之。按：朋来坐马鞯，犹云"坐客寒无毡"也，与苏、张事不合。且旧注引《国策》、《艺文类聚》，又引《史记》，今《国策》、《史记》并无此文。

所谓旧注，即九家注、黄注、千家注所引的"王洙注"。"王洙注"多伪造，九家注虽云去除之，然而并不彻底，这就是一例。

3.《和裴迪登蜀州东亭送客逢早梅相忆见寄》"东阁官梅动诗兴，还如何逊在扬州"。朱注曰：

> 按：伪"苏注"：何逊为扬州法曹，咏廨舍梅花。《一统志》亦载之。《本传》无为法曹事，但有《早梅》诗，见《艺文类聚》及《初学记》。今本《何记室集》作《扬州法曹梅花盛开》诗，乃后人未辨苏注

之伪，遂取为题耳。①

黄注引"苏曰"："梁何逊作扬州法曹，廨舍有梅花一株。花盛开，逊吟咏其下。后居洛，思梅花，再请其往，从之。抵扬州，花方盛，逊对花彷徨终日。"这一段"本事"完全是伪造。作伪者据《艺文类聚》及《初学记》中何逊的《早梅》诗，伪撰出这一"典故"，连《明一统志》也深受其害；辑本《何记室集》因"苏注"而编造《扬州法曹梅花盛开》的题目，更是伪中之伪。经朱氏追根究底，真相遂大白于天下。伪注谬种流传之害，莫此为甚。这个典故，在宋注伪造之列中甚有典型性。

### 十三　考旧注所引典故失传例

分两种情况，第一，凡旧注所引之文，若不见于原书，并非旧注伪造，而是散佚所致，朱注加按语予以说明。如《喜闻官军已临贼境二十韵》"骑突剑吹毛"。朱注曰：

> 剑吹毛，言其利也。旧注：《吴越春秋》：干将之剑，能决吹毛游尘。按：《昌黎集注》引此，云：今《吴越春秋》无此语。

据《四库提要》考证，《吴越春秋》原书十二卷，但唐代已非全帙，宋代又不断散佚，故宋注所引，今人往往不得旧观。

第二，旧注所引之书，若已失传，但是经多种权威典籍转引，亦不可定为伪造。如《客堂》"台郎选才俊"，朱注曰：

> 《汉官仪》：尚书郎，初从三署郎选，诣尚书台试。每一郎阙，则试五人，先试笺奏，初入台称郎中，满岁称侍郎。②

《汉官仪》十卷，东汉应劭撰，多载汉代朝廷制度及百官典式，久轶，

---

① 以上3例，分别见《杜工部诗集辑注》，河北大学出版社2009年版，第638、592、298页。
② 同上书，第153、484页。

今有辑本。《杜诗辑注》"凡例"云:"汉魏以下经籍如纬书、《新论》、《汉官仪》之类,失传者多,然既经《十三经注疏》、《两汉书注》、《文选注》及唐、宋人诸类书所载,即非无稽,旧注亦多引之,今不敢概削",此类旧注所引而清初已经不见的典籍,往往也是杜诗用典的出处。纬书是汉代附会儒家经义的一类书,主要宣扬人事吉凶,预言治乱兴废,颇多怪诞之谈;但对古代天文、历法、地理等知识以及神话传说之类,均有所记录和保存。《新论》是东汉桓谭的政论著作,共二十九篇,《隋书·经籍志》有录,早佚,元人陶宗仪、明人吴康虞分别有辑本。对这些失传之书或久佚之文,虽不可核实,但典籍载录,秉持信古的态度是可取的。

# 第三节 《杜诗辑注》用典研究的特点

考察典故是《杜诗辑注》中非常重要的部分。在朱鹤龄与钱谦益因注杜发生矛盾后,曾举"旷原"的例子反驳钱氏的指责,又在《与李太史论杜注书》中列举"聊飞燕将书"、"豆子雨已熟"等例子,批评《钱注杜诗》对典故的滥引误注,可以看出朱氏对杜诗典故十分重视。在《杜诗辑注》已经付梓刊刻的情况下,又作《补注》一卷,补充了许多用典的考证发明。我们可以得出《杜诗辑注》用典研究的几个特点。

## 一 对杜诗意义的深刻理解

张戒《岁寒堂诗话》对杜甫的用典议论云:"诗以用事为博,始于颜光禄,而极于杜子美。"杜诗用典精切过人,法门万千,所以历代学者文人如苏轼、黄庭坚等皆深有心得,黄氏乃至倡"点铁成金"、"夺胎换骨"之说,将江西诗派奉为圭臬。赵次公在赵注自序中也大谈体悟,虽觉琐碎,许多说法还是足资启迪的。朱氏在对杜诗深刻理解的基础上,对杜诗用典进行仔细甄别,避免无谓的滥注,还主要从经典的基本书目中寻求出处,"不以一二隐语僻事、耳目所不接者为疑也"(《杜诗辑注序》),而且认真寻绎全篇诗意,克服旧注常犯的但扣字面、不求甚解,以及割裂原文的错误,所以注所当注,简明扼要,真正把握了杜诗用典的精髓。

1. 《收京三首》"聊飞燕将书"。燕将书,朱注曰:

> 《史记》:燕将攻下聊城,聊城人或谗之,燕将惧诛,不敢归。田单攻之,岁余不下。仲连乃为书约之矢,射城中,遗燕将。时严庄来降,史思明亦叛,庆绪纳土,河北折简可定,故以鲁连射书言之。时解引哥舒翰至洛阳、禄山令以书招李光弼等,此于收京何涉?

朱氏所谓"时解",即指钱注。钱谦益《读杜二笺》曰:"聊飞燕将书,言禄山使哥舒翰招诸将,而诸将不从,知禄山之无能为也。"《钱注杜诗》曰:"《安禄山事迹》:'哥舒翰至洛阳,禄山令以书招李光弼等。诸将报至,皆让翰不死节。禄山知事不遂,闭翰于苑中而害之。'聊飞燕将书,盖指此事。"① 可见钱谦益对此诗的解读始终如一,认为"燕将书"即"燕将之书","燕将"指安禄山等。据《安禄山事迹》,哥舒翰战败,被部下劫持而投降安禄山,伏地谢罪。安禄山令其招降李光弼等唐军将领,昔日手下诸将接到书信后,都复书责骂哥舒翰不为国家死节,有失大臣体面,安禄山大失所望。"暂屈汾阳驾,聊飞燕将书"两句的意思是,玄宗暂时屈驾幸蜀,姑且让安史之流猖狂吧。

但这个典故还有另一种解读。战国时期,燕将攻克聊城。聊城有人在燕王面前谗毁燕将,燕将害怕被诛杀,就据聊城不敢回去。齐国田单攻打聊城一年多,士兵们死了很多,却攻不下聊城。鲁仲连就写了一封信,系在箭上射进城去给燕将。燕将阅信后,犹豫不决,欲回燕国,怕被诛杀;欲降齐国,又恐被污辱,最终自杀。《收京三首》作于至德二载(757)十一月,结合当时形势和杜诗的诗意,时年九月,官军收复长安,十月收复洛阳。伪朝宰相严庄来降,史思明反叛,安庆绪纳土称臣,局势向好,"聊飞燕将书"乃借用《史记》鲁仲连射书事,以寓言平息叛军已易如反掌,与末二句"依然七庙略,更与万方初"赞美朝廷光复国土、与民更始的意思呼应。钱氏对此典故的解释,与《收京》的写作背景是不符的,朱氏还专门对此句发表看法

---

① 《钱注杜诗》,上海古籍出版社 1979 年版,第 324 页。

说："西京初复，史思明以河北诸州来降，故用聊城射书事。今引安禄山降哥舒翰，令以书招诸将，诸将复书责之。此于收京何涉也？"①就是批评钱氏罔顾该诗的写作背景。况且，上句用"汾阳驾"之典，下句一般也应用典。而按照钱氏的解释，上句用典，下句写实，这不太符合杜诗的风格。因此朱氏的解释更为可取。正因对杜诗诗意的全面而准确的把握，因此朱氏有关杜诗用典的解释才深中肯綮。

2.《奉和贾至舍人早朝大明宫》"九重春色醉仙桃"，朱注曰：

> 春色之秾，桃红如醉，以在禁中，故曰"仙桃"，非用王母事也。②

朱氏认为杜诗写实而无典。"九重春色醉仙桃"描写大明宫春色似锦，桃花如醉。而旧注以为是用王母的典故，如九家注、千家注、黄注等皆引"王洙注"曰："《汉武故事》：西王母斋其桃七枚献帝，帝欲留核种之。王母笑曰：此桃一千年生，一千年结实。人寿几何？遂止。西王母指东方朔曰：此桃三熟，此儿已三偷也。"认为"仙桃"是用西王母的典故，借以暗喻贵妃。但此诗为奉和之作，贾诗《早朝大明宫呈两省僚友》曰："银烛朝天紫陌长，禁城春色晓苍苍。千条弱柳垂青琐，百啭流莺遶建章。剑佩声随玉墀步，衣冠身惹御炉香。共沐恩波凤池里，朝朝染翰侍君王。"写宫城春意盎然，鸟语花香，朝臣身沐皇恩，感恩戴德，是典型的馆阁体诗作。杜诗"五夜漏声催晓箭，九重春色醉仙桃"也是如此，写内城景致，而无用典。如果用王母之典，必然暗指贵妃，则语涉轻佻，不符合杜诗一贯的风格。所以朱氏认为句意指"春色之秾，桃红如醉，以在禁中，故曰仙桃"，是基于对杜诗写作环境及特点的深刻理解。

## 二　追根溯源

追根溯源是朱氏研究杜诗用典的最重要特点和原则，也是他站在杜诗学史的高度对旧注进行彻底清算和整理的必然选择。他在《杜诗辑注》"凡例"

---

① 《与李太史论杜注书》，《愚庵小集》，华东师范大学出版社 2010 年版，第 209 页。
② 以上 2 例，分别见《杜工部诗集辑注》，河北大学出版社 2009 年版，第 153、156 页。

中说："凡征引故实，仿李善注《文选》体，必核所出之书，书则以最先为据，与旧注颇别。"这一点确实与宋注及钱注有着很大的不同。他之所以能指出旧注的误指、误注、伪撰，与他追根溯源、亲核原书的认真精神分不开。

首先是"核所出之书"。宋注引古，多引意而不说明何书，或引旧说而不加以说明，或引类书而不核实原文，造成许多错误，朱注所引皆标书名，如下列数例。

1.《行次昭陵》"群雄问独夫"。独夫，朱注曰：

> 《隋书》：杨玄感谓游元曰：独夫肆虐，陷身绝域，此天亡之时也。

赵注曰："独夫指隋炀帝。"九家注曰："群雄指李密之流。"虽然正确，但皆不标来源，这也是宋代注本的总体风格，即较为随意。朱注明确标明此句的意思源自《隋书》，既有书证，又可杜绝旧注的臆说。

2.《昔游》"商山议得失"。宋注皆引"王洙注"曰："四皓也。议得失，谓安汉太子也。"朱注曰：

> 商山，谓四皓也。《汉书》：上欲使太子将兵击黥布，四人说建成侯吕泽，夜见吕氏，止其行。故云"议得失"。

朱注明确引用《汉书》中的材料，说明四皓参与辅佐太子的前因后果，比旧注的泛泛而谈来得具体而形象。

3.《雨二首》"白露谁能数"，朱注引陈启源曰：

> 《华严经》：龙王降雨时，菩萨悉能分数其滴。"白露谁能数"暗用此义。

宋注皆引赵注曰："暗用佛书雨露皆有头数之义。"然不明"佛书"何指。按《大方广佛华严经》卷第十五《贤首品》第十二曰："摩醯首罗智自在，大海龙王降雨时，悉能分别数其滴，于一念中皆辨了。"朱注所引追根溯源，甚为明确。

　　4.《上兜率寺》"兜率知名寺，真如会法堂"，朱注曰：

　　　　《释迦成道记注》：梵云兜率陀，或云睹史陀。此云知足，即欲界第
　　　　四天也。《圆觉经略疏》：圆觉自性，本无伪妄变易，即是真如。真谓真
　　　　实，显非虚妄；如谓如常，表无变易。

　　"兜率"、"真如"皆佛学词汇。宋注皆引"洙曰"："佛书有兜率天宫，
故取以名寺。"又引赵注："真如，佛书云：真际也。故每题佛寺、纪佛僧，
多用佛书中字。"但究竟出自佛典何书，并未交代。朱注考察了杜诗用典的
最早出处，对理解杜诗甚有帮助。杜诗用佛教典故很多，需要注家必须精于
佛经。正因为对旧注征引之故实进行彻底的检验，对历来似是而非、启人疑
窦的材料考镜源流，凡是可以核实的材料，朱注均核实所出之书，故朱注的
权威性、可靠性毋庸置疑。清代注本相较前人是比较规范的，应该说朱注起
了一个带头示范的作用。这种做法至今仍值得提倡。

　　《杜诗辑注·凡例》说："凡引用诸说，必求本自何人，后出相沿者不
录。"朱氏征引旧说皆具主名，这样的例子在《辑注》中俯拾皆是，而且他
对旧注所征引的旧说，一般也沿波讨源，寻根究底。如下面两例：

　　5.《上兜率寺》"何颙好不忘"，"何"一作"周"。蔡梦弼注曰："何颙
见《后汉书·党锢传》，与诗义不类。或疑是周颙，周颙奉佛有隐操。"这是
宋代注本中对该句用典的有价值的考证，但却非蔡氏的发明。朱注曰：

　　　　按蔡注本叶少蕴《避暑录》。

　　宋叶梦得著有《避暑录话》，蔡注所云见于《避暑录话》上卷，却没有
标明来源，有掠美之嫌。朱注"核所出之书"，还以真相。

　　6.《示獠奴阿段》"曾惊陶侃胡奴异"。朱注曰：

　　　　旧注：陶侃家僮千余人，尝得胡奴，不喜言语。侃一日出郊，奴执

鞭以随。胡僧见而惊，礼曰：此海山使者也。侃异之。至夜，失其所在。
按：此事见今本刘敬叔《异苑》。说者以伪撰疑之，当更考。

宋注多引刘敬叔《异苑》而不说明书名，朱注指其用典出处，为读者核实提供来源，这是一种实事求是的做法。

其次是引"最先"之书。旧注在考证典故方面，往往辗转抄录，错误甚多。如：

7.《大云寺赞公房四首》"醍醐长发性"，朱注曰：:

> 《涅槃譬》云：从熟酥出醍醐，譬般若波罗蜜出大涅槃。醍醐者，譬于佛性，佛性即是如来。又《止观辅行》云：见是慧性发，必依观；禅是定性发，必依止。此"发性"二字所本。①

而宋注多引《世说新语》曰："淳酪养性，人无妒心，则醍醐之能发性，抑可知已。此释经所以取喻正法也。"殊不知倒果为因，是《世说新语》引佛经，而非相反。旧注之所以错误，就在于疏于核查，以讹传讹。

## 三 重视类书的使用

朱鹤龄还十分精通类书的使用，他在《与李太史论杜注书》中云："注子美诗，须援据子美以前之书，类书必如《类聚》、《初学》、《白帖》、《御览》、《玉海》等方可引用。"说明他对类书的使用较有心得的。

类书"非经非史，非子非集"，不能算"著作"，而是一种"编述"或"抄纂"，或二者兼而有之的图书。但它将原始文献或文献中的资料，采取分门别类、串述撮述，或者条分件系、原文照录、摘录的方法重新组织处理，内容涉及经、史、子、集、百家杂说，其百科全书式的内容和"以类相从"的编辑特点，十分便于寻检征引，所以无论是文人写诗作赋，还是学者掌握知识，常常使用类书。今《四库全书》收类书仅六十五种（不包括存目），

---

① 以上7例，分别见《杜工部诗集辑注》，河北大学出版社2009年版，第149、579、552、381、381、501、121页。

篇幅却占了《四库全书》的十分之一，可见类书在中国古代学术中的地位和重要性。类书保存了大量有关古代历史、天文、地理、典章制度、文学艺术、风俗民情等许多方面的资料，这些均与杜诗笺注有着不同程度的关系，而且类书编排得体，具有较强的检索性质，是注家的得力工具。而旧注因为不太重视使用类书，所以造成许多失注、误注，例如《初学记》是唐初非常有名的类书，但宋代杜诗注家很少使用，九家注仅引四条；黄注仅见一条，还是引赵次公注；千家注一条也没有，就是说黄注和千家注从未查核过该书，而在朱注中使用了十多次。

　　类书是藏书不多的注家的好帮手。钱谦益多次讽刺朱氏是"类书学问"，如在《草堂诗笺元本序》说朱注是"类书谰语，掇拾补缀，吹花已萎，哕饭不甘"，但在《与遵王书》中却说"类书学问，盛行于松陵，又与他处迥别，长孺其魁然者也。勿漫视之"。前后有一定的矛盾，可以看出钱氏虽轻视朱氏，但也很看重类书的作用，《注杜诗略例》所举许多宋注的谬误例子，即出于类书，说明钱氏是翻阅了不少类书的。但钱氏对类书的使用毕竟没有朱氏娴熟，而且朱氏在用典的考证方面虽倚重类书，但并不迷信，《愚庵小集》卷十三《书太平御览后》曰："若宋人所撰《云仙散录》、《唐史拾遗》、《东坡杜诗释事》等书，则皆庸妄人假托，最为鄙陋。后学不辨，往往轻信，类书中多引用之。"也表明朱氏对类书是辨别使用的。

# 第十章 《杜诗辑注》的笺评研究

朱鹤龄在《杜工部诗集辑注·凡例》中说："训释之家，必须事义兼晰。今于考注句字之外，或贯穿其大意，或阐发其微文。古律长篇汗漫难读者，则分章会解之。若诗语易晓，概不赘词。"所谓"事"，即史实等；所谓"义"，即诗旨。画龙点睛的"大意"或"微文"，对于理解杜诗十分重要。《杜诗辑注》的笺评，包括"笺"和"评"两个方面，"笺"揭示杜诗本义，包括篇笺和句笺两方面，"评"侧重杜诗艺术。

杜诗内容广博，思想深刻，兼之语言艺术精深，故言约旨远，语简义丰，若无适当的释义串讲，就不能深入理解杜诗的用意和杜诗之奥妙。所以自宋以来，学者十分重视对杜诗的释义及艺术评价。宋代有影响的赵次公《杜诗先后解》即以阐释诗意作为一个重点，对杜诗习用的比兴及脉络结构进行了发覆求索的笺注评点，为杜诗诗旨及艺术的探讨做出了开创性的贡献，影响深远。后代注家多有引用其成说者，而对该注的辩驳，一定程度上也说明其受到应有的重视。部分篇目采取诗史互证手法，对杜诗旨意进行发掘，给后世尤其是钱注很大启发。如《渔阳》诗，旧注纷纭，赵注曰：

> 时公在梓，闻雍王之胜，尚闻河北犹有未入朝者，乃谕诸将：苟飘然而来，已自后时，而不入本朝，岂高计乎？（旧注）又云，禄山已破云云，皆非。禄山死在至德元载，继有子庆绪，又继之以史思明。思明子朝义。自禄山天宝十四载反，至广德元年正月安、史并灭。今于雍王为兵马元帅时，谓之安、史并灭可也，岂得止为禄山平乎？朱滔反，又是德宗建中三年时事，李怀光反，又是德宗兴元元年时事，岂所谓不入

本朝邪？至以雍王适为遥，李怀光为怀仙，雕本之误。

《黄河二首》其二，赵注曰：

> 此篇悯蜀人困于供给，而终之以愿君王之无侈靡也，如《传》云不宝金玉之义。[1]

此二笺为钱注完全录入。黄注则善于考史，精义纷纶，如《三韵三首》，黄注曰：

> 此诗当是永泰元年作。盖以代宗信任元载、鱼朝恩，而士之易节者争出其门。二人在广德、永泰间其权特盛，如华原令顾諴，言载子伯和等招权受赂，则諴坐流锦州；如颜真卿言论事不当先白宰相，而真卿坐贬峡州别驾。鱼朝恩势倾朝野，而刘希暹、王驾鹤从而佐之，以阶显擢。故公此诗讥当时轻于趋附者，详味则其意自著。师谓末篇指牛、李用事，官曹混浊，恐未必然。[2]

钱注、朱注、仇注均引用了这个注释，可视作宋注考证杜诗主旨的一个范例。

元、明时期的杜注重在解律选隽，代表性的注本如元人赵汸的《杜工部五言注》、明人单复的《读杜诗愚得》以及明末王嗣奭《杜臆》对清初注本也有一定启发意义。如《秦州杂诗二十首》其八"闻道寻源使"一诗，朱注就引用了赵汸的笺语：

> 赵汸曰：因秦州为西域驿道，叹汉以一使穷河源，且通大宛，如此其易。而今以天下之力，不能定幽燕，至令壮士几尽，一何难耶。是可哀也。[3]

---

① 以上 2 例，分别见《杜诗赵次公先后解辑校》，上海古籍出版社 2012 年版，第 538、540 页。
② 《补注杜诗》，《四库全书》电子版。
③ （清）朱鹤龄：《杜工部诗集辑注》，河北大学出版社 2009 年版，第 218 页。

此外，元、明时期的杜注在诗歌艺术的探讨上也取得了瞩目成就，如《房兵曹胡马》，仇注就引用了赵汸的评论：

> 赵汸曰：前辈言咏物诗戒粘皮著骨。公此诗前言胡马骨相之异，后言其骁腾无比，而词语矫健豪纵，飞行万里之势，如在目中，所谓索之于骊黄牝牡之外者。区区模写体贴以为咏物者，何足语此。

仇注引赵汸共计七十八条，其中多为诗艺评论；而引用最多的是王嗣奭《杜臆》，将近千条，多数是对杜诗诗意及艺术的阐述，被仇氏称为"最有发明者"。如《游龙门奉先寺》，王嗣奭评曰：

> 人在尘溷中，真性沦隐，若身离尘表，其情趣自别，而又宿于其境，对风月则耳目清旷，近星云则心神悚惕。此六句，步紧一步，逼到梦将觉而触于钟声，道心之微忽然呈露，犹之剥复交而天心见，勿浅视此深省语也。

又如《阌乡姜七少府设鲙戏赠长歌》"东归贪路自觉难，欲别上马身无力。可怜为人好心事，于我见子真颜色"四句，王嗣奭点评说：

> 贪路本宜急往，今反觉难行，而上马无力者，以不忍相别故也，此有戏意。"为人好心事"，以俗语入诗，乃对姜少府言耳。心在中而色见于外。曰于我真，见其钟情而非泛爱。①

这两个点评，对于杜诗的体察确实设身处地，细致入微，为清初杜诗的笺评奠定了良好基础。

---

① 以上2例，分别转引自仇兆鳌《杜诗详注》，中华书局1979年版，第3、504页。

# 第一节 对钱笺的继承和纠谬

朱氏《杜诗辑注》的笺语不少是针对《钱注杜诗》而发的。钱谦益在明末即已对杜诗部分篇目进行注解,《读杜小笺》和《二笺》附录于《初学集》出版,成为其日后全注杜诗的骨干部分。《钱注杜诗》于康熙六年(1667)付梓,共收杜诗1424首,包括数首他人合作。其中有笺者,即在注末加"笺曰"字样者,据笔者一一核实,共三十九题五十五首。这五十五首又可分为两类,一类是通过考证史实与诗歌之间的关系以揭示诗旨者,如《兵车行》、《哀江头》,也包括《玄元皇帝庙》、《洗兵马》、《入朝诸将》等钱氏自谓"凿开鸿蒙、手洗日月"者,共四十二首左右;一类是考史、考典或章句,如《聂耒阳以仆阻水书致酒肉》考杜甫之死,《送贾阁老出汝州》考贾至被贬之故,《寄李十二白二十韵》考李、杜二人交往经过,《杜鹃》诗驳旧注之谬,《行次昭陵》考证编年,《酬高使君相赠》考"三车"之典。而《故武卫将军挽歌三首》其二、《秋兴八首》之多数大概只能说是章句,非有深意者。但无论是考证还是章句,对理解全诗也有关键作用。

## 一 关于钱笺与朱注之笺的分析

朱氏对钱笺十分重视,他的不少诗注也有笺语,且大部分有笺语的篇目与钱笺重合,或违或依,可以概括为三类:

一是同意或大体同意钱笺者。包括六种情况:或全引,或节引,或意引,或小异而大同者,或虽出以己意但与钱笺大意无违者,或虽未引但亦无反驳可视为默认者。如《寄李十二白二十韵》全引,《奉赠王中允维》节引,《过郭代公故宅》意引。《诸将五首》其三、《同诸公登慈恩寺塔》,朱注对个别诗句的看法与钱笺有异,但皆无碍大局。《诸将五首》其四,朱注看似另起炉灶,但与钱笺总旨暗合;《行次昭陵》、《哀王孙》、《送贾阁老出汝州》、《忆昔二首》其一、《秋兴八首》其七等虽未引钱笺,亦未有笺语,但从注释中看出与钱注是同意的,当作默认应无疑义。此类共计有三十二首。

二是不同意甚至十分对立者,有《兵车行》,《哀江头》,《塞芦子》,

《洗兵马》，《入奏行》，《寄韩谏议》，《奉赠太常张卿二十韵》，《故武卫将军挽歌三首》其二，《收京三首》其一、其二，《寄岳州贾司马六丈巴州严八使君》，《建都十二韵》，《有感五首》其三，《酬高使君相赠》，《诸将五首》其一、其二，共计十二题十五首。

三是大概认为其意义不大而未引者，有《哀王孙》，《忆昔二首》其一，《秋兴八首》其一、二、三、四、六、七等共计八首。朱氏在《与李太史论杜注书》中说："今人章为之解，句为之释，已非达人所宜，况又累牍不休，有专注《秋兴》八首至衍成卷帙者，此何异昔人解'曰若稽古'四字乃作数万余言？虽罄剡溪之藤书之，岂能竟乎？此又不可以无正者也。"显然是对钱笺《秋兴八首》的不满。从实际来看，这《秋兴八首》的钱笺，除了题解一笺对组诗的结构和诗旨甚有发明外，其余正如朱氏所说"章为之解，句为之释"，或者说不过是钱氏借杜诗浇己块垒而已，所以朱氏不引也是对的。

第一类所谓"同意或大体同意"的钱笺，应该说是钱注的精华，朱注基本吸收，反映了朱氏对杜诗诗旨的深刻思考和对钱笺的鉴识。如《冬日洛城北谒玄元皇帝庙》，历代注家均从一般角度，认为杜诗是赞美庙宇巍峨壮丽，表达了诗人的崇奉之情，如"守桃严具礼，掌节镇非常"二句，赵注曰："既尊玄元为圣祖，故监庙者得谓之桃，守必有御赐之信以为镇，故得借掌节以为言。此诗人之功用也。"钱笺从史实角度，考开元末为老子立玄元皇帝庙，而杜诗乃讥其不经也，完全出人意料，却又合乎杜诗的思想脉络。朱注全引《读杜小笺》而未引《钱注杜诗》，是因为《读杜小笺》的阐述更为完整准确，这是对的。钱笺《寄李十二白二十韵》或诗史互证，或以杜证杜，多方位考证李、杜二人交往的来龙去脉，如骇鸡之犀，四面皆见，又如常山之阵，首尾呼应，井井有条，确非浅学菲薄者可以自任。其为朱注、仇注完全引用，成为定谳。《戏为六绝句》是杜甫论述诗学的重要纲领性篇章，历来歧见纷纭，呶呶不休，至钱笺一出，众口息喙。《解闷十二首》其八，实际是钱笺对"先帝"以下三首的总笺，钱氏认为三首皆"隐括张曲江《荔枝赋》而作"，眼光独到，论述深刻，朱注、仇注皆节引大意。《曲江对雨》，旧注皆考证史实，串解字句大意，而对全诗主旨未有深窥。钱氏认为乃"怀上皇南内之诗"，"虽对酒感叹，意亦在上皇也"，表现了杜甫忠君淳厚的性格一面，确实深中肯綮。《喜闻盗贼总退口号五首》其四，旧注一般引《唐书·西域传》的材料，而钱氏引玄奘《西域记》为佐证，余蕴遂发覆无遗。像这些巨制深文，若非学识渊博如钱氏者探赜索隐，恐怕很难得其隐奥。说上述钱笺是"凿开鸿蒙、手洗日月"，虽不中亦不远矣。朱注对钱笺的合理吸收，是其注本质量的一个重要保证。

## 二 朱注对钱笺的批驳

朱注对钱笺的批驳，则是其有别于钱笺因而自立于杜注之林的鲜明旗帜，集中体现了朱氏反对穿凿的思想。下面从三个方面论述。

（一）反对钱笺斤斤于玄、肃矛盾而歪曲杜诗的本意

杜诗中有不少反映其军国大政观点的重要诗篇，但钱笺往往从玄、肃父子矛盾的狭隘角度解释杜甫的所谓"深意"，认为杜甫系心上皇而反对肃宗排斥旧臣。为了自圆其说，钱笺不惜断章取义，横说竖辩，但终究凿枘难合。钱注中持此类观点的笺注争议最多，几乎成为历代众矢之的，其中就有自诩甚高的《洗兵马》的笺注。在朱注所纠驳的十五首中，此类也占了很大分量。

1.《收京三首》其一："仙仗离丹极，妖星带玉除。须为下殿走，不可好楼居。暂屈汾阳驾，聊飞燕将书。依然七庙略，更与万方初。"

钱笺曰：

> 此诗大意，似惜玄宗西幸，而有灵武之事，遂失权柄，故婉辞以叹息之。云"不可好楼居"，下又云"暂屈汾阳驾"，明不可遂窅然丧其天下也。似不应拘"楼居"字疏之。

朱注曰：

> 按：玄宗晚节息荒，深居九重，政由妃子，以致播迁之祸。公不忍显言，而寓意于仙人之楼居，因贵妃尝为女道士，故举此况之。《连昌

宫辞》："上皇正在望仙楼，太真同凭阑干立。"此一的证。旧注直云讥玄宗好神仙，泥矣。时严庄来降，史思明亦叛，庆绪纳土，河北折简可定，故以"鲁连射书"言之。时解引哥舒翰至洛阳，禄山令以书招李光弼等，此于收京何涉？

其二："生意甘衰白，天涯正寂寥。忽闻哀痛诏，又下圣明朝。羽翼怀商老，文思忆帝尧。叨逢罪己日，洒涕望青霄"。

钱笺曰：

> 收京之时，上皇在蜀，诰定行日。肃宗汲汲御丹凤楼下制，李泌有言："后代何以辨陛下灵武即位之意乎？"故曰"忽闻哀痛诏，又下圣明朝"，盖讥之矣。灵武诸臣争夸拥立之功，至有蜀郡、灵武功臣之目，故以"商老羽翼"刺之。《洗兵马》曰"攀龙附凤势莫当，天下尽化为侯王"云云，与此正相发明也。玄宗内禅，故目之曰"帝尧"。史称灵武使至，上用灵武册，称太上皇，亦可谓殆哉岌岌乎也。公心伤之，故以"忆帝尧"为言。又肃宗已即大位，而用商老羽翼之事，则仍是东朝故事，亦元结书太子即位之义也。逢罪己之日，而沾洒青霄，其不颂而规可知矣。

朱注曰：

> 按史：戊午下制，上皇已还京，居兴庆宫。肃宗即位，本迫于事势。迨两京克复，奉迎上皇，累表避位而后受之，是时父子间猜嫌未见，不应有讥。以愚考之，羽翼指广平王而言。肃宗先以良娣、辅国之谮，赐建宁王倓死。至是广平初立大功，又为良娣所忌，潜构流言，虽李泌力为调护，而时已还山。公恐复有建宁之祸，故不能无思于商老也。上皇还京，临轩策命肃宗亲着黄袍，手授国宝，其慈亦至矣。肃宗之失，不在灵武即位之举，而在还京后使良娣、辅国得媒蘖其间，以致劫迁西内，子道不终。公于此时若深有见于其微者，曰"忆帝尧"，欲其笃于晨昏

之恋也；"沾洒青宵"，其所以望肃宗者，岂不深且厚耶。①

　　钱注对该组诗倾注了不少精力。在《读杜小笺》中，钱谦益对第二首作了笺注。在《读杜二笺》中，又对第一、第三首作了笺注。至《钱注杜诗》定本，第一首稍作删减，但主旨未变；第二首改动较大，但主旨仍旧；第三首，《读杜小笺》认为主旨是杜甫"望其（玄宗）复登大位"，讥刺"肃宗不循子道"，但在定本中删除笺注，仅保留"樱桃"和"甲第"两条注释。故此录二首以作对比。

　　这组诗作于至德二载（757）十一月，时杜甫在羌村。此年九月，官军收复长安，十月收复洛阳，十月二十八日肃宗入长安。经过两年浴血苦战，平叛大业取得阶段性成果，国家暂告稳定，复兴在望，杜甫自然喜不自胜，但在喜悦之余，并未高枕无忧，而是抚今追昔，感慨万端，冷静回顾过去的艰难岁月，对最高统治者提出了谆谆忠告。这是一组反映杜甫重要政治观点的诗章。比较两人的意见，可见十分对立。

　　第一首，钱注认为杜甫本意是可惜玄宗逃亡蜀地导致权柄旁落。朱注认为是杜甫对玄宗晚年溺色荒淫，导致安史之乱，从而播迁蜀地的委婉批评。平心而论，杜甫是一个重大局的人，对玄宗有不少赞美之篇，但也有微辞。赞美他是因为他平息韦氏之乱，又带来盛世的繁荣；而批评他，是因为其晚年不修朝政，致使安禄山乘隙而起，荼毒天下。收京之初，杜甫首先想到的是对安史之乱的深刻反思，玄宗无疑当负最大责任，所以此诗的主旨首先是讽喻，而非局促于玄、肃父子的小我恩怨。朱鹤龄的意见是对的，他对钱注的批评是有根据。钱注看似抬高杜甫，其实贬低了杜甫，把杜甫矮化为不识大体、心胸狭隘的一般文人。

　　第二首，钱注认为是"不颂而规"，讥刺肃宗灵武即位，心伤玄宗帝位被僭。朱注认为是见微知著，提出告诫，警醒最高统治者勿重蹈覆辙。揆之史实和情理，钱注的说法十分勉强，这从他《读杜小笺》、《二笺》至《钱注杜诗》对该组诗注文的删减也可看出。他在《二笺》中对第一首"须为下殿走，不可好楼居"之句，认为是"言玄宗之西巡避难，出于不得已，而非有失国之罪，致其子之代立也"，大概认为太过牵强，到《钱注杜诗》改作"似不应拘'楼居'字疏之"，一笔带过。第二首，在《读杜小笺》中认为"商老"指李泌，说"公诗言商老不一而足"，"皆指泌也"，到《钱注杜诗》则自食其言，认为指"灵武诸臣"。第三首更是胶固偏执，大概自己也觉得不能自圆其说，所以在《钱注杜诗》中干脆删去。但前二首左支右绌，终究不能贴切，原因就在于他固执于玄、肃父子矛盾，欲屈杜以从己，遂使杜之心曲再蒙障雾也。

2.《洗兵马》：

中兴诸将收山东，捷书夜报清昼同。河广传闻一苇过，胡危命在破竹中。
只残邺城不日得，独任朔方无限功。京师皆骑汗血马，回纥喂肉蒲萄宫。
已喜皇威清海岱，常思仙仗过崆峒。三年笛里关山月，万国兵前草木风。
成王功大心转小，郭相谋深古来少。司徒清鉴悬明镜，尚书气与秋天杳。
二三豪俊为时出，整顿乾坤济时了。东走无复忆鲈鱼，南飞觉有安巢鸟。
青春复随冠冕入，紫禁正耐烟花绕。鹤禁通宵凤辇备，鸡鸣问寝龙楼晓。
攀龙附凤势莫当，天下尽化为侯王。汝等岂知蒙帝力，时来不得夸身强。
关中既留萧丞相，幕下复用张子房。张公一生江海客，身长九尺须眉苍。
征起适遇风云会，扶颠始知筹策良。青袍白马更何有？后汉今周喜再昌。
寸地尺天皆入贡，奇祥异瑞争来送。不知何国致白环，复道诸山得银瓮。
隐士休歌紫芝曲，词人解撰清河颂。田家望望惜雨干，布谷处处催春种。
淇上健儿归莫懒，城南思妇愁多梦。安得壮士挽天河，净洗甲兵长不用。

钱笺曰：

《洗兵马》，刺肃宗也，刺其不能尽子道，且不能信任父之贤臣以致太平也。首叙中兴诸将之功，而继之曰："已喜皇威清海岱，常思仙仗过崆峒"，"崆峒"者，朔方回銮之地，安不忘危，所谓愿君无忘其在莒也。两京收复，銮舆反正，紫禁依然，寝门无恙，整顿乾坤皆二三豪俊之力，于灵武诸人何与？诸人侥天之幸，攀龙附凤，化为侯王，又欲开猜阻之隙，建非常之功，岂非所谓贪天功以为己力者乎？斥之曰"汝等"，贱而恶之之辞也。当是时，内则张良娣、李辅国，外则崔圆、贺兰进明，皆逢君之恶，忌疾蜀郡元从之臣，而玄宗旧臣遣赴行在，一时物望最重者，无如房琯、张镐。琯既以进明之谮罢去，镐虽继相而旋出，亦不能久于其位，故章末谆复言之。"青袍白马"以下，言能终用镐，则扶颠筹策，太平之效可以坐致。如此望之也，亦忧之也，非寻常颂祷之词也。"张公一生"以下，独详于张者，琯已罢矣，犹望其专用镐也。是时李邺侯亦先去矣，泌必琯、镐一流人也。泌之告肃宗也，一则曰："陛下家事，必待上皇"，一则曰："上皇不来矣。"泌虽在肃宗左右，实乃心上皇。琯之败，泌力为营救，肃宗必心疑之。泌之力辞还山，以避祸也。镐等终用，则泌亦当复出，故曰"隐士休歌紫芝曲"也。两京既复，诸将之能事毕矣，故曰"整顿乾坤济时了"。收京之后，洗兵马以致太平，此贤相之任也，而肃宗以谗猜之故，不能信用其父之贤臣，故曰"安得壮士挽天河，净洗甲兵长不用"，盖至是而太平之望益邈矣。呜呼伤哉。

朱注曰：

时方进兵，而题曰《洗兵马》，盖以太平之功望肃宗也。"中兴诸将"以下，言官军渡河击贼，邺城不日可下矣。论其功，以子仪朔方军为最。彼回纥助战，马留京师，喂肉离宫，害亦不细，岂足多哉？今山东已收，皇威大振，惟是兴师以来，征戍艰难之苦为不可忘也。"成王功大"以下，言元子与郭令诸人，整顿济时，人有中兴之乐，青春重整朝仪，人主复修子道，而诸臣多被爵赏为侯王矣。然此实帝力使然，于汝诸人何有哉？此盖为加恩扈从言之也。"关中既留"以下，独详称张镐者，望其复用于时也。夫周汉中兴，必至珍宝悉贡，瑞应沓来，隐士出而颂声作，方称极盛。今当催耕望雨之时，健儿犹留屯淇上，何不急殄余寇，归慰城南之思妇乎？苟征戍不已，则太平之功未可致，故末以"净洗甲兵长不用"深致其意焉。夫中兴大业，全在将相得人，前曰"独任朔方无限功"，中曰"幕下复用张子房"，此是一诗眼目。使当时能专任子仪，终用镐，则洗兵不用，旦夕可期，而惜乎肃宗非其人也。王荆公选工部诗，以此诗压卷，其大旨不过如此。若玄、肃父子之间，公尔时不应遽加讥切。①

《洗兵马》作于乾元二年（759）仲春收复长安之后。此篇及《收京》、《哀江头》数首，朱注与钱注意见均十分对立。朱氏在《辑注杜工部集》序言中说杜诗"虽有时悲愁愤激，怨诽刺讥，仍不戾温厚和平之旨"，又说诗有"可解"与"不可解"者，"可解而不善解之，前后贸时，浅深乖分，欣忭之语反作诽讥忠剀之词，几邻悆怨，譬诸玉题珉而乌转舄也"，大概是针对钱注包括《洗兵马》在内的诗笺而言的。沈寿民对于钱、朱二氏的分歧也发表了自己的看法，说："余尝取二本对勘，其中所不合者，惟《收京》、《洗兵马》、《哀江头》数诗。试平心论之，两京克复，上皇还宫，臣子尔时当若何欢忭？乃逆探移仗之举，遽出诽刺之辞，子美胸中不应峭刻若此。"②而该诗正是钱谦益最为得意的诗笺之一，他在《读杜小笺》中对该诗作了初步笺解，明言其意在讽；不久意犹未尽，又在《二笺》中加以详细笺解，长达一千二百字。在与朱氏反目后决定全注杜诗，又在《草堂诗笺元本序》借族孙钱曾之口说："草堂笺注，元本具在。若《玄元皇帝庙》、《洗兵马》、《秋兴》、《诸将》诸笺，凿开鸿蒙，手洗日月，当大书特书，昭揭万世。"如果联系上下文，不难发现这段话是意有所指的，即针对刚刚反目的朱鹤龄，言下颇有轻视其"眼如针孔，寻扯字句，割剥章段，钻研不出故纸，拈放皆成死句"（《序》中语）之意。钱谦益对《洗兵马》诸诗再三致意，说明他对此诗确实十分自得，故在后来的定本钱注中几乎全文录入，仅有少许文字稍加润饰。所谓"凿开鸿蒙，手洗日月"者，当以此诗最具代表性。

钱注认为此诗的题旨是"刺肃宗也，刺其不能尽子道，且不能信任父之贤臣以致太平也"。但朱氏不以为然，作出了上引与钱注截然不同的笺评。杜甫一直期盼早日收京，所以长安光复，此刻之心情自然欣喜异常，但同时又不忘告诫和希冀，这正是杜甫热烈而冷峻的性格所在。全诗情绪高涨，这

① 分别见《钱注杜诗》第 67 页和《杜工部诗集辑注》，河北大学出版社 2009 年版，第 186 页。
② 沈寿民：《后序》，《杜工部诗集辑注》，河北大学出版社 2009 年版，第 836 页。

从热情洋溢的旋律即可看出。开始说"中兴诸将收山东,捷书夜报清昼同",中间高歌"已喜皇威清海岱,常思仙仗过崆峒",结尾"安得壮士挽天河,净洗甲兵长不用",全篇的主旨以歌颂和期盼为主。虽有对玄、肃父子的讥刺,但非主题,否则"洗兵马"三字便无处安放,故朱氏仅于笺尾略示,认为"不应遽加讥切"。钱谦益求新求深,以次要矛盾为全诗题旨,故犯了以偏概全的错误,所以招致沈寿民、潘柽章《杜诗博议》及潘耒的纠驳(见仇注所引),仇注乃至一字不录,不是偶然的。关于玄、肃父子的矛盾,范祖禹在《唐鉴》中有所论述,尤其肃宗即位灵武,范以叛父之罪诛之。钱谦益可能受此影响,欲以疏救房琯为杜甫一生大节,则极赞房;因极赞房,遂痛贬肃宗即位不当、排斥旧臣、不事子道,并据以将玄、肃父子矛盾归罪肃宗,又将之认作此诗主旨。朱鹤龄曾专论此事,认为灵武即位,"肃宗非叛父也,事势盖有不得不然者","不当以是为深罪"。又说:

> 肃宗之罪,莫甚乎宣政受册以后,使谗间得行。……劫迁西内,高陈贬斥,上皇寝以成疾,悒悒崩殂,岂非肃宗子道不终,晨昏阙节,遂使辅国、良娣得投其隙而媒蘖之耶?所以然者,肃宗本非拨乱之才,天资愞儒,略近高、中二宗,牵私昵而忽远图,乐因循而少央决。始以辅国之谗言,杀其爱子;既以辅国之箝制,疏其慈父。此诚可为后世人主溺晨牝、恣宫奴之戒。然说者因是而遂以辅国之恶归之肃宗,谓灵武擅立,猜忌其父,并猜忌其父相房琯,至比之商臣、杨广,则又不然。琯丧师陈陶,律以汉法,罢免为幸。如谓钩父诸臣以为党,崔圆亦玄宗相也,何独久任耶?……说者以罢琯而实肃宗之罪,因以实肃宗即位之罪,为此说者,亦太深文矣哉。①

显然是针对钱氏而发。论据充分,立论稳妥,可以成说,不妨参看。

3.《哀江头》:

少陵野老吞声哭,春日潜行曲江曲。江头宫殿锁千门,细柳新蒲为谁绿。

---

① 《唐肃宗论》,《愚庵小集》卷十一,华东师范大学出版社 2010 年版,第 229 页。

忆昔霓旌下南苑,苑中万物生颜色。昭阳殿里第一人,同辇随君侍君侧。
辇前才人带弓箭,白马嚼啮黄金勒。翻身向天仰射云,一笑正坠双飞翼。
明眸皓齿今何在?血污游魂归不得。清渭东流剑阁深,去住彼此无消息。
人生有情泪沾臆,江草江花岂终极。黄昏胡骑尘满城,欲往城南望南北。
钱笺曰:

> 此诗兴哀于马嵬之事,专为贵妃而作也。苏黄门曰:"《哀江头》,
> 即《长恨歌》也。"斯言当矣。"清渭"、"剑阁",寓意于上皇、贵妃
> 也。玄宗之幸蜀也,出延秋门,过便桥,渡渭,自咸阳望马嵬而西,则
> 清渭以西、剑阁以东,岂非蛾眉宛转、"血污游魂"之处乎?故曰"去
> 住彼此无消息"。行宫对月,夜雨闻铃,寂寞伤心,一言尽之矣。"人生
> 有情泪沾臆,江水江花岂终极",即所谓"天长地久有时尽,此恨绵绵
> 无绝期"也。兴哀于无情之地,沉吟感叹,瞀乱迷惑,虽胡骑满城,至
> 不知地之南北,昔人所谓有情痴也。陆放翁但以"避死惶惑"为言,殆
> 亦浅矣。

朱注全引《杜诗博议》驳曰:

> 赵次公注引苏黄门,尝谓其侄在进云:"《哀江头》即《长恨歌》
> 也。《长恨歌》费数百言而后成,杜言太真被宠,只'昭阳殿里第一人'
> 足矣;言从幸,只'白马嚼啮黄金勒'足矣;言马嵬之死,只'血污游
> 魂归不得'足矣。"按黄门此论,止言诗法繁简不同,非谓"清渭东流"
> 以下皆寓意上皇、贵妃也。《长恨歌》本因《长恨传》而作,公安得预
> 知其事而为之兴哀?《北征》诗"不闻殷夏衰,中自诛褒妲",公方以贵
> 妃之死卜国家中兴,岂应于此诗为天长地久之恨乎?①

钱笺认为杜甫乃心上皇,甚且对贵妃之死也念念不忘,伤心欲绝,确实

---

① 分别见《钱注杜诗》第 43 页和《杜工部诗集辑注》,河北大学出版社 2009 年版,第 118 页。

有点走火入魔的味道。但正如潘柽章《杜诗博议》所说,杜甫"方以贵妃之死卜国家中兴",他将杨贵妃之死视作重要转折点。此诗作于至德二载春,在半年后(八月)所作的《北征》诗中说"不闻殷夏衰,中自诛褒妲",比之为夏桀的女宠妹喜和殷纣王的女宠妲己,又赞美兵谏玄宗、希望其割恩正法的陈玄礼,说:"桓桓陈将军,仗钺奋忠烈。微尔人尽非,于今国犹活。"这些均为杜甫赞成诛杀贵妃的铁证,而钱氏视若无睹,若非故意,亦属疏失,实非所宜。且苏轼所云"《哀江头》即《长恨歌》也"一语"止言诗法繁简不同",并无深意,钱氏援之为据,不足为训。细绎全诗,时杜甫身禁长安,而于曲江池边抚今追昔,触物伤怀,缅想玄宗开元盛世,而今山河板荡,国事日瘁,能无心恸?写贵妃昔日之侍辇游春,与今日之"血污游魂"以为对比,其命运亦正盛唐一去不返之缩影。《哀江头》也正是唐王室的哀歌,而非"专为贵妃而作"的挽歌。

4.《建都十二韵》:

苍生未苏息,胡马半乾坤。议在云台上,谁扶黄屋尊。

建都分魏阙,下诏辟荆门。恐失东人望,其如西极存。

时危当雪耻,计大岂轻论。虽倚三阶正,终愁万国翻。

牵裾恨不死,漏网荷殊恩。永负汉庭哭,遥怜湘水魂。

穷冬客江剑,随事有田园。风断青蒲节,霜埋翠竹根。

衣冠空穰穰,关辅久昏昏。愿枉长安日,光辉照北原。

钱笺曰:

此诗因建南都而追思分镇之事也。初,房琯建分镇讨贼之议,诏下,远近相庆,禄山抚膺曰:"吾不得天下矣。"肃宗以此恶琯,贬之。久之,东南多事,从吕諲之请,置南都于荆州,以扼吴蜀之冲。公闻建都之诏,终以琯议为是,而惜肃宗之不知大计,故作此诗。"牵裾"以下,乃追叙移官之事。盖公之移官以救琯,而琯之得罪以分镇,故牵连及之也。是岁七月,上皇移幸西内,九月置南都,革南京为蜀郡,肃宗于荆州、蜀都,汲汲然一置一革,其意皆为上皇也。公心痛之而不敢讼言,故曰"虽倚三阶正,终愁万国翻"、"愿枉长安日,光辉照北原",定、哀之微辞如此。

朱注曰：

"苍生"八句，讥高议者为无益，而南都之不必更建也。"东人"指荆州以东，"西极"指蜀郡，言设都荆门，欲以慰东人之望，然成都乃上皇巡幸之地，西极岂不依然哉？"时危"四句，讥不以雪耻为急，而轻议建都，非定乱之先务也。"牵裾"八句，序已直言蒙宥，旋弃官客蜀，同于凤蒲、霜竹之摧折也。末四句言衣冠虽多，无救关辅之难。今中原沦陷，天子当回阳光以照之，奈何汲汲建都之举耶？北原，主梦弼说，似与"万国翻"相应。《补注》：江陵号南都，本出吕𬤆建议。此诗云"议在云台上，谁扶黄屋尊"，又云"时危当雪耻，计大岂轻论"，益以讥𬤆也。江陵虽吴蜀要冲，然天子未尝驻跸。则不当移蜀郡之称于此，而河北、中原之地尚为贼据，安可不急图收复乎？"牵裾"以下，历历自叙，正叹已之客居剑外，无由效汉庭之哭也。末云"愿枉长安日，光辉照北原"，公之深意可见。前引"北原"笺未当，应删之。①

按此诗当作于上元元年（760）九月以后，时杜甫居成都。据《通鉴》，至德二载（757）十二月，朝廷以成都为南京，凤翔为西京，长安为中京。上元元年九月，罢成都为南京之号，依节度使吕𬤆之请，置南京于荆州。但此时安史之乱尚未平定，河北、中原之地尚为贼据，朝廷为此不急之务，轻论建都，且建彼废此，有所轩轾，易滋物议。杜甫写作此诗，痛心朝廷失政，但无能为力，自伤削迹流离，不得参预朝事。钱注对此诗十分重视，在《读杜二笺》中有百余字的笺评，到《钱注杜诗》中又加以补充，认为诗旨是"因建南都而追思分镇之事也。……公闻建都之诏，终以（房）琯议为是，而惜肃宗之不知大计，故作此诗"。但他混淆了房琯分建之策与吕𬤆建都之请二者的区别。房琯建诸王分镇之议，安禄山闻之沮丧，认为不能得天下。

_____

① 分别见《钱注杜诗》第380页和《杜工部诗集辑注》，河北大学出版社2009年版，第297页。

长安光复，唯河北未定，故须专意北向，以除祸本，但此时建都荆州，虚张国势，甚为迂阔。两次建都的意义不容倒置。钱注认为"恐失东人望，其如西极存"之句，是"肃宗于荆州蜀都，汲汲然一置一革，其意皆为上皇也，公心痛之而不敢讼言"。"牵裾"以下八句，是杜甫为房琯痛惜昔日分建之议，因而自伤。又回到玄、肃父子不和的死胡同中。所以仇注认为钱注"附会两事，致诗意反晦"，而取朱注之笺。以上几首，朱注正钱注之误，皆为仇注吸收。

钱氏醉心于玄、肃父子恩怨，以为独得之秘，故食髓知味，见缝插针，不能释怀，更不愿放手，恰如其讽刺的所谓"隔日疟"（《钱注略例》）。像《杜鹃》诗，因为比兴为词，喻指难明，宋代即已争论不一，而钱笺独引黄注所载旧本云："上皇幸蜀还，肃宗用李辅国谋，迁之西内，上皇悒悒而崩。此诗感是而作。"殊不知赵注早已驳斥了这种看法：

> 又谓上皇幸蜀还，肃宗用李辅国谋，迁之西内，上皇悒悒而崩，此诗感是而作。亦非是。盖迁徙上皇，岂独百鸟饲杜鹃之子之不若而已哉？况上皇之迁西内，在辛丑上元二年，明年遂崩，至今岁丙午大历元年，公在云安赋诗，已六年矣。既隔肃宗，又隔当日代宗，而却方说迁徙事以为刺哉？①

钱氏对此节赵氏议论视若无睹，并非疏忽，而是有意为之。殆一叶障目，不见其余耳。今仇注引用赵注的说法，而不取钱氏凿说，甚是。浦起龙在《读杜心解·发凡》中曰："老杜天资淳厚，伦理最笃。诗凡涉君臣、父子、兄弟、夫妇、朋友之间，都从一副血诚流出，而语及君臣者尤多。虞山轻薄人，每及明皇晚节、肃宗内蔽、广平居储诸事迹，率以私智结习，揣量周内，因之编次失伦，指斥过当。继有作者，或附之以扬其波，或纠之而不足关其口，使蔼然忠厚之本心，千年负疚，得罪此老不少。"《随园诗话》卷四载汪舒怀先生云："钱笺杜诗，穿凿附会，令人欲呕。如以'黄河十月冰'为椟

---

① 《杜诗赵次公先后解辑校》，上海古籍出版社 2012 年版，第 751 页。

盖之冰，'煎弦续胶'为美馔愈疾，以《洗兵马》、《收两京》二篇为刺肃宗，比之商臣、杨广，此岂少陵忠君爱国之心耶?"虽言辞稍显激烈，但颇中钱笺要害。钱注虽自有江河不废之功，但在此颇能揭示杜甫大节和微意的重要篇章中，昧于持择，收获无多。可见朱注虽不以议论名世，然勤劳自任，不走偏锋，发明甚丰，今日不得但以旧注目之也。

（二）纠钱氏考证之谬而驳其笺

钱笺多通过诗史互证达到笺注杜诗旨意的目的，而他的有些史实考证缺乏坚实基础，不免臆说。朱氏通过对钱笺赖以立说的史实进行纠驳，以成一家之说。

1.《塞芦子》：

五城何迢迢，迢迢隔河水。边兵尽东征，城内空荆杞。

思明割怀卫，秀岩西未已。回略大荒来，崤函盖虚尔。

延州秦北户，关防犹可倚。焉得一万人，疾驱塞芦子。

岐有薛大夫，旁制山贼起。近闻昆戎徒，为退三百里。

芦关扼两寇，深意实在此。谁能叫帝阍，胡行速如鬼。

钱笺曰：

是时贼据长安，史思明、高秀岩重兵趋太原，崤函空虚。公以为得延州精兵万人，塞芦关而入，直捣长安，可以立奏收复之功。首言"五城"、"荆杞"，惜其单虚，无兵可用也。思明自博陵寇太原，舍河北而西，故曰"割怀卫"；秀岩自大同与思明合兵，故曰"西未已"。二贼欲取太原，长驱朔方、河陇，而长安西门之外皆为敌垒，故曰"回略大荒来"，崤函盖虚而也。"疾驱塞芦子"，言塞芦子而疾驱长安，非"壅塞"之"塞"也。薛景仙守扶风，关辅响应，取道扶风与景仙合力，则收复尤易也，故曰"芦关扼两寇，深意实在此"，此公之深意也。王深父以为不当撤西备而争利于东，宋人又有谓塞芦子以拒吐蕃者。荆公极推深父，不应无识至此。此诗所论，乃至德二载未收京时事，与《留花门》似非并时之作，或事后追记之也。

朱注曰:

　　此诗首以五城为言,盖忧朔方之无备也。高、史二寇合力攻太原,
克太原才渡河而西,即延州界,北出即朔方五城。朔方节度治灵州,灵
距延才六百里尔。灵武为兴复根本,公恐二寇乘虚入之,故欲以万人守
芦关,牵制二寇使不得北。"塞"字仍作壅塞解。时太原几不守,幸禄
山死,思明走归范阳,势甚炎炎,公故深以为虑也。"谁能叫帝阍",即
《悲青坂》所云"安得附书与我军"也。此本陷贼时诗,诸本多误解,
故次在收京之后。①

　　二注几乎针锋相对,钱笺认为"塞"字作"占据"解,此诗主旨是希望
"塞芦子而疾驱长安","立奏收复之功"。朱注认为"塞"字作"壅塞"解,
此诗主旨是"忧朔方之无备"。为何产生如此截然不同的结论?原因在于两
人对于"五城"这个地理方位理解不同。钱注"五城"曰:

　　沈括云:"延州今有五城,说者谓旧有东西二城,夹河对立。高万
典郡,始展南、北、东三关城。考杜诗云云,乃知天宝中已有五城矣。"
《寰宇记》:"延州东北到隰州黄河界二百二十里。"《会要》:"夏州朔方
县,长庆四年,节度使李祐筑乌延、宥州、临塞、阴河、淘子等五城于
芦子关北,以护塞外。"

朱注驳之曰:

　　按《唐书·方镇表》:朔方节度领定远、丰安二军及东、中、西三
受降城。"五城"当以此为据。张说为朔方节度大使,往巡五城,措置
兵马。元载请城原州,云:"北带灵武,五城为之羽翼。"皆即此诗所指
也。《地理志》载夏州朔方县有乌延、宥州、临塞、阴河、淘子等城,

_____

① 分别见《钱注杜诗》第55页和《杜工部诗集辑注》,河北大学出版社2009年版,第117页。

在芦子关北，乃长庆四年节度使李祐筑。鲍钦止引之以证此诗，误矣。《梦溪笔谈》以宋时延州五城为杜诗"五城"，尤误。"隔河水"，五城在黄河之北也。

朱注认为钱氏不当据宋代"五城"代替唐开元之"五城"，甚是。肃宗在灵武即位，灵武在今宁夏北部，西邻北上之黄河；"五城"指灵武附近的定远、丰安二军，以及景龙二年（708）中宗命张仁愿于黄河以北所筑的中、东、西三受降城；而芦子关唐时属延州，即今天的延安，西北距灵武约千里之遥，正南距已沦陷的长安约八百里，是扼守敌寇的要塞。时五城戒备空虚，守城士兵皆东征伐叛，在灵武的唐王室无近卫可恃。高、史二寇合兵西进，目的是要迂回包抄大西北，将唐王朝的抵抗力量彻底摧毁。杜甫看出其险恶用心，认为芦子关乃敌寇北进的必由之路，此时唯一措施就是在用兵堵塞芦子关阻止敌进。至于吐蕃的忧虑，因西有薛景仙守卫，可以暂时无忧。故全诗意在焦虑，提醒主政者识破敌人战略。而钱氏误据宋之五城，以为其在延州，据此推论杜诗之意是催促唐军进占芦子关，并联合薛景仙之部疾驱长安，建收复之功，显然是不能成立的。

2.《入奏行赠西山检察使窦侍御》：

窦侍御，骥之子，凤之雏，年未三十忠义俱，骨鲠绝代无。

炯如一段清冰出万壑，置在迎风露寒之玉壶。蔗浆归厨金碗冻，洗涤烦热足以宁君躯。

政用疏通合典则，戚联豪贵耽文儒。兵革未息人未苏，天子亦念西南隅。吐蕃凭陵气颇粗，窦氏检察应时须。运粮绳桥壮士喜，斩木火井穷猿呼。八州刺史思一战，三城守边却可图。此行入奏计未小，密奉圣旨恩宜殊。绣衣春当霄汉立，彩服日向庭闱趋。省郎京尹必俯拾，江花未落还成都。肯访浣花老翁无？为君酤酒满眼酤。与奴白饭马青刍。

钱笺曰：

剑南自玄宗还京后，于绵、益二州各置一节度，百姓劳弊。高适为蜀州刺史，因出西山三城置戍之论，请罢东川节度，以一剑南西山不急之城，稍以灭削。疏奏不纳。公《为阆州王使君进论巴蜀安危表》亦请罢东川兵马，悉付西川，与适议合。而是时适在成都，与公往来草堂，则罢西（当为"东"之误）川、捐三城之奏，适盖与公咨议而后行也。此诗云"此行入奏计未小"，盖适以此疏托侍御入奏，故题曰《入奏行》也。"兵革未息"以下，隐括入奏之语。"江花未落"以下，望其奉圣旨以苏蜀民。相与酤酒相贺，白饭青刍，下及奴马，宴喜之至也。

朱注曰：

> 是时吐蕃窥西山三城，西川八州刺史合兵御之，故窦侍御以战守机宜入奏朝廷。有引东川梓、遂等八州者，全无交涉。①

二注亦大相径庭。此诗作于宝应元年（762），时杜甫居成都草堂。窦某以侍御史出任西山检察使，任满还京入奏，杜甫作此诗为其送行。但入奏的具体内容，钱笺以为杜甫苦"百姓劳弊"，望窦侍御入奏"罢东川、捐三城"，"以苏蜀民"。朱注则认为入奏乃当时抗击吐蕃的"战守机宜"。此诗前半称誉对方，后部分念其友情，皆无关宏旨。关键是"八州刺史思一战，三城守边却可图"一句，二注有异。钱注"八州"、"三城"曰：

> （高）适奏云："梓、遂、果、阆等八州，分为东川节度，嘉陵北为蛮獠所陷，今虽小定，疮痍未平。"所谓"八州"也。
> （高适奏）又云："自邛、关、黎、雅，界于南蛮也。茂州而西，经羌中至平戎数城，界于吐蕃。临边小郡，各举军戎，并取给于剑南。"公有《东西两川说》云："如此处分，八州之人愿贾勇复取三城不日矣。"蔡梦弼曰："西山三城，谓姚、维、松也，皆当吐蕃之要冲。"

朱注则曰：

---

① 分别见《钱注杜诗》第127页和《杜工部诗集辑注》，河北大学出版社2009年版，第330页。

《旧唐书》：剑南西川节度统松、维、恭、蓬、雅、黎、姚、悉八州兵马。公《东西两川说》：八州素归心于其世袭刺史。

《唐书》：彭州有羊灌、田朋、笮绳桥三守捉城，又有七盘、安远、龙溪三城，皆界茂州汶山。按：公《西山》诗有"绳桥战胜迟"之句，则此"三城"乃三守捉城也。蔡注指姚、维、松三州，非。

唐代剑南道东连牂牁（今贵州东部），西界吐蕃，南接群蛮，北通剑阁。后又分为剑南东川节度使和剑南西川节度使，治所分别为梓州（今四川三台）和益州（近四川成都）。一分为二，蜀中百姓赋税顿重，颇以为苦。高适、杜甫皆主张罢东川节度。钱笺以为"八州"属于东川节度，"三城"指"皆当吐蕃之要冲"，属于西川的姚州、维州、松州，窦侍御所奏，当即高适和杜甫一直主张的"罢东川，捐三城"。但朱氏认为此时吐蕃正蠢蠢欲动，"八州"乃西川八州，而"三城"，正是杜诗《对雨》（朱氏误记）"雪岭防秋急，绳桥战胜迟。西戎甥舅礼，未敢背恩私"之"绳桥"，此诗又云"运粮绳桥壮士喜"，则定为羊灌、田朋、笮绳桥三个守捉城无疑。"八州刺史思一战，三城守边却可图"，意为西川八州刺史皆欲与吐蕃决一死战，三城守边之务可以图谋。揆之史实，朱注较优。时吐蕃之患日深，而合并两川节度遂为不急之务。

3. 《寄韩谏议注》：

今我不乐思岳阳，身欲奋飞病在床。美人娟娟隔秋水，濯足洞庭望八荒。
鸿飞冥冥日月白，青枫叶赤天雨霜。玉京群帝集北斗，或骑麒麟翳凤凰。
芙蓉旌旗烟雾乐，影动倒景摇潇湘。星宫之君醉琼浆，羽人稀少不在旁。
似闻昨者赤松子，恐是汉代韩张良。昔随刘氏定长安，帷幄未改神惨伤。
国家成败吾岂敢，色难腥腐餐风香。周南留滞古所惜，南极老人应寿昌。
美人胡为隔秋水，焉得置之贡玉堂。

钱笺曰：

程嘉燧曰："此诗盖为李泌而作。"余考之是也。按史及家传，泌从肃宗于灵武，既立大功，而悻臣李辅国害其能，因表乞游衡岳，优诏许

之。山居累年，代宗即位，累有颁赐，号"天柱峰中岳先生"。无几，
征入翰林。公此诗，盖当邺侯隐衡山之时，劝勉韩谏议，欲其贡置之玉
堂也。安刘、"帷幄"，在玄、肃之代，舍泌其谁？韩谏议，旧本名注。
余考韩休之子泫，上元中为谏议大夫，有学尚，风韵高雅，当即其人。
"注"字盖传写之误。胡三省曰："据邺侯家传，代宗才立，即召泌也。
须经幸陕，泌岂得全无一言？召泌亦在幸陕之后，李繁误记也。"此诗
作于邺侯未应召之日，当亦是幸陕前后也。

朱注曰：

> 韩谏议不可考，其人大似李邺侯，必肃宗收京时尝与密谋，后屏居衡
> 湘，修神仙羽化之道，公思之而作。"似闻"以下，美其功在帷幄，翛然
> 远引。"周南"以下，惜其留滞秋水，而不得大用也。或疑韩谏议乃韩休
> 之子泫，讹作注。又云此诗为李泌隐衡山而作。其说皆牵合难从。①

此诗二注亦泾渭分明，迥不相谋。争议焦点有二：一是此诗"美人"何
指？钱笺认为是指李泌，杜甫作诗寄给韩谏议，是希望他引荐李泌，使其为
国分忧。其根据是，据诗中描述的"美人"神仙羽化之迹来看，颇似李泌；
又有如张良安邦定国之才，舍泌其谁？而朱氏认为诗中所述"美人"即为韩
谏议，只不过其身世、才能与李泌多有类似而已。从实际看，钱笺并无实据，
一则行迹类似李泌者当时恐不乏其人，二则用"韩张良"称颂对方有经纬之
才，正切合其韩姓。张良本为韩国公子，故称"韩张良"，佐汉高祖成就帝
业，被封为留侯，不久弃官随赤松子远游。二是"韩谏议"究为何人？钱氏
指为韩泫，亦猜测之词。朱氏认为不可考，实事求是。仇注全引朱注，又引
潘耒驳钱笺曰：

> 少陵生平交友，无一不见于诗，即张曲江、王思礼未曾款恰者，亦

---

形诸歌咏。若李邠侯,则从无一字交涉,盖杜于五月拜官,李即于十月乞归,未尝相往还也。此题云"寄韩谏议",则所云"美人"当即指韩,钱笺移之邠侯,有何确据?杜既推李如此,他诗何不一齿及,而独寓意于寄韩一篇?且何所忌讳,而庾辞隐语,并题中不一见姓氏耶?若云诗中语非邠侯不足当,则韩既谏官,而与杜善,安知非扈从收京,曾参密议者耶?钱氏归其说于程孟阳,亦自知其不的也。

此处辩驳十分有力,可见钱笺错舛百出。

4. 《诸将五首》其二:

韩公本意筑三城,拟绝天骄拔汉旌。岂谓尽烦回纥马,翻然远救朔方兵。胡来不觉潼关隘,龙起犹闻晋水清。独使至尊忧社稷,诸君何以答升平。

钱笺曰:

当景龙之时,张仁愿筑城虏腹中,制其南牧,犹以狼居瀚海、绝幕未空为恨。不及百年,而羯胡作逆。回鹘助顺,堂堂中夏,借力犬羊以资匡复,国势之寖衰如此,边事之倒置如此,不亦伤乎!是以悲潼关之失隘,思唐尧之一旅。劝勉河北诸将,不应无韩公之老谋,而以贼遗君父也。往余沿袭旧闻,谓责诸将不应借助于回纥。当盗发幽陵,天子西走,汾阳提朔方孤军转战逐北。香积之剪伏,西岭之却回,非回纥协力夹击,或出其背,或出其后,胜负未决,两都之收复未可知也。当此之时,能预料其怙恩肆掠,逆而拒之乎?魏勃曰:"失火之家,当先白大人后救火乎?"此切喻也。故吾谓"岂谓尽烦"云云,乃俯仰感叹之词,非以是为谋国不臧而有所弹刺也。有言末章二句,属劝勉汾阳之词。汾阳自相州罢归,部曲离散,承诏日,麾下才数十骑,仅免于朝恩、元振交口訾啮。少陵于此时,惜之可也,讼之可也,又何庸执三寸之管,把其短长乎?《新书》亦谓太宗能用突厥,而肃宗不能用回纥。兔园书生,不识世务,钞略论断,妄谈兵事,如此类者,皆可以一笑也。

朱注曰:

此责诸将之借助于回纥也。自回纥助顺，肃宗之复两京，雍王之讨朝义，皆用回纥兵力，卒之恃功侵扰，反合吐蕃入寇。公故追感晋阳起义之盛，而叹诸将之不能为天子分忧也。《杜诗博议》："胡来"旧指禄山，或以为指吐蕃，皆非是。愚谓此指回纥为怀恩所诱，连兵入寇也。潼关设险，本以控制山东，而今朔方失守，胡骑反从西北蹂躏三辅，则潼关之险失矣。其害皆起于借兵收复，然太宗龙兴晋阳，亦尝请兵突厥，内平隋乱，其后突厥恃功，直犯渭桥，卒能以计摧灭之，此不独太宗之神武，亦由英、卫二公专征之力也。故继之曰"独使至尊忧社稷，诸君何以答升平"，所以勉子仪者至矣。①

二注不仅泾渭分明，一以为"劝"，"劝勉河北诸将，不应无韩公之老谋，而以贼遗君父也"；一以为"责"，"责诸将之借助于回纥也"，甚至惹得钱氏大动肝火，几于上门骂人。

按《诸将五首》作于大历元年（766）秋杜甫客居夔州期间，当时边患频生，杜甫有感于边将之失，予以揭露讽刺，同时提出了若干政治见解。故此组诗也是了解杜甫政治主张的重要诗章。钱、朱二人对此均高度重视，钱氏在《读杜小笺》下卷对其逐章笺注，又在《二笺》中有所补充，到《钱注杜诗》，除了第三首照录《小笺》外，其余四首均作了大幅修改，可见其用心如此。朱氏同样重视该组诗，对每篇均有笺语，其中四、五全引钱笺，一、三虽自出笺语，但与钱笺大同小异，唯独这第二首突踬其上，似乎存心欲与钱笺一争高下。

二笺史实之异，一在"胡来不觉潼关隘"句。钱注"潼关"曰：

广德元年，吐蕃度便桥，上幸陕。至华州，丰王珙见上于潼关。上至陕，恐吐蕃东出潼关，征子仪诣行在。子仪曰："若出兵蓝田，虏必不敢东向。"自哥舒翰失守之后，潼关之险与贼共之。仆固怀恩诱回纥，吐蕃连边入犯，蹂躏三辅，故曰"胡来不觉潼关隘"也。

---

① 分别见《钱注杜诗》第515页和《杜工部诗集辑注》，河北大学出版社2009年版，第525页。

钱注此处将"胡"释为吐蕃,但甚牵强,因为吐蕃毕竟没有"东出潼关"。朱注指安禄山叛军,甚是。安禄山破潼关,是唐王室西奔的主因,故与下"龙起"句形成对比。但朱注又引《杜诗博议》,以为"胡来"是指"回纥为怀恩所诱,连兵入寇也",反而自乱阵脚。仇注从朱注"禄山"之说,得之。另一不同,便是对"岂谓尽烦回纥马"句意的理解。钱氏认为用回纥是正确选择,不能因其后来"怙恩肆掠"而批评主政者"谋国不臧",所以此句"乃俯仰感叹之词",正譬反喻,其言甚辩。但正如其所举例证,至德二载,香积新店之捷,以回纥复两京;永泰元年,泾阳轻骑之盟,以回纥退吐蕃。郭子仪前后用兵,皆借其助讨之力。曰"岂谓",见事出意外,大有不然者,亦与首句"韩公本意筑三城"语气连属。杂虏侵境,忧在至尊,诸将何不思奋身报国,以致升平?作诘问语气,其意甚明。且组诗五首皆责问之词,独此篇劝勉诸将,亦与诸篇不谐。仇注言此诗"为回纥入境,责诸将不能分忧",则赞同朱注。

有意思的是,钱氏说"往余沿袭旧闻,谓责诸将不应借助于回纥",而朱笺正是"责诸将之借助于回纥也",初以为二人合作,钱氏因循朱氏意见,而今幡然悔悟,故对朱氏大放厥词。然检《读杜小笺》,钱氏曰:

> 此又责诸将之反借助于胡也。自回纥助顺,收复两京之后,雍王之时讨朝义,子仪之败吐蕃,皆用回纥之力,故曰"尽烦回纥马"。仆固怀恩曰:"朔方将士为先帝中兴主人,是陛下蒙尘故吏。"故曰"远救朔方"也。"龙起犹闻晋水清",追叹晋阳起义之时所谓以一旅取天下也。[①]

此段笺语与朱注几乎无甚区别。仔细检核,发现所谓"旧闻",当是宋注所云。但钱氏既已采入笺中,即可视为己意,不可以"旧闻"为遁词,善乎钱氏之遣词矣。然钱氏前后反覆,横竖有理。今读"当盗发幽陵"至"逆而拒之乎"一节,雄辩滔滔,若与人隔案交锋,浑忘其对镜詈人矣。"有言末章二句",显斥朱氏,也说明当日二人确曾商榷探寻,但因为一句不合,

---

① 《初学集》卷一〇八,《钱牧斋全集》第3册,上海古籍出版社2003年版,第2177页。

拍案而起，斥为"兔园书生，不识世务，钞略论断，妄谈兵事"，学术歧见升级为意气之争，钱氏显然有失风度；犹觉不足，书之杜注，明召大号，传之后世，则益形狭隘。这种居高临下、刚愎自用的态度，对其笺注的质量也有实际的影响，此即一例。倒是朱氏不为所动，坚持己见，这种态度是可取的。

（三）驳钱笺章句之误者

如《故武卫将军挽歌三首》其二：

舞剑过人绝，鸣弓射兽能。铦锋行惬顺，猛噬失骄腾。

赤羽千夫膳，黄河十月冰。横行沙漠外，神速至今称。

钱笺曰：

"赤羽千夫膳"二句，状沙漠外之风景也。穷边绝漠，转运既断，裹粮亦竭，军中咸仗一矢以给膳食，故曰"赤羽千夫膳"，非蹑上二句，夸将军之能射也。"黄河十月冰"者，《左》"昭二十五年"传：公徒释甲，执冰而踞。注曰：冰，椟丸盖。或云：椟丸是箭箭，其盖可以取饮。此言黄河十月，军士乏水，而以箭箭之盖取饮，极状其苦寒也。若解为"冰冻"之冰，于义何取？若帖释上"铦锋"一句，则文义不属。结云"横行沙漠外，神速至今称"，于此地能横行，方显其神速也。

朱注曰：

"赤羽"四句，纪行师沙漠之事也。赤羽之下会膳千夫，见以孤军转斗，又值黄河十月，塞外苦寒，冰坚难渡之时，当此而能横行沙漠之外，其神速诚可称矣。旧解都谬。[1]

所谓"旧解"，恐亦针对钱氏而发。钱笺"赤羽千夫膳"一句谬甚，尤其"军中咸仗一矢以给膳食"，不知所云，可为绝倒。按"赤羽"当指赤羽

---

[1]　分别见《钱注杜诗》第 311 页和《杜工部诗集辑注》，河北大学出版社 2009 年版，第 95 页。

旗，而非箭羽，意为赤羽旗下率领士兵风餐露宿。"黄河十月冰"，谓不避严寒，踏过黄河十月之冰凌。钱笺"冰"字深文周纳，欲显反晦。二句皆"纪行师沙漠之事"，当从朱注。

# 第二节 其他诗篇的题旨开掘

除了上述与钱笺有关的五十五首之外，朱注在其他诗篇也有独到的阐释，可分三类。

### 一 有关时事的诗歌

1. 《悲青坂》（诗长不录）。朱注曰：

> 按：史云：琯欲持重有所伺，中人邢延恩促战，遂败。"忍待明年莫仓卒"，即琯持重意也。陈陶之败，与潼关之败，其失皆在以中人促战，不当专为琯罪也，故子美深悲之。

这里扣住"悲"字，结合史实阐发诗意，揭示了宦官督军带来的危害，批评了肃宗对房琯的猜疑。可"悲"者，一悲肃宗人主用人而疑，二悲房琯之艰难处境，三悲青坂之败给恢复大业造成重大损失。肃宗入贺兰进明之谤而使房琯将兵，人主嫌疑，小人窥伺。房以宰相将帅而为中人监制，胜既无望；若侥幸而胜，则肃宗之疑愈深，进明之谤滋甚。朱氏从"悲"字入手，深得杜诗本意。

2. 《送杨六判官使西蕃》（诗长不录）。朱注曰：

> 杨判官之使，盖为征兵吐蕃。"绝域遥怀怒"，言吐蕃来请讨贼也；"敕书怜赞普"，言天子许其和亲，遂降意以待之也；"兵甲望长安"，言长安之人急望王师之至，则助国讨贼不容缓也。然借兵非美事，又恐其屈节外藩，故以"慎谋画"、"正羽翰"戒之，欲其伸中国之威，不辱君命也。

据《旧唐书》记载，至德元载（756），吐蕃遣使和亲，愿助国讨贼。二载三月，吐蕃遣使和亲，唐遣给事中南巨川报命。杨判官之出使，当为征兵吐蕃。朱注诗史互证，结论可靠。

3. 《寓目》：

一县葡萄熟，秋山苜蓿多。关云常带雨，塞水不成河。

羌女轻烽燧，胡儿掣骆驼。自伤迟暮眼，丧乱饱经过。

朱注曰：

> 按此诗当与"州图领同谷"* 一首参看。关塞无阻，羌胡杂居，乃世变之深可虑者，公故感而叹之。未几，秦陇果为吐蕃所陷。

所谓"州图领同谷"，是指《秦州杂诗二十首》中的第三首，后四句为"马骄朱汗落，胡舞白题斜。年少临洮子，西来亦自夸"。内容与《寓目》类似，皆杜甫秦州时期记录西北胡地风俗的诗章。旧注对此二诗未予重视。朱注乃于杜诗细微处见出端倪，认为羌女轻视烽烟，胡儿彪悍无畏，可为杜诗"自伤"注脚。"丧乱"一词，非无中生有，实为杜甫隐忧。此得杜诗微意。

4. 《即事》：

闻道花门破，和亲事却非。人怜汉公主，生得渡河归。

秋思抛云髻，腰支剩宝衣。群凶犹索战，回首意多违。

朱注曰：

> 时公主不肯殉葬，又以无子归唐，则回纥之好失矣。公故伤和亲之非计也。"抛云髻"、"剩宝衣"，悲公主之为外夷媵居也。"群凶"，指史思明辈。是年九月，史思明分兵四道济河，光弼议弃东都，守河阳。"回首意多违"，言向者结婚回纥，实欲资其力以讨贼。今贼方索战，而回纥之好中绝，其如和亲之本意何？正与次句相应。旧注纷纷，总呓语耳。

此诗亦杜甫秦州作。据史，乾元元年（758）七月，肃宗将幼女宁国公主嫁给回纥可汗，以换取回纥援兵。乾元二年四月，可汗死；八月，宁国公主归还。此诗表达了杜甫对和亲政策的反对态度。但旧注对"群凶犹索战"一句遍索无解，如赵次公以为"群凶"指回纥，考新、旧《唐书》，皆无此时唐与回纥交战之记载，只好"俟明识辨之"。朱注考史，认为"群凶"，指史思明辈。和亲之计，一事而三失：初与回纥结婚，本欲借兵以平北寇，孰知滏水溃军，花门同破，此一失也；且可汗既死，公主劓面而归，此二失也；是时史思明济河索战，而回纥之好已绝，与和亲本意始终违悖，此三失也。杜诗微意大白。

5.《复愁十二首》其八：

今日翔麟马，先宜驾鼓车。无劳问河北，诸将角荣华。

朱注曰：

> 言河北诸将，方以爵上竞相雄长，朝廷虽有战马，安所用之？时降将羁縻，代宗专事姑息。公度非兵力所制，故云然耳。薛苍舒谓公欲息兵休战，失其旨矣。①

"翔麟马"乃良马，"鼓车"乃仪仗用车，良马当用之战场，而非逸豫之助。河北诸藩正乘势坐大，然欲兴兵问罪，则武臣又将角逐荣华。无限愤慨而出以反讽。朱注结合史实，探得深曲。

## 二 有关咏怀的诗篇

杜甫咏怀诗，多寄寓深远，非反复涵咏，不易索解。朱注于此亦有发明。

1.《白丝行》：

缲丝须长不须白，越罗蜀锦金粟尺。象床玉手乱殷红，万草千花动凝碧。已悲素质随时染，裂下鸣机色相射。美人细意熨贴平，裁缝灭尽针线迹。春天衣著为君舞，蛱蝶飞来黄鹂语。落絮游丝亦有情，随风照日宜轻举。香汗清尘污颜色，开新合故置何许。君不见才士汲引难，恐惧弃捐忍

---

① 以上 5 例，分别见《杜工部诗集辑注》，河北大学出版社 2009 年版，第 111、138、227、228、666 页。

羁旅。

朱注曰：

> 白丝行，即墨子悲素丝意也。起语是有激言之，白丝素质，随时染裂，称意裁缝，卒为人所弃置。明有志之士不当轻变所守，妄以汲引望人也。

《白丝行》为杜甫困居长安之作，借白丝被染、始荣终弃的经历，寄托清洁自守的心愿。朱注所言甚是。朱氏明亡后即绝意仕进，甘为遗民；又因注李、注杜等，"生平受人屈辱不少"，所以于行藏交接，心有戚戚。他在《贫交行》、《述古三首》其一诸诗之笺中屡有剖白，笺杜亦自笺矣。

2. 《渼陂行》（诗长不录）。朱注曰：

> 始而天地变色，风浪堪忧，既而开霁放舟，冲融袅窕，终而仙灵冥接，雷雨苍茫。只一游陂时，情景迭变已如此，况自少壮至老，哀乐之感，何可胜穷？此孔子所以叹逝水，庄生所以悲藏舟也。

《渼陂行》为杜甫在长安与岑参同游名胜渼陂之作，意象亦真亦幻，百变眩目。九家注认为表达了安不忘危、乐不忘哀之意，犹嫌拘泥字句。朱注通滞抉幽，最为明快。

3. 《伤春五首》（诗长不录）。朱注曰：

> 代宗致乱，因信任非人，老臣不用，故一曰"贤多隐屠钓"，一曰"犹多老大臣"，一曰"谁忆大风歌"，篇中每三致意焉。①

《伤春五首》为杜甫广德二年（764）阆州之作。五首主题不一，或伤吐蕃陷京，或记家国之忧，或写天变儆君，或痛代宗出奔、军士散亡，但贯穿

---

① 以上3例，分别见《杜工部诗集辑注》，河北大学出版社2009年版，第48、75、417页。

其中的一个重要思想红线，就是代宗所用非人，弃置老臣，致使国家危机四伏，险象环生。朱注的提示，很有意义。

### 三 考杜诗之比兴

杜诗部分咏怀和咏物诗篇设象言志，婉而成章，称名虽小，取类也大。朱氏的发微往往颇中肯綮。

1. 《朱凤行》：

君不见潇湘之山衡山高，山巅朱凤声嗷嗷。侧身长顾求其群，翅垂口噤心甚劳。

下愍百鸟在罗网，黄雀最小犹难逃。愿分竹实及蝼蚁，尽使鸱枭相怒号。

朱注曰：

> 《文选》刘桢诗：凤凰集南岳，徘徊孤竹根。岂不长勤苦，羞与黄雀群。公诗似取其意而反之。羞群黄雀者，凤采之高翔；下愍黄雀者，凤德之广覆也。所食竹宾，愿分之以及蝼蚁，而鸱鸮则一听怒号，此即"驱出六合枭鸾分"意也，诗旨包蕴甚远。

此诗旧注多谬，如黄注云"为衡州刺史阳济讨臧玠而作"，失之偏狭。此诗既有现实的影子，又寄寓了杜甫的高洁情怀。以朱凤自喻，表现了诗人民胞物与的志趣，也间接反映了诗人困顿荆衡、有志难伸的憾恨。

2. 《桃竹杖引赠章留后》：

江心磻石生桃竹，苍波喷浸尺度足。斩根削皮如紫玉，江妃水仙惜不得。

梓潼使君开一束，满堂宾客皆叹息。怜我老病赠两茎，出入爪甲铿有声。

老夫复欲东南征，乘涛鼓枻白帝城。路幽必为鬼神夺，拔剑或与蛟龙争。

重为告曰：杖兮杖兮，尔之生也甚正直，慎勿见水踊跃学变化为龙。

使我不得尔之扶持，灭迹于君山湖上之青峰。

噫，风尘澒洞兮豺虎咬人，忽失双杖兮吾将曷从。

朱注曰：

> 此诗盖借竹杖规讽章留后也。以踊跃为龙戒之，又以忽失双杖危之，
> 其微旨可见。

按杜甫在梓州，东川留后章彝赠其两根桃竹手杖，遂作此诗。然诗尾骚
体一段，宋注多不得其旨，如黄注引"师曰"："甫意若曰：天下未平，尚赖
此杖扶持衰老，流寓远乡。苟失双杖，吾将曷从。"拘泥字面，而未得杜诗
劝诫的深意。

3.《解闷十二首》其十二：

侧生野岸及江浦，不熟丹宫满玉壶。云壑布衣骀背死，劳生重马翠眉须。

朱注曰：

> 此章又申上二章意。伤荔支徒侧生南裔，不得熟于禁近之地，即有
> 驿致京华者，不过因贵妃一笑之故，而色味永不见知。此与布衣老死云
> 壑者何以异哉。以上三章，全是寓意。

按该组诗后三首反复吟咏荔枝，正言不足，微言以讽，继之深言以刺，
惜乎宋注失之眉睫。朱注揭示杜诗深意，可与钱注相发明。

在杜注史上，穿凿与反穿凿始终此消彼长，连绵不绝。宋代奉杜甫为诗
圣和道德楷模，故注家及学者对杜诗的解释钩深求异，多有穿凿，最著者如
惠洪《冷斋夜话》解释《江村》"老妻画纸为棋局，稚子敲针作钓钩"一句，
以夫、妻、稚子分别比拟君、臣、幼君，以棋局比拟直道等，令人瞠目结舌。
到了清初，因为时局的关系及杜诗学的发展，人们自觉抵制对杜诗的异化阐
释，尤其是钱谦益对杜诗学进行了彻底的总结，清算了种种流毒，为清代杜
诗学的正本清源指明了方向。所以在《杜诗辑注》中，错误难免而穿凿甚
少，这与朱氏的自觉密不可分。如下面两例：

4.《乾元中寓居同谷县作歌七首》其六：

南有龙兮在山湫，古木巃嵸枝相樛。木叶黄落龙正蛰，蝮蛇东来水上游。
我行怪此安敢出，拔剑欲斩且复休。呜呼六歌兮歌思迟，溪壑为我回
春姿。

朱注曰：

郭知达本注引东坡云：明皇至自蜀，居南内兴庆官，李辅国阴伺其隙，间之。此诗"南有龙"，喻玄宗在南内也。《杜诗博议》：前后六章，皆自叙流离之感，不应此章独讥时事。此盖咏同谷万丈潭之龙也。龙蛰而蝮蛇来游，或自伤龙蛇之混，初无指切也。古人诗文，取喻于龙者不一，未尝专指为九五之象。东坡必无是言。

5.《成都府》"初月出不高，众星尚争光"，朱注曰：

初月、众星，托喻肃宗、思明，宋人多持此说，故胡文定《通鉴举要补遗序》有"日毂冥濛，众星争耀"语，盖本之公诗也。然禄山、思明直妖孽耳，岂可拟之众星乎？韩退之"煌煌东方星，奈此众客醉"，魏道辅谓：东方喻宪宗在储官。此又以解杜诗之凿而解韩诗也。①

按二首皆写实而非比兴，朱注驳宋人之附会，甚是。

# 第三节 关于句笺

朱注笺语除了揭示全篇主旨者，又有阐释一句或数句的句笺。除了整首诗章的题旨外，杜诗之难解恐怕多在句意。因误解一句而误会全篇乃至本意，这样的例子在杜注历史上数见不鲜。句意之难解，原因不一，或因不明史实，或因不明字词，或缺乏对杜甫踪迹和心态的了解，或因句意凝练跳跃较大造成歧义。《杜诗辑注》往往从多个角度对诗句解疑释惑，很有收获。

## 一 有典实之句

对此类诗句，朱注一般结合考史、典故笺注句意。

---

① 以上5例，分别见《杜工部诗集辑注》，河北大学出版社2009年版，第817、407、665、264、273页。

1.《北征》"伊洛指掌收，西京不足拔。官军请深入，蓄锐可俱发。此举开青徐，旋瞻略恒碣"。朱注曰：

> 按：借兵回纥，大为中国害，公心所不予，故曰"圣心颇虚伫，时议气欲夺"，下遂言官军自足破贼，不必全仗胡兵也。公意收复两京，便当乘胜长驱幽蓟，故云"此举开青徐，旋瞻略恒碣"。当时李泌之议，欲命建宁并塞北出，与光弼犄角以取范阳，所见亦与公同也。

这是对杜甫借兵回纥及收复两京后对策发表意见，是符合杜甫意图的。尤其引用史书所载李泌的建议与杜甫对照，不难看出杜甫政治、军事的卓识。

2.《玉华宫》"不知何王殿，遗构绝壁下"。朱注曰：

> 玉华宫作于贞观年间，去公时仅百载，而乃云"不知何王殿"者，学者惑之。次公谓公为太宗讳，其说似迂。余意玉华宫久废为寺。《高僧传》载玄奘尝于此译经，与九成之置官居守者不同，故人皆不知为何王之殿耳，非公真昧其迹也。

玉华宫为太宗所建，其后太宗"厌禁内烦热"，又于终南山建翠微宫，耗费甚巨。赵注以为杜诗说"不知何王殿"，乃为太宗讳。朱注据《高僧传》所载，以为玉华宫无官居守，久废为寺，故杜甫乃真不知其为何寺，而非故意隐瞒。

3.《八阵图》"遗恨失吞吴"，朱注曰：

> 按史：昭烈败秭归，诸葛亮曰："法孝直若在，必能制主上东行。就使东行，必不倾危。"观此，则征吴非孔明意也。子美此诗，正谓孔明不能止征吴之举，致秭归挫辱，为生平遗恨。

按九家注、黄注、千家注等皆引伪书《东坡志林》"东坡尝梦见"云云，无稽可笑。朱注考《三国志·蜀志·法正传》所载诸葛亮语，认为征吴非孔明本意。"失"，作过失解。典实可据，微意豁然。

4.《秋兴八首》"丛菊两开他日泪，孤舟一系故园心"，朱注曰：

> 公至夔已经二秋，时舣舟以俟出峡，故再见菊开，仍陨他日之泪；而孤舟乍系，辄动故园之心也。

此据杜甫行迹，认为"两"字非虚语。

5.《别张十三建封》"高义在云台，嘶鸣望天衢。羽人扫碧海，功业竟何如"，朱注曰：

> 史云建封不乐吏职，疑其人盖有志神仙者，故言吾望子以云台建立之事，彼羽人之流，扫除海外，以视功业济世者，竟何如耶？①

按四句为该诗尾句，杜甫叮嘱张建封者。后二句宋注甚谬，九家注、千家注皆引赵次公注，以为"扫碧海"者，"以言其无一尘一芥之汗也，盖澄清天下之譬乎？以建封为羽人，其所望之深矣"。朱注据《旧唐书》卷一百四十《张建封传》"不乐吏役"语，推测其辗转幕府，不甚得意，故有志淄流。此笺较旧注通顺。

## 二 无典实之句

对此类诗句，朱注一般寻绎上下文，或引他诗互相发明。

1.《寄张十二山人彪三十韵》"高兴知笼鸟，斯文起获麟"。朱注曰：

> 困如笼鸟，不忘高兴；穷如获麟，可起斯文。皆自况也。赵注属张山人，非。

赵注曰："此两句，一以譬张山人之不得已，一以言张山人之著书，如

---

① 以上5例，分别见《杜工部诗集辑注》，河北大学出版社2009年版，第147、143、493、528、807页。

孔子《春秋》起于获麟，太史公《史记》亦然。"黄注类似，皆以为二句属张，误。杜诗奉酬之作，前部多赞美对方，后部略叙自己现状。此诗前已有"草书何太苦，诗兴不无神。曹植休前辈，张芝更后身。数篇吟可老，一字买堪贫"数句，则"高兴知笼鸟，斯文起获麟"当属自况。

2.《晦日寻崔戢李封》"上古葛天民，不贻黄屋忧。至今阮籍等，熟醉为身谋"。朱注曰：

> 言上古之世，黄屋始可无忧。今何时乎，而阮籍之流止沉饮以谋身。叹己与崔、李辈无能为天子分忧也。

数句乃一诗之眼，最能体现杜甫的忠君爱国思想，故特为笺注。

3.《龙门阁》"目眩陨杂花，头风吹过雨"。朱注曰：

> 花陨而目为之眩，视不及审也；雨吹而头为之风，迫不能避也，正形容阁道险绝。次公注"杂花"、"过雨"，皆作比喻言，恐非。

此句是杜甫描写度龙门山栈道高悬险绝的诗句。但对其阐释，赵次公认为"目花"、"吹雨"皆用佛典，"非由地险绝也"。然杜甫患有头风，此句当是实写，非比喻。

4.《武侯庙》"犹闻辞后主，不复卧南阳"。朱注曰：

> 此诗后二语，人无解者。武侯为昭烈驱驰，未见其忠；惟当后主昏庸，而尽瘁出师，不复有归卧南阳之意，此则"云霄万古"者耳。曰"犹闻"者，空山精爽，如或闻之也。

旧注如赵次公、千家注皆曰："伤其已死矣。"其实还没看出二句的深意。两句互文，"卧南阳"是先主之事，"辞后主"是后主之事，两朝开济，方显丹心，此其所以"云霄万古"者也。深得杜诗深意。

5.《故著作郎贬台州司户荥阳郑公虔》"子云窥未遍，方朔谐太枉"，朱注曰：

> 窥未遍、谐太枉，言虞之学识，过于子云之博览；虞之言，异乎方朔之诙谐也。

后句多异解，如赵次公曰："言郑虔能知荒远之所在也。东方朔每言其所指皆神仙之处，故云谐枉，犹太迂也。"曲解了"枉"字。杜意当为：若以郑虔之言比之东方朔的诙谐，那就太枉屈郑虔了。言外之意称颂郑之高雅。

6.《奉寄李十五秘书文巘二首》"竹枝歌未好，画柯莫迟回"，朱注曰：

> "竹枝歌未好"，公不以巴渝之音为好也。"画柯莫迟回"，促其早至而出峡也。解者多失之。

按此揭示该诗主旨，比旧说准确。

7.《白帝城最高楼》"扶桑西枝对断石，弱水东影随长流"，朱注曰：

> 峡之高，可望扶桑西向；江之远，可接弱水东来。与"朱崖著毫发，碧海吹衣裳"同义。

按此句旧有争议，在"弱水"一词。九家注引《淮南子》，认为"弱水出自穷石，在张掖北，其水弱不能胜羽"。而赵注引道书，以为"蓬莱山下弱水也。以弱水在东，故言东影"，反致晦涩。宋注多依违二家，未有定说。按当从九家注。此句谓四顾茫然，忧世伤怀。扶桑、弱水，东西相对，正诗法耳。

8.《冬日有怀李白》"更寻嘉树传，不忘角弓诗"。朱注曰：

> 公与太白游，情逾兄弟，故言己之不忘太白，犹季武之不忘韩宣也。须溪"种树"解深可嗤笑，其僻谬多此类，不能悉辨。

千家注引刘辰翁曰："此与出处别，谓他种树为隐者之计，我之不忘如角弓，以其诗故也。"① 是典型的望文生义。

9.《春日江村五首》其五"宅入先贤传，才高处士名"。朱注曰：

> 公依严武，似王粲荆州；官幕僚，似贾生王傅。故此诗以二子自况，因以自悲也。宅空载于先贤，名实同于处士。二语正为卜居草堂、吏隐使府发叹，寄感甚深。

旧注皆考典而已，于杜甫深曲未有发覆。朱注认为二句况人亦自况，寄慨甚深，得之。

10.《望兜率寺》"不复知天大，空余见佛尊"。朱注曰：

> 二语言佛之尊于天也。阚泽云："孔、老二教，法天制用，不敢违天。佛之设教，诸天奉行，不敢违佛，故佛号人天师。"可证此二语之义。②

旧注多阙注，唯九家注引《老子》"天大，地大"，误。此句暗用佛书《五灯会元》"天上天下，唯吾独尊"之语，以示推崇释迦牟尼之意。

# 第四节　关于"评"

朱注对杜诗艺术也给予了一定的关注，主要集中在如下几个方面。

## 一　考杜诗所本

《杜诗辑注》对杜诗渊源尤其是与《文选》的关系，从语言和诗意方面作出了有意义的探索。杜诗向有"集大成"之说，"集大成"的重要内容之一，就是正确对待六朝诗歌尤其是《文选》。杜甫少年生活的地区，正是

---

① 《集千家注杜工部诗集》卷一，《四库全书》电子版。

② 以上10例，分别见《杜工部诗集辑注》，河北大学出版社2009年版，第249、125、269、492、570、504、492、34、461、382页。

《选》学大师李善晚年传授《文选》的"汴郑之间"。李善去世后，子李邕继承其学。杜甫与李邕为忘年之交，杜游济南，李邕特地从北海郡赶来与他见面。杜甫晚年在夔州作《八哀诗》，高度赞美李邕的德才："情穷造化理，学贯天人际。"说明两人当年或许讨论过《文选》。杜甫在《宗武生日》中说："熟精文选理，休觅彩衣轻"，在《水阁朝霁奉简云安严明府》中说："续儿诵文选"，说明他对儿女的文学教育也是以《文选》为主要内容的。宋人即注意到杜诗与《文选》的密切关系，如郭思说："老杜诗学，世以为前无古人，后无来者。然观其诗，大率宗法《文选》，摭其华髓，旁罗曲采，咀嚼为我语。"① 朱熹说："李太白始终学《选》诗，所以好。杜子美诗好者，亦多是效《选》诗，渐放手，夔州诸诗则不然也。"② 到了明代，著名学者杨慎在《丹铅总录》中记载了许多杜诗化用《文选》的例子。历代注家也注意到杜诗与《文选》的继承关系，如赵次公在《水阁朝霁奉简严云安》注曰："公诗两字每使《文选》，尝又《示宗武》诗曰：熟精文选理。今又曰：续儿诵文选。则于《文选》为精矣。"③

宋代注家不仅从《文选》中寻找杜诗的用典出处，即使是杜诗用字的字音和训诂，也多从李善《文选注》中寻求答案，可见《文选》不仅是杜甫汲取文学营养的主要目标，也是注家考证杜诗与《文选》关系及笺注杜诗的主要手段。但另一方面，轻视六朝诗、误解杜诗与六朝诗关系的议论也在历史上此起彼伏，自宋乃至于明代一直不绝于耳。如明代诗论家胡应麟说："子美以赋敌扬雄、相如，诗亲子建，方驾屈宋，同游陶谢自拟，而以庾信、鲍照、阴铿、苏端。薛复拟太白，一何颠倒豪杰也！……世徒以太白儇轻，而少陵尤巧矣。"（《诗薮》外编卷四）朱鹤龄在《春日忆李白》一诗后加按语曰：

> 公与太白之诗，皆学六朝。前诗以李侯佳句比之阴铿，此又比之庾、鲍，盖举生平所最慕者以相方也。王荆公谓少陵于太白，仅比以鲍、庾，阴铿则又下矣。或遂以"细论文"讥其才疏也，此真瞽说。公诗云"颇

① 华文轩：《古典文学研究资料汇编·杜甫卷》，中华书局 1982 年版，第 158 页。
② （宋）朱熹：《朱子全书》，上海古籍出版社 2002 年版，第 4323 页。
③ 《杜诗赵次公先后解辑校》，上海古籍出版社 2012 年版，第 749 页。

学阴何苦用心"，又云"庾信文章老更成"，又云"流传江鲍体，相顾免无儿"，公之推服诸家甚至，则其推服太白为何如哉！荆公所云，必是俗子伪托耳。①

王安石是否发过此类议论，并不重要，重要的是如何看待六朝诗或《文选》的问题。虽然唐代以来，文人实际上皆颇多受惠于《文选》的沾溉，但同时又对六朝诗大加挞伐，不遗余力，"四杰"、李白等均有过激烈言辞。"自从建安来，绮丽不足珍"，是李白对六朝诗的评价，也代表了相当一批古代诗家、论家的看法。胡应麟认为杜甫以庾信、鲍照、阴铿等比拟李白，是对李白的不敬，说杜甫"尤巧"，就是这种论调的典型。朱鹤龄所驳虽是宋人，但意义却不止于此。他采取以杜证杜的办法，从杜诗本身找出杜甫亦以六朝文人自拟的诗句，说明杜甫同样不惮于方驾六朝者，"不薄今人爱古人，清词丽句必为邻"，杜甫对前人无所轩轾，只要是值得继承光大的，必定"递相祖述"，"转益多师"。以开阔的胸襟承接文化遗产，这是杜诗给后人的启示之一，也是朱氏揭示的重要意义之所在。

1. 《渼陂西南台》（诗长不录）。朱注曰：

> 此诗中句，多本谢康乐。如"怀新目似击"，即谢诗"怀新道转回"也；"乘陵惜俄顷"，即谢诗"恒充俄顷用"也；"外物慕张邴"，即谢"偶与张邴合"也；"知归俗可忽"，即谢诗"适己物可忽"也；"取适事莫并"，即"万事难并欢"也；"身退岂待官"，即谢诗"辞满岂多秩，谢病不待年"也；"老来苦便静"，即谢诗"拙疾相倚薄，还得静者便"也。公云"熟精《文选》理"，岂欺我哉。

《渼陂西南台》是杜甫于天宝十三载（754）在长安的登临之作，抒写登台所见之景色，并抒发了栖身隐世之意。全首在语言上极力化用谢诗，可见杜甫模仿和学习前人的痕迹。朱氏指出此诗有七句是化用谢诗，是颇具眼力

---

① 《杜工部诗集辑注》，河北大学出版社 2009 年版，第 35 页。

的，既可使人知道杜诗对前辈诗人的继承，对《文选》的熟稔，也可见朱氏自己对《文选》的精熟和艺术鉴赏的独到。杜甫写山水行游的五言古诗，多取法于谢灵运的诗篇，例如《渼陂行》、《桥陵诗三十韵因呈县内诸官》及此诗等，在篇章组织方面，大都是前面写景，后面抒情。如果将之与谢灵运的《过始宁墅》、《富春渚》、《七里濑》、《游南亭》、《游赤石进泛海》等诗进行比较，就会看到杜甫山水诗从谢诗脱胎演化的痕迹。不仅章法如此，就是在造句炼意方面，杜甫有时也常常融会谢诗，将其纳入自己的诗篇。谢诗一般即景遣兴，寻求寄托，会意尚巧，字句上精雕细琢，遣言贵妍，"俪采百字之偶，争价一句之奇"，极貌写物，穷力追新，刻绘精工，而朱氏拈出的杜诗各句，无不具有这样的特征，如"怀新"、"惜俄顷"、"外物"、"知归"、"取适"、"身退"、"便静"等词，皆有人生理趣，又锻炼雕刻，明显是化谢而来，经朱注拈出，可知杜甫早年对《文选》用心之深。

2. 杜诗《成都府》：

翳翳桑榆日，照我征衣裳。我行山川异，忽在天一方。

但逢新人民，未卜见故乡。大江东流去，游子去日长。

曾城填华屋，季冬树木苍。喧然名都会，吹箫间笙簧。

信美无与适，侧身望川梁。鸟雀夜各归，中原杳茫茫。

初月出不高，众星尚争光。自古有羁旅，我何苦哀伤。

朱注曰：

　　按此诗语意，多本阮公《咏怀》。"翳翳桑榆日，照我征衣裳"，即阮之"灼灼西颓日，余光照我衣"也；"侧身望川梁"，即阮之"登高望九州"也；"鸟雀夜各归，中原杳茫茫"，即阮之"飞鸟相随翔，旷野莽茫茫"也；"自古有羁旅，我何苦哀伤"，又翻阮之"羁旅无俦匹，俯仰怀哀伤"以自广也。"初月出不高，众星尚争光"，则本子建《赠徐干》诗"圆景光未满，众星粲以繁"。公云"熟精文选理"，于此益信。杜田注："桑榆，喻明皇在西内；初月，喻肃宗；众星，喻史思明之徒。"此最为曲说。王伯厚《困学纪闻》亦引之，吾所不解。

按《成都府》为杜甫乾元二年（759）十二月初抵成都之作，表面写刚到成都的新鲜感受，并抒发故土之思。正始时代的阮籍堪为当时士人和诗人的代表，他首创了以《咏怀》为题的五言政治抒情组诗，忧时悯乱，兴寄无端，表达人生无常的独特感悟，道出了诗人对现实的关切之情和一种欲说还休的苦心，开创了诗歌史上的含蓄厚重一派。杜甫《成都府》与《咏怀》诗在意象上确有许多神似之处，如日照衣裳、登高眺望、飞鸟旷野、羁旅哀伤等，无不暗合阮诗。杜甫于此年秋天弃官奔蜀，此诗正透露了其途穷恸哭的痛苦和迷茫，所以顾盼自伤，思绪纷乱，言在耳目，情寄八荒，与《咏怀》诗的总体风格异曲同工。朱氏的点评，不仅揭示了此诗与阮籍诗的内在联系，也为理解杜甫初至成都的心态提供了启示。

3.《寄刘峡州伯华使君四十韵》："雕刻初谁料，纤毫欲自矜。神融蹑飞动，战胜洗侵凌。妙取筌蹄弃，高宜百万层。"朱注曰：

> "雕刻初谁料"，即《文赋》之"笼天地于形内，挫万物于笔端"也；"纤毫欲自矜"，即"考殿最于锱铢，定去留于微芒"也；"神融蹑飞动"，即"精骛八极，心游万仞"也；"战胜洗侵凌"，即"方天机之骏利，夫何纷而不理"也；"妙取筌蹄弃，高宜百万层"，即"形不可逐，响难为系，块孤立而特峙，非常言之所纬"也。因刘使君以诗来寄，而言诗道之难如此。能传青简者，实鲜其人也。

按此六句诗的意思是说：构思之时的精雕细刻有谁能体会，你对诗歌的纤毫之微也悉心斟酌。你神情忘我，思绪飞扬，你文辞骏利，思路清晰，谁与争雄？你的诗歌自有不落言筌之妙，高出众人百万层。这段话赞美刘使君文采横溢，诗歌出神入化，其实也是杜甫创作体会的夫子自道，非必有意化用或浓缩陆机《文赋》。可见优秀作家的创作，人同此心，心同此理，异代同慨，殊途而同归。朱氏的点评，揭示了作家创作的普遍心理，也是其艺术鉴赏能力的一个重要体现。朱氏不是只知训诂考据的学者，也是对诗歌自有感悟的诗人，这对他的注杜助益匪浅，这就是一个有力的例子。

4. 杜诗《杜鹃行》：

君不见昔日蜀天子，化为杜鹃似老乌。寄巢生子不自啄，群鸟至今与哺雏。

虽同君臣有旧礼，骨肉满眼身羁孤。业工窜伏深树里，四月五月偏号呼。其声哀痛口流血，所诉何事常区区。尔岂摧残始发愤，羞带羽翮伤形愚。苍天变化谁料得，万事反覆何所无。万事反覆何所无，岂忆当殿群臣趋。

朱注曰：

　　鲍照《行路难》云"愁思忽而至，跨马出国门。举头四顾望，但见松柏荆棘郁蹲蹲。中有一鸟名杜鹃，言是古时蜀帝魂。声音哀苦鸣不息，羽毛憔悴似人髡。飞走树间逐虫蚁，岂忆往日天子尊。念此死生变化非常理，中心恻怆不能言。"此诗语意本此。

朱氏认为此诗自鲍照《拟行路难》中化出。鲍照是杜甫"生平所最慕"的六朝诗人之一，他在称道李白、孟浩然、高适、岑参、薛华等诗人时，每每举其相方。杜甫七次提及鲍照，对其十分倾心，杜诗化用其诗句达二百次之多。按两诗皆从古代蜀帝化为杜鹃的传说演化而来，塑造了憔悴伤楚的飞鸟形象，并通过前后对比，抒发人生无常的感慨。杜诗无论在诗旨、手法还是词句方面，均脱胎于鲍诗。但杜诗《杜鹃行》显有所指，杜鹃是玄宗的象征。上元元年（760）七月，肃宗亲信李辅国为隔绝玄宗与臣民的往来，劫迁玄宗于西内，玄宗心忧成疾，晚景凄凉，处境与古代传说中蜀王杜宇禅位后化作泣血杜鹃的情形非常相似，所以杜甫借杜鹃抒发对玄宗的依恋及对肃宗有失子道的谴责。鲍诗则借杜鹃前后命运的迥异，抒发了个人的身世之悲。两诗寓意有所不同。

5. 杜诗《鹦鹉》：

鹦鹉含愁思，聪明忆别离。翠衿浑短尽，红嘴漫多知。

未有开笼日，空残旧宿枝。世人怜复损，何用羽毛奇？

朱注曰：

此诗似隐括祢衡赋中语。聪明，则"性慧辩而能言，才聪明以识机"也。别离，则"痛母子之永隔，哀伉俪之生离"也。翠衿、红嘴，则"绀趾丹嘴，绿衣翠衿"也。浑欲短，则"顾六翮之残毁，虽奋迅其焉如"也。漫多知，则"岂言论以阶乱，将不密以致危"也。未有开笼日，则"闭以雕笼，剪其翅羽"也。空残宿旧枝，则"想昆山之高峻，思邓林之扶疏"。末句羽毛奇，则"虽同俗于羽毛，故殊志而异心"也。

按《鹦鹉》诗当是杜甫作于大历元年（766）客居夔州之时。全诗以鹦鹉自况，表达了志士失路、苦于拘束、不能自展其奇的苦闷心情。这与祢衡在江夏作《鹦鹉赋》而自伤飘零的心境应无不同。祢衡因恃才而见疏于曹操，杜甫因廷诤而见疏于肃宗，所以吟咏鹦鹉，也是杜甫对祢衡的惺惺相惜。既用其语，复用其意。

6.《棕拂子》末句"三岁清秋至，未敢阙缄縢"。朱注曰：

言三岁缄藏，不忍以过时而弃之。用物之义，当然也。从班婕妤《团扇》诗翻出。①

《文选》卷二十七班婕妤《怨歌行》曰："常恐秋节至，凉飙夺炎热。弃捐箧笥中，恩情中道绝。"这里反用其意。

## 二　考结构章法

《杜诗辑注》对杜诗起承转合的章法尤其措意，这些考察一般多从创作的角度着眼，而无多少理论方面的建树，且零零碎碎，不成系统。但从另一方面看，自有佳处。这些诗法诗格的总结概括，是朱氏以自己切身的诗歌创作结合笺注杜诗而得来的真实体会，从中可以窥见古代学者和诗人学杜的着眼点，是不可多得的第一手材料。其次是价值高。朱氏以学杜而闻名，故对于杜诗造诣尤深，所言虽卑之无甚高论，但散玑碎玉，弥足珍贵，远非泛泛

---

① 以上6例，分别见《杜工部诗集辑注》，河北大学出版社2009年版，第76、273、597、283、672、394页。

而谈者可以比拟。

1.《兵车行》"且如今年冬,未休关西卒。县官急索租,租税从何出"。朱注曰:

> 名隶征伐,则当免其租税矣。今以远戍之身,复督其家之输赋,岂可得哉。与"健妇"、"锄犁"二语相应。

2.《万丈潭》"何事暑天过,快意风雨会"。朱注曰:

> 言方冬龙蛰,未能擘石而出,还思乘暑过此,观其腾跃风云之会也。应"神物有显晦"。

3.《玉台观二首》之一"江光隐见鼋鼍窟,石势参差乌鹊桥"。朱注曰:

> 按四语形容仙境恍惚。鼋鼍窟,蒙冯夷;乌鹊桥,蒙嬴女。乌鹊对鼋鼍。公《临邑舍弟》诗亦然。上只言江光之远,下只言石势之高耳。①

以上诸例,考杜诗脉络章法,见杜甫作诗不苟,精于安排照应,亦可侧见古人学杜之注意所在。

本章讨论了杜诗的"笺"和"评"。关于杜诗的"笺",实际相当于诗歌注释学的"以意逆志"原则,这个原则是孟子在和弟子讨论如何正确理解和解释《诗》义时提出的:"故说诗者,不以辞害志。以意逆志,是为得之。"(《万章上》)这个"志",一般理解为作者之志,也就是作者的创作意图和思想抱负。经过历代学者和注家的实践、阐释,"以意逆志"已成为古代诗歌注释的具有普遍性和理论性的原则,清代杜诗注家仇兆鳌在《杜诗详注·自序》中对此有一段十分形象的阐释:"是故注杜者必反复沉潜,求其归宿所在,又从而句栉字比之,庶几得作者苦心于千百年之上,恍然如身历其事,

---

① 以上 3 例,分别见《杜工部诗集辑注》,河北大学出版社 2009 年版,第 38、265、426 页。

面接其人，而慨乎有余悲，悄乎有余思也。"综观杜诗的注释史可以发现，无论是宋注或清注，均或明或暗地遵循"以意逆志"的原则。但问题在于，具体到每个注家，因处境、学识、志趣等主客观条件的不同，每人的"意"是不尽相同的，因而对"志"的理解也千差万别。在不同条件下，注释主体的"意"对注释客体的"志"的理解是不同的，所以又有所谓"诗无达诂"的说法，认为文学作品并无一个确定不变的作者原意，因而对诗歌的笺注因人而异，不必强求一致。其实"诗无达诂"的说法，在杜诗中大概也仅适用于那些比兴恍惚、意旨难明的一般作品，而杜诗多数的重要作品，均可考证其创作的具体时地和历史背景，所以"以意逆志"的"志"，就不是天马行空、无拘无束的臆想，而是受到诗歌文本多重限制的，具体包括字词、名物、典章制度、地理、史实等方面。如对《故武卫将军挽歌三首》其二"赤羽千夫膳，黄河十月冰"的"赤羽"和"冰"两个字词训诂不同，导致钱、朱二人对该诗的理解大相径庭。《元日寄韦氏妹》"春城回北斗，郢树发南枝"，钱氏认为"北斗"指长安城为北斗形，朱氏认为"斗柄东而天下皆春"；"郢"，钱氏认为是指"江陵之郢"，朱氏引用《史记》"楚考王徙都寿春，命曰郢"，认为"寿春，唐锺离郡，今凤阳也。时韦氏妹从宦锺离，故曰郢树，非指江陵之郢也"。一名物，一地理，均直接影响对诗歌的阐释。当然，对《收京三首》、《洗兵马》、《哀江头》、《建都十二韵》诸诗，钱、朱二人对文本、史实方面的理解大同小异，但结果却不尽相同，这与二人的方法论有极大关系。钱氏不能全面考虑杜甫的一贯心态和具体创作情境，而是先入为主，从狭隘的角度理解杜诗，犯了以偏概全的错误。而朱鹤龄认为"子美之诗，惟得性情之至正而出之"，所以"虽有时悲愁愤激，怨诽刺讥，仍不戾温厚和平之旨"，"不必以一二隐语僻事、耳目所不接者为疑也"（《辑注杜工部集序》），这就从根本上把握"以意逆志"的"意"和"志"，达成了二者最大程度的统一，这也是朱氏能与钱笺分庭抗礼的主要原因。

综上所述不难发现，朱鹤龄《杜诗辑注》在笺评上的特点可以"精"字概括，表现在两个方面。

一是质量上的精到。杜诗的笺评看似简单随意，历来不甚受重视，其实最可体现注家的文史综合才具。杜诗研究是一个综合性的系统工程，而笺评则是以系列考证为基础的集成工作，是最终体现研杜的结晶。历代杜注如林，但一般局限于某一范围的研究，或重在考史编年，或重在文字考订，或集中解律，或专注古体，一个主要原因就是杜诗涉及知识的门类甚广，若非对基础工程造诣精湛，是很难在释义评论的这个"高端"有所作为的，因为即使是对细小的字词理解失之毫厘，也会造成笺注的谬以千里，遑论其余。朱氏对杜诗的释义评论，往往紧密结合杜甫所处的历史情境，把握杜甫的心理和性格脉络，并仔细探索杜诗字里行间传达的微意，论人知世，所言批窾导郤，多中肯綮，尤其是《洗兵马》、《收京三首》、《建都十二韵》等诗篇的大段笺注，钩陈史实，抉迷释疑，发明史蕴诗心，在探赜索隐的深度上毫不逊色于以笺名世的钱注，也改变了以往认为朱注只注不笺的旧有看法。在仇注采纳的朱注中，笺评占了不小比例；周篆《杜工部诗集集解》重在解杜诗之意，多引《杜诗辑注》，也是一个旁证。

二是数量上的精炼。表现在两个方面，一是当论则论，宁缺勿滥，这与钱注十分类似。以朱氏《杜诗辑注》前五卷对全诗的笺评为例，第一卷笺六首，第二卷五首，第三卷五首，第四卷四首，第五卷九首。其余每卷也大致在四五首左右。应该说在评论方面朱氏还是很慎重的。二是文字简练。综观朱注的释义评论，一般少则一二十字，多则百余字，厚积薄发，惜墨如金，简洁精炼，这是其严谨作风在注杜上的一个反映。

如果说有不足，也是十分明显的，主要是"评"的部分，仅仅着眼于《文选》与杜诗的渊源关系，以及杜诗简单的转承结构。第一点，就渊源看，《文选》集中了齐梁前主要的优秀诗歌，这是毋庸置疑的，但杜诗受到的影响却不仅如此，齐梁以后至于初唐"四杰"和沈、宋等人，以及同期李白、高适等，在杜诗中均可看到隐约的影子；第二点，杜诗的章法十分丰富，不仅有一诗内部的对比、对仗、互文等，更有组诗的结构，这些在《杜诗辑注》中很少涉及。其余如杜诗的修辞艺术、风格及分体研究等，《杜诗辑注》均付之阙如。当然，这与清初浑厚切实的学风有关，也与《杜诗辑注》简洁尚朴的宗旨有关，是不能求全责备的。

回顾《杜诗辑注》各章的专题研究，得出结论如下：

第一，简精择华的整理之功。《杜诗辑注》站在杜诗学史的高度，对旧注旧说进行了彻底的审视甄别，广泛吸收已有成果。

1. 从时间跨度看，《辑注》不仅囊括了宋、元、明三代关于杜诗的代表性注本，如宋代赵、郭、蔡、黄注，明单复《读杜愚得》、张性《杜律演义》、赵汸《类注杜工部五言律诗》、谢省《杜诗长古注解》、张綖《杜工部诗通》、杨慎《杜诗选》、胡震亨《杜诗通》、董斯张《笺杜陵诗》，清初钱谦益、潘柽章、顾炎武等。而且还大量汲取历代杜诗研究学者的旧说和成果，如王应麟精于考证，是宋代学识最为浩博者，他的《困学纪闻》有"考史"八卷及"评诗"一卷，多与杜诗有关，故成为朱氏笺注经学和诗学征引颇频的宋人笔记。沈括《梦溪笔谈》、陆游《老学庵笔记》、洪迈《容斋随笔》、罗大经《鹤林玉露》、明田艺衡《留青日札》、明末董斯张《广博物志》等著名笔记也有较多征引。

2. 从各专题看，《辑注》针对历代成果进行了有重点的吸收。如吸收旧注、吴若本及《唐文粹》、《文苑英华》、姚宽《西溪丛语》、龚颐正的《芥隐笔记》、陈岩肖《庚溪诗话》、程大昌《雍录》等关于校勘的成果，吸收赵注关于杜诗的词句解释，吸收黄注的编年和考史，吸收蔡注的用典成果，吸收钱注的笺评和史实，吸收王应麟的地理考证，吸收杨慎的名物和字词训诂等。正是取精用弘、有容乃大的气度和视野，使《辑注》的质量达到了前所未有的高度。

3. 从部类看，除了历代注家常用的典籍，《辑注》在"经部"尤重小学类，训诂书如《尔雅》、扬雄《方言》、刘熙《释名》、三国魏张揖《广雅》、晋郭璞《尔雅注》、宋陆佃《埤雅》、宋罗原《尔雅翼》等；字书如《急就篇注》、《说文解字》、《玉篇》等；韵书如《原本广韵》、《重修广韵》、《集韵》、《切韵指掌图》、《附释文互注礼部韵略》、《增修互注礼部韵略》、《五音集韵》、《古今韵会举要》等。"史部"尤重地理类，如"杂记之属"的《风土记》、《南方草木状》、《荆楚岁时记》、《岭表录异》、《益部方物略记》、《岳阳风土记》、《六朝事迹编类》，"游记之属"的韦庄《峡程记》、五代王仁裕《入洛记》、宋张礼《游城南记》等，皆前代注家不甚注目者。"子部"尤重较多考证性质的杂家类和前人比较轻视的类书类、小说家类、杂家类书籍如《古今注》、《资暇集》、《苏氏演义》、《东观馀论》、《靖康缃素杂记》、

《猗觉寮杂记》、《能改斋漫录》、《云谷杂记》、《西溪丛语》、《学林》、《容斋随笔》、《考古编》、《演繁露》、《野客丛书》、《宾退录》、《困学纪闻》、《丹铅馀录》、《名义考》、《日知录》，类书类如《北堂书钞》、《初学记》、《白孔六帖》、《艺文类聚》、《太平御览》、《册府元龟》、《海录碎事》、《玉海》、《小学绀珠》、《扪虱新话》，小说家类如《次柳氏旧闻》、《唐国史补》、《明皇杂录》、《教坊记》、《云溪友议》、《玉泉子》、《唐摭言》、《南部新书》、《邵氏闻见录》、《辍耕录》等。"集部"则尤重诗文评，如《庚溪诗话》、《韵语阳秋》、《唐诗纪事》、《渔隐丛话》、《蔡宽夫诗话》、《漫叟诗话》、《竹坡诗话》、《冷斋诗话》、《隐居诗话》、《山谷诗话》、《诚斋诗话》、《诗人玉屑》、《潘子真诗话》、《沧浪诗话》、《遁斋闲览》、《后村诗话》、《东坡诗话》、《古今诗话》、《魏道辅诗话》、《西清诗话》、《洪驹父诗话》、《潭南遗老诗话》、《王直方诗话》等宋代注家很少注意，《辑注》则大量引用；总集类如《文苑英华》、《文苑英华辨证》、《唐文粹》、《乐府诗集》、《唐宋类诗》、《文章正宗》、《万首唐人绝句》、《三体诗》、《唐诗品汇》等则对杜诗的辑佚和校勘多有裨益。

第二，别开生面的补遗之功。《辑注》的价值不仅体现在继承，更体现在发展具有继往开来的意义。

1. 补充空白。《辑注》的每个专题方面，均补充了大量旧注旧说的疏漏缺失。如年谱补充杜甫在游吴越之前"尝游晋地"的经历，名物补充了对"双林"等的注释，典章制度补充了对祭祀、罢朝、惩戒制度的注释，地理补充了对"大路"、"柑园"、"巴渠"、"严氏溪"等的注释，史实补充了关于杜诗人物和史书阙载的大量注释，用典补充了对"空中书"、黄白郎"、"旷原"等的注释，笺评则对杜诗关于时事、咏怀和比兴的许多篇目进行了题旨的开掘。正是对这些前人未曾注目或力有未逮的空白荆棘之地的探索，杜诗学才逐渐丰富和发展，这是《杜诗辑注》首创之功的重要方面。

2. 纠正谬误。不断改正旧注旧说的错误，是杜诗学扬弃完善的另一主要途径。具体包括两个方面，一是择善而从，即对各种旧注旧说进行辨别，得出最佳选择。这在年谱编年、字词训诂、名物三项比较突出，例证不烦遍举。二是自出新义，即在前人错误的基础上另辟蹊径，自出面目，这在地理和笺评两项表现得尤为明显。地理如对沿革的说明,对具体方位的考察,对古称、别称、泛称、同名的考证,对水系的辨析,均显示了杰出的地理造诣,使《辑注》成为杜诗学史上对杜诗地理最有发明的注本。笺评则在吸收钱笺成果的同时,也对其穿凿附会进行了彻底的纠正,如《洗兵马》、《收京》、《建都》、《哀江头》十数篇,洗刷钱笺之陋,起到了拨乱反正的意义,为杜诗学的健康发展奠定了坚实的基础。

第三,实事求是、追根溯源的原则和较为完善的体例。

1. 实事求是的原则。朱氏是学风极为严谨的学者,他在笺注中秉持三点,一是不掠人美。一说一义,即使是简单的字词训诂,即使出于小家僻书,他也坚持标出,绝不偷食自肥。二是绝不伪造、曲解。旧注中那种伪撰的恶行在《辑注》中是无法见到的。在引用旧说时,他坚持原原本本,绝不改窜和曲解典籍和原文,这是非常可贵的品质。笔者对朱氏引用的大量文献进行核实,发现几乎没有一例断章取义,这就提高了注本的可靠性和权威性。三是多闻阙疑。对于暂时无法解决的问题,坚持不知为不知是科学态度。如《乐游园歌》"长生木瓢",注曰:"未详。"《西枝村寻置草堂地夜宿赞公土室二首》其二,注曰:"按:赞公不知以何事谪秦州。师古注:'赞公与房琯游从,琯既得罪,赞公亦被谪。'此语未详所本,姑存其说以俟博闻。"《上后园山脚》"石楠遍天下,水陆兼浮沈",注曰:"石楠二句,未详。沈存中云:'石楠,木名,子如芎藭,其皮可御饥。时天下荒乱,水陆并载石楠以充粮。'未知是否。"其次是对不能断定正误者,则"并为采缉",绝不强作解人。如《重过何氏五首》"绿沉",采录诸家之说,以俟博闻。

2. 追根溯源的原则。《辑注》考证旧注旧说的谬误,往往沿波讨源,指出错误的原因。如史实考证,以杜诗与史书对照,相互发明,指出旧注的缺失,并且指出新、旧《唐书》及《通鉴》之间的详略错舛,有时还以杜证杜,对杜诗的误会也进行辩驳,将诗史互证手法发挥到极致。用典研究,则考旧注的误指、误注、伪撰,考杜诗误用典故,考典故的流传之讹,这从根本上起到了正本清源的作用。

3. 较为完善的体例。清初杜注取得很大成绩,与重视体例密不可分。宋注及元明杜注不重视甚至没有严格的体例,因此随意或自相矛盾处不一而足。

至清初，钱注"略例"指出旧注的各种荒陋，为杜注的发展指明了方向，但"略例"并非严格意义上的注释体例，它"破"多"立"少。《辑注》订立十五条"凡例"，几乎涉及了杜注的各个方面，并且对"征引故实"、"引用诸说"、引书的时代、"事义兼晰"等重大原则进行明确界定。如果对比钱注和朱注，可以发现，一个重要方面就是朱氏对钱注随意征引的不满，如征引的汗漫无节制、引杜甫身后之地理书和类书、笺语之发挥殆尽等。《辑注》的这些体例，大致为仇兆鳌《杜诗详注》继承。《详注》"凡例"二十条在杜注体例上达到了登峰造极的地步，但其核心的注释原则，基本上是对《辑注》的发扬光大。这是《辑注》对杜诗学史的另一重要贡献。

《杜诗辑注》是承前启后的注本，也是《杜诗详注》面世前最具集成意义的注本。它体现了深厚的学识、精审的考证，故尤为《详注》所青睐。《详注》在年谱、校勘、地理、典故等方面收录《辑注》的大多数成果，其余也比例不等地加以汲取，共计达千条之多，在旧注考证类条目中独占鳌头，而辩驳只有寥寥数条，充分说明了其价值。《辑注》对后世注家也产生了深远影响，诚如蔡锦芳所说："朱注毕竟是个集大成的善本，它上承总结宋代杜诗学的蔡梦弼《草堂诗笺》，近补别开生面的钱牧斋《杜诗笺注》，下惠博采众说的仇兆鳌《杜诗详注》，远启最精简的杨伦《杜诗镜铨》，使杜诗学史上下贯通，一脉相承，其贡献将昭示千古，永不泯灭！"

# 第十一章　《杜诗辑注》的成书背景

## 第一节　《杜诗辑注》成书的时代背景

### 一　亡国奴、屠杀、薙发令与文字狱

如果比较一下历史上出现"杜诗热"的南宋初年和清初，就可以发现，"杜诗热"与时代特别是民族矛盾的激化息息相关。人们在易代之际诵读杜诗，自与承平年代有不同的情愫。南北宋之交的李纲云："平时读之，未见其工；迨亲更兵火，丧乱之后，诵其诗如出乎其时，犁然有当于人心，然后知其语之妙也。"① 文天祥以杜诗作为抗金被俘身陷囹圄后唯一的精神寄托，曰："凡吾意所欲言者，子美先代为言之。日玩之不置，但觉为吾诗，忘其为子美诗也。"② 历史是何其惊人的相似，南宋的一幕再次在清初上演，只不过入侵的异族从金和蒙古，换成了满族。

清兵在南下的途中，抵抗此起彼伏，杀戮变本加厉，加上汉族人民对薙发的极度抵触，使满族统治者在征服汉人的过程中，始终以暴力为主要手段，血腥野蛮，花了近二十年时间，直到康熙初年才逐渐平定全国。在占领北京后，顺治元年（1644）五月初三日，摄政王多尔衮在给故明内外官民的谕旨中下令："凡投诚官吏军民皆著剃发"，是谓剃发令。汉人的习俗，原本是将头发束在头顶；而满人的习俗，则是在头发中间编成发辫，垂于脑后，周围剃去。强制汉人剃发，改变民族习俗，实质是要在精神上征服汉人，自然引

---

① （宋）李纲：《杜工部集序》，《渔隐丛话后集》卷八，《四库全书》电子版。
② （宋）文天祥：《集杜诗自序》，《文信公集杜诗》卷首，《四库全书》电子版。

起了汉族人民的强烈反对。二十四日，多尔衮鉴于清统治尚未稳固，宣布收回成命，允许汉人照旧束发。清兵攻下扬州，屠城十日，杀人近二十万。顺治二年（1645）六月十五日，多铎统军占领南京，南明弘光朝廷覆亡。南明降臣钱谦益、赵之龙等向多铎献策曰："吴下民风柔弱，飞檄可定，无须用兵。"但清廷在消灭了南明福王政权之后，认为自己的统治已经稳固，再次颁布剃发令。宣布自布告发出后，京城内外军民限十日内剃发，各省军民自部文到日起也限十日内剃发，否则处死。然而"削发令"一下，所谓"民风柔弱"的江南民众的反抗怒火，却在松山、昆山、苏州、嘉兴、绍兴、江阴等地熊熊燃烧，本可望平静占领的江南地区波澜骤起。江阴人民在"头可断，发不可薙"的口号声中坚持抗清八十余日，失败后战死、自杀、被杀者共计十七万二千人。八、九月，嘉定人民三次反抗清军入城，抵抗最为激烈，清军丧心病狂地对嘉定进行了三次屠城，血流成河，妇孺不免，史称"嘉定三屠"。

明末的苏州地区，人民负担极重，阶级矛盾十分尖锐，经过战争的浩劫，生灵涂炭。钱谦益世居的常熟，是苏州的一个属县，也成了清军涂炭的重灾区。顺治二年闰六月初七，常熟下薙发令，严栻领导义军抵抗月余，城失守，清军下令屠城，城内积尸累累。钱谦益半野堂之绛云楼留家人看守，树降旗于门，城内儒生以为大兵必不入降臣之家，竞往藏匿，结果横遭杀戮。钱谦益在变节后又迅即抗清，与其家园的变故和人民遭杀戮之惨烈有直接关系。

顾炎武家居苏州之昆山，他亲历了家乡惨绝人寰的屠杀，所以终生不仕清室，民族义愤特别强烈。顺治二年闰六月十二日，剃发令传至昆山，昆民群情激愤，集众盟誓于关岳庙前，宣布起义。时翰林朱天麟、贡生朱集璜等人及诸生顾炎武、归庄等都参加起义。七月初，清兵大集苏州，巨舰大炮，蔽空东下，起义将领多战死，顾炎武、归庄等趁雨逃脱。清兵入城后屠城三日，顾炎武的三弟缵、四弟绳皆惨死屠刀，生母何氏被砍断一臂，终身残疾。七月十四日，常熟沦陷，炎武嗣母王氏闻讯，毅然绝食，临终告诫炎武"无为异国臣子，无负世世国恩，无忘先祖遗训"，故顾炎武终身不仕清朝。归庄两嫂及子女八人死于城中。昆山沦陷后，昆民尽被剃发，归庄认为这是"变华为夷"，"活不如死"，其《断发》诗云："一旦持剪刀，剪我头半秃"，

"华人变为夷，苟活不如死"，于是僧装亡命，号普明头陀。

朱鹤龄与钱谦益、顾炎武、归庄皆在清初结识，对他们的家恨国愁耳熟能详。除此以外，朱氏的不少师友因抗清或文字狱而相继罹难，他们分别是叶翼云、顾之俊、吴易、黄淳耀、潘柽章等。黄淳耀是带领嘉定人民抵抗清朝薙发令而献身的英雄。黄淳耀（1605—1645），字蕴生，号陶庵。崇祯十六年（1643）进士。顺治二年（1645）七月，清军进攻嘉定，嘉定市民推举黄淳耀、黄渊耀兄弟主持城防。然寡不敌众，数日城破，二人自缢于僧舍。朱鹤龄对黄淳耀之死十分悲痛，歌颂他说："呜呼江夏英，磊落青云器。持此岁寒心，慷慨赴明义。晶荧练水滨，碧血照天地。"

在对汉人进行肉体消灭的同时，清朝也在思想方面力图钳制汉族知识分子的反抗意识，文字狱就是其中极端的手段。潘柽章精于史事，《明史记》撰述数年后，已成十之六七，而南浔庄廷鑨《明史》案起。庄廷鑨，乃湖州富室，因双目失明，遂仿左丘明著史之例，出资邀集学者纂成《明史辑略》，于顺治十一年刊刻。因其中多有"忌讳语"，为吴之荣告发，七十余人被杀，牵连入狱者达三千余人。潘柽章与吴炎因列名庄书之参订，俱遭牵连，乃于康熙二年五月二十六日，同磔于杭州弼教坊。

许多清初的杜诗注家或学杜者，都有血泪斑斑的痛史。《说杜》的作者申涵光，父为明太仆寺丞佳胤，甲申京师破，佳胤殉国难，涵光痛绝复苏。因渡江而南，谒陈子龙、夏允彝、徐石麟诸名宿，为父志传。归里，事亲课弟，足迹绝城市。诗歌吞吐众流，纳之炉冶。一以少陵为宗。《杜诗编年》作者李长祥，也是朱鹤龄的好友，曾于上虞之东山结寨抗清，故每借注评杜诗，一抒胸中块垒，郁郁不平之气跃然纸上。王嗣奭明亡后守志不屈，顺治二年《杜臆》完稿，年已八十的他说："吾以此为薇，不畏饿也。"又作诗说："心血未枯凝作碧，鬈毛虽短保如珍"，表达了对薙发令的蔑视。

## 二　华夷之辨、气节与学杜

满清统治者在入关后的大肆屠杀，激起了汉族人民的激烈抵抗，特别是"薙发令"的颁布，知识界掀起了华夷之辩和关于民族气节的讨论，对异族入侵者的痛恨溢于言表。顾炎武《日知录》卷十九《文辞欺人》对谢灵运、王维的指责恐怕是历史上最为苛刻的，说：

> 古来以文辞欺人者，莫若谢灵运，次则王维。灵运身为元勋之后，袭封国公。宋氏革命，不能与徐广、陶潜为林泉之侣。既为宋臣，又与庐陵王义真款密。……王维为给事中，安禄山陷两都，拘于普施寺，迫以伪署。……而文墨交游之士多护王维，如杜甫谓之"高人王右丞"，天下有高人而仕贼者乎？今有颠沛之余，投身异姓，至摈斥不容，而后发为忠愤之论，与夫名污伪籍而自托乃心，比于康乐、右丞之辈，吾见其愈下矣。

分明是借杜诗痛斥明清之际变节仕贼之徒如钱谦益者。朱鹤龄《扬雄论》曰：

> 余尝考其生平，凡三变焉。当成帝时，赋甘泉，陈羽猎，则词章之士也；及哀、平间，甘落拓，草《太玄》，则经术之儒也；迫乎腼颜事莽，浮湛天禄，则又与甄丰、王舜为徒者也。……然则雄何以刺谬若此？余曰：雄，伪儒也。所云清静寂寞，皆求以成名，而非真有得于内者也。①

历史上对扬雄、谢灵运和王维等人的评价，一般因为其儒学或诗歌的名望，很少如此苛求，但在清初特殊的背景下，民族气节受到无以复加的重视，所以遗民们不仅以气节相砥砺，也重新审视历史名人，对他们在易代之际或危难时刻的表现予以特别关注。这种月旦人物的新视角，对清初的知识分子也产生了极大影响。徐枋门人潘耒耐不住名利引诱，应博学鸿儒考试，被授官后来见老师，徐枋拒不接见。潘耒在门外跪了三天，才让他进门。潘耒送上一方砚台，他也不接受，潘耒哭着请老师收下，徐枋叫人把砚台悬挂在梁上，表示不用。朱鹤龄在《赠徐处士序》中赞其为"真名士"。

---

① 《愚庵小集》卷十一，河北大学出版社 2009 年版，第 224 页。

满清统治者在中原大地的残酷暴行，激发了汉族知识分子炽热的民族情怀，他们通过注杜、学杜、集杜的方式来寄托对故国亲友的怀念。在《愚庵小集》中，以杜诗来评价和衡量诗歌，成为最普遍也最高的标准，如朱鹤龄赞美清初著名的遗民诗人余怀，说："诵君长句气莫当，少陵野老堪颉颃"；说史玄的诗在明末"初值锺、谭主盟，相率为凄声促节，未能自振于古"；但在遭遇国变后，"全法少陵格律日进"；说汪文柏的诗"其光气熊熊然，其音节渊渊然，其兴会标举又复轩轩然、浩浩然"，是因为"杼轴本之少陵"；称颂吴季重的诗"筋力成就都得之少陵，而吊故宫之禾黍，感仙仗于崆峒，实从深情至性激射而出，故能使读之者凄然怃然，留连往复而不能自已"；赞徐白"平时手少陵集不置"，赞河北诗人周体观"杜陵千首能同读，载酒还期共析疑"等。这些评价，从渊源到风格，均以杜诗为圭臬，说明清初学者文人在经历明末的轻狂放诞和故国的板荡沦陷后，自觉地崇杜、学杜，走上了以复古为革新的道路。

朱鹤龄是清初遗民学者中学杜较早且深得精髓的诗人，这从《愚庵小集》所收录的大量同时文人学者的评论中即可看出。如卷二《笮在禅兄过我荒斋及山夫赵砥之继至谈咏竟日率尔成篇》，毛奇龄评曰："疏疏浩浩，顿挫自老，此种格韵仍从少陵得来。"卷三《赠陆凤华》，徐白评曰："语有关系，高岸崎嵌，全得少陵气骨。"《潘江如游闽过别托访何玄子叶敬甫诸公事迹》，徐白曰："七古之妙，全在音节顿挫，此作兼有青莲、少陵之长。"卷四《宝华山房杂诗四首》，周安曰："厚而能秀，大约脱胎杜陵，兼以刘文房之风致。"《园居杂诗八首》，孙宇台曰："从老杜得手，此更转入幽秀。"卷五《赠侯大将军》，计东评曰："雄浑有气，概得老杜之一鳞片甲。"《遣兴二首》，张拱乾评曰："沈郁悲凉，不使人一望知为学杜，乃深于杜者也。"《读梅村永和宫词有感作》，黄心甫曰："老杜'未闻夏殷衰，中自诛褒妲'，昔人以为格意俱高，迥出乐天、梦得之上，余于此诗亦云。"朱氏是自觉学杜的，他的许多典故在杜诗中可以找到源头，而有些化用杜诗的诗句，朱氏径直以"自注"的方式标示出来，如卷五《寄徐昭法二首》其二有"稻粱那得縻黄鹄，莫怪长饥化白鼋"句，自注曰："杜诗'黄鹄高于五尺童，化为白鼋似老翁'。"说明此句化用杜诗《白鼋行》首句"君不见黄鹄高于五尺童，化为白凫似老翁"，《杜诗辑注》注曰："黄鹄化为白凫，不能飞举矣，犹五尺童化为老翁，不复少壮矣。此自伤衰暮之语。"此句活用杜诗而自出新意，上句称赞徐枋高风亮节，下句赞其穷且弥坚，语气戏谑而悲酸，充分证明了朱鹤龄对杜诗的熟稔及学杜造诣。《菊花》"甘馨露下含芳淡，疏放灯前取影清"，自注曰："杜诗'菊蕊凄疏放'。"颇得杜诗神韵。有的自注直接或间接反映了遗民崇杜的情形，如《莼羹诗同天章山夫作》："杜陵夸锦带，谁解觅江滨"，自注曰："杜诗'香间锦带羹'，《本草》：'莼，一名水葵，或名锦带。'宋人注以为锦带花，误也。时与天章论杜，因及之。"遗民学者之间通过学杜、论杜的方式，不仅探讨学术，也在气节上互相砥砺。《赠九临》"独倚楼中眺望新"，注曰："张居'独倚楼'，取杜诗'行藏独倚楼'为名。"张拱乾（字九临）以杜诗命名所居之室，也是以杜甫炽热的爱国情怀自我勉励和自期。

## 三 再望"灵武回辕"

同许多抗清志士一样，朱鹤龄始终秉持反清复明的理想。晚年《传家质言》中明确说自己的注杜直接源于复明的希望："当变革时，惟手录杜诗过日，每兴感灵武回辕之举，故为之笺解，遂至终帙。"又在《愚谷诗稿序》中说"吾尝谓少陵，当时若无灵武回銮之事，其诗不知作何悲咽"，表达对明代复兴的期望。对于唐肃宗即位，他表达了鲜明的支持态度，曰：

> 《春秋》之法，国君即位不以正，则不书。后世统绪不明，儒者自当引经而断，然事势处于不获已，又当有变通之论，权衡其间。唐肃宗即位灵武，范氏祖禹以叛父罪之。吾尝详考其实，肃宗非叛父也，事势盖有不得不然者。
>
> 何以明之？西京倾陷，天子西奔，中原故地率非唐有，斯时讨贼之任专责太子，中兴之望咸归太子，父老之遮留既切，群臣之劝进又坚，肃宗即避尊位，人情其能已乎？史称玄宗次马嵬，宣旨欲传位太子，太子号泣不受，然则灵武即位，本遵马嵬之成命耳。当宣旨时，设有深识远见者从旁力赞，则父子之间传袭甚正，惜扈从诸人仓卒不及此，而非肃宗之罪

也。灵武距成都不下万里，山谷崎岖，奏请道绝，军机进止，立断斯须。抚军监国之号，非所施于此日，又况所控御者，西北诸胡；所制置者，李、郭、仆固诸大帅；所驱策者，关内思归之将士。不居尊位以临之，则威命不行；威命不行，则众心离沮。虽欲建兴复之业，将谁与共功乎？

迨夫即位之后，亲总元戎，制命诸将，二京克复，九庙不移。迎上皇居兴庆，累表请避位东宫，不许，而后受之。肃宗于人子之道，未为失也。元结《中兴颂》所云"太子即位"，亦据事直书，岂有讥乎？夫天子之孝，以安国家、定祸难为大耳。苟能安国家、定祸难，虽冒不韪之名，君子犹将恕之，况马嵬又命之于先乎？吾故曰：肃宗之即位，事势盖有不得不然者，不当以是为深罪也。①

贯穿这篇史论的一个主题思想，就是极力赞成肃宗的灵武即位，对以宋代史学家范祖禹为代表的不识大体的无妄非议，表示了鲜明的反对态度。这个态度其实与清初激烈的政治斗争形势密切相关，虽然明祚岌岌可危，但遗民们希望王室后裔明确树立抗清旗帜，收拾人心，起到一呼百应的政治效果，进而为全国的武装斗争指明方向。朱氏的观点，尽管是在与钱谦益注杜时的学术分歧，但在遗民界有很大的代表性，如计东就此评论说：

《宋史·李纲传》云："金人渝盟，议以太子监国。"纲曰："肃宗灵武之事，不建号不足以复邦，而建号不出于明皇，至今惜之。"又云："大敌入攻，安危存亡在呼吸间，此时犹守监国常礼，可乎？"读伯纪数语，正可与此论相发明。②

可见人同此心。这种观点也反映在《杜诗辑注》中，如《塞芦子》注解曰：

灵武为兴复根本，公恐二寇乘虚入之，故欲以万人守芦关，牵制二

① 《唐肃宗论》，《愚庵小集》，华东师范大学出版社 2010 年版，第 228 页。
② 《唐肃宗论》附评，《愚庵小集》，华东师范大学出版社 2010 年版，第 230 页。

寇，使不得北。……时太原几不守，幸禄山死，思明走归范阳，势甚岌岌，公故深以为虑也。

《收京三首》其二注解道：

上皇还京，临轩策命，肃宗亲着黄袍，手授国宝，其慈亦至矣。肃宗之失，不在灵武即位之举，而在还京后使良娣、辅国得媒孽其间，以致劫迁西内，子道不终。公于此时若深有见于其微者，曰"忆帝尧"，欲其笃于晨昏之恋也；"沾洒青霄"，其所以望肃宗者，岂不深且厚耶。

注解《洗兵马》，引《杜诗博议》曰：

按史，肃宗即位，下制曰："复宗庙于函雒，迎上皇于巴蜀，导鸾舆而反正，朝寝门以问安，朕愿毕矣。"上皇至自蜀，肃宗请归东宫，不许。此诗"鸡鸣问寝"即用诏中语也。"鹤驾龙楼"，望其能修人子之礼也。灵武即位，本非得已，洪容斋所谓"收复两京，非居尊位，不足以制命诸将"也。其听李辅国谗间，乃上元年间事，公安得逆料而讥之？容斋又引颜鲁公《请立放生池表》云："一日三朝，大明天子之孝；问安视膳，不改家人之礼。东坡以为知肃宗有愧于是也。"此表乃移仗后所上，不当援之以证此诗也。

注解《有感五首》其四，曰：

蔡宽夫《诗话》引司空图《房太尉》诗云"物理倾心久，凶渠破胆频"，注："禄山初见诸王分镇诏书，拊膺叹曰：'吾不得天下矣！'"按：图去公时近，其言应不妄。此诏本草自房琯，肃宗入贺兰进明之谮，贬之。至广德初，河北诸镇跋扈不臣，公故追叹当时不行琯议，有失强干弱支之道也。肃宗收两京，以广平王为元帅，所谓"授钺亲贤"也。玄宗传位肃宗，故以禹之"卑宫"拟之，与《壮游》诗"禹功亦命子"同意。玄宗至成都，即诏以皇太子充天下兵马元帅。讨贼已遂，遣使灵武册命，所谓"卑宫制诏"也，言此二者皆国家大计所在。然使能法古封建，分镇诸王，则坐听箫韶，有不难者，岂止无不臣之萌已耶。又按：公每持亲王出镇之议，于《巴蜀安危表》极言之，《荆南述怀》诗亦云："盘石圭多剪。"然唐史载上皇以诸王分镇，高适切谏不可；又刘晏移书房琯，谓今诸王出深宫，一旦望桓文功不可得。其论又与公相抵悟。岂各有见耶？①

这里对杜甫之意的深刻同情，隐约反映了清初的形势，均反映了清初遗民对明室"灵武回辕"、再造中兴的希望。

# 第二节　《杜诗辑注》成书的地域背景

江浙是清初注杜的热点地区，清初的钱注、朱注及仇注均产生于此，这与该地区人文荟萃和藏书丰富密不可分。

江南地区在唐代中叶之后，政治、经济、文化的重要性日益突出，明、清以来，赋税几占全国的一半，有所谓"江南熟，天下足"的说法，就充分说明了江南地区经济的发达。同时市民阶层的发育，促进了文化事业的发展，《四库全书》所著录的明、清时期古籍，江南也几乎占了一半。

以朱鹤龄所在的吴江为例。吴江处于苏州东南，历来是人文荟萃之地。南朝顾野王《玉篇》是现存最早的吴江学者著作，唐代陆龟蒙《松陵集》、《笠泽丛书》是吴江现存最早的文集。清初徐釚《词苑丛谈》是中国历史上第一部大型词学理论资料著作。"四库全书系列"（即《四库全书》、《四库存目丛书》、《四库禁毁丛书》、《四库未刊丛书》等）共录吴江学者45名。文渊阁本《四库全书》共收录3460种古籍，存目6793种，其中吴江学者所著收录39种，存目41种，禁毁9种。可以看出，吴江确是一个人文荟萃的文化重镇，在明、清时期占有重要的地位，这与民间普遍重视文学经史的风气

---

① 以上4例，分别见《杜工部诗集辑注》，河北大学出版社2009年版，第117、154、185、413页。

有密切关系。

吴江的家族文学传统渊源甚深，尤以吴、叶、沈等大族为著。

吴氏人才辈出，像朱鹤龄的同学吴易，因抗清遇害，但早年即才华横溢的才子。与朱鹤龄同时参加"惊隐"诗社的，以吴氏最众，吴珂、宗潜、宗汉、宗泌、芳宗沛、炎、寀、在瑜、南杓、嘉楠等叔侄，皆博学能文、气节自守者，对三吴学风颇有影响，其中叔辈以吴宗汉最有名，侄辈以吴炎最著名。又朱氏好友吴兆宽、兆宫、兆骞、兆宜兄弟，号称"延陵四君子"或"吴四君"。兆骞少有才名，与彭师度、陈维崧有"江左三凤凰"之号。兆宜尝注徐孝穆、庾子山二集，又注《玉台新咏》、《才调集》及韩偓诗集。

吴江诗人叶绍袁，夫人沈宜修也是明末著名词人，工山水，事姑以孝，佐肴之余，唯事楮墨，有画山水扇并自题诗。他们三个女儿，分别是叶小鸾、叶纨纨和叶小纨，她们都才貌双全，驰名乡里，号称"一门四秀"。有明一代，妇女长于文学之佼佼者，首推吴江叶氏，一门联珠，唱和自娱。而叶、沈两门大家族形成的壮观文学群落中，更以闺秀诗人居多。《午梦堂全集》便是叶绍袁于崇祯九年（1636）为其妻女等人精心编辑的一部诗文合集，包括叶绍袁夫人及其子女的诗词集七种。

吴江沈氏也是明清时期一个颇有声望的文化世家，不仅男性成员成绩卓著，女性也在文学上取得了长足的进步，先后有二十七位女性作家有诗词及戏曲作品流传，这同其家族的女性文学意识密切相关。沈氏则自明弘治、嘉靖年间以文知名，直至清光绪初年，历四百年，有文学家十二代，凡一百三十九人，并于乾隆年间刊刻《吴江沈氏诗集录》，汇集了沈氏一门九十一位诗人的近千首作品。清代著名文学家尤侗誉之"吴兴骚雅，领袖江南"。叶氏以诗词享誉，沈氏则曲学称雄，先后有沈璟、沈自晋两代曲坛领袖，创立了明代著名的"吴江派"戏剧，此外还产生了沈自征、沈自昌、沈永令、沈永乔、沈永隆等多位戏剧家，备受世人瞩目。

明末清初的吴江文史盛况，只是其时江南地区的一个缩影，其他如苏州的昆山、常熟，浙江的嘉兴、鄞县，也是如此。正是在这种崇尚文化修养的浓厚氛围中，朱鹤龄自幼就受到了良好的教育，《传家质言》说自幼喜爱"古文辞"，"有著书立名之志，先君亦时购四部书助余游猎"，应该与这种风气有关。

另外，江南悠久的藏书传统也是重要因素。笺注杜诗需要大量古籍，而江南地区历来有收藏古籍的传统，为笺注提供了良好的资料保障。许多杜诗学者同时又是著名的藏书家，钱谦益、朱彝尊、顾宸等均有丰富的藏书。如钱谦益的藏书"几埒内府"，绛云楼所藏吴若本是难得一见的宋本，钱氏正是以此为底本，完成了对杜诗的笺注。朱鹤龄《杜诗辑注》得以顺利完成，也与钱氏藏书之助密不可分。而帮助钱谦益完成最终笺注和刊刻的钱曾、季振宜也是清初有名的藏书家。朱彝尊有藏书八万余卷，所藏宋、元人文集极富，著有《潜采堂书目》。顾宸著有《辟疆园杜诗注解》十七卷，该注引证多达三百余种，其中有不少宋本。曾补辑宋文三十卷，皆吕祖谦《宋文鉴》所未及。《杜诗注解》中引用许多现已不见诸家著录之书，甚有文献价值。朱鹤龄笺注杜诗，除了向当时藏书家借阅之外，自己也留意收集，到了晚年，藏书已初具规模。吴江学者吴祖修《赠朱长孺先生》诗中就说"邺侯架万卷，触手皆丹黄"①，用唐代著名藏书家李泌的典故来赞美其藏书之丰富，这在当时学者中还是具有代表性的。

## 第三节 《杜诗辑注》成书的学术背景

### 一 返经汲古、经世致用的学术潮流

近人谢国桢在《明末清初的学风》一书中说：

> 明末清初的学者，有先秦诸子百家争鸣的风格，有东汉党锢坚贞的气节，摆在历史的进程上，有并驾齐驱的局势，承前启后推陈出新的作用，从明清以来封建社会黑暗的统治中，在人民群众的思想和舆论上又发出光彩，可以说是在吾国历史上的文艺复兴时期，开了灿烂的花朵。②

的确，这是一个新旧更迭的特殊时期，黑暗与光明并存，杀戮和激情同

---

① （清）吴祖修：《柳塘诗集》卷三，《四库全书存目丛书》第262册。
② 谢国桢：《明末清初的学风》，人民出版社1982年版，第1页。

在，文字狱与希望共容。在这个特殊的历史阶段中，产生了对近代历史有巨大影响的许多思想家、哲学家、文学家，促进了中国传统文化的全面复兴。朱鹤龄的《杜诗辑注》就是在这个历史背景中诞生的。朱氏前半生致力于科举，后半生致力于诗集及儒家经典的笺注，其学术轨迹的变化，还得从此时的社会背景中探寻答案。明末至清康熙初的二十多年，正是明、清五百多年最混乱的时期。朱鹤龄出生后不久，相继爆发了一系列的历史大事件，魏阉专权，东林学潮，李自成起义，明朝灭亡，满清入主中原。短短的一二十年，社会急剧变迁，接踵而至的民生凋敝、战乱频仍，又使广大的中原和江南地区陷入了空前的危机之中。自万历末期兴起的经世思潮，至清顺治、康熙年间而空前高涨。学界的有识之士，为时代的风云所激荡，纷然而起，为完成挽救社会危机的时代课题，大声疾呼，群策群力，喊出了"天下兴亡，匹夫有责"的时代强音。顺治年间，遗民或学者主要从事或明或暗的抗清斗争，顾炎武潜行南北，考察地理形势，励志反清；黄宗羲组织子弟兵，直接参加了反清复明的激烈斗争；王夫之在南岳策划起义，企图配合南明政权的抵抗；钱谦益以红豆山庄为掩护，秘密联络海上义军，暗通声气。他们的斗争直到康熙即位之初才渐渐消歇。这些清初的启蒙大师和学者在山河巨变之际，以实际行动进行救亡复国的抗争。

这是一个反思的年代。明末清初天崩地裂的形势促使学界对明代灭亡的根源进行了彻底反思，顾炎武、黄宗羲、王夫之、唐甄等人把批判的矛头指向了最高统治者，对封建专制和封建皇权给予了猛烈抨击。如顾炎武以总结明亡的历史教训为出发点，认为明末"神州荡覆，宗社丘墟"正是王门后学空谈误国的恶果。他说：

> 不习六艺之文，不考百王之典，不综当代之务，举夫子论学、论政之大端一切不问，而曰一贯，曰无言。以明心见性之空言，代修己知人之实学，股肱惰而万事荒，爪牙亡而四国乱。

对晚明心学追根溯源，将之与魏晋清谈相提并论，痛斥其罪"深于桀纣"。在《日知录》中说：

以一人而易天下，其流风至于百有余年之久者，古有之矣。王夷甫之清谈，王介甫之新说，其在于今，则王伯安之"良知"是也。自注：《宋史》：林之奇言，昔人以王、何清谈之罪，甚于桀纣。本朝靖康祸乱，考其端倪，王氏实负王。何之责。①

呼吁人们鄙弃俗学，回归六经，务本原之学。黄宗羲讲学，反对明人"抄袭语录之糟粕，不以六经为根柢"的恶习，要求受业者必先穷经，兼读史书，主张"经术所以经世"。他在《明夷待访录》中指出，在"天下"与"君"的关系中，应"以天下为主，君为客"；在君臣关系中，君臣均应是为天下"办事"的人，臣子出仕是"为天下，非为君也；为万民，非为一姓也"。而晚明的社会却是"以君为主，以天下为客"，君王"以天下之利尽归于己"。王夫之著《读通鉴论》，希望通过对历代统治者特别是明代成败得失的总结，为民族复兴提供理论依据。他强调"言必有征"，重视西方近代科技，力主知行统一。而钱谦益早年即与东林人士交往密切，后又被视为复社党魁，其经世致用的思想在明亡之前即已形成。明亡后，对宋学及王学流弊认识更为深切。他说宋人治学，"扫除章句，而胥归于身心性命"，流风所及，使"近代儒者，遂以讲道为能事，其言学愈精，其言知性知天愈眇，而穷究其旨归，则或未必如章句之学有表可循而有坊可止也"。又提倡"反经"，说：

六经之学，渊源于两汉，大备于唐宋之初，其固而失通，繁而寡要，诚亦有之。然其训故皆原本先民，而微言大义去圣贤之门犹未远也。学者之治经也，必以汉人为宗主，如杜预所谓原始要终。②

经学之熄也，降而为经义；道学之偷也，流而为俗学。轻材小儒，敢于嗤点六经，訾毁三传，学术蛊坏，世道偏颇。……孟子曰：我亦欲正人心，君子返经而已矣。诚欲正人心，必自返经始；诚欲返经，必自正经始。③

---

① 以上2例，分别见《日知录》卷七、卷十八。
② 《与卓去病论经学书》，《钱牧斋全集》第3册，上海古籍出版社2003年版，第1706页。
③ 《新刻十三经注疏序》，《钱牧斋全集》第2册，上海古籍出版社2003年版，第850页。

这些观点在清初产生重要影响，也标志着时代思潮的大转折。

朱鹤龄是最早参与这场大讨论的学者之一。他的经学始终强调的一个观点，就是返经汲古、通经致用：

> 夫宋儒诠理诚得不传之学，若夫笺解名物，训诂事类，必以近古者为得其真，今也专奉四大儒为祖祢，而孔、毛、马、郑十数公尽举而挑毁之，何怪乎通经致用者之世罕其人乎？①

与顾、王、黄等著名学者一样，朱鹤龄的经世致用的治学思想，也是在时代变迁的背景下对明代学术进行认真反思后的结果。他的《尚书埤传》"务求为今适用之学"，《诗经通义》对宋元明以来"制举之家专宗朱《传》，故《诗序》久置不讲，并宋元诸儒之说皆无由而见"的现象表示不满，《禹贡长笺序》"慨然慕古宽平休息"，"求为通今适用之学"。可见经世致用的思想，既是朱鹤龄的经学理念，也是明清之际普遍的学术追求。他在回顾《尚书》在明代的传授历史时说：

> ……又其后制科专取蔡氏，而《大全》亦庋高阁。白首穷经，仍讹踵陋。读《禹贡》者，河渠迁改，眩若追风；陈《洪范》者，九数相乘，迷如辨雾。此以攻经生章句，犹隔重山，况望其酌古准今、坐而论作，而行卓然称有用之儒哉？余窃用憨叹，此《埤传》之所由作也。记曰，疏通知远而不诬，书教也。夫推之时务而有宜有不宜，不可谓通；试之异代而或验或不验，不可谓远。

明确反对经生为了科举而忘记国计民生。最后说：

> 余之辑是书也，主诂义而兼及史家，胪群疑而断以臆说，务求为今适用之学，庶几孔堂之金石丝竹，不尽至于销沉磨灭云尔。②

---

① 《寄徐太史健庵论经学书》，《愚庵小集》卷十，华东师范大学出版社 2010 年版，第 218 页。
② 《尚书埤传序》，《愚庵小集》卷七，华东师范大学出版社 2010 年版，第 135 页。

其《禹贡长笺序》再次称引"疏通知远"之义，说：

> 逖览史籍，凡职方、地理、河渠、田赋诸书，其文皆祖《禹贡》。盖经国鸿规，莫备于此，后之人以为文焉而已。……兵燹余生，屏居无事，爰取注疏大全与百氏之说，条贯而衷断之。大约体宗诂训，而旁及史家，求为通今适用之学。①

对历代学者视《禹贡》仅为具文表示不满，说此书的宗旨是"通今适用"，明确表达了返经汲古、通经致用的著述目的。

朱鹤龄以经学名家，关于其成就，同时期的学人已有口皆碑，王光承称赞曰：

> 长孺屏处以来，道行弥高，著述弥富。四始七观，标其质的，山经地志，博其网罗。以至砭诗始之伪解，发西昆之隐覆。四方之闻而慕之者，无不仰为儒英，推为学海。②

学者计东亦曰：

> 长孺朱先生覃精训诂之学，所撰《毛诗通义》、《尚书稗传》、《禹贡长笺》诸书，皆羽翼经传，有功儒先。……先生孤生奋起，前不必有所承，后不必有所继，同时不必有所推挽，独以其贯穿六籍，折中百氏者，卓然楮柱于群疑众撼之日。③

学者吴祖修赞其经史之学曰：

> 论诗鄙夹漈，小序尊卜商。冢尺定钟律，厥功良难忘。典谟藏鲁壁，

---

① 《禹贡长笺原序》，《四库全书》电子版。
② 《朱长孺文集序》，《愚庵小集》附录，华东师范大学出版社 2010 年版，第 337 页。
③ 《愚庵小集序》，《愚庵小集》附录，华东师范大学出版社 2010 年版，第 338 页。

丝竹响孔堂。……老抱杜预癖,史学开榛荒。庶几宣圣道,因之而大昌。炳然如日星,中天吐光芒。①

《四库全书总目提要》对朱氏所著诸经书评价甚高,称其"学问淹博","兼采汉宋","荟萃众长,断以己意"。《诗》类总序曰:

> 朱鹤龄《毛诗通义序》又举《宛丘》篇《序》首句与《毛传》异词,其说皆足为《小序》首句原在毛前之明证。

这里的"序",是指《毛诗》"小序"。《毛诗》"小序"首句之后为汉人所加,原非古人之旧,而《毛诗》汉学以"小序"为宗,乾嘉学者复兴汉学,以为"小序"不可废。四库馆臣以此驳斥宋学废序之妄,可见朱氏实为乾嘉之学的先驱者之一。民国学者支伟成著《清代朴学大师列传》,分门别类,共二十五卷,收录达千人。首卷"清代朴学先导大师"共收顾炎武、黄宗羲、王夫之等十九人,朱鹤龄亦在其中。章太炎对支氏初作第一卷"先导大师列传"之取舍甚不满,力主增加朱鹤龄等,而摒除毛奇龄,曰:

> 原书"先导大师"一类,列顾、黄、王、颜、阎诸公于前,其实非只此也。如朱鹤龄、陈启源于《诗》独尊毛、郑,帚徽国《集传》之芜,其功不在阎百诗之下。黄生研精小学,与专求篆隶、审正形体者不同。——此数人者,或与百诗同时,或稍在前,其名不如百诗之广,其实则未必有谦,似宜并著先导传中。……如以朱、陈、黄等不可称大师,则一切皆称先导者宿可也。②

今该书采纳章氏意见修订,可视为今人对朱鹤龄经学地位的论定。

---

① (清)吴祖修:《赠朱长孺先生》,《柳塘诗集》卷三,《四库全书存目丛书》第262册。
② 章太炎:《序》,支伟成《清代朴学大师列传》卷首,岳麓书社1986年版。

## 二 广泛而密切的学术交流

清初杜诗注本质量较高的一个重要原因，就在于广泛而密切的学术交流。宋代具有代表性的黄鹤《补注杜诗》，对于三十年前的郭知达《九家集注杜诗》和十二年前的蔡梦弼《草堂诗笺》，竟然无一字征引，主要因素就是注家之间缺乏交流所致。而这种情况在清初的杜诗注家中不复存在。首先是因为江南地区的学者文人在明末就有交友结社的传统，杜诗注家大多在明亡之前就曾结识。其次是一些抗清志士如顾炎武、屈大均、傅山、李长祥等，立志恢复，于大江南北遍结同志，互通消息，客观上促进了学术的交流。

清初的杜诗注本一般都有许多学者参与，不少注本均列有当时著名学者的姓名，列名者未必皆参与实际的审阅工作，注家请其挂名，主要还是利用"名人效应"以扩大影响，但从侧面也可看出，清初学者以及杜诗注家的交往是很密切的。一些著名的学者出现在不同的杜诗注本中，或列入参订者名单，或亲自为之作序，因此即使注家之间并不相识，我们也能借着这些著名学者，编织一张清初杜诗注本的网络。如顾宸著有《辟疆园杜诗注解》，他是与朱鹤龄同时且相距甚近的无锡人，但二人并不认识。《辟疆园杜诗注解》有严沆的序，卷中又有王士禛、钱陆灿的评点。这三人，前二者列入《杜诗辑注》的参订者，后者是朱氏的熟人。张潽是直隶磁州（今河北磁县）人，顺治九年（1652）进士及第，著有《读书堂杜工部诗集注解》二十卷和《杜工部文集注解》。其与朱鹤龄南北暌隔，地位悬殊，自然陌生。但其注本有著名学者阎若璩之序，朱鹤龄虽与阎氏从未交往，但从顾炎武口中得知其名，应在意料之中。陈式是桐城人，著有《问斋杜意》，与朱鹤龄亦不相识。该书有康熙二十一年（1682）刻本，距《杜诗辑注》出版已有十二年，《问斋杜意》有徐秉义之序，而徐氏为朱鹤龄好友顾炎武外甥，与朱氏有过唱酬，亦列名《杜诗辑注》"同郡参订姓氏"的名单。张远，萧山（今属浙江）人，所著《杜诗会粹》成书于康熙四十四年（1705），其时朱氏去世已三十多年。但为该书作序的王掞，乃是朱鹤龄旧识；该书"较阅姓氏"表中列有蒋埴、吴懋谦，这二人也是《杜诗辑注》的参订者。周篆（1642—1706），青浦人，著有《杜工部诗集集解》四十卷，与朱鹤龄亦不熟识。但周篆为顾炎武弟子，则两人应该彼此耳闻姓名。不难发现，清初杜诗注家的密切交流和相互影响，是超越任何时代的，这是清代杜注高质量的重要因素。

许多列名杜诗注本的学者，本身也是亲自注杜的，朱鹤龄的《杜诗辑注》，正是集中清初杜诗注家最众的代表。朱鹤龄曾与钱谦益共同注杜达八年之久，注文大量引录"钱笺"，最能体现清初注家集思广益的特点。除此之外，是书各卷前均列参订者二人，各卷均不同，共四十余人，中多名流大家。卷末又附有"同郡参订姓氏"一表，列有二百人的大名单，皆苏州著名学者和文人。连上所及，共计二百四十余人，其中有不少是清初注杜的名家，与朱鹤龄有过或密或疏的交往。如：

1. 李实。著有《蜀语》一书，多涉及杜诗名物，《杜诗辑注》屡引。

2. 李长祥。曾与杨大鲲合著《杜诗编年》十八卷。朱鹤龄《愚庵小集》有《与李太史论杜注书》，当即其人。《杜诗编年》刻于康熙初年，重在杜诗立意，而不斤斤于词章训诂，虽略有笺释，仅说明大意而已，与历代注杜风格迥然不同。评语触及当时忌讳处，不一而足，时见不平之怒骂。仇兆鳌《杜诗详注》于"凡例"中伪称"李长祚"，殆故意示人以破绽。《杜诗镜铨》亦多有引录。

3. 徐树丕。有《杜诗执鞭录》十七卷。该书已佚，从该书所附"松陵朱鹤龄长孺《秋日读书寓园成杜诗辨注述怀一百韵》"来看，两人曾有密切交流。

4. 申涵光。有《说杜》一卷，成书于康熙六年（1667），为苏州刻本。申涵光在明亡后流寓江南苏州等地，朱鹤龄当在此时与之结识。《说杜》后来散佚，但对《杜诗详注》、张溍《读书堂杜诗注解》、杨伦《杜诗镜铨》等均有一定影响。今河北大学孙微博士据韩菼批校《钱笺杜诗》及《杜诗详注》，辑录88题近一百首，大致恢复旧观。

5. 王世禛。其门人张宗柟从王氏《精华录》、《香祖笔记》、《分甘馀话》、《池北偶谈》中辑有《带经堂评杜》一卷。又有《点定杜工部诗集》二十卷。

6. 王士禄。乾隆时张甄陶据其手批本汇成《集评》一书，杨伦、卢坤竞相转引，遂为世所重。

7. 汪琬。有《批杜工部集》，据周采泉《杜集书录》介绍，现藏西南图书馆。

还有部分学者，虽未列名《杜诗辑注》之中，但也是朱氏好友中崇杜、学杜乃至注杜者。

1. 顾炎武。《日知录》卷二七有《杜子美诗注》近四十条，涉及杜诗出处、典故、名物和诗旨，《杜诗辑注》录有八条。

2. 潘柽章。潘氏因"明史案"被诛，故所著《杜诗博议》不久散佚，《杜诗辑注》录有三十八条，《杜诗详注》又皆从《杜诗辑注》中转引。钮琇《觚賸》卷一"力田遗诗"条载：

> 潘柽章著述甚富，悉于被系时遗亡。间有留之故人家者，因其雁法甚酷，辄废匿之。如《杜诗博议》一书，引据考证，纠讹辟舛，可谓少陵功臣。朱长孺笺诗，多所采取，竟讳而不著其姓氏矣。余幼从学吴南村夫子时，曾录其古近体诗数篇，留散箧中，今检而存之，并著《博议》所自，以俟能表章者。①

钮氏为其鸣不平，隐斥朱鹤龄埋没姓氏，暗存剽窃之意。对此，陈寅恪先生指出：

> 长孺袭用力田之语，而不著其名，不知所指何条。但长孺康熙间刻《杜诗辑注》时，牧斋尚非清廷之罪人，故其注中引用牧斋之语，可不避忌。至若柽章，则先以预于庄氏史案，为清廷所杀害，其引潘说，而不著其名，盖有所不得已。玉樵之说未免太苛而适合当时之情事也。②

实际情况确实如此，柽章之弟潘耒早就针对当时人谣传朱鹤龄剽窃潘柽章著作一事进行过辩解：

---

① （清）钮琇：《觚賸》卷一，上海古籍出版社1986年版。
② 陈寅恪：《柳如是别传》，生活·读书·新知三联书店2001年版，第1028页。

……既乃嫁过于朱先生鹤龄，谓朱实袭潘之书，已乃袭朱，初不袭潘。夫朱先生与亡兄交最厚，其自著书颇多，何至掩取亡兄之书？纵有所援引，亦明言本诸潘氏，凡考订论赞，皆言潘某云云。新志何所见，而悉以潘之说而为朱之说，非唯掩潘，抑且诬朱矣。①

虽然如此，但是朱鹤龄在书中征引潘说确实是"不著其名"，但云"《杜诗博议》"而已，这在当时虽然是迫不得已的选择，但也是最终导致潘柽章《杜诗博议》一书湮没无闻的主要原因。

3. 吴兴祚《杜少陵诗选》二卷，又石印本而无刻本，故流传不广。据周采泉《杜集书录》介绍，该书首载年谱，大致据朱鹤龄所撰者略加删节而成。

4. 方文。其《批杜诗》，散见于何焯《义门读书记》中。

5. 朱彝尊。有《朱竹垞先生杜诗评本》二十四卷。

6. 顾施桢。字适园，吴江人，朱鹤龄友顾有孝之子。著有《杜工部七言律诗疏解》二卷，每诗分"年地"、"典故"、"疏意"、"直解"四项。为杜诗白话第一部，仇兆鳌《杜诗详注》列名"鉴定"。

顾有孝和陈启源今虽无杜诗注本，但对杜诗也有研究，《杜诗辑注》就分别收录了他们对《百舌》诗"过时如发口"和《雨二首》"白露谁能数"两句用典的考证。可见陈启源和顾有孝二人与朱氏多有探讨，也是爱杜者。

如果对《杜诗辑注》的继承及对当代学者的吸取作一对比，更可看出其集思广益的性质。《辑注》对元代无一征引，可以侧见元代杜诗学的荒芜。对宋、明两代除注本之外的杜学遗产，《辑注》的继承与纠谬大致各占一半。如王应麟精于考证，是宋代学识最为浩博者，他的《困学纪闻》中有"考史"八卷及"评诗"一卷，多与杜诗有关，《杜诗辑注》引用其说近三十条，或征或驳，各占一半。明代引杨慎最多，不过只有十七条，集中在字词名物方面，同意与纠正也大致相当。对其余的明代注家和学者的征引，多寥寥数条，如张性二条，赵汸、谢省、张綖、胡震亨、董斯张均三至五条不等。而

① （清）潘耒：《松陵文献后序》，《四库禁毁书丛刊》，北京出版社1997年版。

对当代学者的征引，远越往古，如朱氏与钱谦益交流最多，《辑注》征引达二百七十四条；征引潘柽章《杜诗博议》达三十八条，几乎皆同意；征引顾炎武八条。其余学者如计东、顾有孝、陈启源等也各有数条。由于朱氏注杜之时，正是江南学者兴起学杜、研杜的高潮时期，所以暗用而未及标示的成果恐怕不在少数。可以说，没有师友同志的切磋启发，《杜诗辑注》不可能达到如此的造诣。

吴江学者周灿和潘柽章对朱氏注杜的始末比较熟悉，分别有诗称述，不妨录之。周灿曰：

> 小智多穿凿，拘儒徇章句。谬将古人书，强作今人注。名义有割裂，神理无生趣。悠悠古人心，千年堕云雾。朱子读杜诗，冥契入寐寤。心魂炯相对，百世若面晤。批导尽迎刃，诠释破迷误。宁惟集众长，妙解由独悟。风雅久沦亡，此道尽昏瞀。吾子唱元声，光彩动毫素。落子生云烟，众理悉奔赴。固是旷世才，亦得稽古助。天禄藏秘书，不少鲁鱼蠹。子若逢休明，子云岂独步。衡门独注书，亦是时不遇。勿谓著述小，吾道兹焉寓。四海会澄清，才人献词赋。煌煌明堂篇，兹实备典故。圣王求遗书，光耀自然露。即今悬国门，千金孰敢顾。①

潘氏《怀人诗十九首》之"朱长孺注杜"曰：

> 折角朱云意自耽，手翻诗史积年探。千家莽说谁能废，一字功臣尔独堪。析缕要无伤彼锦，增华宁窗出于蓝。商彝周鼎摩挲读，始释人间识字惭。②

"折角朱云"，用的是《汉书·朱云传》的典故。朱云与五鹿充宗辩论《梁丘易》，屡屡败之，所以诸儒有"五鹿岳岳，朱云折其角"之说。这里形容朱鹤龄满腹经纶。又赞其注杜，可"废""千家莽说"；精于字句，可

---

① （清）周灿：《读朱长孺杜诗辨注》，《泽畔吟》不分卷，《丛书集成续编》第 123 册。
② （清）潘柽章：《观复草庐剩稿》卷二，民国二年上海神州国光社排印本。

"堪""一字功臣"之称。"伤锦",用《左传》"襄公三十一年"子产的典故,谓不熟习政事而出任职官,必将贻误公务。此处指朱氏注杜知人论世,能得真意。"增华宁啻出于蓝",是说其收辑旧注而后来居上。潘氏《杜诗博议》以纠钱注之误为宗旨,而对朱氏敬佩不置,所以二诗尽管有溢美的成分,但也可间接看出当时学者对《杜诗辑注》的高度肯定。《杜诗辑注》在旧注旧说的基础上,大量汲取当代成果,体现了与时俱进、取精用弘的鲜明特色,这是其推陈出新、后来居上的重要保证。

# 第十二章　钱朱交往及其注杜之争

　　钱谦益与朱鹤龄皆在明末清初注杜，二人注杜的起因不尽相同，钱谦益的动机起于程嘉燧之怂恿，钱氏在《读杜小笺》、《与吴江潘柽章书》中再三说明，故为《小笺》、《二笺》之撰。朱氏的动机，起于故国之痛，"当变革时，惟手录杜诗过日，每兴感灵武回辕之举，故为之笺解，遂至终帙"。尽管动机不一，但从二人的成书来看，并无特别的超越学术范围的政治内涵。二人之争，大体是见仁见智的学术之争，应可无疑。但此次争端，在当时虽影响不小，不久随二位当事者离世，亦逐渐偃息。直至1940年，洪业先生在该年哈佛燕京学社引得编撰处出版的《引得特刊》中，发表《杜诗引得》长文，重提此事。该文排比二人交往经过，并对二家杜注分别作出评论，其曰："虽然，注杜之争，乃钱、朱二人之不幸，而杜集之幸也。考证之学，事以辨而逾明，理以争而逾准。"道出学术之争的实质，堪称名言。嗣后引起学界对钱朱二注的关注。新中国成立以来，尤其是八十年代后，已有十多篇论文或专著涉及此事，但囿于一隅，所见不同，遂致聚讼纷纭，护此攻彼，或失中庸。盖钱朱之争，涉及两个方面，一是二人的交往，交往又可分为交好和交恶两个方面，今人皆注意后者而忽略前者。交往的详细情况，前人有所考辨，就我所知以洪业及曹树铭二位排列较详，但疏失较多。二是关于二注的评价。应该说二注的质量，与作者的兴趣和学术水平有关，但皆为清初乃至杜诗学史上重要的注本。就我所见，目前为止，以莫砺锋先生的《朱鹤龄杜诗辑注平议》一文所论最为深刻和公允。因钱朱二人交往较长，涉及人事颇多，故拟不惮词费，详列事情的起因和经过，并稍作按语。不足之处，并俟博识。

# 第一节　明末清初二人分别注杜的情况

钱谦益（1582—1664），明末清初散文家、诗人。字受之，号牧斋，晚号蒙叟、东涧遗老。常熟（今属江苏省）人。万历三十八年（1610）进士，授编修，不久为父服丧归里，参与过东林党的活动。天启中，任经筵日讲官、詹事府少詹事。崇祯元年（1628）任礼部侍郎、翰林侍读学士，与温体仁、周延儒争为阁臣，被革职。

**一　崇祯七年（1634），《读杜小笺》、《二笺》在赋闲归野时期完成。朱鹤龄时专心于科举**

《读杜小笺》序曰：

> 归田多暇，时诵杜诗，以销永日。间有一得，辄举示程孟阳。孟阳曰："杜千家注缪伪可恨，子何不是正之以遗学者？"予曰："注诗之难，陆放翁言之详矣。放翁尚不敢注苏，予敢注杜哉？"相与叹息而止。今年夏，德州卢户部德水刻《杜诗胥钞》，属陈司业无盟寄予，俾为其叙。予既不敢注杜矣，其又敢叙杜哉？予尝妄谓自宋以来，学杜者莫不善于黄鲁直，评杜者莫不善于刘辰翁。鲁直之学杜也，不知杜之真脉络，所谓前辈飞腾、余波绮丽者，而拟议其横空排戛，奇句硬语，以为得杜之长，此所谓旁门小径也。辰翁之评杜也，不识杜之大家数，所谓铺陈终始、排比声韵者，而点缀其尖新隽冷，单词只字，以为得杜之骨髓，此所谓一知半解也。弘、正之学杜者，生吞活剥，以寻撦为家当，此鲁直之隔日谑也，其黠者又反唇于西江矣。近日之评杜者，钩深抉异，以鬼窟为活计，此辰翁之牙后慧也，其横者并集矢于杜陵矣。苦次幽犹，寒窗抱影，绅绎腹笥，漫录若干，则题曰《读杜诗寄卢小笺》，明其因德水而兴起也。曰小笺，不贤者识其小也。寄之以就正于卢，且道所以不敢当序之意。癸酉腊日虞乡老民钱谦益上。

《读杜二笺》序曰：

> 《读杜小笺》既成，续有所得，取次书之，复得二卷。侯豫瞻自都门归，携杜诗膏钞，已成帙矣。无盟过吴门，则曰寄卢小笺尚未付邮筒也。德水于杜别具手眼，余言之戋戋者，未必有当于德水，宜无盟为我藏拙也。子美和春陵行序曰：简知我者，不必寄元。余窃取斯义，题之曰二笺而刻之。甲戌九月谦益记。①

《读杜小笺》自序末"癸酉"，可知《小笺》成于1633年。又据《读杜二笺》自序末"甲戌"，知《二笺》成于次年1634年。《小笺》最早起于"归田"的1628年，至《钱注杜诗》问世（1667），前后近四十年，当为钱谦益生平最留意之著作。序言高屋建瓴，所指黄庭坚、刘须溪及弘正之学杜者、近日之评杜者的缺陷，直指旧注的要害，为清初乃至清代杜诗学的发展开辟了崭新的途径，表现了超越前人的理论眼光和颠覆旧注的学术勇气。

《小笺》和《二笺》共收诗六十四题，尾附《注杜诗略例》。有些杜诗如《行次昭陵》、《收京三首》、《洗兵马》、《戏为六绝句》，在《二笺》中又有所补充和深化。不难看出，钱谦益最感兴趣、用力最勤的，是两类杜诗，一是关于唐代纪实的作品，如《丽人行》、《兵车行》、《行次昭陵》、《收京三首》等；二是杜甫表达对时局看法的作品，如《洗兵马》、《冬日洛城北谒玄元皇帝庙》、《有感五首》、《诸将五首》等。钱谦益对这些篇目内涵的开掘，达到了前所未有的思想高度。而不屑于在字词声韵、格律典故之中斤斤考辨。重思想，轻章句，诗史互证，是其特色。尽管也有个别篇目的笺注因求深标异而遭致时人和后人的诟病，但探赜索隐的开创之功是首要的，大部分的解释是成立的。《小笺》和《二笺》基本奠定了《钱注杜诗》的雏形。

末附《注杜诗略例》，指出宋人"注家错谬，不可悉数"者九类："伪托

---

① 以上两段引文，分别见于《钱牧斋全集》，上海古籍出版社2003年版，第2153、2187页。

古人"、"伪造故事"、"附会前史"、"伪撰人名"、"改窜古书"、"颠倒事实"、"强释文义"、"错乱地理"、"妄系谱牒",既是对杜诗旧注的总清算,也为清代注杜澄清风气作出了良好开端。该《略例》后来又作为《钱注杜诗》的凡例。在评价其积极贡献的同时,也应看到《略例》的不足,钱谦益对宋人多贬而少可,并不符合实际,他看到了宋注的消极面,而对宋人的成绩几乎一概抹杀,其实宋注在各个方面均取得了程度不等的成绩,何况钱注不少地方明用或暗引宋注。没有宋注,钱注或清代的杜注,是不可能取得辉煌的。作为凡例,《略例》在体例上有所不妥,也表现了钱氏心高气傲、目空一切的性格特点。

**二 崇祯十六年（1643），在门人瞿式耜主持下,《读杜小笺》、《二笺》合刻于《初学集》末**

《初学集》面世,好评如潮,奠定其文坛领袖地位。

**三 崇祯十七年（1644），即弘光元年,顺治元年,明亡。朱氏开始笺注杜诗**

钱谦益任南明礼部尚书。

朱鹤龄时在南京笺注《禹贡》,闻崇祯自缢,遂绝意仕进,归隐田园,开始笺注杜诗。《愚庵小集》卷十五"传家质言"曰:"甲申春（1644）,馆金陵唐仪曹署,闻庄烈皇帝变报,乃泫然长号曰:'此何时也,尚思以科第显耶?'遂决志弃举子业。"又曰:"当变革时,惟手录杜诗过日,每兴感灵武回辕之举,故为之笺解,遂至终帙。"《答赠吴慎思七十韵》说:"中岁弃儒冠,时事遭崩坼。兴感少陵诗,岍峒扈羁靮。笺解遂云多,正义颇昭晰。"

**四 明亡至二人相识十年间,钱氏遁入空门,无意杜注。朱氏坐馆为生,成《杜诗辨注》**

顺治二年（1645）,清军至南京,钱谦益率先迎降,代为招抚江南,自谓清朝大功臣,接着又北上接受清廷礼部右侍郎的授职。谦益大为失望。

顺治三年（1646）,钱谦益南归故里,数年间"借诗存史",完成了《列朝诗集》的修撰，又草拟完成《明史》。顺治七年（1650）冬，钱氏藏书楼绛云楼不戒于火，所藏珍本秘籍全部被毁，这对钱谦益是一次巨大打击，从此放弃修史工作。灰烬仅余一部《金刚经》和一部笺杜手稿，自念冥冥中尚有天意，遂转而归入空门，潜心佛学；又对杜注"护前鞭后，顾视不舍"。而朱氏在清初的数年中完成了杜诗笺注的初稿。从朱氏《秋日读书寓园成杜诗辨注述怀一百韵》及周灿《读朱长孺杜诗辨注》二诗来看，朱氏最初的书名即《杜诗辨注》。

# 第二节 二人结识并合作注杜

### 五 顺治十一年（1654），钱谦益、朱鹤龄相识于苏州假我堂

朱鹤龄《假我堂文宴记》曰：

> 张氏假我堂，待诏异度公之故居也。地逼胥关，园多胜赏。丁酉冬日，牧斋先生侨寓其中。山阴朱朗诣选二十子诗以张吴越，先生见而叹焉。维时孤馆风凄，严城柝静。怅云峦之非故，悲草木之变衰。乃命袁重其招邀同好，会燕斯堂。步趾而来者，金子孝章，叶子圣野，归子元恭，侯子砚德，徐子祯起，陈子鹤客，并余为七人。孝章谈冶城布衣顾子与治，祯起述渭阳旧事姚子文初，元恭征东林本末，余叩古文源流，圣野约种橘包山，砚德期垂纶练水。辩难蜂起，俳谐间发，红牙按板，紫桂燃膏，肴豆荐而色飞，酒车腾而香烈。先生久断饮，是夕欢甚，举爵无算。顾余而言曰："昔吴中彦会，莫盛于祝希哲、文征仲、唐子畏、王履吉诸公，风流文采，照耀一时。今诸君子其庶几乎，可无赋诗以纪厥盛？"饮罢，重其拈韵，先生首唱云："岁晚颠毛共惜余，明灯促席坐前除。风烟极目无金虎，霜露关心有玉鱼。草杀绿芜悲故国，花残红烛感灵胥。文章忝窃诚何补，惭愧荒郊老荷锄。"翼日，予七人各次和一首。先生再叠前韵一首，翼日予七人又各次和一首。先生又每人赠诗一首，翼日予七人又各次和一首。先生之诗如幽燕老将，介马冲坚，吾辈乃以羸师诱战，有不辙乱旗靡者哉。先生顾不厌以隋珠博燕石，每奏一

章，辄色喜，复制序弁其端。都人诧为美谈，好事传之剞劂。①

《假我堂文宴记》记叙了朱钱二人结识的一次宴会，这是朱氏人生的重要转折点，自此，朱氏得以进入钱氏门庭，所阅日深，所交日广，学识日进，并与一时名流唱酬。这是一次名流云集的盛会，尽管朱氏的文辞有所修饰，但还是隐约透露了天崩地裂的时代背景。如"怅云峦之非故，悲草木之变衰"，感怀故国，情深意切。"渭阳旧事"、"东林本末"，皆为明末的政治大事件；"种橘包山"、"垂纶练水"，则是遗民逃世的典型方式。钱氏如众星拱月，熠耀生辉，朱氏的崇敬之情溢于言表。

钱谦益《冬夜假我堂文宴诗有序》曰：

> 嗟夫，地老天荒，吾其衰矣；山崩钟应，国有人焉。于是渌水名园，明灯宵集；金闺诸彦，秉烛夜谭。相与恻怆穷尘，留连永夕。珠囊金镜，揽衰谢于斯文；红药朱樱，感升平之故事。杜陵笺注，刊削豕鱼；晋室阳秋，镌除岛索。三爵既醉，四座勿谊。良夜渐阑，佳咏继作。悲凉甲帐，似拜通天；沾洒铜盘，如临渭水。言之不足，慨当以慷。夜乌咽而不啼，荒鸡喔其相舞。美哉吴咏，诸君既斐然成章；和以楚声，贱子亦慨然而赋。无以老髦而舍我，他人有心；悉索散赋以致师，则吾岂敢。客为吴江朱鹤龄长孺，昆山归庄玄恭，嘉定侯汸研德，长洲金俊明孝章，叶襄圣野，祯起，陈岛鹤客，堂之主人张奕绥子，拈韵征诗者袁骏重其，余则虞山钱谦益也。甲午阳月二十八日。②

该序文典重雅致，用典精工，流露了浓厚的历史沧桑感。将历史名迹"假我堂"和参加人士分别拟作"渌水名园"和"金闺诸彦"，是对此次宴会的极高评价。"珠囊金镜"、"红药朱樱"、"沾洒铜盘"皆寓含了天荒地老、陵谷变迁的历史幻境。参与这次盛会的几个人，都是极富反清复明思想的志士，其中如归庄、侯汸、徐晟、陈三岛等人正从事秘密的抗清斗争。可以看

---

① 《愚庵小集》卷九，华东师范大学出版社 2010 年版，第 198 页。
② 《有学集》卷五，《钱牧斋全集》第 4 册，上海古籍出版社 2003 年版，第 213 页。

出，这次盛会既是当时抗清斗争处于低潮阶段志士和遗民砥砺气节的宴会，也是一次江南名流诗酒兴发的盛举。特别值得提及的是钱谦益对朱氏的赏识，序文中说"杜陵笺注，刊削豕鱼"，表明对朱氏笺注杜诗的肯定。

朱鹤龄《假我堂文宴次和牧斋先生韵》曰：

> 萧萧落叶正愁予，哲匠高论酒戒除。养拙自嗤同土木，成书漫拟注虫鱼。樽传白堕挥渠碗，馔具伊蒲佐蟹胥。招隐桂丛今得主，东皋十亩伴诛锄。①

此诗所赞即钱谦益，说"哲匠高论"，又说"招隐桂丛今得主"，都表达了对钱氏的敬仰之情。

钱谦益《有学集》卷五《和朱长孺》诗云：

> 天宝论诗志岂诬，虫鱼笺注笑侏儒。西郊尚记麻鞋往，南国犹闻石马趋。事去金瓯悲铸铁，恩深玉匣感鳞珠。寒风飒拉霜林暮，愁绝延秋头白乌（长孺方笺注杜诗）。②

钱诗首联赞扬了朱氏杜注的价值，认为朱氏的笺注寓含了历史兴亡的感慨，并有别于陈陈相因的历代杜注。颔联分别用杜诗"麻鞋见天子"和《旧唐书》"昭陵石马"的典故，颈联用梁萧衍的语典和鲛人的传说，表达对故明的沉重追思。可以看出，天崩地裂的时代背景，对杜诗的共同爱好及共同的民族情怀，为日后合作注杜打下基础。

**六 不久钱谦益向毛晋推荐朱鹤龄去其处坐馆**

《钱牧斋先生尺牍》卷二《与毛子晋书》曰：

> 顷在吴门，见朱长孺《杜诗笺注》，与仆所草大略相似。仆既归心

---

① 《愚庵小集》卷五，华东师范大学出版社 2010 年版，第 91 页。
② 《有学集》卷五，《钱牧斋全集》第 4 册，上海古籍出版社 2003 年版，第 216 页。

空门，不复留心此事。而残稿又复可惜，意欲并付长孺，都为一书。第
其意欲得近地假馆，以便商订，辄为谋之于左右，似有三便。长孺与足
下臭味欣合，长孺得馆，足下得朋，一便也。高斋藏书，足供翻阅。主
人腹笥，又资雠勘，二便也。长孺师道之端庄，经学之渊博，一时文士，
罕有其偶。皋比得人，师资相说，三便也。仆生平不轻荐馆，此则不惜
缓颊，知其不以訾言相目也。旅次冗杂，信笔相闻。诸凡托重其口邮。
适有服丹之事，少间即归，面尽不一。

据此可知，二人合作注杜，主要出于钱谦益对自己《读杜小笺》和《二
笺》非全注的遗憾，而钱氏已归心佛门，无力过问，所以希望有人帮助完成
此事。自《读杜小笺》及《二笺》完成至今已二十年，钱氏当一直考虑人选
问题，今得朱氏，也算是了却夙愿，他说朱氏"师道之端庄，经学之渊博，
一时文士，罕有其偶"，可见对其人品及学识十分推崇。两人合作可谓珠联
璧合，各得其所。

又《与毛子晋书》：

荒村屏居，迥绝人事，邑子之来，知有次公之变，不胜惊悼。通家
契谊，礼当执手奉唁，衰残病暑，不能命廿里之棹。因长孺行，辄附数
行，以代瓣香。

观"廿里之棹"、"因长孺行"二语，可知二家地近，朱氏来往其间，时
时请益。
又《与毛子晋书》：

长孺文献之兴颇高，而其稿孟宏坚不肯发，亦可笑事也。当更协力
征之耳。①

---

① 以上 3 书，皆引自《钱牧斋先生尺牍》卷二，中国书店 2010 年版。

可见朱氏坐馆之余，颇涉文献，而钱氏亦襄助不遗余力。

## 七　顺治十二年（1655），钱谦益欲朱氏教授其婿《尚书》

《钱牧斋先生尺牍》卷二《与朱长孺》曰：

> 比来世事偪侧，苦恼万状。除缮经之外，不复料理笔砚。令亲寿文，勉承嘉命，苍皇捉笔，幸为改削付之。假青黄之文以润饰枯朽，或亦少遮人眼也。小婿自锡山入赘，授伏生书，欲得鲁壁专门大师以为师匠。恃知己厚爱，敢借重左右，以光函丈。幸慨然许之，即老朽亦可藉手沐浴芳尘也。草草附启，伏俟德音。

信的内容，当是朱氏父亲大寿，请钱谦益撰寿文。不久钱谦益复信，并附寿文，又希望朱氏传授其婿《尚书》。按赘婿即赵管，字微仲。朱氏在毛晋家坐馆完毕，现在移馆，更方便钱、朱二人的交流。

## 八　顺治十二年，朱鹤龄至常熟馆钱谦益家塾，以《尚书》授其赘婿。又出杜注初稿就正，钱氏许之，且检所笺吴若本及九家注，命之合钞

朱鹤龄曰：

> 乙未馆先生家塾，出以就正，先生见而许可，遂检所笺吴若本及九家注，命之合钞。①

钱谦益曰：

> 吴江朱子长孺馆余荒村，出所撰《辑注》相质。余喜其发凡起例，小异大同，敝粗蠹纸，悉索举示。长孺隐括诠次，都为一集。②

---

① （清）朱鹤龄：《杜工部诗集辑注》卷首《吴江朱氏杜诗辑注序》所附"识语"。
② （清）钱谦益：《吴江朱氏杜诗辑注序》，朱鹤龄《杜工部诗集辑注》卷首，河北大学出版社2009年版。

又曰：

> 吴江朱长孺苦学强记，冥搜有年，请为余撷遗决滞，补其未逮。余忻然举元本畀之。①

乙未之年，即顺治十二年（1655）。此次钱谦益见到朱氏《辑注》初稿，比较满意，遂取出自己的杜注，让朱氏在此基础上加以补充完善。钱氏所说的"敝粗蠹纸"、"元本"，应当就是《读杜小笺》、《二笺》，朱氏所说"吴若本及九家注"，当即钱注所用的底本和参考文献。

## 九　朱鹤龄益广搜罗，详加考核，与钱氏朝夕质疑。钱氏十分欣赏

朱鹤龄《杜工部诗集辑注》卷首《吴江朱氏杜诗辑注序》所附"识语"曰：

> 益广搜罗，详加考核，朝夕质疑，寸笺指授。

钱谦益《吴江朱氏杜诗辑注序》曰：

> 其勘定是编也，斋心祓身，端思勉择，订一字如数契齿，援一义如征丹书。宁质毋夸，宁拘毋俪。宁食鸡跖，毋啖龙脯；宁守兔园之册，毋学邯郸之步。斤斤焉取裁于骚之逸、选之善，罔敢越轶。

钱谦益《与毛子晋书》：

> 《吴郡文献志》旧稿在许伯宏处，久假不归。若得足下与长孺辈博雅名流，共成一书，可省郡中修志党枯谀朽，贻笑史乘也。但仆一志空门，不能复染指相助耳。

---

① （清）钱谦益：《草堂诗笺元本序》，《有学集》卷十五，《钱牧斋全集》第 5 册，上海古籍出版社 2003 年版，第 701 页。又见《钱注杜诗》卷首。

以上可见钱氏对朱氏注释杜诗的认真态度极为赏识。另外朱氏对方志甚有兴趣,《愚庵小集》卷十《复沈留侯论修志书》对修撰方志发表了许多见解,可证。

钱谦益《与毛子晋书》曰:

> 借手松陵嘉惠,得少宽周赧筑台。

此处当指朱氏代为钱氏捉笔,以偿文债。

**十 顺治十三年(1656)闰五月,在钱家注杜。与钱谦益、归庄探讨学术,戏谑尽欢,宾主相契,颇得解颐之乐**

钱谦益《有学集》卷十九《归玄恭恒轩集序》曰:

> 丙申(1656)闰五月,余与朱子长孺屏居田舍,余翻《般若经》,长孺笺杜诗,各有能事。归子玄恭俨然造焉,余好佛,玄恭不好佛;余不好酒,而玄恭好酒;余衰老如枯鱼干萤,玄恭骨腾肉飞,急人之难甚于己,两人若不相为谋者。玄恭早夜呼愤,思继述乃祖太仆公之文章,以余为知太仆也,时时就问于余。论文未竟,辄纵谈古今用兵方略如何,战争棋局如何,古今人才术志量如何。余隐几侧耳,若凭轵巢车,以观战斗,不觉欣然移日。余老,不喜多言,玄恭诱之使言,初犹格格然,久之若牵一茧之丝,缕缕而出,又如持瓶传水,倾泻殆尽,而余顾不自知,两人以此更相笑也。玄恭作《普头陀传》,高自称许,把其本向长孺曰:"杜二衰晚腐儒,流落剑外,每过武侯祠屋,叹卧龙无首,用耿、邓自比。"归玄恭身长七尺,面白如月,作《普头陀传》,胸中偪塞未吐一二,遂惊倒上人耶?已而语余,有人言玄恭酒悲耳,醒当不省记何语;有人言玄恭贫不自述,聊贫鬼凭之富贵当良巳;有人曰:"不然,玄恭居,恒使一褏头奴如如,如儿子牵羊躅躅。一旦将数万兵临大敌,炮车轰天,我知其不目瞑也。夫三人者之言,夫子以为何如?"余笑曰:"互有之,后一人吾不能定也。虽然,吾则有虞于子。昔者秘演隐于浮图,

与石曼卿游，喜为歌诗，极饮大醉，而欧阳公亦因曼卿以从秘演游。今我之去曼卿远矣，而子之为头陀，与秘演何异？世有欧阳公，因曼卿以阴求天下奇士，则故不应因我以求子，而或者因子以求我，则谓之何？"长孺从旁笑曰："有匠业装裱者，中夜呼其子曰，儿子起赵公乎？曰然。又呼曰，及折温公乎？曰然。四天王使者巡得之，归以语主者，主者曰，得毋言及我乎？对曰，虽不言及此，当慎防之耳。今之拟曼卿秘演也，其母乃忧夜巡者之诃，而为装裱匠之所窃笑？"玄恭笑而起曰："有是哉？"遂援笔伸纸，请杂记其言而书之，以为集序。

朱氏尝寄书吴伟业，为钱谦益修《明史》辩护。
《愚庵小集》卷十《与吴梅村祭酒书》曰：

忆先生昔平枉顾荒庐，每谈虞山公文章著作之盛，推重谆诿，不啻义山之叹韩碑。乃客有从云间来者，传示宋君新刻，于虞山公极口诟詈，且云其所选明诗，出于笔佣程孟阳之手；所成秽史，乃掩取太仓王氏之书。愚阅之不觉喷饭。夫虞山公生平梗概，千秋自有定评，愚何敢置喙？若其高才博学，囊括古今，则戛戛乎卓绝一时矣！身居馆职，志在编摩，金匮之藏，名山之业，无不穷搜遍览。乱后悯默，乃取而部分之，自附唐韦述、元危素之义。未及告成，毁于劫火。秽史之名，何自而兴？夫古之撰史者，自司马迁、班固而下，如《新唐书》之修，因于刘昫；《五代史》之修，因于薛居正。凡载笔之家，莫不缀缉旧闻，增华加厉。弇州藏史，未定有无，即使果出前贤，采为蓝本，排缵成书，亦复何害？宋君乃用此为诐说耶？鹊巢鸠居，厚诬宗匠，不足当识者之一粲。而愚敢斥言之于先生者，以其文援先生为口实也。先生夙重虞山公文章著作，岂有以郭象庄解、齐丘化书轻致訾謷者？愚以知先生之必无是言也。先生诚无是言，当出一语自明，以间执谗慝之口。如其默默而已，恐此语荧惑见闻，好事之徒将遂以先生为口实，而语阱心兵之险流，流于笔墨文字间者，间起意作无已时也。某再拜。

"宋君"，即宋徵舆（1618—1667），字直方，一字辕文，江苏华亭人。顺治四年（1647）进士，官至都察院左副都御史。为诸生时，与陈子龙、李雯等倡几社，以古学相砥砺，并称"云间三子"。大概因为旧爱柳如是的关系，入清后对钱谦益极尽刁难，人品不足道。宋徵舆指责钱氏"所选明诗"即《列朝诗集》，是程嘉燧代笔；所撰《明史稿》是购得王世贞的资料排比而成（详参蔡澄《鸡窗丛话》"古来文人失节修史"条）。因为宋徵舆曾援引吴伟业作为口实，所以朱氏去信，希望其说句公道话。上引二书，可见钱、朱二人的关系是十分融洽的。

**十一　顺治十四年（1657）孟冬，朱鹤龄完成二稿，请钱谦益作序。钱谦益在"未见成书"的情况下，为其作序，并命曰朱氏补注**

《愚庵小集》卷七《笺注李义山诗集序》曰："申、酉（1656、57）之岁，予笺注杜工部诗于红豆山庄。既卒业，有友人谓予云云。"又《笺注李义山诗集凡例》："余合笺义山诗文，始于丁酉（1657）孟冬。"钱谦益《李义山诗笺注序》："乙酉岁①，朱子长孺订补于《杜诗笺》，辍简，将有事于义山。"则《杜诗辑注》二稿完成于十月孟冬。又计东《杜诗辑注序》："盖长孺在先生馆斋三年，叩鸣如响者皆具焉。""三年"，即乙未（1655）、丙申（1656）、丁酉（1657）三年，实际时间约两年多。

《愚庵小集》卷四《投赠钱宗伯牧斋先生二十五韵》，据诗"书成岁月徂"及"序希皇甫重"之句，此诗当为《杜诗辑注》完成二稿后函请钱氏作序。

钱谦益《有学集》卷十五《草堂诗笺元本序》："（余）举陆务观注诗诚难之语，以为之序，而并及天西采玉、门求七祖二条，以道吾所以不敢轻言注杜之意。"又作《吴江朱氏杜诗辑注序》，对朱氏赞许溢于言表。

《杜工部诗集辑注》朱鹤龄"识语"："卒业请序，箧藏而已。"

---

① 莫砺锋先生曰：钱、朱生平仅有一个"乙酉"年，即顺治二年，其时钱、朱尚未相识，所以"乙酉"当为丁酉（1657）。《朱鹤龄杜诗辑注平议》，《古典诗学的文化观照》，中华书局 2005 年版，第 245 页。

### 十二　在钱谦益处，又尝与钱曾商榷义山诗注

钱曾《读书敏求记》论李商隐《留赠韩畏之诗》中有"待得郎来月已低，寒暄不道醉如泥"等句，乃李托艳语以婉讽韩宜于时事有所论建也。继云：

> 朱鹤龄笺注义山诗初稿，云"此题有误"，予笑语之："义山既误作于前，韦谷《才调集》又误选于后；无知妄作，贤者无是焉。"鹤龄面发赤，因削去。

此为目前查阅到的关于朱鹤龄和钱曾交往的唯一记载。朱氏与钱曾文集均无有关对方的文字。实际两人交往机会应该很多，大概文集结集时删去此方面的材料，或双方平日即不甚相得。又朱氏《与李太史论杜注书》曰："虽其说假托巨公以行，然涂鸦续貂，贻误后学"，当指钱曾补订并刊刻《钱注杜诗》之事。

### 十三　顺治六年（1659）季春，朱鹤龄成《李义山诗集注》，且刊刻，钱谦益为之作序

钱谦益《朱长孺笺注李义山诗序》曰：

> 往吾友石林源师好义山诗，穷老尽气，注释不少休。乙酉岁，朱子长孺订补于《杜诗笺》，辍简，将有事于义山，余取源师遗本以畀长孺。长孺先有成稿，归而错综雠勘，缀集异闻，敷陈隐滞，取师源注，择其善者，为之剟其瑕砾，搴其萧稂，更数岁而告成，于是义山一家之书粲然矣。长孺既自为其序，复以属余。余往为源师撰序，推明义山之诗，忠愤蟠郁，鼓吹少陵。以为风人之遗思，小雅之寄位，其为人诡激历落，厄塞排笮，不应以浪子嗤点，大略如长孺所云。……徒假手于长孺以终源师杀青之托，此则为之口沫手胝，抚卷三叹者也。①

---

① 《有学集》卷十五，《钱牧斋全集》第4册，上海古籍出版社2003年版，第705页。

朱鹤龄《笺注李义山诗集凡例》曰：

> 《西清诗话》载都人刘克尝注杜子美、李义山诗，又《延州笔记》载张文亮有义山诗注，今皆不传。近海虞释石林道源锐意创为之，洵称罕觏，惜其用就而终未及。牧斋先生授余是正，余因大加剪薙，遴其当者录之，不敢掠美。

合观二序，可知朱氏之笺注李商隐诗，出自钱氏所命；又宗旨以为"指事怀忠，郁纡激切，直可与曲江老人相视而笑，断不得以'放利偷合，诡薄无行'，嗤摘之者也"，与钱氏所云如出一辙，可知二人情投意合。石林源师，即许道源，道源虽博极经史，然于笺注之学，未入阃奥。钱序首言"取源师遗本以畀长孺"，又言"徒假手于长孺以终源师杀青之托"，则道源注本未尝付梓。当时物议汹汹，谓朱氏取道源旧说而未明示，今检朱氏《义山诗集注》，得标示"道源注"者一百七十四条，或沿袭其说，不掠人美，或有所驳正，以补未尽，义山之心曲既昭然若揭，道源之注亦附骥传于久远。

《四库全书·李义山诗集注提要》云：

> （道源注）征引虽繁，实冗杂寡要，多不得古人之意。鹤龄删取其什一，补辑其什九，以成此注，一扫诸家穿凿附会之说，繁简颇为得当。故后来注商隐集者如程梦星、姚培谦诸家，大抵以鹤龄为蓝本。…谓其诗寄托深微，多寓忠愤，不同于温庭筠、段成式绮靡香艳之词，则所见特深，为从来论者所未及。所作年谱，排比时事，与其诗互相参证，亦颇有条理。…如据《房中曲》，定《锦瑟》为悼亡；于《无题》诸作，注家所哓哓而争者，亦阙所不知，不主曲说。其摧陷廓清之功，固超出诸家之上矣。

以上为二人合作的"蜜月"期。

# 第三节  钱氏不满朱氏补注及二人决裂经过

**十四  康熙元年（1662），钱谦益初次见到杜诗注本，甚为不满。朱氏则疑钱氏门人吹求过甚，大愠。二人发生争执，钱氏"谓所见颇有不同，不若两行其书"**

钱谦益《复吴江潘力田书》曰：

> 别去数年，来告成事，且请为序。妄意昔年讲授大指，尚未辽远，欣然命笔，极言注诗之难，与所以不敢注杜之本意，其微指具在也。既而以成书见示，见其引事释文，挫酿杂出，间资嗢噱，令人喷饭。聊用小签标记，检别泰甚。长孺大愠，疑吹求贬剥，出及门诸人之手，亦不能不心折而去。①

朱鹤龄《杜诗辑注》卷首"识语"：

> 壬寅（1662），复馆先生家，更录呈求益，先生谓所见颇有不同，不若两行其书。

钱、朱二人矛盾之初起及解决均在今年。关于朱氏笺注的质量，钱氏认为"引事释文，挫酿杂出，间资嗢噱，令人喷饭"，实际情况恐怕非如其一面之词，朱氏之注确有引用汗漫无当之失，此后又经八年，《杜诗辑注》方刊刻面世，可知朱氏一直在修改完善，钱氏的批评应有一定根据。但这是否为钱氏不满朱氏的主因呢？在《吴江朱氏杜诗辑注序》中，钱氏对朱氏赞誉有加，此时则一落千丈，前后悬若云泥。而在朱氏看来，二人合作一直顺利，今横生枝节，故"大愠"并"疑吹求贬剥，出及门诸人之手"，恐亦非庸人自扰。

有关钱氏对朱氏不满的主因，当事人之一的朱氏一直保持沉默，没有相

---

① 《有学集》卷三九，《钱牧斋全集》第 6 册，上海古籍出版社 2003 年版，第 1350 页。

关的文字说明或暗示。今人只能援引钱氏的说法，或从钱注及朱注对比中发现线索。大约有四种说法：

一是认为钱曾挑拨。柳作梅持此说①。以钱氏当日地位和声望，大约趋之若鹜者不乏其人，皆以与之合作著书为幸，而朱氏遂为众人之的。朱氏晚年自谓"人苟立志修名，则谤议谣诼皆吾学问之助。余以拳拳著述，横罹谗忌"云云，②乃有感而发，非无的放矢。"及门诸人"，当指钱曾等人。台湾简恩定先生对这种说法有所辨驳。揆之情理，此说不能成立。虽然钱氏对朱注不满，不能完全排除钱曾的因素，但恐怕以钱氏之秉性，又岂是钱曾辈可轻易谗间？钱氏亲见朱注，对此不甚满意，不能排除后来事情影响扩大，钱氏有夸大其辞的因素，但钱氏对朱注的不满是实际情况，当然朱注的实际情况是否如此又是另外一回事。而这与钱曾关系不大。

二是认为朱氏对钱注之用心所在，不能深刻体会，且任意割裂等。陈寅恪持此说。他在《柳如是别传》中曾对此问题作过详细考证，认为钱氏对朱氏不满的主因，是朱氏不能悉心体会钱氏苦心。首先是"《辑注》中或全部不著钱笺"，举《洗兵马》为例，认为朱氏删去，"殊失牧斋笺注之微旨"。其次是即使"偶著钱笺"，但"增损其内容"、"割裂窜易"，举《秋兴八首》为例。再次是"用其意而改其词"，"此点尤为牧斋所痛恨也"，举《冬日洛城北谒玄元皇帝庙》为例。③但此三点均不能立足，因为朱氏《辑注》刊刻是在与钱氏反目之后，体例、面目自然与为钱氏作《补注》不同。朱氏看到钱注的种种不足，在两人各自著书的情况下，朱氏已无所顾忌，按照自己的理解笺注杜诗。至于如何引用"钱笺"，完全是自己的事情，且从《杜诗辑注》对钱笺的征引来看，基本没有冒名抄袭或割裂原意的问题。因此陈氏认为的几点就失去了根基。即便如此，也可以作一番辨析，首先，如朱氏对《洗兵马》一诗"不著钱笺"，是因为朱氏认为钱氏的笺注过于穿凿，故另起炉灶，并得到后世首肯；其次，《秋兴八首》的钱笺，除了题解对八章结构

① 未见柳文，此处转引简恩定《清初杜诗学研究》，文史哲出版社1986年版，第131页。
② 《愚庵小集》卷十五《传家质言》。
③ 陈寅恪：《柳如是别传》第五章《复明运动》，生活·读书·新知三联书店2001年版，第1021页。

的分析，并无重大发明，不过借杜诗抒发故国之思，浇一己之块垒，已经部分超出学术范畴，所以朱注及仇注均部分节录，无可厚非。陈氏认为朱氏对《冬日洛城北谒玄元皇帝庙》诗"钱笺"的引用，有所改动，说明其亲核原文，但陈氏没有注意的是，朱氏所引乃钱氏《读杜小笺》，而非《钱注杜诗》。尽管字句仍有个别不同，但不影响原意，可以忽略不计。

三是认为钱朱二人"注解时的意见纷争甚多，再加上朱鹤龄似有掠人之美的嫌疑所致"。简恩定持此说。① 简书第二篇第四章分五节分别阐述，第一节《朱鹤龄引用钱注而不加以注明者》，列举二十五例；第二节《史实运用及编年看法之不同》，列举十三例；第三节《阐析杜诗的歧异》，列举十七例；第四节《典故引用的龃龉》，列举十二例；第五节《钱朱二人注杜之争的评议》，总结出如上之观点。作者认为朱氏抄袭之说，业经莫砺锋先生纠正。另外，简氏所据钱注及朱注，皆成书后的《钱注杜诗》和《杜诗辑注》，已非钱、朱二人合作时的原书，据此推断二人的"意见纷争"，不免危险。但从后来钱氏提出分刻而朱氏即刻付诸行动、钱氏与朱氏商榷而朱氏坚不同意，以及不久后朱氏《与李太史论杜注书》对钱注的指责等多种迹象来看，起码朱氏在合作期间即对钱注腹诽不满，也应是不争的实情。

四是认为二注的立意不同。这是孙微《清代杜诗学史》的观点。该书第二章第三节《钱朱注杜公案分析》认为二注的区别在四个方面，一是版本，二是体例，三是关注角度，四是"两注的立意不同所致"，钱注力求"摧陷廓清"，并借以寄寓自己的幽思。而朱注目的是剪除芜杂，尽量为世人提供一部简净少误的本子。立意不同是导致钱朱二人反目的根本原因，底本、体例、角度的不同倒在其次。②

综合而言，主因当是学术因素。朱注对钱注甚为不满，注解自然有异，因此触怒钱氏，造成二人不和乃至反目。二注皆站在历史高度，意在清算旧注的荒谬，这点并无不同。如果细绎朱氏《与李太史论杜注书》及《杜诗辑注》，可以发现，朱氏对钱注的不满主要体现在两个方面，一是穿凿错谬，二是不遵体例。具体到笺语、史实、用典、地理等方面的例子，粗略估算不

---

① 简恩定：《清初杜诗学研究》，文史哲出版社 1986 年版，第 181 页。

② 孙微：《清代杜诗学史》，齐鲁书社 2004 年版，第 108—113 页。

下二百处。考虑到钱注并非详注，这个数目是相当可观的。尤其是钱氏十分自得的"笺"，朱氏有多处不能苟同。以钱氏貌恭实倨的性格以及二人实为师弟子关系的实际来看，钱氏岂能容忍朱氏异说？此即季振宜在《钱注杜诗序》中暗示的"后生轻薄，喜谤先辈。偶得一隅，乃敢奋笔涂抹改窜，参臆逞私"，又是《杜诗辑注》计东序所云"好事者以说有异同，遂指斥为罪"，及沈寿民后序所云"以说有异同，盛气诋諆"，惜简氏已引后序，却顾左右而言它，失之眉睫。但钱氏不便明言，而以"引事释文，挫酿杂出"之词以实朱氏之罪。从后来钱氏《复吴江潘力田书》及《草堂诗笺元本序》对朱氏大肆诋諆却始终拿不出有力证据来看，恰恰证明钱氏所云是借口而非实际。

**十五　朱氏大约听说消息，说钱氏已准备刊刻其书，故回吴江后不久，即与吴江学人商量刻书事宜，不久付梓**

《杜诗辑注》卷首朱氏"识语"：

> 时虞山方刻《杜笺》，愚亦欲以《辑注》问世。书既分行，仍用草堂原本笺语，间存异说。谋之同志，咸谓无伤。

1. 关于谁先刻书的问题，看似已无足轻重，实际还是有影响的。因为两人此时并未反目决裂，而刻书行为推波助澜，使矛盾日趋激烈并公开化。

2. 朱氏付梓的时间，从下条钱谦益《与遵王书》"热毒欲死"分析，当在夏天。

**十六　康熙元年夏（1662），朱氏至钱氏处，告知杜注付梓，并希望钱氏挂名简端。钱氏听说朱氏杜注付梓，不禁大怒，指示钱曾抓紧刊刻**

钱谦益《钱牧斋先生尺牍》卷二《与遵王书》曰：

> 杜笺闻已开板，殊非吾不欲流传之意。正欲病起面商行止，长孺来云："松陵本已付梓矣。"缪相引重，必欲糠粃前列，此尤大非吾意。再三苦辞，而坚不可回，只得听之。仆所以不欲居其名者，其说甚长。往

时以笺本付长孺，见其苦心搜掇，少为规正，意欲其将笺本稍稍补葺，
勿令为未成之书可耳。不谓其学问繁富，心思周折，成书之后，绝非吾
笺本来面目。又欲劝其少少裁正，如昨所标举云云。而今本已付剞劂，
如不可待，则亦付之无可奈何而已。晚年学道，深知一切皆空，呼牛呼
马，岂惮作石林剃身？以此但任其两行，不复更措一词。若笺本既刻，
须更加功治定。既已卖身佛奴，翻阅疏钞，又欲参会宗镜，二六时中，
无暇刻偷闲。世间文字，近时看得更加嚼蜡矣。杜注之佳否，亦殊不足
道也。或待深秋初冬，此刻竣事，再作一序，申明所以不敢注杜与不欲
流传之故，庶可以有辞于艺林也。昨夕公云"义山注改窜后，又有纰谬
许多"云云，彼能为义山功臣，独不肯移少分于少陵乎？治定之役，令
分任之，何如？热毒欲死，挥汗作字，阅过毁之。

钱谦益《有学集》卷十五《草堂诗笺元本序》：

今年长孺以定本见示，亟请锓梓，仍以椎轮归功于余。余蹙然不敢
当，为避席者久之。

按上述材料皆述朱氏于康熙元年（1662）改定注稿又来常熟之事。可议
者如下：

1. 此次朱氏来常熟，从《与遵王书》"热毒欲死"来看，当在夏天。

2. 关于谁先刻书的问题。钱氏在《复吴江潘力田书》中通篇不言自己先
偷偷准备刻书的事实，却说朱氏"亟请锓梓"，又在《与遵王书》中说朱氏
"已付剞劂，如不可待，则亦付之无可奈何而已"，好像朱氏急不可耐，先刻
其书，自己则无可奈何，遂使后人莫辨真伪。但朱氏云"时虞山方刻《杜
笺》，愚亦欲以《辑注》问世"，后来计东于《杜诗辑注序》亦明确说"始
则汇钞，既则分出，皆先生所命"，可见无论是提出合著还是分刻，均出自
钱氏。揆之情理，与钱氏合作乃朱氏凤愿，若非钱氏主动提出分刻，朱氏应
不太可能自失奥援。钱氏虽延请朱氏补注，但同时亦命钱曾等人补注，又暗
暗准备刊刻己书。但钱氏对自己"始乱终弃"的行为始终只字不提，反而以

无辜状示人。值得注意者，《与遵王书》云"若笺本既刻，须更加功治定"，则是钱氏先刻其书的明证，所以结尾要求钱曾"阅过毁之"，大概是意图消除证据。但钱曾并未照办，而是将其收入钱集，成为今日揭示真相的一个重要佐证。

3. "不谓其学问繁富，心思周折，成书之后，绝非吾笺本来面目"等语，可以说是实话，道出了钱氏对朱注不满的真实原因。如果朱注真是"引事释文，挫酿杂出"的话，大概也不会认为朱氏"学问繁富"。所谓"绝非吾笺本来面目"，即朱氏不能同意其求新刻深之笺语及诸多错谬。

4. 此书一方面说"付之无可奈何""杜注之佳否，亦殊不足道"，另一方面又明确要求钱曾"分任""治定之役"，并对钱陆灿（字夕公）不能帮助抒发牢骚，可以看出杜注在其心目中十分重要。所谓"此刻竣事，再作一序"，此序当即后来的《草堂诗笺元本序》。

## 十七　不久朱氏携改定本再至钱氏处，钱氏仍旧不满

钱谦益《牧斋有学集》卷三九《复吴江潘力田书》：

> 亡何，又以定本来，谓已经次第芟改。…乘间窃窥其稿，向所指纰缪者，约略抹去，其削而未尽者，疮瘢痂盖，尚落落卷帙间。

## 十八　朱氏又函请钱氏"挂名简端"，钱氏回信拒绝，极尽讽刺之能事

钱谦益《钱牧斋先生尺牍》卷一《与长孺书》：

> 辱示《草堂会笺》，必欲首冠贱名，辗转思之，弥增惭悚。此事发起于卢德水，牵引于孟阳，漫兴随笔，弃置已久。偶于集中覆视，见其影略脱误，每自哂昔学之陋。修远不察，误录一二册，附时贤后，方为颣泚背汗。况足下高明渊博，累年苦心攒集，以成此书。仆以伏生之老病，师丹之多忘，突出而踞其上，鹊巢鸠居，无实盗名。晚年学道，深识因果。此等虚名，皆足以摧年损算，仆所以深惧而不敢居也。此书之

出，期于行远。谚有之，身穿大红圆领，头戴开花毡帽，才一展卷，便令观者揶揄一笑，可不虑乎？来教念及周余，追思荜路，特承齿录，以存汽羊，其用意良厚。生平倔强，不受人怜。老耽空门，一切如幻，良不欲以编摩附名，取怜于知已。惟以我为老髦而舍我，则怜我之深者耳。《华严》、《宗镜》，方事研求，义门深微，卷帙浩繁。遵王刻杜之役，止之不获，期以秋深岁尽。偷翻经余晷，为作一序，以副其意。仆之不敢自居注杜，与不欲成书之故，向为兄作序，既已反复自明。抚卷三叹，有识者皆能了其微意。今再一申明，吾事毕矣。此中学者多好摭拾利病，是非蜂起，虽老成人未免。义山注改窜之后，尚多剥啄。子长云云，当广为传示，风谕后来英少，俾皆塞聪蔽明，仍为七日以前之浑沌，亦一大快也。毒日少退，当扁舟过池上，散发快谈。不复多及。

该书可议者数端：

1. 具体时间，据文中"毒日少退"一语，仍当在康熙元年之夏。既然钱氏以书信回复，则当初应是朱氏以书信请求。与前条《与遵王书》"缪相引重，必欲糠秕前列"者非一事，《复吴江潘柽章书》中亦云"曾与长孺再三往复"，可见朱氏请钱氏挂名先后数次。

2. 该书竭尽讽刺揶揄之能事，以致今人多误以为此书为钱、朱二人反目之契机。然观书末"毒日少退，当扁舟过池上，散发快谈"之语，以及后来两人"沛国招提夜谈"的记载（见下），说明此书虽言辞尖刻，但钱氏仍留有余地。

3. "遵王刻杜之役，止之不获"一语，假托钱曾名义，乃钱氏故伎，说明钱氏对刻书久已谋划周全。

4. "偷翻经余晷，为作一序，以副其意"一语，说明钱氏已经完成《草堂诗笺元本序》。

5. "此中学者多好摭拾利病，是非蜂起，虽老成人未免"，说明钱、朱之争已逐渐公开化，而且舆论恐对钱氏不利。

## 十九　钱、朱夜谈，然不欢而散

《钱牧斋先生尺牍》卷二《与遵王书》曰：

松陵遇沛国招提夜谈，直述所闻，以相质正，遂无一语相撑柱。久之，蹙然曰：“如此则遂不当成书耶？”又久之，愤然作色曰：“如‘旷原’二字，出《穆天子传》，笺注不曾开出，岂亦门生误耶？许多考订，皆元本所无，便可一笔抹杀耶？”徐告之曰：“吾意不如取兄补注最用意处，为元笺所未有者，开写十几款，俟仆为采酌，附之笺中，似为两便。”渠期期不答。以此观之，则元本之必不可刻，断可知矣。

此次见面，当在钱氏来吴江后不久，地点“沛国招提”已不可详考。此书内涵丰富。

1. 钱氏虽对朱氏讥刺多端，然尚存一线希望，故有此吴江之行，劝其暂缓刊刻。殆因钱氏晚年遁入空门，无暇注杜，然直到与朱氏此次谈话后，方知事情不可挽回，分刻各书已势在必行。

2. 两人话不投机，不欢而散。

3. 朱氏所云：“旷原二字，出《穆天子传》，笺注不曾开出，岂亦门生误耶？”可知朱氏对钱注的不满，一是钱氏此时虽从事佛典，但同时也利用空闲注杜，所以才招来朱氏对其错误的批评，而钱氏却以门生为推托；二是朱氏“许多考订，皆元本所无”，而钱氏“一笔抹杀”，是导致朱氏不愿与其继续合作的重要因素。又可知二人合作的机制，是钱氏首先列出当注的条目，再由朱氏笺注。

4. 钱谦益退而求其次，希望能“取补注最用意处，为元笺所未有者，开写十几款，俟仆为采酌，附之笺中”，这种居高临下的做法和心态对朱氏来说是不可接受的，故其“期期不答”，委婉而坚决地拒绝了钱氏的要求。诚如莫砺锋先生所说：“朱氏对自己在注杜中所付出的心血甚为珍惜，故不惜与学界泰斗钱氏交恶也要坚持刊刻己书，从今本朱注的实际情况来看，朱氏的这种态度是可以理解的。要是朱氏当时听从了钱氏的劝告，仅将己注中‘最用意处’开写几十款纳入钱注而不再刊刻全稿的话，那将是杜诗学的一大损失。”①

---

① 莫砺锋：《朱鹤龄杜诗辑注平议》，《古典诗学的文化观照》，中华书局 2005 年版，第 265 页。

**二十 朱氏于冬季撤馆欲归，并曰已经付梓刊刻，呈览《杜注》刻样，仍以椎轮归功钱氏，请其"挂名简端"，钱氏坚辞**

朱氏《杜工部诗集辑注》卷首"识语"：

> 是冬馆归，将刻样呈览先生。

**二一 康熙二年（1663）春，潘柽章为二人居间斡旋，去函钱氏希望继续合作注杜，钱氏拒绝**

据朱氏"是冬（1662）馆归"及潘柽章次年（1663）二月被诛的史实，则潘氏调解当在初春。

钱谦益《牧斋有学集》卷三九《复吴江潘力田书》曰：

> 仆老向空门，荒唐放诞。旧学无多，遗忘殆尽。汗青头白，邈若多生。何况区区琐碎文字。杜诗新解，不欲署名，曾与长孺再三往复。日来缮阅《华严》，漏刻不遑，都无闲心理此长语。顷承翰教，拳拳付嘱，似有意为疏通证明之者。不直则道，不见请讼，言而无诛，可乎？仆之笺杜诗，发端于卢德水、程孟阳诸老，云："何不遂举其全？"遂有《小笺》之役。大意专为刊削有宋诸人伪注谬解烦仍袭驳之文，冀少存杜陵面目。偶有诠释，但据目前文史，提撮纲要，宁略无烦，宁疏无漏。深知注杜之难，不敢以削稿自任，置之箧衍，聊代荟蕞而已。长孺授书江村，知其笃志注杜，积有岁年，便元本相付，曰："幸为我遂成之。"略为发凡起例，摘抉向来沿袭俗学之误。别去数年，来告成事，且请为序。妄意昔年讲授大指，尚未辽远，欣然命笔，极言注诗之难，与所以不敢注杜之本意，其微指具在也。既而以成书见示，见其引事释文，挫酿杂出，间资啁噱，令人喷饭。聊用小签标记，检别泰甚。长孺大愠，疑吹求贬剥，出及门诸人之手，亦不能不心折而去。亡何，又以定本来，谓已经次第芟改，同里诸公，商榷详定，醵金授梓，灼然可以悬诸国门矣。乘间窃窥其稿，向所指纰缪者约略抹去，其削而未尽者，疮瘢痂盖，尚

落落卷帙间。窃自念少学荒落，老眼迷离，诸公皆博雅名家，共订此书。吾所欲刊削者，未必诸公之所非；而所指削而未尽者，无乃诸公之所是。头目顿改，心神俱惕，疑信错互者久之。比得来教，乃哑然而笑曰：信矣，吾所欲刊削者，果未必非；而削而未尽者，则诚是矣。心长目短，老将至而耄及之，其不足以与于斯文也亦信矣，又曷怪乎？

　　然而尚有欲更端于左右者。窃谓士君子凡有撰述，当为千秋万古计，不当为一时计；当为海内万口万目计，不当为一人计。注诗细事耳，亦必须胸有万卷，眼无纤尘，任天下函矢交攻，砧椎击博，了无缝隙，而后可以成一家之言。若犹是掇拾业书，丐贷杂学，寻条屈步，捉衿见肘，比其书之成也，旦而一人焉刺驳，则愤而求敌；夕而又一人焉刺驳，则趣而窜改。刺驳频烦，窜改促数。前陈若此，后车谓何？杜诗非易注之书，注杜非聊尔之事，固不妨慎之又慎，精之又精，终不应草次裨贩，冀幸举世两目尽眹而以为予雄也。今注诗者动以李善为口实，善注《头陀寺碑》，穿穴三藏；注《天台赋》，消释三幡。至今法门老宿，未窥其奥。杜诗"西方止观经"之句，注者引李退叔《左溪大师碑》，而未悉其旨云何。退叔文曰："左溪所传《止观》，为本祇树园内曾闻此经。"用解《止观》则可矣，所云"曾闻此经"，闻何经乎？一曰西方之《止观经》，依主释也；一曰西方止观之经，持业释也。二释者将安居乎？问者答者，两俱茫然。令李善执简，恐不应如是。然此但粗举一端耳。注杜之难，正不在此。诸公既共订此事，则必将探珠搜玉，尽美极玄，为少陵重开生面。鄙人所期望者，如是足矣，又何容支离攘臂于其间乎？

　　来教谓愚贱姓氏挂名简端，不惟长孺不忘渊源，亦诸公推毂盛意。词坛文府，或推或挽，鹊巢鸠居，实有厚幸。仆所以不愿厕名者，扪心抚己，引分自安，不欲抑没矜慎注杜之初意，非敢倔强执拗，甘自外于众君子也。来教申言前序九鼎，已冠首简。斯言也，殆虑仆愁有后言，而执为要质者。若是，老夫亦有词矣。未见成书，先事奖许，失人失言，自当二罪并案。及其见闻违互，编摩庞杂，虽复两耳耸睪，亦自有眼有口，安能糊心眛目，护前遮过，而喑不吐一字耶？荒村暇日，覆视旧笈，改正错误，凡数十条。推广略例，胪陈近代注杜得失又二十条，别作一叙，发明本末。里中已杀青缮写，仆以耻于抗行止之。今以前序为息壤，而借以监谤，则此序正可作忏悔文，又何能终锢之勿出乎？仆生平痴肠热血，勇于为人，于长孺之注杜，郑重披剥，期期不可者，良欲以古义相劝勉，冀其自致不朽耳。老耄昏忘，有言不信，不得已而求免厕名，少欲自别。而诸公咸不以为然者，居然以歧舌相规，以口血相责。匹夫不可夺志，有闵默窃叹而已。少年时观刘子骏《与扬子云书》，从取方书入箓，贡之县官。而子云答书曰："君必欲胁之以威，凌之以武，则缢死以从命。"私心窃怪其过当。由今言之，古人矜慎著作，不受要迫，何谓子云老不晓事哉！

余生残劫，道心不坚。稍有帐触，习气迸发。兄为我忘年知己，想见老人痴顽，茹物欲吐之状。传示茂伦兄，当哄堂一笑也。《东事记略》，东征信史也。人间无别本，幸慎重之。俞本《纪录》，作绛云灰烬。诸候陆续寄上，不能多奉。

此书甚长，为了解钱、朱之争的另一重要文献。

1. 潘柽章去函的主要目的是希望钱氏"挂名简端"，从钱、朱决裂后《杜诗辑注》仍列钱序于卷首看，恐怕也应该是朱鹤龄的意思。朱氏之所以如此，当是仍希望息事宁人，不愿因分刻各书而公开反目。

2. 钱氏指责虽多，但大多从总体着眼，只有此书指出具体例证。所云杜诗"西方止观经"之句，今检《别李秘书始兴寺所居》"重闻西方止观经"，朱注引黄希曰："《摩诃止观》，陈隋间国师天台智者所说，凡十卷。"又注曰：

李华《左溪大师碑》："慧文禅师学龙树法，授慧思大师，南岳祖师是也。思传智者大师，天台法门是也。智者传灌顶大师，灌顶传缙云威大师，缙云传东阳威大师，左溪是也。左溪所传，《止观》为本，祇树园内常闻此经。"此诗"止观经"，明白可据。旧本"止"讹作"之"，音相近耳。杜田引《无量寿经》"正观"、"邪观"语，或又疑"止观"

非经，谓是观经者，皆非也。①

这里"或又疑'止观'非经，谓是观经者"，当是朱氏得闻钱氏所讥之后所加，显然是针对钱氏在上信中举出的例子。虽然钱氏的佛学造诣比朱氏精深，但此处对朱氏的指责却有吹求之嫌，因为杜诗句意原本十分清楚，朱注所引出处也十分充分，一定要追问是"止观经"还是"止观之经"，似无必要。正如朱氏反诘所云，钱氏疑"止观"是"观经者"，并不符合杜诗原意。而今本钱注卷六，对此诗的"止观经"无注，可能是钱氏后来也意识到不应过分吹求了。

3. 由于潘柽章是朱氏的同乡好友，与钱氏的关系也比较密切，正如钱氏所云"忘年知己"，由他来为二人斡旋是很合适的。从钱氏这封信中可以看出，信末云"传示茂伦兄，当哄堂一笑也"，有使潘氏将此书广为示众之意。且此书内容极有可能为朱氏亲阅或耳闻，如书末钱氏以扬雄自拟，而朱氏《愚庵小集》有《扬雄论》一文，论扬雄"生平三变"，"乃汉之大贼也"，可见乃朱氏反击之文，亦可为朱氏亲阅此书之佐证。

4. 书中多处提及"诸公"，可见一则钱、朱之争当时已在学界引起不小反响，二则吴江学人的舆论是同情朱氏的，而这引起了钱氏的反感。

5. 潘柽章虽是钱、朱的调解人，但从学术上也是偏向朱氏一方的。其《杜诗博议》一书中的有些内容，都是特别针对钱笺进行的驳正。如《赠李八秘书别三十韵》"事殊迎代邸，喜异赏朱虚"句，钱谦益曰："汉文帝即位，先封太尉朱虚侯等，而后封宋昌。肃宗行赏，独厚于灵武诸臣，公有'文公赏从臣'之讥，而此又以朱虚为喻，皆微词也。"②潘柽章则指出："赏异朱虚，惜其不得殊擢。或以为讥肃宗，非也。"其他如《哀江头》针对钱氏引苏轼之说，驳之；《后出塞五首》，驳钱氏对"云帆转辽海，粳稻来东吴"的考证；《乾元中寓居同谷县作歌七首》其六，钱氏暗引苏轼之说，以为"为明皇作也"，潘氏驳之曰："东坡必无是言"；《诸将五首》其二、《览柏中丞兼子侄数人除官制词因述父子兄弟四美载歌丝纶》，亦显驳钱氏。从

---

① 《杜工部诗集辑注》，河北大学出版社 2009 年版，第 650 页。
② 《钱注杜诗》，上海古籍出版社 1979 年版，第 523 页。

朱氏《杜诗辑注》征引的三十八例《杜诗博议》来看，《杜诗博议》的宗旨即针对钱注的穿凿而发，无可疑义。后来潘柽章之弟潘耒《遂初堂文集》卷十一有《书杜诗钱笺后》一文，具体指出钱笺多处不当或错误的地方，这应该与其兄论杜倾向的影响有很大关系。

6. 从文末决绝的语气看，本文应当视作钱、朱决裂的标志，此后再无和解的可能。

# 第四节　决裂后钱、朱之交锋及各自成书情况

## 二二　钱氏作《草堂诗笺元本序》后不久，朱氏作《辑注杜工部集序》反唇相讥

钱氏《草堂诗笺元本序》曰：

> 余为读杜笺，应卢德水之请也。孟阳曰："何不遂及其全？"于是取伪注之纰缪、旧注之踳驳者，痛加绳削。文句字义，间有诠释。藏诸箧衍，用备遗忘而已。吴江朱长孺，苦学强记，冥搜有年，请为余摭遗决滞，补其未逮，余听然举元本畀之。长孺力任不疑，再三削稿。余定其名曰朱氏补注，举陆务观注杜诚难之语以为之序，而并及"天西采玉门"、"求七祖"二条，以道吾不敢轻言注杜之意。今年长孺以定本见示，亟请锓梓，仍以椎轮归功于余。余蹴然不敢当，为避席者久之。
>
> 盖注杜之难，不但如务观所云也。今人注书，动云吾效李善。善注《文选》，如《头陀寺碑》一篇，三藏十二部，如瓶泻水。今人恒饤钉拾取，曾足当九牛一毛乎？颜之推言："观天下书未遍，不得妄下雌黄。"何况注诗，何况注杜？少陵间代英灵，目空终古。占毕儒生，眼如针孔，寻扯字句，割剥章段，钻研不出故纸，拈放皆成死句。旨趣滞胶，文义违反。吕向谓善注未能析理，增改旧文，唐人贬斥，比于虎狗凤鸡，宁可用罔？复蹈斯辙。樊晃《小集》出于亡逸之余，初无次第，秦中蜀地，约略排缵，有识者聊可见其为事之早晚、才力之壮老。今师鲁矜之故智，钩稽年月，穿穴琐碎，尽改樊吴之旧而后已。鼹鼠之食牛角也，

其咶愈专，其入愈深，其穷而无所出也滋甚，此亦鲁訔辈之善喻也。余既不敢居注杜之名，而又不欲重拂长孺之意。老归空门，拨弃世间文字，何独于此书护前鞭后，顾视而不舍？然长孺心力专勤，经营惨淡，令其久锢不传，必将有精芒光怪下六丁而干南斗者，则莫如听其流布，而余为凭轼寓目之人，不亦可乎？

族孙遵王谋诸同人曰："草堂笺注元本具在，若《玄元皇帝庙》、《洗兵马》、《入朝诸将》诸笺，凿开鸿蒙，手洗日月，当大书特书，昭揭万世。而今珠沉玉锢，晦昧于行墨之中，惜也。考旧注以正年谱，仿苏注以立诗谱，地里姓氏，订讹斥伪，皆吾夫子独力创始，而今不复知出于谁手，慎也。句字诠释，落落星布，取雅去俗，推腐致新。其存者可咀，其阙者可思。若夫类书谰语，掇拾补缀，吹花已萎，哕饭不甘，虽多亦奚以为？今取笺注元本，孤行于世，以称塞学士大夫之望，其有能补者续者，则听客之所为。道可两行，罗取众目，瑜则相资，类无相及，庶几不失读杜之初指，而亦吾党小子之所有事也。"余曰："有是哉。平原有言：离之则双美，合之则两伤。此千古通人之论也。因狥遵王之请而重为之序，以申道余始终不敢注杜之意。"虞山蒙叟钱谦益谨书。①

## 朱氏《辑注杜工部集序》曰：

客有谯于余，曰："子何易言注杜也？书破万卷，途行万里，乃许读杜子。足不逾丘里，目不出兔园，日取诗史而排纂之，穿穴之，冀以自鸣于世，吾恐觚棱刌而揶揄者随其后也！"

余曰："是固然已。抑子之所言者学也，子美之诗非徒学也。夫诗以传声，节奏成焉；声以命气，底滞通焉；气以发志，思理函焉，体变极焉。故曰：诗言志。志者，性情之统会也。性情正矣，然后因质以纬思，役才以适分，随感以赴节。虽有时悲愁愤激，怨诽刺讥，仍不戾温

---

厚和平之旨。不然，则靡丽而失之淫，流漓而失之宕，雕镂而失之琐，繁音促节而失之噍杀。缀辞逾工，离本逾远矣。子美之诗，惟得性情之至正而出之，故其发于君父、友朋、家人、妇子之际者，莫不有敦笃伦理、缠绵菀结之意。极之，履荆棘，漂江湖，困顿颠踬，而拳拳忠爱不少衰。自古诗人，变不失贞，穷不陨节，未有如子美者，非徒学为之，其性情为之也。子美没已千年，而其精诚之照古今、殷金石者，时与天地之噫气，山水之清音，嶒铉响答于溟涬颎洞、太虚寥廓之间。学者诚能澄心祓虑，正己之性情，以求遇子美之性情，则崆峒仙仗之思，茂陵玉碗之感，与夫杖藜丹壑、倚棹荒江之态，犹可俨然睹其生面而挹之同堂，不必以一二隐语僻事、耳目所不接者为疑也。且子亦知诗有可解有不可解乎？指事陈情，意含风喻，此可解者也；托物假像，兴会适然，此不可解者也。不可解而强解之，日星动成比拟，草木亦涉瑕疵，譬之图罔象而刻空虚也；可解而不善解之，前后贸时，浅深乖分，欣忭之语反作诽讥忠剀之词，几邻怼怨，譬诸玉题珉而乌转舄也。二者之失，注家多有。兼之伪撰假托，疑误后人，瞀说支离，袭沿日久，万丈光焰化作百重云雾矣。今为剪其繁芜，正其谬乱，疏其晦塞，谘诹博闻，网罗秘卷，斯亦古人实事求是之指，学者所当津逮其中也。余虽固陋，何敢多让焉？"

客曰："子言诚辨，然当代巨公有先之者矣。子之书无乃以爝火附太阳？"余曰："才有区分，见有畛域，以求其是则一也。今夫视日者登中天之台，则千里廓然；窥之于户牖，所见不过寻丈。光之大小诚有间，然不可谓户牖之光非日也。贤者识其大，不贤识其小。总以求遇子美之性情于句钩字索之外，即说偶异同，亦博考群言，折衷愚臆，岂有所抵牾齟龉于其间哉？"客退，遂撰次其语以书之卷端。①

按两书针锋相对，可议者如下：

1. 钱序攻击朱氏，主要有三点：一是"占毕儒生，眼如针孔。寻扯字句，割剥章段。钻研不出故纸，拈放皆成死句。旨趣滞胶，文义违反"者，

---

① 《杜工部诗集辑注》卷首，河北大学出版社 2009 年版，第 4 页。

殆批判其识力浅近；二是"师鲁訔之故智，钩稽年月，穿穴琐碎，尽改樊吴之旧而后已"者，批判其编年穿凿；三是所云"若夫类书谰语，掇拾补缀，吹花已萎，啰饭不甘，虽多亦奚以为"者，批判其类书学问。但从实际来看，朱注成就很大，非如钱氏所云。

2. 钱序使学术之争上升为人身攻击，犹嫌不足，书之著作，明召大号，令矛盾公开，做法有失温厚。故激起朱氏反唇，《书元裕之集后》讥刺钱氏失节，《书王右丞集后》慨叹"今人于才名轧己者，必欲发其瘢垢，掊击不啻仇雠"，其用意不言自明。

3. 《辑注杜工部集序》当亦同时之作。一、钱氏《复吴江潘力田书》以注杜"必须胸有万卷"，此文又引颜之推"观天下书未遍，不得妄下雌黄"之语攻击朱氏；朱氏在开头借"客"之口曰："书破万卷，途行万里，乃许读杜子"概括其意，又以"子美之诗非徒学也"予以回击。二、钱氏《复吴江潘力田书》中指责朱氏注杜诗"西方止观经"之句，"引李遏叔《左溪大师碑》，而未悉其旨云何"；朱氏则答以"子美之诗，惟得性情之至正而出之"，"不必以一二隐语僻事、耳目所不接者为疑也"。三、针对钱氏的穿凿附会，朱氏提出"诗有可解有不可解"："不可解而强解之，日星动成比拟，草木亦涉瑕疵，譬之图罔象而刻空虚也；可解而不善解之，前后贸时，浅深乖分，欣忭之语反作诽讥忠剀之词，几邻愆怨，譬诸玉题珉而乌转舄也"。四、"客"以"当代巨公已先之"发问，朱以"才有区分，见有畛域，以求其是则一也"、"贤者识其大，不贤识其小"作答。以上几点，说明此《序》具有针对性。

## 二三  二人"暗战"，皆不欲先出版，以免被对方抓住把柄，客观促进了二注的质量

钱氏不久指示钱曾暂时停止刊刻。《钱牧斋先生尺牍》卷四《与遵王书》曰：

> 愚意不如且停此中之刻，使彼此无所藉口，然后申明不欲列名之正意，以分别泾渭，则彼无所辞矣。细思毕竟如此，方为制胜之策，不然成一话柄矣。

钱氏让钱曾停止刊刻杜注，原因是担心注释中的错误会成为对方的"话柄"，而朱氏亦抱相同的戒备心理，停止刊刻。所以直到钱氏去世，二注皆未刻成。历史上虽有"千家注杜"之说，但同一年刊刻杜注，且皆为重要注本者，当以钱、朱为仅见。大概这也是出版史上的奇观吧。

又《钱牧斋先生尺牍》中多有与钱曾商量注杜事宜者，皆在此前后，故一并撮引。如卷三《与遵王书》曰：

> 杜诗注尚有种种欲商，须面尽也。

又《与遵王书》曰：

> 杜笺一册略为校对送去，恐中间疏误处不少，更烦详细刊定，庶不可贻人口实耳。全本标题仍云"草堂诗小笺"为妥。下一"小"字，略存笺者之意，不欲如彼以李善自居也。一笑。

又《与遵王书》曰：

> 然必须仔细检点一过，无多有阙误，可为彼口实，此则足下与二三子之责也。"笺注"二字，不如以"小笺"易之，以明不敢当注之意可也。类书学问，盛行于松陵，又与他处迥别，长孺其魁然者也。勿漫视之。

又《与遵王书》曰：

> 《秋兴》旧本乞付看，即欲改定相商也。

以上四书，钱氏再三告诫钱曾，说明钱氏视朱氏为劲敌，始终暗存角力之意。

**二四　康熙三年（1664），钱谦益离世，离世前仍念念不忘杜注。朱氏闻讣，作诗志哀**

季振宜《钱注杜诗序》曰：

> （钱曾）泣谓予曰："此我牧翁笺注杜诗也，年四五十即随笔记录，极年八十书始成。得疾著床，我朝夕守之。中少间，辄转喉作声曰：杜诗某章某句尚有疑义。口占析之以属我。我执笔登焉。成书而后，又千百条。临属纩，目张，老泪犹湿。我抚而拭之曰：而之志有未终焉者乎？而在而手，而亡我手。我力之不足，而或有人焉。足谋之而何恨？"而然后瞑目受含。①

朱氏《闻牧斋先生讣二首》曰：

> 燕许推今代，龙蛇厄此辰。牙签谁捡点，斑管竟沈沦。客断西州路，山韬谷口春。斯文嗟不起，嗣响属何人。
>
> 音旨应难沫，空庭惨绿苔。架残韦述史，编剩子山哀。黯淡丛兰色，徘徊粉蝶灰。伤心白茅水，犹绕画堂回。②

此诗称述钱氏文史之功及故国之思。

**二五　至《钱注杜诗》出版之前，钱曾负责完成及刊刻准备。朱氏对钱氏离世，时感哀伤，并加紧注杜的工作，努力完善**

季振宜《钱注杜诗序》曰：

> 遵王弃日留夜，必探其窟穴，擒之而出，以补笺注之未具。装合辐辏，眉目井然，譬彼船钉秤星，移换不得。而后牧翁先生之书成，而后

---

① 《钱注杜诗》卷首，上海古籍出版社1979年版。
② 《愚庵小集》卷四，华东师范大学出版社2010年版，第62页。

杜诗之精神愈出。…丁未（1667）夏，予延遵王渡江，商量雕刻，日长志苦。遵王又矻矻数月，而后托梓人以传焉。①

该段文字说明钱曾补注完善钱注的详情。

朱氏《假我堂文燕记》曰：

迄今未及一纪，而朗诣、圣野、鹤客、砚德皆赴召修文，先生亦上乘箕尾矣。南皮才彦，半化烟云，临顿唱酬，空存竹树。后之君子登斯堂者，当必喟然有感于嘉会之难再也。②

"一纪"十二年。假我堂文燕在顺治十一年（1654），"未及一纪"，则《假我堂文燕记》最早当作于康熙三年至五年之间（1664—1666），即钱氏去世不久，文章表达了对钱氏的缅怀。

**二六　康熙六年（1667），《钱注杜诗》在钱曾、季振宜主持下刊刻面世。朱氏在钱注出版后，以之为参考，使《杜诗辑注》日趋成熟**

《钱注杜诗》凡二十卷。书名又作《杜工部集笺注》、《钱牧斋先生笺注杜诗》、《杜诗钱注》。卷一至十八，收诗 1472 首；卷十九、二十收文、赋。卷首分别为季振宜《序》，钱谦益《草堂诗笺元本序》、《注杜诗略例》。《注杜诗略例》云："余之注杜，实深有慨焉。"其注杜的深意主要是批判最高统治者及黑暗政治，如《玄元皇帝庙》批评玄宗崇道，《洗兵马》批评肃宗，《忆昔二首》其一直言"刺代宗也"，《欢喜口号》、《诸将五首》讽刺代宗纳贡和姑息藩镇，均尖新大胆，发前人所未发。《杜诗辑注》沈寿民序文引方文云："虞山笺杜诗，盖阁讼之后，中有指斥，特借杜诗发之。"这个说法还是有一定依据的。

《杜工部诗集辑注》大量引用钱注，以"钱笺"标示者共274处。引用的内容涉及各个方面，除了字词类较少外，其余依次约为史实、地理、名物、

<hr>

① 《钱注杜诗》卷首。
② 《愚庵小集》，华东师范大学 2010 年版，第 199 页。

笺评、典故、职官。引用的方式，有全引、节引、意引。引用的来源，有《钱注杜诗》，也有《读杜小笺》和《二笺》。引用的性质，有完全同意、补正、纠谬、存说四种，其中完全同意居大多数。朱氏对钱注补正或纠谬的用词，皆未明标姓氏，而代之以"或"、"或曰"、"有…者"、"有曰"、"旧解"（部分）等数种。钱注之所以受到朱氏高度关注，与其删汰芜杂、取精用宏有关。钱注达到了前所未有的高度，尤其是以"笺"解杜，不仅开辟了注释杜诗的新体例，也极大加强和深化了对杜诗的理解和阐述。

## 二七　《杜诗辑注》刻成面世，学者多为朱氏辩护。朱氏再忆钱氏音容，感慨系之

《杜工部诗集辑注》的刻成时间，即计东序"康熙九年"（1670）。朱注比原计划推迟了八年之久，推迟的原因，是对《杜诗辑注》作进一步的加工和修改，希望注本的质量能更上层楼，以此与在士林中具有巨大声望的钱注相抗衡，而不希望问世就面临无人问津的局面。

《杜诗辑注》首列钱谦益《吴江朱氏杜诗辑注序》及手简。钱氏屡次推辞"挂名简端"而朱氏最终仍置钱序于卷首者，一是借重钱氏声望，此固朱氏不能免俗者也；二是借此堵塞当时非议。此观计、沈二序可知。

计东《朱氏杜诗辑注序》曰：

> 杜诗千家注最为纰缪。宋本之善者有二焉：分体则吴若本，今虞山先生所笺者是也；编年则蔡梦弼本，吾邑朱氏长孺所辑注者是也。长孺与先生以杜诗契合，世莫不闻。始而汇钞，既而分出，皆先生所命。乃好事者以说有异同，遂疑为抵牾。夫古人撰述，不求立异，亦不屑苟同。……先生笺杜，搜奇抉奥，海内承风，然《洗兵马》谓深刺肃宗，而或以为辅国离间，乃上元间事，不当逆探其邪。《哀江头》谓专感贵妃，而或以为"清渭剑阁"乃系思旧君，不与《长恨》同旨。"羽翼怀商老"本为广平而兴思；"之推避赏从"，非因疏斥而含怼。至如严郑公、柏中丞诸事实，又各有考证，何妨两存其说？是非之论，听之天下后世，乃益见先生之大。……今先生之笺盛行天下，笺本之所未及者，

又于《辑注》备之。盖长孺在先生馆斋三年，考索叩鸣如响者皆具焉，则两集并行，正犹汇江之汉、丽月之星，非相悖而适相成也。使过疑有所抵牾而抑之不出，岂先生之心哉！今长孺穷老著书，如《尚书埤传》《毛诗通义》《禹贡长笺》，皆堪并悬日月，非反借此注为不朽也，奚必谀谀求雷同于一时哉！是为序。康熙九年冬杪同里学人计东序。①

沈寿民《后序》曰：

杜诗之学，至今日而发明无余蕴矣。虞山钱宗伯实为首庸，吾友长孺朱子增华加厉，缉诸本之长而芟其芜舛。至鸡林贾人，亦争购其书，呜呼盛矣。乃世传虞山长牍，以说有异同，盛气诋諆。又增删改窜，前后两刻迥别，见者深以为疑。余尝取二本对勘，其中所不合者，惟收京、洗兵马、哀江头数诗。试平心论之，两京克复，上皇还官，臣子尔时当若何欢忭？乃逆探移仗之举，遽出诽刺之辞，子美胸中不应峭刻若此！商山羽翼，自为广平，剑阁伤心，非关妃子。斯理不易，何嫌立异。况古人著书，初不以附和为贵。苏颍滨，欧阳公门下士也，而其解《周颂》，则极驳时论之非；蔡九峰传书，朱子所命也，而其辨正朔，则明与周七八月、夏五六月相左。当时后世，未闻訾议及之者。盖二公从经籍起见，非有所龃龉而然。故两持之说，各传千古。今之论杜者，亦求其至是而已矣。异己之见，岂所以为罪乎！往方尔止尝语余云："虞山笺杜诗，盖阁讼之后，中有指斥，特借杜诗发之。长孺则锐意为子美功臣，必按据时事，句栉字比，以明核其得失，可谓老不解事，固宜有弹射之及也。"虽然，长孺为少陵老人而得此弹射，其荣多矣。彼听听然何以为哉？②

按二序皆斤斤辨析钱、朱二注之异同，说明二人之争，影响当遍及江南地区。计东序肯定朱氏"不求立异，亦不肯苟同"的精神，批评常熟诸人

---

① 《杜工部诗集辑注》卷首，河北大学出版社 2009 年版，第 2 页。
② 同上书，第 836 页。

"以异说为嫌"的不正学风，击中要害。沈序旨意大致相同。计、沈均为朱氏好友，对争执内情的熟悉自非外人可比。两序皆反复提及"异同"问题，又举《洗兵马》、《哀江头》等诗的注解为例，说明正是这些诗篇的注解才是导致钱、朱发生矛盾的根源。钱氏认为《洗兵马》的宗旨是"刺肃宗"，《哀江头》是"兴哀于马嵬之事，专为贵妃而作"，两诗均对唐肃宗灵武即位表示反对。而朱氏极力反对这种注解，认为《洗兵马》"盖以太平之功望肃宗也"，《哀江头》是"以贵妃之死卜国家中兴"，绝无同情玄宗和贵妃之意。从学术上看，朱氏的观点是对的。钱氏求深求新，以偏概全，过于穿凿，遭到了当时和现代学者的普遍反对，但钱氏对此数诗的笺注十分自得，以为是"凿开鸿蒙，手洗日月"的发明，很难容忍朱氏置喙，而朱氏性格狷洁，不惜分手也要坚持自己的学术主张。从政治看，两诗的注释不仅是学术问题，也是立场问题。《辑注杜工部集》的著述，处于明、清军队在沿海地区酣战胶着的时候，遗民希望南明王室坚持抗战，望复之心犹如大旱之冀甘霖，正如杜甫在安史之乱之际希望唐肃宗早日率军收复失土一样，其情堪矜。钱氏屡次质疑肃宗即位的正当性，激起了遗民的义愤，这也是多数遗民学者不满钱氏的政治原因。从这个意义上看，道同则谋，道异则分。当然，二注一定程度上的学术竞争，也是部分原因①。

吴祖修有《赠朱长孺先生》曰：

　　呜呼虞山翁，诗史之津梁。指摘诸注家，援引深未当。遂使万丈焰，销铄不复明。先生谓虞山，龄也不自量。爝火虽云微，曾不让太阳（先生序中以太阳喻虞山）。立论不苟同，足见笔力强。可解不可解，大义微而彰。至今是书出，终不妨两行。

当时吴江学者对钱朱之争的议论，由此可窥一斑。

## 二八　朱氏又作《与李太史论杜注书》，论钱注之失

朱氏《与李太史论杜注书》，"李太史"，据周采泉所考，当即清初遗民

---

① 参见拙文《钱谦益与朱鹤龄交往考论》，《江南大学学报》2010年第1期。

和抗清志士李长祥，曾与杨大鲲同撰《杜诗编年》。

　　杜注刻成，蒙先生惠以大序，重比球琳。子美非知道者，此语似唐突子美，然子美已言之矣："文章一小技，于道未为尊"，此语正可与子美相视莫逆于千载之上也。

　　汉魏以下诗文之有注，昉于《文选》，文选而外，注杜诗者最多，亦最杂。盖文选之注，张载、颜延之、沈约、薛综、徐爰、刘渊林诸人经始之，又得李善会粹之，子邕复益之以义，故能传述至今。杜诗注则错出无伦，未有为之剪截而整齐之者，所以识者不能无深憾也，近人多知其非。

　　新注林立，尽以为子美之真面目在是矣。然好异者失真，繁称者寡要。如"聊飞燕将书"，乃西京初复，史思明以河北诸州来降，故用聊城射书事。今引安禄山降，哥舒翰令以书招诸将，诸将复书责之，此于收京何涉也？"豆子雨已熟"，本佛书"譬如春月，下诸豆子，得暖气色，寻便出土"，伪苏注以"豆子"为目睛，既可笑矣；今却云"赞公来秦州，已见豆熟"，夫"杨枝"用佛书，"豆子"亦必用佛书，若云"已见豆熟"，乃陆士衡所讥"掣瓶屡空者"，子美必不然也。"旷原延冥搜"，"旷原"出《穆天子传》，今妄益云"原昆仑东北脚名"，此出何典乎？"何人为觅郑瓜州"，"瓜州"见张礼《游城南记》，今云"郑审大历中为袁州刺史"，审刺袁州，安知不在子美没后乎？地理山川古迹，须考原始及新、旧《唐书》、《元和郡县志》，不得已乃引《寰宇记》、《长安志》以及近代书耳。"春风回首仲宣楼"，应据盛弘之《荆州记》甚明，今乃引《方舆胜览》高季兴事，季兴五代人也，季兴之仲宣楼，岂即当阳县仲宣作赋之城楼乎？"白马江寒树影稀"，白马江，《地志》："在蜀州，今崇庆州之白马江是也。"时子美在蜀州送韩十四，故云。今引《寰宇记》王僧达为荆州刑白马祭江，不亦谬乎？"春城回北斗，郢树发南枝"，"北斗"用斗柄东而天下皆春，非指长安城为北斗形也。《史记》："楚考王徙都寿春，命曰郢。"寿春，唐钟离郡，今凤阳也。时韦氏妹从宦钟离，故曰"郢树"，非指江陵之郢也。二句蒙上"郎伯"

一联，彼此分言，正是诗法。"回北斗"、"发南枝"又贴切元日，今引柳诗"长在荆门郢树间"，岂可通乎？

　　注子美诗，须援据子美以前之书，类书必如《类聚》、《初学》、《白帖》、《御览》、《玉海》等方可引用，今"师子花"、"卧竹根"皆引《天中记》，《天中记》乃近时人所撰尔，况二注皆谬。"炙手可热"，《两京新记》可引，《万回传》可引，崔颢诗亦可引，今乃引《唐语林》开成会昌中语，彼岂以开成会昌在子美以前乎？"人生五马贵"，"五马"虽无的证，然古乐府"使君从南来，五马立踟蹰"，可证太守五马，汉时已有之，今却引宋人《五色线集》北齐柳元伯事，此何异流俗类书所收"王羲之为永嘉太守庭列五马"乎？以上特略举其概。他若"黄河十月冰"、"三车肯载书"、"危沙折花当"诸解，皆凿而无取。虽其说假托巨公以行，然涂鸦续貂，贻误后学，此不可以无正者也。李善注《文选》，止考某事出某书，若其意义所在，贯穿联络，则俟索解人自得之，此正引而不发之旨。黄山谷亦云"欲于欣然会意处，略笺数语"，终以汩没世俗不暇。今人章为之解，句为之释，已非达人所宜，况又累牍不休，有专注《秋兴》八首至衍成卷帙者，此何异昔人解"曰若稽古"四字乃作数万余言？虽馨剡溪之藤书之，岂能竟乎？此又不可以无正者也。夫子美固非知道者，然道莫重于君臣父子矣。三百篇得列为经，亦"迩之事父，远之事君"。子美之诗，忧君父之播迁，愤乱贼之接踵，深衷悱恻，千汇万状，使后人把卷彷徨而不忍释，则虽谓之知道可也。因读其诗者之误解，而引绳批根刊正其失，而暴著其所以然，使世之学者因是以进求夫三百之大指，亦未必非知道之君子所乐许也。先生以为何如？①

　　据《书》首句"杜注刻成，蒙先生惠以大序，重比球琳"语，则李长祥亦曾为朱氏《杜诗辑注》作序，今《杜诗辑注》未载该序文，未知何故。周采泉以为朱氏假托而作，亦猜测之词。该文对钱注的指责实际可分两类，一是穿凿、误注、失注者，如"豆子雨已熟"，钱注失注；"黄河十月冰"的误注

---

① 《愚庵小集》卷十，华东师范大学出版社 2010 年版，第 209 页。

等，内容涉及字词、用典等。二是体例，包括注杜当引杜甫之前书或较早的类书，注地理不当引后出之书，笺语应精炼简洁等三类。莫砺峰先生认为朱氏从批评钱注的十四个例子入手，"对杜诗旨意的解析比较平实，也比较可信"。[①]

又《愚庵小集》之《书王右丞集后》及附录"传家质言"，当为晚年所作。此摘录二则：

> 人苟立志修名，则谤议谣诼皆吾学问之助。余以拳拳著述，横罹谗忌，然过情之誉亦时有之，清夜循省，咎过山积。惟疾恶如雠，嗜古若渴，不妄受一文，不诳人一语，此四言稍可自信耳。时论以整厔李中孚、余姚黄太冲、昆山顾宁人及余并称"海内四大布衣"，余闻之辄愧汗终日。

> 杜工部集《辑注》、李义山诗集《笺注》盛行海内已久，然余不欲以此自见也。当变革时，惟手录杜诗过日，每兴感灵武回辕之举，故为之笺解，遂至终帙。又见一越友选时贤诗，嗤薄艳体，另为一编。故借西昆以晓正之，而不知者疑议丛生，余一无所辨，直付之太虚之鸿爪耳。

弟子张尚瑗曰：

> 愚庵先生不炫己长，不掩人善。顾于早年辑杜之时，争名者谓拾蒙叟之绪余；及笺义山也，又谓本释道源遗书。然虞山手札许杜注与己笺并行，明各有同异也。道源笺李，不过数十条，集中皆标而出之。先生当笺义山诗时，兼得其文，厘为五卷，樊南因是有文集。没后三十年，复有窃以馈友人，谓别得善本，而稍存朱氏之名于凡例，似先生未尝睹全书者。凡险肤之徒，攘臂瞋目，与之竞趋争名者，先生视之浮云野马，不以介怀。[②]

---

① 《朱鹤龄〈杜诗辑注〉平议》，《文史》2002年第4期，又收入《古典诗学的文化观照》，中华书局2005年版。

② （乾隆）《吴江县志》卷三〇"儒林"引《松陵献集续纂》张尚瑗撰《朱鹤龄行状》。张尚瑗《石里先生文集》今藏苏州图书馆，为清抄残本，其中朱氏《行状》已佚。

# 附录　朱鹤龄简谱

明万历三十四年　公元 1606 年　一岁

万历四十三年　公元 1615 年　十岁

约今年始读书，不喜帖括制艺。

《愚庵小集》卷十五《传家质言》："余资甚椎鲁，清羸骨立。少时塾师授帖括艺，头涔涔欲睡。及授古文辞，辄豁然心开，自知非科第中人也。"

天启三年　公元 1623 年　十八岁。在苏州参加童子试，得第一名，获诸生。

崇祯六年　公元 1633 年　二十八岁。复社大兴，鹤龄时从事举业，不与焉。

崇祯十年　公元 1637 年　三十二岁。唐甄今年随父侨寓吴江，与鹤龄结识。

崇祯十四年　公元 1641 年　三十六岁。在金陵结识方文。

方文《嵞山集》卷四"癸未"《偕朱长孺登凤台兼怀吴日生》有"三岁依临寺"之句，"癸未"为崇祯十六年，即公元 1643 年。《愚庵小集》卷三《酬方尔止见怀兼送之金陵省侍》亦有"昔年偕子瓦官宿"句，可知二人定交，当在今年。

结识王光承。

王光承《愚庵小集序》有"三十年前，余尝执橐鞬而从之"语，《愚庵小集》刻于康熙辛亥（1671），可知二人结识当在今年左右。

崇祯十五年 公元1642年 三十七岁。至今年，五次江南乡试不举。

《愚庵小集》卷十五《传家质言》："嗣后以高等五试棘闱皆报罢"，是说乡试五次未中；"余也四十以前，半荒弃于疢疾，半汩没于制科"。

崇祯十六年 公元1643年 三十八岁。在金陵准备乡试。

清顺治元年 公元1644年 三十九岁。春，馆于金陵唐仪曹署。闻崇祯帝崩，痛哭，遂绝意科举。

结识经学家何楷，并开始著作《禹贡长笺》。

与方文登金陵凤台山。

方文《嵞山集》卷四"癸未"《偕朱长孺登凤台兼怀吴日生》。

顺治二年 公元1645年 四十岁。是年五月，明赵之龙、王铎、钱谦益等率弘光朝臣迎降。清廷下薙发令，江浙一带武装蜂起。六月，沈自炳、吴易起兵于吴江，陈子龙、夏允彝起兵于松江，顾炎武、归庄起兵于昆山，以抗清军，不久皆败，嘉定、昆山、江阴数地皆为屠城。七月唐王朱聿键称帝于福州，改是年为隆武元年。作《空城雀》、《宝剑行》、《临江王节士歌》、《精卫词》、《野田行》、《韩蕲王墓碑》、《思陵长公主挽诗》诸诗，激烈慷慨，长歌当哭，反映了国破家亡的悲惨现实。

顺治三年 公元1646年 四十一岁。苍雪法师六十岁寿，以诗贺之。

顺治四年 公元1647年 四十二岁。与俞南史、徐白助顾有孝辑《唐诗英华》。

《吴江诗萃》卷二。又见张慧剑《明清江苏文人年表》。

顺治五年 公元 1648 年 四十三岁。秋，南闱乡试之际，复社、几社中旧人，尽出而应秋试，鹤龄不与焉。

顺治七年 公元 1650 年 四十五岁。参加惊隐诗社，结识顾炎武。炎武"以本原之学相勗"。

顺治十一年 公元 1654 年 四十九岁。与吴兆宽、吴兆骞诸兄弟及陈启源、顾茂伦等十数位遗民，在吴江江枫庵结诗社。

袁景辂《国朝松陵诗征》卷二："一庵遭乱后，隐居湖浦之荆园，闭门读书，不闻世事。与徐介白、俞无殊、无斁、赵砥之、山子、顾茂伦、樵水、陈长发、朱长孺、徐松之、其叔闻玮、兄弘人、小修、闻夏、弟汉槎结诗社于江枫庵，作《招隐诗》以见志，亦高尚士也。"

冬，与钱谦益、朱士稚、金俊明、叶襄、归庄、侯研德、徐晟、陈三岛数人聚会于苏州假我堂，连日唱和，尽诗酒之乐。

顺治十二年 公元 1655 年 五十岁。馆钱谦益家塾，出杜注初稿就正。谦益许之，命名曰"朱氏补注"，且检所笺吴若本及九家注，命之合钞。

顺治十三年 公元 1656 年 五十一岁。秋冬之际，计东以贡庭对入京，鹤龄作文送之。

顺治十四年 公元 1657 年 五十二岁。在常熟虞山钱谦益处完成《杜诗辑注》初稿，开始笺注《李义山诗集》。

顺治十六年 公元 1659 年 五十四岁。二月，《李义山诗集注》刊刻，钱谦益、汪琬为之作序。

顺治十七年 公元 1660 年 五十五岁。结识王士禛。年底，与顾炎武见面。

顾炎武《顾亭林诗集》卷五《太原寄王高士锡阐》诗，自注："顺治十八年辛丑顾回吴江。"

奏销案起，友人吴兆宽、吴伟业、宋实颖、徐干学、徐元文、计东、秦松龄、顾湄、汪琬等均以此案不久褫革或降谪。

顺治十九年（康熙元年）公元 1662 年 五十七岁。携《补注》稿本再次坐馆钱谦益家。谦益初次见到成书，甚为不满，遂以小签标记数处，请为改正。鹤龄疑谦益门人吹求过甚，大愠。不久，鹤龄携《补注》改定本再至常熟，谦益仍旧不满。鹤龄撤馆，呈览谦益《杜注》刻样，并请署名，钱氏拒绝。钱氏至吴江松陵，与鹤龄夜谈，但话不投机。遂起意笺注全本杜诗，并以此事嘱托钱曾。

康熙二年 公元 1663 年 五十八岁。寄书钱氏，冀其署名首简。谦益回信，极尽讽刺之能事。二人反目。

康熙三年 公元 1664 年 五十九岁。钱谦益去世，作《闻牧斋先生讣二首》悼之。

康熙四年 公元 1665 年 六十岁。再游苏州假我堂，作《假我堂文宴记》。

康熙六年 公元 1667 年 六十二岁。元旦大寒，苦赋重政苛，作《丁未元旦》。

康熙九年 公元 1670 年 六十五岁。《杜诗辑注》刊刻，计东、沈寿民作序。

康熙十年 公元 1671 年 六十六岁。托潘耒捎带《杜诗辑注》一卷冀炎武指正。不久得炎武来信及《日知录》，朱氏录八条补入。《愚庵小集》初刻，王光承、计东为《愚庵小集》作序。

康熙十二年 公元 1673 年 六十八岁。前长洲令李实去世，作《挽李如石明府》诗悼之。

康熙十四年 公元 1675 年 七十岁。计东卒，作《哭甫草三首同钝翁作》。

康熙十五年 公元 1676 年 七十一岁。元旦作《丙辰元旦》，怀念故人。春，为徐釚《南州草堂集》作序。

康熙十六年 公元 1677 年 七十二岁。春，徐乾学服丧居家，朱鹤龄与万斯同、钱澄至昆山徐乾学家中探寻学术。

　　《愚庵小集》卷九《憺园牡丹文燕记》："今年春杪，余借书过憺园，先生出四部书示余，牙金缥帙，触手烂然。因与钱饮光、万季野数子谘质疑义，搜考秘文，如坐积书岩。不待三食脉望，已翛然身轻矣。"

　　康熙十七年　公元 1678 年　七十三岁。秋，潘耒入京应试，作《送潘次耕应举入都二首》。

　　康熙十八年　公元 1679 年　七十四岁。朱彝尊过访，作《朱锡鬯过访时膺举将入都》。

　　康熙十九年　公元 1680 年　七十五岁。在汪琬资助下，开始刊刻《尚书埤传》《读左日钞》，并请徐乾学为《尚书埤传》作序。寄《尚书埤传》及《读左日钞》与顾炎武，不久收到顾炎武回信和赠诗，顾为《尚书埤传》和《读左日钞》细校讹字，且赠以所著《日知录》百十条。时《读左日钞》因刊刻过半，鹤龄又作二"补卷"，采顾说四十二条。

　　康熙二十一年　公元 1682 年　七十七岁。闻友人吴兆骞获释抵京，作《与吴汉槎书》，并请其品题《愚庵小集》。岁暮顾炎武去世，作《岁暮杂诗六首》。

　　康熙二十二年　公元 1683 年　七十八岁，卒。

　　《清史列传》曰："卒年七十八。"

# 参考文献

一　朱鹤龄生平文献

徐鼒：《小腆纪传》，中华书局1958年版。

刁寯、邵泰等：《苏州府志》，清乾隆十三年刻本。

潘柽章：《松陵文献》，清康熙三十二年潘耒刻本。

胡文学、李嗣业：《甬上耆旧传》，清康熙间刻本。

倪师孟、沈彤：《吴江县志》，清乾隆十二年刻本。

《大清一统志》，台湾商务印书馆影印文渊阁《四库全书》。

赵尔巽、柯劭忞等：《清史稿》，中华书局1977年版。

王钟翰：《清史列传》，中华书局2005年版。

阮元：《国史文苑传稿》，黄氏知足斋丛书本。

李元度：《国朝先正事略》，同治循陔草堂刻本。

李桓：《国朝耆献类征》，光绪十七年增刻本。

钱林：《文献征存录》，台北明文书局1990年版。

支伟成：《清代朴学大师列传》，岳麓书社1998年版。

孙静庵：《明遗民录》，浙江古籍出版社1985年版。

赵宏恩等：《江南通志》，台湾商务印书馆影印文渊阁《四库全书》。

蔡冠洛：《清代七百名人传》，中国书店1984年版。

何龄修等：《清代人物传稿》，中华书局2001年版。

萧一山：《清代学者生卒及著述表》，民国二十年刊本。

## 二 杜诗注本文献

林继中：《杜诗赵次公先后解辑校》，上海古籍出版社 1994 年版。

郭知达：《九家集注杜诗》，《四库全书》电子版。

蔡梦弼：《杜工部草堂诗笺》，商务印书馆 1936 年丛书集成本。

黄希、黄鹤：《黄氏补千家集注杜工部诗史》，《四库全书》电子版。

刘辰翁、高楚芳：《集千家注杜工部诗集》，文渊阁四库全书本。

卢世㴶：《读杜私言》，毛氏汲古阁刻本。

胡震亨：《杜诗通》，顺治六年刻本。

王嗣奭：《杜臆》，上海古籍出版社 1983 年版。

钱谦益：《钱注杜诗》，上海古籍出版社 1979 年版。

朱鹤龄：《杜工部诗集辑注》，河北大学出版社 2009 年版。

金圣叹：《金圣叹全集·唱经堂第四才子书杜诗解》，万卷出版社 2009 年版。

顾宸：《辟疆园杜诗注解》，乾隆刊本。

吴见思：《杜诗论文》，康熙十一年岱渊堂刻本。

张远：《杜诗会粹》，康熙三十七年读书堂刻本。

卢元昌：《杜诗阐》，康熙刻本。

黄生：《杜诗说》，黄山书社 1994 年影印康熙三十五年一木堂刻本。

乔亿：《杜诗义法》，清抄本。

汪灝：《知本堂读杜诗》，清康熙刻本。

浦起龙：《读杜心解》，中华书局 1961 年版。

张汝霖：《杜诗金针》，张氏手稿本。

江浩然：《杜诗集说》，乾隆江氏刻本。

张甄陶：《杜诗详注集成》，乾隆三十八年传抄本。

仇兆鳌：《杜诗详注》，中华书局 1979 年版。

边连宝：《杜律启蒙》，乾隆丁酉刻本。

周作渊：《杜诗约选五律串解》，乾隆五十五年刻本。

杨伦：《杜诗镜铨》，上海古籍出版社 1962 年版。

史炳：《杜诗琐证》，上海书店 1988 年影印道光五年句俭山房刊本。

施鸿保：《读杜诗说》，上海古籍出版社 1983 年版。

石闾居士：《藏云山房杜律详解》，光绪元年刻本。

赵星海：《杜解传薪》，同治四年刊本。

郑杲：《杜诗抄》，民国退耕堂铅印本。

### 三　清代学术参考文献

顾炎武：《日知录集释》，岳麓书社 1994 年版。

黄宗羲：《明儒学案》，中华书局 2008 年版。

黄宗羲：《明夷待访录》，中华书局 1981 年版。

纪昀：《四库全书总目提要》，河北人民出版社 2000 年版。

章学诚：《文史通义》，商务印书馆民国二十三年版。

梁启超：《中国近三百年学术史》，商务印书馆 2011 年版。

梁启超：《清代学术概论》，人民出版社 2008 年版。

安平秋、章培恒：《中国禁书解题》，台北竹友轩出版公司 1992 年版。

丁原基：《清代康雍乾三朝禁书原因之研究》，台北华正书局 1983 年版。

陈祖武：《清代学术思辨录》，中国社会科学出版社 1992 年版。

许啸天：《清儒学案》，上海群学社 1928 年版。

唐鉴：《清学案小议》，商务印书馆 1935 年版。

陈祖武：《清儒学术拾零》，湖南人民出版社 1999 年版。

陈祖武：《中国学案史》，台北文津出版社 1994 年版。

葛兆光：《中国思想史》（第一、二卷），复旦大学出版社 1998、2000 年版。

李纪祥：《明末清初儒学之发展》，台北文津出版社 1992 年版。

### 四　杜诗学文献

何焯：《义门读书记》，中华书局 1987 年版。

沈德潜：《唐诗别裁集》，中华书局 1975 年版。

翁方纲：《石洲诗话》，《清诗话续编》本。

袁枚：《随园诗话》，人民文学出版社 1960 年版。

李春坪：《少陵新谱》，北平来薰阁书店 1935 年版。

津阪孝绰：《杜律详解》，民国二十五年广益书局铅印本。

华文轩：《古代文学研究资料汇编》，中华书局 1964 年版。

李书萍：《杜甫年谱新编》，台湾省西南书局 1975 年版。

徐仁甫：《杜诗注解商榷》，中华书局 1979 年版。

曹慕樊：《杜诗杂说》，四川人民出版社 1981 年版。

郭曾炘：《读杜札记》，上海古籍出版社 1984 年版。

金启华：《杜甫评传》，陕西人民出版社 1984 年版。

金启华：《杜甫诗论丛》，上海古籍出版社 1985 年版。

邓绍基：《杜诗别解》，中华书局 1987 年版。

许总：《杜诗学发微》，南京出版社 1989 年版。

张忠纲：《杜诗纵横谈》，山东大学出版社 1990 年版。

郑文：《杜诗檠诂》，巴蜀书社 1992 年版。

莫砺锋：《杜甫评传》，南京大学出版社 1993 年版。

谭芝萍：《仇注杜诗引文补正》，西南师范大学出版社 1995 年版。

张健：《清代诗学研究》，北京大学出版社 1999 年版。

杨义：《李杜诗学》，北京出版社 2001 年版。

韩成武：《杜诗艺谭》，河北大学出版社 2000 年版。

韩成武：《诗圣：忧患世界中的杜甫》，河北教育出版社 2002 年版。

刘明华：《杜甫研究论集》，重庆出版社 2002 年版。

严迪昌：《清诗史》，浙江古籍出版社 2002 年版。

胡可先：《杜诗学引论》，安徽大学出版社 2003 年版。

孙力平：《杜诗句法艺术阐释》，江西教育出版社 2001 年版。

陈贻焮：《杜甫评传》，北京大学出版社 2003 年版。

郝润华：《钱注杜诗与诗史互证方法》，黄山书社 2002 年版。

# 后　记

　　记得较多地接触杜诗，是在中学的时候，虽是囫囵吞枣，却也津津有味，只觉得杜诗有种美感，有种气势。谈不上什么收获，也许欣赏的就是那种感觉。

　　读研是在刘明华先生的门下。刚开始读的是仇注杜诗，不禁骇然，觉得古人的学问如此浩瀚，深不可测，我辈何时才能熬出头地？请教刘师，刘师莞尔一笑说："学问就是这样慢慢累积而成的，你看仇注，不也是在前人的基础上，采花酿蜜，才成就一家之言的吗？"我这才注意到仇注之前，还有千百种的杜诗注本，不禁油然而生探究杜诗注释史的好奇心，但始终只是好奇而已。

　　前年负笈北上，师从韩成武师，看着韩师书房的各种杜诗本子，多年前的好奇突然被勾起，恰好看到厚厚的《杜诗辑注》，于是决定从此入手，一探究竟。我与《杜诗辑注》的因缘，说是偶然，大概也有一定的必然吧。

　　写作的过程不免痛苦，大到布局结构，小到遣词造句，步步荆棘，有时数天写不下一字。但写作本身也是个学习的过程，最大的体会就是严谨的态度，可分三个层次谈。研究杜诗，自然对杜甫一丝不苟的创作精神感悟颇多，这是其一。其次，朱鹤龄也是极其严谨的学问家，他注解杜诗，从校勘年谱，到史实地理，乃至引用旧注旧说，考证精核，原原本本，绝无虚假；前人的精义妙解，即使是小家僻书，他总是标明出处，不掠人美，这让我十分震惊和敬佩。再次是韩师的治学态度，让我不敢心存侥幸。记得写完一章，交给韩师过目，他给我改得十分仔细，连标点也不放过，又针对我的一处错误，亲核原文，然后语重心长地说："你看你引用他人的说法，人家并无不妥，而你误会了别人的意思。这样的文章，别人会怎么看我们呢?"令我汗颜不止。

结果总是有不少遗憾，写成这样，明知不足，但尽力而为，也只能如此了。三年转瞬而过，以后的路还很漫长。只是不知日后，是否还能记得韩师的耳提面命和今天的心境。时值汶川地震刚过，聊记于此，以为警诫。2008年5月22日。

以上是我2008年博士论文的结束语，也是当时真实的心境，因本书是博士论文的修订稿，故悉数保留，以为存旧。

匆匆又过数年，再读旧作，往日情景如在目前，感慨系之。感谢责任编辑陈肖静的辛勤努力，使拙文得以付梓，实现了我的夙愿。也感谢爱妻李雪梅的照顾，使我能从繁杂的事务中解脱出来，集中精力对原稿进行修改。

周金标

2015年9月